アジアの考古学 3

農耕の起源と拡散

アジア考古学四学会 編集

高志書院

はじめに

　本書は，アジア考古学四学会が合同で主催した講演会「アジアにおける農耕の起源と拡散」を基本としたもので，『陶磁器流通の考古学』，『アジアの王墓』に続く「アジアの考古学」シリーズの第3冊目となる。

　第8回を迎えた今回の合同講演会は，2015年1月10日に明治大学駿河台キャンパスを会場として開催され，基調講演を工楽善通先生にお願いし，続いて宮本一夫（日本中国考古学会），新田栄治（東南アジア考古学会），常木晃（日本西アジア考古学会），青山和夫（日本考古学協会）の各先生にご講演をいただいた。従来の合同講演会は，アジア各地域に共通して認められる器物や事象をテーマとし，それを全アジア的視野から概観するというものであったが，今回は新たな試みとして新大陸をも射程に収め，さらなる視野の拡大を目指した。

　本書はそうした講演会の趣旨を活かす方向で編集され，当日に講演いただいた5名の先生による論攷に加え，日本列島を含む東アジアの事例や西アジア型農耕が早くから拡散した西アジア周辺地域の事例の充実を図るとともに，新大陸についてはメソアメリカのほかに南アメリカについての論攷も含めることができた。なお，工楽先生の論攷は当日の講演内容を起こしたもので，基調講演収録として冒頭に掲載したが，ご多忙のなか大幅な手直しをしていただいた。

　史的唯物論に代表される，食糧生産経済の発達のみを重視する姿勢についてはいろいろと批判がみられるようになったが，農耕が社会に大きな変容をもたらしたことは否定することができない。最新情報をふんだんに盛り込んで描かれる各地域の状況は，改めて農耕と社会の関係を考える絶好の機会を提供してくれるものと考える。

　　　　　　　　　　　　　　　　　本巻編集担当
　　　　　　　　　　　　　　　　　日本西アジア考古学会　田尾誠敏・三宅　裕

目　　次

はじめに

灌漑農耕の始まりと拡がり……………………………工楽善通　5

第Ⅰ部　アジア東部の多様な農耕

日本列島における縄文時代の栽培植物…………中山誠二　27

日本列島における農耕の拡散……………………田﨑博之　47

中国大陸における初期農耕の出現と拡散………宮本一夫　69

韓半島における農耕の開始と拡散………………古澤義久　85

東南アジアの農耕…………………………………新田栄治　115

第Ⅱ部　西アジア型農耕の起源と拡散

西アジア型農耕社会の誕生………………………常木　晃　133

西アジアにおける農耕起源とムギ類の栽培化……丹野研一　161

地中海へと渡った農耕……………………………笹津備当　187

西アジアからエジプトへの農耕牧畜の伝播と
　　エジプトにおける発展………………………白井則行　211

南アジア 農耕の始まりと特徴,
　　　冬作物と夏作物……………………………………宗䑓秀明　253

中央アジアにおける農耕の起源と展開…………林　俊雄　273

　　第Ⅲ部　新大陸の文明と農耕

メソアメリカの農耕と文明の形成………………青山和夫　289

南米における農耕の成立と文明形成……………関　雄二　307

執筆者一覧　327

灌漑農耕の始まりと拡がり

工楽 善通

はじめに

　皆さん，こんにちは。先ほど紹介していただいた工楽善通と申します。前職の関係上，奈良に住んでおりますが，15年前にできました大阪府立狭山池博物館というところに勤務しております。関東の方は狭山というと埼玉県の狭山をすぐ思い出されると思いますけれども，関西では大阪の狭山遊園という行楽地がある場所としてたいへん有名なところでしたが，今は閉園して宅地となってしまいました。多分，池そのものを知っている方はあまりないかと思いますが，狭山池というのは『日本書紀』や『古事記』に登場し，農民がたいへん水に困っていて田圃ができないので池を造るべしということで，崇神天皇の時に造営されたとはっきり書いてありますので，日本最古の溜池としてよく紹介されます。実際に最古かどうかは分かりませんけれど，少なくとも文献上に登場することでは最古ではないかと思います。その狭山池については最後のところで少し触れますが，灌漑農耕の始まりと広がりというお話しをするにあたり，その広がりの終着点であるこの日本列島の中で，古代以来の水利灌漑手法を最もよく考えた上で造られ，今日まで受けつがれてきた溜池ということでは，狭山池が終着点になると表現してよいのではないかと思っております。

　これから灌漑農耕の始まりと広がりという話しをしながら，日本列島にたどりつくまでの道のりについて述べていきます。私のはかに，後はどそれぞれの地域に密着して研究されておられる方々が，各地の農耕のはじまり等については詳しく紹介されますので，私は土地によって，いろいろな灌漑の状況があり，そういう灌漑農耕がどのように広がっているのかというお話しをします。私はインドも西アジアの方も行ったことがありませんので，それぞれの地域で考えられる問題については，後ほどのお話しで補っていただきたいと思います。

図1　大河川と主要遺跡

1. 古代エジプトの灌漑

　古代文明を語るときに，ナイル川に育まれたエジプト文明がまず挙げられることは，皆さんもよくご存じのことだと思います。図2は，いろいろな農耕関係の本によく採用されている，エジプトのルクソールにある紀元前13世紀（第19王朝）の墓室の壁画です。

　大きな運河にぐるっと取り囲まれた農園で，麦や亜麻を栽培し収穫しています。それから中央には，牛に引かせた鋤を使って農耕をしている状況が描かれています。その下には実がたわわになったナツメヤシなどの果樹園を描いています。これはナイル川の水の恩恵によって成り立っている，古代エジプトの灌漑農耕の状況を表しています。王が死後に不自由することなく，このような農園で多くの実り豊かな農産物を手にしてあの世で暮すということで，墓室にも灌漑の状況が表現されているのです。

　「エジプトはナイルの賜」という概説書にもよく出てくる言葉は，ギリシアの哲人であるヘロドトスが述べた言葉ですが，それがいろいろな書物に引用されて今日に伝えられてきたものです。この「ナイルの賜」は，そもそもヘロドトスが言ったときには，エジプトの大地そのものがナイル川の賜であるというこ

灌漑農耕の始まりと拡がり

図2　ルクソールのセンネジェムの墓室壁画

とを意味しています。ナイル川が運んできた土砂でエジプトの大地が成り立っているということで、その水が運んでくる泥流が、非常に栄養豊富で肥沃な土でした。そのために、先ほどの壁画にありますような農産物が豊富に実り、収穫できるということになります。エジプトでも特に河口部に近いデルタ地帯は、ナイル川が運んできた肥沃な泥土で農産物がたいへん豊かで、ナイルの水が古くから重宝に使われていました。しかし、ナイル川の流域で農耕の遺跡そのものが発掘された例はそれほどありません。おそらくこうした遺跡は泥土の下に深く潜っているため、発掘調査がなかなか行われないということもひとつの理由だろうと思います。

　エジプトでは、ナイル川を利用したベイスン灌漑というものが少し前まで行われていました。ベイスンというのは、エジプトでは湿地を表します。ナイル川流域の両岸や川の中島がある場所、あるいはデルタに近い場所の窪地といった所に、水が貯めやすいようにジスルという堤防を築くわけです。雨期にナイル川が増水してくると、これらのジスルの中に水が取り込まれます。雨期が過ぎてだんだん水が引いていくと、ジスルで囲ったその中に水が溜まる。そのよ

7

うにして溜まった水のままでは多すぎますので，堤防を切って水を調整します。何を植えるのか耕作物によって，果樹なのか，小麦なのか，あるいはパピルスなども栽培するのですが，そういう植物に合った水の高さにまで水深を調節したら堤防を閉め切って，そこで農耕を行うのです。ナイル川の氾濫水をうまく堤防で仕切って水をコントロールしながら作物を作るというベイスン灌漑というものが，エジプトではかなり古くから伝統的に行われていたのだろうと考えています。現在では，もうそういう所はほとんどありません。皆さんもよくご存じのように，今は，ルクソールのさらに上流で 1960 年代にアスワン・ハイダムが建設され，コンクリートで造った大きなダムで水をコントロールするようになりました。これによって，今までは季節に大きく左右されていた水量が，年間通じてほぼ同量の水が下流域に供給されるという，近代的な水のコントロールが行われるようになったのです。そのため，今ではナイル川の沿岸部に，こういうベイスン灌漑をやっているところはないようです。そういうベイスン灌漑が，どれくらい古くまで遡るかは大変興味あるところです。

2. メソポタミアの初期灌漑農耕

　ナイル川の上流は，アフリカ大陸のほぼ真ん中ぐらいにあるビクトリア湖近くまで行っており，6,600km 余という長さにわたって非常に緩やかに流れています。それに対して，西アジアにある皆さんもよくご存じのチグリス・ユーフラテス川は，ナイル川と違ってとても急流であります。ですから，洪水が起こった場合に上流から運んでくる水および土砂が，緩やかな洪水ではなくて，非常に急激な洪水を起こしやすい流れであるということです。したがいまして，メソポタミア文明の発祥の地だといわれる，トルコ東部のアナトリア山地から流れ出るこのチグリス・ユーフラテス川流域では，ナイル川のような川の流れに近接した場所では農業ができないのです。またこの地方は年間降雨量が 150 ～ 400 ミリメートルという乾燥地帯で，灌漑水がないととても作物ができません。

　一方，メソポタミアの東側にずっと連なっているザクロス山系の西側の斜面では，この山系の扇状地から流れ下る水をうまく利用して，かなり古くから灌漑農耕が行われていたということがわかってきております。ここでは，ちゃんと

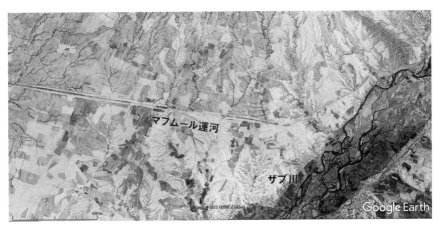

図3 メソポタミア北部のマフムール運河（Google Earth より）

人間が地面を掘削して設けた大小の水路があるのです。例えばメソポタミア中部の東側で、チョガ・マミという遺跡が調査されております。バグダッドの北東部120kmにあり、扇状地の高みにテル（集落の高まり）があり、その脇を流れる川から大小の用水路を設けて灌漑農耕を行っていたと報じられています。そこは、サマッラ期と言いB.C.6000年くらいですから、今から8000年前にまで遡る灌漑農耕の遺跡が見つかっています。自然の流路だけではなくて、明らかに人が意識的に自然流路から水路をつないで、水を支流の方に分けて農耕地へ導くという灌漑用水路跡が見つかっています。今のところはっきりした灌漑農耕の初源的なものではないかと思っております。そこは稲作ではなくて、エンマー小麦、あるいはパン小麦という、麦類や豆類の農耕が始まっています。また少し遅れて、牛を使った犂耕もやっていたらしいこともわかっています。B.C.5000年頃にはメソポタミア平原の南部では、大河からの水の利用も可能となって農地も拡大し、その流域に都市国家が出現するようになりました。

さらにB.C.2000年紀中頃には、アッシリア帝国の台頭に伴い、図3に示したマフルーム運河のように、直線的で巨大な水路がチグリス川の支流に設けられました。そこでメソポタミア北部でも、安定した農作物の供給が可能となり、アッシリア帝国は強大となっていったのです。

なお、交易の面でメソポタミア文明と関係が深いインダス文明では、インダス川の下流域に近い所にあるドーラビーラという遺跡が注目されていて、最近、

テレビなどで取り上げられたりもしております。ここでは，日干しレンガで造った水路などが見つかっておりまして，たいへん巧みに水をコントロールしていることがわかります。水路が都市の中に設置されていて，時には排水に用いられたり，あるいは給水・用水として水が配られたりということがあるようです。しかしながら，今のところ農耕地のための灌漑用水の制御がどの程度行われていたかということについては，私はよく承知しておりません。この地方ではモヘンジョダロの都市形成にも，相当の農業基盤の発展があっただろうと思います。したがって，高度の灌漑技術があったと推測できます。

3. 西アジアのカナート灌漑

　次に，西アジアの乾燥地帯で古くから有名なものに，カナートという灌漑方法があります。メソポタミアの東方に非常に高い山岳地帯がありまして，その山岳地帯から流れ出てくる雪解け水が地面に染み込んで地下水として，岩盤の上に帯水層が形成されます。その地下水をねらって竪坑を帯水層まで井戸を掘り下げます。そうして掘り当てた帯水層をめがけて，今度は 20 〜 50 m くらいの間隔を置いて，地表から竪坑をずっと掘り進めたのち，次にその底を横方向の地下トンネルでずっと結んで暗渠水路とし，20 〜 30km 先で地上の水路に出て，そこにひとつのオアシスを造ります。この地上の用水路は，まず果樹園を潤し，それから集落，それから耕作地へと順に水を引っ張っていってオアシス全域に水が配られるのです(図4)。このような灌漑法をカナートと言っていますが，年代的にいつ頃まで遡るのかというのは，研究者によって色々考え方が違うようです。例えば鉄器が普及する B.C.7 〜 8 世紀くらいまで遡るのではないかというふうにも言われております。まあこれは，深い井戸を掘ったり，あるいは横をつなぐトンネルを掘るということで地中を相当量掘削するわけですから，やはり鉄の道具がないとスムーズに掘れないだろうという理由からです。紀元前 2000 年以上前からあったのだ，というふうなことも言われております。主にイラン高原からアフリカ北部に至る乾燥地帯に，カナート灌漑が分布しています。カナートは場所によっては，カレーズ，アフリカのサハラ砂漠の方ではフォガラという名前で呼んでおります。乾燥地帯ですから地表水路の場合，

灌漑農耕の始まりと拡がり

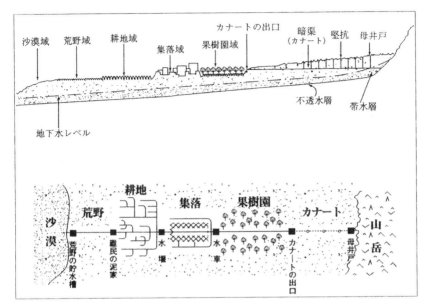

図4　村のカナート水の流れ図

蒸発する量が大変多いために、水のロスが大きいわけですね。カナート灌漑は、地下水路で水を送りますから、非常に効果的な灌漑方法といえます。竪坑を掘って地下トンネルの水路を造るということは、掘削に大変な労力や危険を伴いますが、豊富な水をオアシスに届けられるということで、乾燥地帯にずっと広がっていったのです。さらにはシルクロードを経て中国のトルファン方面にまでこのカナートが採用されています。そこでは坎児井（カンアルチン）と呼んでいます。中国の研究者の中には、中国にあった方法がシルクロードを通って、逆に西の方へ行ったのだと言う研究者もおりますが、私は西アジアの乾燥地帯で発達した灌漑方法だろうと思います。

　このカナート灌漑が、年代的にどこまで遡るのかということが、大きな問題です。オアシスまで導水し、水が最初に果樹園を潤し、そして次に自分たちの生活用水として集落の中で使って、そののちに厳しくコントロールして耕作地へと配水していく。水はどこでもそうですが、やはり水争いといって、わしの田の方が先だ、お前は後だというように、ちょっとでも、一滴でも多くの水を手に入れたいということで、集落域を出るところの水路では、非常に厳しく管

理されています。そこから各自の耕作地へと水を分けていくのですが、この分けるところの所々に、堰所を設けて水をコントロールしています。水を流す時間は、たらいの底に穴を開けて浮べ、水がいっぱい貯まるとたらいが沈むということで時間を計って管理している村もあるそうです。たらいの底に空けた穴の大きさで、ここの水は6時間、あるいは10時間なら10時間ということで、コントロールしながら耕地全体に水が行きわたるように、厳しく管理することが大変重要なのです。近世になって、韓国全南に萬能洑（マンヌンポ）という地下水路があり、日本でも三重県や岐阜県、知多半島にマンボという名の地下の灌漑水路がありますが、大陸のものとは関係ありません。

4. 中国大陸における灌漑のはじまり

　中国での稲作のはじまりは揚子江の中下流域で、野生稲から栽培稲へと変わる紀元前1万年前頃と考えられています。先ほどのザクロス山地の扇状地に水路が掘られて水を送っていたということを言いましたが、そういう灌漑は本格的な灌漑と言っていいと思います。けれども、本格的な灌漑になる前の非常に小規模な、といいますか零細な灌漑として「窪み水田」というものが、揚子江下流域で見つかっております。上海市西方に太湖という大きな湖がありますけれども、その太湖の東岸に近い所にある草鞋山遺跡で、1993年から1995年にかけて日中共同調査が行われて、窪み水田というものが発掘調査されました（図5）。この遺構の年代は B.C.5000 年（馬家浜文化期）のものです。これは 1〜1.5 m くらいの楕円形の窪みが少し間をおいて連なっておりまして、この窪地の間を小さな水路でつないで、その凹みで稲を栽培していたと考えられています。このよ

図5　草鞋山遺跡で発掘された窪み水田遺構

うなものが果たして灌漑水田といえるかどうかということですが，さらに窪みに溝を掘って，それで窪みをつないで水を供給しているのです。そして所々に井戸があり，これは湧水を期待するというよりも，むしろ雨などを貯める溜井が設けられています。このように窪みがずっと連なって，この窪みを貫いて水路というか溝が掘られていく。このような窪み水田が，わずかに低くなった地面にいくつも並んで見つかっております。これが見つかった時には，こんな遺構が水田なのかと思われたわけです。皆さんも図5をご覧になって，これが田圃ですかと，こんなところで稲が作られていたのですかと思うかも知れません。しかもこんな小規模な田圃では，たいして収穫量が上がらないだろうと思われるでしょう。しかしながら，アフリカ大陸の東側にあるマダガスカル島では，今でもこういうゴミ捨て穴のような凹みで，穴に食べ残しなどを捨てておいたら，そこから芽が生えてきて植物が成長しているようなところで栽培が行われています。それこそ，ごく普通の水溜りに植物が生えてくる，そういうやり方が現在のマダガスカル島の中央にある高地の周辺部で行われており，本によりますとピット栽培という名前で呼ばれております。マダガスカル島の場合は稲ではなくて，麦かそれ以外の穀物栽培をやっているのだそうです。おそらくこのような原始的な農耕が，いま見た草鞋山遺跡の窪み栽培のような，小規模水田と共通するもので，初期農民の発想として出てくるのでしょう。さらにもう少し効率的にやろうと思えば，縦横十文字に畔を作ってそこに水を貯めて，四角い水田を造るようになるのでしょう。こうした水田は現代のような大きな水田ではなくて，考古学をやっておられる方は小区画水田という名をご存じかと思いますが，ひとつの田圃がせいぜい2畳〜3畳くらいの規模で，そういう田が方形の畔で区切られてずっと連なっている，そのような田圃です(図11)。日本では，弥生時代のはじめから古墳時代，場合によっては奈良時代に至るまで造られています。こうした日本の小区画の水田も，元をたどればこのような窪み水田に結びついていくのではないかと思います。

5. 中国秦代の灌漑

中国ではB.C.4000年頃には，大きな土塁と濠に囲まれた城郭都市が発達しま

灌漑農耕の始まりと拡がり

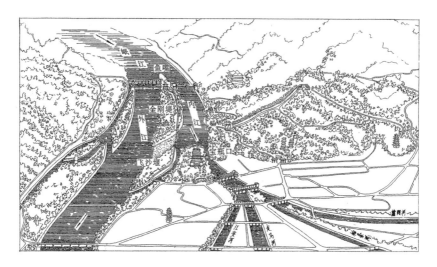

図6　都江堰外貌図

すので，その頃には，水利灌漑技術も相当いき届いたものとなっていると思われますが，水田域の発掘例は今のところほとんどありません。

ずいぶん時代が後になりまして，秦の始皇帝の時代に蜀の郡守であった李冰によって造られた都江堰という，中国ではたいへん有名な水利施設があります。1990年に水利灌漑施設として世界遺産になりました。四川省の中心都市であります成都市の北西60kmのところに都江堰市という，まあ大きな街があります。2008年に起こった四川大地震の震源地に近い所です。そこを流れている岷江という川の中に，中の島を設けて，そこに分水のための大きな堤を造って，そこで水をコントロールしながら，延長約60kmにもおよぶ大きな扇状地である成都平原を潤していたのです。図6は，下流の方から上流の方を見た景観ですけれども，上方(北)へ行きますと青海省の方へ向かっていきます。その青海省との境には，雪が積もるような4000m級の高い山々があります。この山の雪解け水が流れてくるのが岷江です。そしてこの岷江の中に金剛堤という大きな中の島を造りまして，中の島の上流側先端に魚嘴という，水を分ける石積みの装置が造られております。この魚嘴の造り方によって，洪水になった時には余分な水が外江の方に流れて行き，そして必要な水だけが内江へ分流し，宝瓶口という取水口を通って，更に幾筋もの運河に分かれて広大な扇状地の農耕地を潤すと

いうシステムになっているのです。

　この都江堰は，紀元前3世紀に造られた，たいへん技巧的といいますか，技術的に進んだ水利遺跡だということで，世界遺産になったわけです。これが造られた結果，必要な水とそうでない水とが川筋で分けられて，耕地の発展と四川盆地の治水が非常にうまくいくようになったと説明されています。上流側から見たところですが，右側の方が外江で余水が流れ，左側の内江から農業用水として必要な水が四川盆地の方へ灌漑されます。ここに石積みの魚嘴と呼ばれる施設がつくられております。四川大地震の時には一部が壊れたようですが，すぐに復旧して現在も健在です。秦代以降，今に至るまで広い範囲にわたる灌漑用水として生き続けているのです。

6. 中国春秋時代の灌漑と築堤技術

　次は同じ中国でも秦に先だつ春秋時代，紀元前6世紀末につくられた，中国農業史では必ず出てくる水利灌漑施設としての池です。造られた当時は芍陂という名前で呼ばれておりましたが，後の唐の時代にこの辺りが安豊県という行政組織になりましたので，安豊塘という名前で呼ばれるようになりました（図7）。現在では池の1辺が約5kmで，一周すると25kmですから相当大きな溜池ですね。造られた当時はもっと大きく，周囲が150kmという大きな溜池だったようです。狭山池は一周しますと大体3kmぐらいですから，大きさが大分違います。揚子江と黄河に南北を挟まれるようにして淮河という川が流れておりますが，安豊塘はこの淮河のすぐ南側にあり，歴史都市寿県の南30kmにあります。各時代に改修をくり返しながら，現在も農業用水として使っておりますし，今は養魚場としても，使われております。

図7　霧につつまれた芍陂の北堤

1959年に，中国の研究者によって安豊塘の一部が発掘調査されております。古代の溜池というのは，谷地形や斜面地の窪地のある下流側だけに堤防を設けて，上流から流れてくる水をそこで堰き止めて溜池にします。狭山池もそうなのですが，安豊塘の場合は，緩やかな傾斜地であるために，かなり長距離にわたって堤防を築いて水を堰き止めています。古代寺院では，建物の土台をしっかり固めるために基礎に版築工法がとられていますが，安豊塘では堤防が決壊しないようにということで，土を積む際，土の間に植物層を挟みながら突き固め，また植物層と土を置いては突き固めるという作業を繰り返しながら堤防を築いているのです。この事実は発掘調査によってわかりました。このような築堤技術は，後に朝鮮半島へ伝わり，さらに日本へも伝わって，狭山池の堤防にも同様な土の積み方が採用されているのです。ですから，このことは単に築堤法だけに限らず，水利灌漑施設の造営方法の多くの知識は，海を越えて我が国へも伝えられているということを物語り，たいへん重要視している土木技術なのです。今のところ池の発掘はこの安豊塘だけですが，中国大陸ではおそらく他にもこうした堤防が，今後見つかるのではないかと期待しております。

7. 棚田における水利

今まで述べました灌漑農業は河川流域の平野部や，山地斜面の扇状地のような平坦地にある農地が対象でした。同じ水利灌漑でも非常に高低差のある山間部の棚田についてお話します。最近よくテレビや本でその絶景が紹介されることがありますので，ご存じの方も多いと思います。

まず最初は，中国の南の方の雲南省紅河南岸にあるハニ族の棚田です（図8）。2013年に

図8　雲南省ハニ族の棚田群

世界遺産になっております。これは高低差が約 600 m ある急斜面に広がる，非常に大規模な棚田群です。山上に水源となる森があって，4 本の幹線水路と 400 もの支流がめぐらされて，成り立っています。1300 年の歴史があるそうで，棚田には棚田なりの巧妙な水利というものがあります。次に，フィリピンのルソン島にあるコルディリエーラの棚田です。1995 年に棚田で初めて世界遺産になりました。ここでは降雨だけに頼る天水の水田で，上にある田から下の田圃へと畦を越えて順次下位へ水が掛け流し供給されるようになっています。斜面の下端部に集落がありますが，先ほどの雲南の棚田のように，田圃の広がりの中には集落が見当たりません。

　次は，マダガスカルの棚田で，島南部の丘陵の斜面地に立派な棚田がずっと広がっています。この島では先ほど見たようなピット栽培がされている反面，こういう棚田風景もあるのです。たぶん東南アジアの方から人が渡って来て，その知識で造り始めたのだろうと言われております。もうひとつ，マダガスカルの古い形態を残した水田を紹介します。現在も使われているようですが，マダガスカルの初期の水田はおそらくこんなであっただろうと考えられています。丘陵の上の高い所を流れている水路から斜面地に向かって水口を切って，そこから傾斜地の低い方へ水を流しています。ただこれはもう掛け流しのかたちで，何も仕切らずに適当に流しています。ここでは稲の栽培も行っているそうですし，他の穀物の類もあるそうです。ごく普通の掛け流しをする傾斜の田圃でありますが，マダガスカルの場合にはそれからに更に一歩進んで，区画水田として，まあ緩やかな棚田と言いますか，そういうような田圃の水の配り方が行われております。以上のようなことからマダガスカルには，いろいろな田圃の形態が現在でも残っているということが言われております。

8. 韓半島の灌漑農耕と築堤

　韓半島の農耕は，新石器時代以来，主としてキビ・アワ栽培を中心とした畑作でありました。紀元前 1500 年前頃になって，山東半島から遼東半島を経由して水田農耕が伝わり，韓半島全域に稲作が広まりました。韓国では無文土器時代といっている時代にあたります。論山麻田里遺跡，大邱東川洞遺跡，蔚山無

去洞玉峴遺跡，密陽琴川里遺跡など，その頃の水田跡が発掘されています。前二者では灌漑用の井戸が見つかっていますが，一般的には河川の小支流に洑(井堰)を設けて，その上流側の用水路から水田へ水を引く方法がとられています。水田は小さく区画されたもので，広大な面積を埋めつくす水田景観ではありません。

図9　光州市の新昌洞遺跡発掘位置

　光州市郊外の新昌洞遺跡は紀元前後頃の農耕集落跡で，1990年代の数次の発掘調査では，多量の籾殻層とともに狭鍬や鋤などの農具が出土しています。丘陵裾の居住地点の南方に当時の水田が広がっていて，その東部を流れる小河川

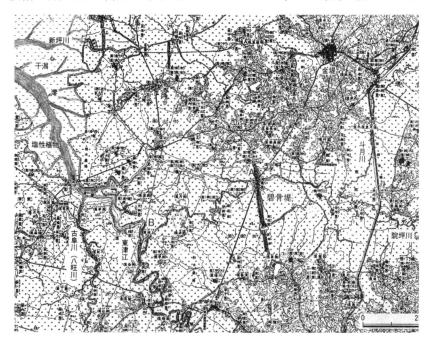

図10　金堤市の碧骨堤位置図

灌漑農耕の始まりと拡がり

と，西側丘陵の鞍部に推定される池から引水して，水田を営んでいたと考えられています(図9)。2000年前には一定水準の水利が行われていたことは確かでしょう。

先ほど中国の安豊塘遺跡の築堤技術に，土層の間に植物を挟み込む工法があることを話しましたが，それと共通する工法が韓国にも伝わったことを証明する重要な遺跡があります。

西海岸に面した全羅北道金堤市にある碧骨堤です。東津江河口部に広がる金堤平野中央部に，南北約3kmにわたって直線状に築かれた堤防です(図10)。『三國史記』によれば，4世紀前半に造られたもので，碧骨池と表現されていますが，海岸から4kmのところに位置していることや直線状の土手であることから，当初は防潮堤の役目で造られたものと考えられます。1975年の韓国の研究者の発掘によって，この堤の下部に植物を挟み込んだ土層が見つかったのです。その後，蔚山市薬泗洞，堤川市義林池，尚州市恭倹池などの池の堤の造営にこの技術が採用されていることがわかってきました。したがってこのような特殊な工法は，水利灌漑技術の一環として中国から楽浪郡を通じて周辺部へ伝授されたのだろうと思います。そして7世紀初の狭山池の造営にも採用されたのです。

9. 日本における水利灌漑の始まりと発展

わが国での水田稲作の始まりは，紀元前7世紀頃に韓半島から北部九州に伝わったことによるものと考えられています。この時代が弥生時代のはじまりです。そしてその当初より，かなり技術的に水準の高い水田稲作が行われていたとみてよいと思われます。先に中国の初期農耕のところで触れました小区画の水田が普及します(図11)。福岡市板付遺跡や野多目遺跡

図11 奈良県中西遺跡の弥生時代前期の小区画水田
(南西から)

19

灌漑農耕の始まりと拡がり

にみられるように，自然河川から派生した支流に手を加えて，木組みの井堰を設けて水を制御し，用水路へ水を引き，その用水路から取排水用の水口を作って田へ水を引いています。この時代はまだ河川の本流から水を取り入れることは技術的に不可能だったのです。

図12　福岡市元岡・桑原遺跡の池跡復元図

　この河川支流から用水路へ，そして用水路から田圃へ引水する灌漑法は後の時代まで通じて基本的なものです。ところが最近わかってきたことに，弥生時代の中頃には池を造って，そこから田に水を配っていたらしいことが福岡県で明らかとなりました。

　それは福岡市西部に位置した九州大学の移転地である，元岡・桑原遺跡の発掘成果です（図12）。そ

図13　福岡市三苫永浦遺跡の溜池配置平面図

こでは低い丘陵に挟まれた谷筋の出口を堤防で締め切って，背後の谷部に水を集めて溜池が作られていただろうと推定しています。池の汀線の跡や水際で行った祭祀跡やその関連遺物が大量に出土していることから池の存在を考え，地形からみて，その下方に広がる水田に水を供給していたのだろうとみているの

灌漑農耕の始まりと拡がり

です。発掘では堤防部分は現道路下のため見つかってはおりません。この年代は弥生時代の中〜後期とみています。もう一つは福岡市東区の三苫永浦遺跡の例です(図13)。なだらかな丘陵上の，高まりと高まりの間の数ヶ所の窪地を若干整形して水が溜まるようにして，その溜池をつないだ水路から，貯水を丘陵裾の水田へ給水していただろうという遺構です。

　この二つの例は，河川支流からの用水確保以外に，弥生時代の中頃から溜池による灌漑が行われていたことを示すものとして大変重要です。いまのところ韓国の同時代には，このような池は見つかっておりません。弥生時代以降どの

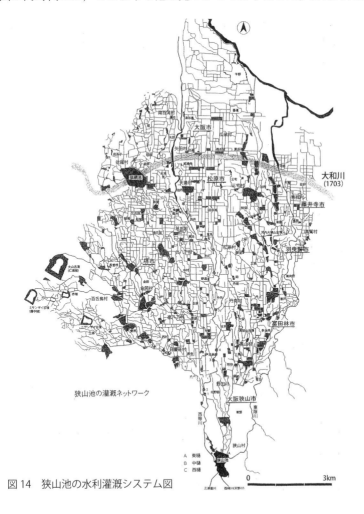

図14　狭山池の水利灌漑システム図

ように継承・発展していくか興味ある課題です。

　一般に狭山池のような規模雄大な溜池の出現は，7世紀に入って古代国家主導で造営され始めたと考えて良いと思います。狭山池は東側の羽曳野丘陵と，西側の泉北丘陵に挟まれた谷地に，南の山から流れてくる天野川の水を，下流側に堤防を築いて塞き止めて造ったものです。そして堤の最下層に木樋を埋め込んで，その樋口の開閉によって水をコントロールしながら下流域へ配水するのです。この当初の築堤と，奈良時代前半の行基によってさらに嵩上げされた土層中に，先に触れた敷葉工法が見られたのです。おそらく百済の工人が関与したものと思われます。造営当初の灌漑地は池下流の谷底平野に限られていましたが，江戸時代初めの最も広範囲に及んだ時には，15km北方の大阪市南部の田圃にまで，網目状に結ばれた用水によって，広い範囲を潤していました。途中には大小の子池・孫池も連なって，水利灌漑のネットワークを形成しているのです(図14)。その途中の要所要所には水を制御する井堰が設けられて，近世以降は樋役人が厳しく用水を管理しています。このような仕組みが成り立っているからこそ，私たちは美しい水田景観を目にすることができ，またおいしいお米が食べられ，お酒が飲めるのです。

おわりに

　以上で，西アジア・アフリカから日本に至るまで，各地の灌漑手法を見てきました。人々がどのような方法で農地に水を引くかは，農業を営む場所場所で，栽培植物の種類，土地の地形環境，土壌条件，気象条件，などによって，もっとも適した方法が選ばれてきたのです。そしてまた，その条件のなかで，できる限り少ない労働力で引水する工夫がなされてきています。その工夫のなかで，さまざまな作業に見合った道具が使用され，時代と共に改良されてきたことがわかります。

　今のところ，麦作では降雨量の少ないメソポタミアにおける人工的な用水路からの導水による畑作りが最も古く，そこから西アジアやエジプトなど周辺部に広がっていったと考えられます。

　一方稲作は，モンスーン気候におかれた揚子江下流域の低地で始まった窪み

水田から，のちに用水路と方形の畦に仕切られた小区画の水田作りへと発展し，それが韓半島や日本列島に広がってきて，今日の稲作を支えているのです。研究者のなかには，西アジアで生まれた麦畑作文化の灌漑法が東アジアに及んで，稲作の灌漑法に影響を与えたという意見をお持ちの方もおられます。農耕の始まりとその広がる過程については，まだまだ追求する課題が沢山あり，これからも研究が進んでいくことと思います。

　最後に，私たちが何気なく見ている緑豊かな水田風景のもとには，厳しく管理された水利灌漑のネットワークがいきとどいているからだということをぜひ知っていただきたい。このような水利灌漑システムは，大きな目で見ると中国，韓国，日本で伝統的に共通した方法をとっており，私は日韓中が協力して，東アジアの農業文化を支えてきたこの灌漑施設を，共にお米を食べ続ける民族として，後世に伝え残していく責務があるだろうと日頃思っている次第です。

　ご清聴ありがとうございました。

参考文献

古川久雄『オアシス農業起源論』京都大学学術出版会　2011

佐藤洋一郎監修『ユーラシア農耕史－モンスーン農耕圏の人びとと植物』臨川書店　2009

常木晃編『食糧生産社会の考古学』現代の考古学3　朝倉書店　1999

岡崎正孝『カナート　イランの地下水路』論創社　1988

原隆一「イラン砂漠地方の生活技術－カナート水の流れに沿って－」『21世紀の民族と国家』未来社　1998

小堀巖編『マンボー日本のカナート－』三重県郷土資料叢書120集　1988

巌文明『中国史前的稲作農業』科学出版社　2000

藤原宏志『稲作の起源を探る』岩波新書　1998

岡崎敬「漢代における地溝開発とその遺跡－安徽省寿県安豊塘遺跡－」『末永先生古希記念古代学論叢』1967

鶴間和幸「漳水渠・都江堰・鄭帝国の形成と戦国期の形成と戦国期の三大水利事業－」『中国水利史研究』17号　1987

村松弘一「中国古代准南の都市と環境－寿春と芍陂－」『中国水利史研究』第29号　2001

小林照幸（著）・大塚雅貴（写真）『耕して天に至る』毎日新聞社　2004

成正鏞ほか「地形과水文学的分析을통해본古代水利施設어農業生産力연구」『韓国上古史学報』第89号　2015

小山田宏一「碧骨堤の太宗15年の改修とそれ以前」『大阪府立狭山池博物館研究報告5』2008

大阪府立狭山池博物館編『常設展示案内』2001

大阪狭山市教育委員会編『東アジアの水利灌漑と狭山池』狭山池シンポジウム2011記録集　2013

工楽善通「古代築堤における「敷葉工法」－日本古代の土木技術に関しての予察』『奈良国立文化財研究所創立40周年記念論文集』同朋舎出版　1995

第 I 部
アジア東部の多様な農耕

日本列島における縄文時代の栽培植物

中山 誠二

はじめに

日本列島を舞台とした先史時代は，北海道や南西諸島を除く地域において，旧石器(または先土器)，縄文，弥生の名を冠したわが国独自の時代区分によって組み立てられてきた。そして，各時代の生業観も，狩猟による遊動生活を主体とする旧石器時代，狩猟・漁撈・採集を主体とした縄文時代，水田稲作農耕を主体とした弥生時代という発展段階論的な変遷過程が定着している。

これに対し，縄文時代にも初源的な農耕が存在したとするいわゆる「縄文農耕論」が約百年に渡って議論がなされてきたが，問題の核心となる栽培植物の同定や年代比定が不明確であったために，考古学界全体としては否定的な見解が主流を占めていた。

しかしながら，今世紀に入り植物考古学の研究の深化が進み，個別具体的な植物が，どのような空間で，いかなる形で利用されていたのかが，実証的に語られるようになってきた。その中で，ウルシ，クリなどの木本植物，ダイズ，アズキ，シソ属，アサなどの草本植物の利用と管理・栽培に関する知見が蓄積してきている。

ここでは，植物考古学から見えてきた縄文時代の植物栽培について，紹介をしていきたい。

1. 木本植物の管理と栽培

(1) ウルシ(*Toxicodendron verniciftuum*)

ウルシの木から取れる樹液を使った漆製品は，縄文時代の非常に古い時期か

第I部　アジア東部の多様な農耕

ら存在する。現在までのところ北海道垣ノ島B遺跡から出土した早期(約9,000年前)の朱漆製品が最も古く(南茅部町埋文調査団2002)，中国を含む東アジアの中でも最古の位置づけがなされている。続く前期では，島根県夫手遺跡の漆塗容器，山形県押出遺跡の漆塗彩文土器や木胎漆器などが出土しており，中期から晩期に至る縄文時代を通じて多くの漆製品が知られる(工藤編2014b)。その用途は，木製品や土器，籠状の編み物などの容器を覆う防水塗料や補修剤，石鏃と矢柄の接合のための接着剤など幅広く，赤や黒の色彩を用いた漆製品や彩文土器は，文様としての装飾効果も高かった。

　ムクロジ目ウルシ科に属するウルシは，近年までヌルデ属(Rhus)に分類されてきたが，分子系統学的研究によりウルシ属(Toxicodendron)に区別されることがわかってきた。日本列島のウルシ属は，ウルシ(T. vernicifluum)，ヤマウルシ(T.trichocarpum)，ハゼノキ(T.succedaneum)，ヤマハゼ(T.sylvestre)，ツタウルシ(T.radicans)が知られている。

　ウルシ属やヌルデ属の樹木は，年輪の道管の観察によって相互に区別される(Noshiro・Suzuki 2004)。能城・鈴木は，この同定基準を用いて福井県鳥浜貝塚から出土した縄文時代草創期のヤマウルシと同定されていた材をウルシと再評価し，縄文時代前期～晩期の東日本にもウルシ材が存在することを明らかにした(Noshiro et.al., 2007)。鳥浜貝塚のウルシ材は，AMS法による放射性炭素年代測定では$10,615\pm30^{14}$C BPの値を示し，較正年代では約12,600 cal BPを中心とした年代である。

　一方，花粉分析では，宮城県里浜貝塚の縄文時代早期後葉以降，東日本の縄文時代を通じてウルシが存在し(吉川[昌]2011a)，青森県三内丸山遺跡でも約5,600年前～4,500年前のクリ林の出現期から衰退期にかけての堆積物から産出することが明らかにされている(吉川[昌]2006)。また，青森県岩渡小谷(4)遺跡から出土したウルシ属内果皮の同定からも，縄文時代前期のウルシの存在が裏付けられている(吉川[純]・伊藤2004)。

　ウルシの葉緑体DNAの分析を用いた最新研究では，中国の黄河～長江の中流域に分布する湖北型，浙江省・山東省に認められる浙江型，遼寧省・山東省および日本，韓国全土に認められる日本型があり，日本のウルシが縄文時代の早い時期に大陸から伝播したとするならば山東省付近がその原産地にあたり，

28

漆液を採取する目的で人によって運ばれた可能性が高いとされる(鈴木他 2014)。同時に，漆液の利用を目的としたウルシの育成は自然繁茂とは考えにくく，人間による管理育成が必須であるとみられている。

縄文時代後期の東京都下宅部遺跡では，様々な漆製品が出土したばかりか，杭として利用されていたウルシ材には漆掻きの痕跡が観察され，木の太さによって樹液採取のために付ける傷の間隔を変えていたことが確認されている(図1，千葉 2014)。

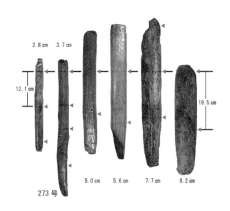

図1 下宅部遺跡のウルシ杭の直径と傷の間隔比較(千葉 2014 より転載)

現代の漆工芸の基本は縄文時代にほぼ完成しており，数々のウルシの利用痕跡は，縄文人がその特性を熟知し，栽培管理を行っていた証拠と見ることができよう。

(2) クリ (*Castanea crenata*)

クリは，酒詰仲男の「日本原始農耕試論」により，比較的早い段階から栽培の可能性が指摘されてきた植物である(酒詰 1956)。

埼玉県赤山陣屋遺跡，寿能泥炭層遺跡，栃木県寺野遺跡などの関東地方の低湿地遺跡では，縄文時代後期から晩期にかけての土木材の組成を比較した結果，クリが木材全体の 50 〜 80％をしめていた(能城・佐々木 2007)。また，下宅部遺跡の縄文時代後期前葉から晩期中葉にかけての水場遺構では，土木材の 18 〜 50％がクリ材を利用しており，他の樹木と比べても高い比率を示す。土木材等の太さと樹齢から考えて，縄文時代後・晩期のクリ林は，一定年数で一斉に伐採されたのではなく，適宜必要な大きさの木を抜き伐って柔軟に維持管理されていた(能城 2014)。

三内丸山遺跡の花粉化石群の分析では，集落が形成される以前の縄文時代前期前葉まで優占していたコナラ亜属が，集落形成とともに樹木花粉の 40 〜 90％

第Ⅰ部　アジア東部の多様な農耕

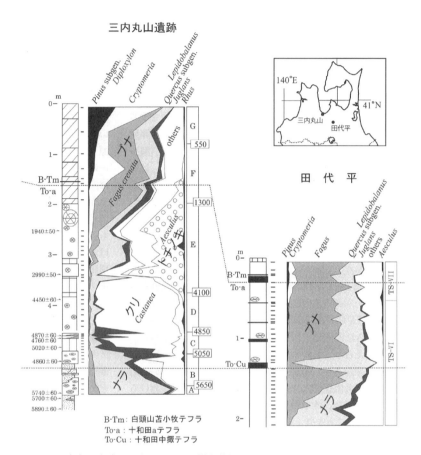

図2　三内丸山遺跡と田代平における樹木花粉化石の変遷（吉川〔昌〕2006を改変）

を占めるクリへと変化し，衰退が進む後期ではクリが減少してコナラ亜属とトチノキが卓越するようになる（図2，吉川〔昌〕2011b）。クリのような虫媒花の花粉は，風媒花と異なり飛散しにくい性質を持っており，現在の管理されたクリ畑では，クリ花粉の散布状況は林内において樹木花粉全体の30％と高率であるのに対し，林から20mも離れると5％以下，200mでは1％以下に減少する。したがって，三内丸山遺跡などにおける高率のクリ花粉分布域は，当時純林に近いクリ林が集落周辺に維持管理されていたと考えられている（吉川〔昌〕2011b）。

　一方，クリの実は縄文時代早・前期のものは小さいが時代とともに次第に大型化し，中期には現在の栽培種に近い4〜5cmほどのクリも登場するという（南

木 1994, 吉川〔純〕2011)。クリ果実の大型化は，縄文人によってクリの管理栽培が継続的に行われ，大きな実が選抜されていった証であろう。縄文時代のクリは，出土果実の詳細観察と民俗学的な利用法の比較から，搗栗として加工・保存され，年間を通じて食料として利用されていたと考えられる(名久井 2012)。

隣国の韓国ではクリの植物遺体が確認されるのは，原三国・三国時代以降であると報告されており(安 2007)，クリの資源利用が縄文時代の日本列島の中でも特に東日本に卓越している点は，極めて地域的な特性として認識しておく必要があろう。

2. 草本植物の利用と栽培

近年の植物考古学の一つの方法として特に注目されている手法に，土器の圧痕分析がある。この方法は1世紀以上前から知られているが，圧痕の型取りに使う印象剤にシリコーン樹脂を使用し，型取りしたレプリカを走査型電子顕微鏡で観察することで，同定の精度が飛躍的に進歩した(丑野・田川 1991)。また，圧痕は焼成前の土器につけられた陰影であるため時代比定が確実で，試料汚染(contamination)の危険性がないという優れた特徴をもっている。

これまで行われた縄文土器の圧痕調査では，シソ属，ダイズ属，ササゲ属アズキ亜属，イネ，アワ，キビ，ミズキ，ニワトコ，サンショウ，ウルシ属，ヌルデ属，エノコログサ属，ブドウ属などの多種類の植物が確認されている。この内，アワ，キビは縄文時代晩期終末の突帯文期に韓半島からイネとともにもたらされ，紀元前1千年紀に九州，四国，本州の島々に拡散する。その一方で，ダイズ属やササゲ属などのマメ科，シソ・エゴマなどのシソ科の栽培植物がすでに縄文時代中期の段階で高い検出率を示すことが明らかになってきた(中山 2014)。以下では，この3種の植物について栽培との関わりで見ていこう(図3)。

(1) シソ属(*Perilla* sp.)

縄文時代の遺跡から確認されるシソ科植物として，シソ属のシソ・エゴマが知られる。

シソとエゴマは植物学的には同一種に分類される。エゴマは *P. frutescens* var.

第Ⅰ部　アジア東部の多様な農耕

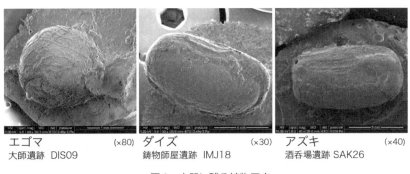

エゴマ　　　　　　　（×80）　　ダイズ　　　　　　　（×30）　　アズキ　　　　　　　（×40）
大師遺跡　DIS09　　　　　　鋳物師屋遺跡　IMJ18　　　　酒呑場遺跡　SAK26

図3　土器に残る植物圧痕

frutescens，シソは *P. Frutescens* var. *crispa* という変種として扱われ，相互に自然交配可能である(新田 2001)。しかし，栄養学的には両者の性質は，別の植物のように，おどろくほど異なる特徴を持っている。

100g中の成分を比較すると，シソはタンパク質 3.4g，脂質 0.1g，炭水化物 8.9g，エネルギー量 4.1kcal であるのに対し，エゴマはタンパク質 17.7g，脂質 43.4g，炭水化物 29.4g，エネルギー量 54.4kcal と極めて栄養価が高く，特に脂質の含有量が突出している(文部科学省 2015)。

遺跡から出土するシソ科シソ属(*Perilla* sp.)の植物遺存体は，縄文時代早期〜晩期まで継続的に存在し(笠原 1981，松谷 1983)，粟津湖底遺跡の自然流路内では早期中葉のエゴマの存在が知られている(南木・中川 2000)。その出土状況は単独の果実ばかりでなく，炭化した塊状またはクッキー状炭化物の状態でも発見されている(長沢 1989)。シソは独特の臭気を放ち，殺菌作用がある。また，現在のエゴマは食用に加え，灯用や漆製品を製作する際の油などとしても利用されるが，縄文時代におけるエゴマ油の利用法についてはまだ不明な点が多い。

シソ属やイヌコウジュ属は，形態や表皮の構造が類似するが，種子の大きさに着目して，エゴマ，シソとさらに小さいレモンエゴマ，ヒメジソ，イヌコウジュの区別が可能とされている(笠原 1981)。鳥浜貝塚出土のシソ属の果実では，湿ったままの測定値で長さ 1.4 〜 1.5mm，幅 1.1 〜 1.2mm のものをシソ，長さ 2.0 〜 2.8mm，幅 1.8 〜 2.5mm の果実がエゴマに分類されている。松谷暁子は遺跡から出土するこの種の果実が，エゴマ，シソ，レモンエゴマ，ヒメジソ，イヌコウジュ属の順に小さくなり，大きさによる分類の可能性を肯定しながらも，遺跡

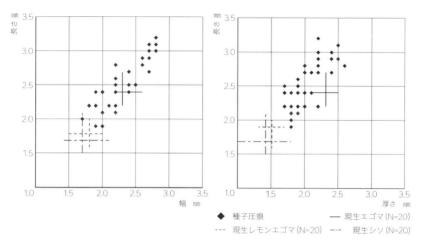

図4 縄文時代と現生のシソ属の大きさの比較（中山 2015b）

から出土した個別試料については種レベルの断定を避け，「シソ属またはシソの類」としている(松谷1988)。筆者が行った計測では，エゴマ，レモンエゴマ，シソの順で小さくなり，エゴマ(N=20)が長さ 2.2 ～ 2.7㎜，幅 2.2 ～ 2.6㎜であるのに対し，レモンエゴマの中にも長さ 2.2㎜，幅 2.0㎜程度の大きさのものがあることが判明した(図4)。個別試料の区別は難しいが，少なくとも長さ 2.3㎜，幅 2.1㎜を超える大型の果実はエゴマとして，他のシソ属とは区別できそうである(中山 2015b)。

種子圧痕のシソ属は，縄文時代前期前葉以降確認されているが，特に前期～中期では，マメ科植物と並んで高い検出率を示す。これらのシソ属種子圧痕をみると，長さが 1.7 ～ 2.9㎜，幅 1.6 ～ 2.5㎜で，シソやレモンエゴマの大きさをもつものもある一方で，エゴマと見られる大型の果実も確実に存在している(図4)。富山県小竹貝塚から出土した縄文前期の土器 ODS64 では復元個体で換算すると 1,730 個の果実が含まれ，多量のエゴマが混入されていることが明らかにされている(小畑 2015)。

現在，シソは通常放任栽培され，エゴマは毎年畑に播種され栽培される。これは両者の発芽特性の違いによるもので，自生的な状態で育成するシソと雑草型の種子は休眠性を持ち，人の保護下で安全な時期に播種されるエゴマは休眠性を持たないという違いが指摘されている(新田2001)。エゴマの育成にとっては

人的栽培，管理が不可欠であり，エゴマの存在は栽培行為を前提に成り立つことになる。このように考えると，縄文時代のエゴマも当時の人々によって栽培されていた可能性が高い。

(2) ダイズ属 (*Glycine* sp.)

ダイズはマメ科 (Fabaceae) ダイズ (Glycine) 属 Soja 亜属に属する 1 年生草本である。Soja 亜属にはダイズとツルマメの 2 種，Glycine 亜属には 7 種の多年生野生種が知られている (島本 2003)。

遺跡から出土したダイズ属の植物遺存体は，これまで弥生時代前期以降とされ，縄文時代の確実な類例はほとんど確認されてこなかったが，近年レプリカ法による圧痕研究により発見され，にわかに注目を集める存在となった。そこで，圧痕分析から得られた縄文期のダイズ属種子を集成し，その大きさと形態を年代別に比較して時間的変化を追うこととした (図 5，中山 2015a)。

日本列島で最も古いダイズ属の試料は，宮崎県王子山遺跡から検出された縄

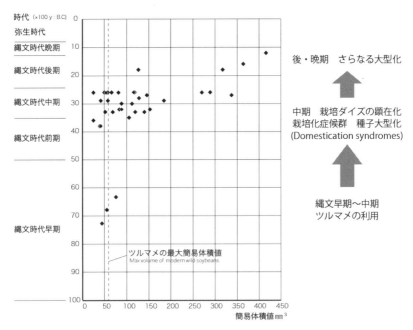

図 5　縄文時代のダイズ属種子の大きさの時代変化

文時代草創期の事例が国内で最も古く（小畑・真邊 2011），その年代は 13,350 ～ 13,300 cal BP 前後とされる（工藤 2011）。

一方，中部日本では，縄文時代早期中ごろ（約 9,000 年前）からこの種のマメが出現する。早期から前期の試料は，乾燥値の簡易体積が 24.6 ～ 77.4 ㎣で，現生ツルマメの数値の中に収まるものと，それより若干大型のものが存在する。

ところが，縄文時代中期になると，様相が一変する。この時期の試料は，乾燥値の体積を比べてみても 25.7 ～ 342.8 ㎣と大きな開きがあり，現生ツルマメの平均値 34.1 ㎣（N=50）と近い数値を示すものがある一方，ツルマメの最大値 60 ㎣を凌駕する種子がこの中期前葉を境に，一挙に顕在化するのである。

九州地方の縄文後晩期では，長さ 6.6 ～ 10.7mm，幅 5.3 ～ 7.9mm，厚さ 3.7 ～ 5.0mm，簡易体積が 129.4 ～ 422.7 ㎣で中期の中部高地に分布するダイズよりさらに大型の試料が検出されている。

このように見ると，縄文時代中期以降のダイズは種子の大型化という点で，栽培化症候群（Domestication Syndromes）による形質変化を示す，栽培化初期段階の植物と捉えられるのである。これらの栽培起源地は，アジア地域で複数の候補地があげられているが，日本列島もその起源地の一つである可能性が高い（中山 2009・2010b）。

また，種子の形態に着目すると縄文時代のダイズ属のマメは，A 型：ツルマメ型，B 型：小型扁平ダイズ型，C 型：大型楕円ダイズ型，D 型：大型扁平ダイズ型の 4 つの種類に分類される（中山 2015a）。

この 4 タイプのダイズ属を年代的に比較すると，A 型は縄文時代草創期～中期まで継続的に存在し，B 型は縄文時代中期の中部地方に集中する。C 型も縄文時代中期の中部高地に見られるが，時期が確実視されるのは中期後葉の曽利式になってから出現する。D 型は現段階では九州地方の縄文時代後晩期に限定される。

ダイズ種子に見られるこれらの形態の多様化と時代的な変異を，個体別偏差を超えた品種差として捉えることが可能であるならば，縄文時代のダイズは野生型から栽培化の過程で，いくつかの品種分化が進行した可能性がある。

現生ダイズの中には，ツルマメと栽培ダイズの中間型の形態形質をもつ「グラシリス」と呼ばれるダイズがあり，栽培植物への進化過程の中間型として，ま

第Ⅰ部　アジア東部の多様な農耕

たは栽培植物と野生祖先種の間の雑種として栽培植物の進化の過程で重要な役割を果たしたのではないかと考えられている（阿部・島本 2001）。縄文時代における栽培型ダイズの種子は，まさにこれらの中間型タイプと同じ形態的特徴を持っているのである。

ダイズは畑の肉とも言われるように，たんぱく質や脂質などが多く含まれ，極めて栄養価の高い食品である。現在では枝豆や煮豆，発酵食品を含めた様々な加工法が知られ，日本人にとっても必要不可欠な食料となっているが，縄文時代における利用法についてはまだ不明な点が多い。

(3) ササゲ属アズキ亜属 (*Vigna Ceratotropis*)

ササゲ属アズキ亜属はアジアヴィグナ（The Asian Vigna）ともいわれ，友岡憲彦らによる研究では，3 節 21 種類が存在し，この内 6 種については栽培型が存在することが明らかにされている（Tomooka et.al.,2002，友岡他 2006a・2006b）。また，山口裕文は葉緑体ＤＮＡの塩基配列から求めた合意系統樹を作成し，アズキ亜属をアズキ類とリョクトウ類に分類している（山口 2003）。

これらのマメは，北海道大学の研究グループが行った種子の縦断面の幼根と初生葉の形態差による分析によって，アズキ型とリョクトウ型に分類される（吉崎・椿坂 2001）。吉崎昌一らは，この同定基準（北大基準）を縄文時代の遺跡出土の小型ササゲ属に応用し，縄文時代の小型のマメの多くがアズキ型に属することを明らかにした。同様の方法により，山梨県中谷遺跡，大月遺跡，富山県桜町遺跡，下宅部遺跡出土の小型マメがアズキ型ないしアズキ仲間（ヤブツルアズキ，アズキ，ノラアズキ）と同定されている（松谷 1997，吉崎 2003，佐々木他 2007）。

この内，下宅部遺跡出土のマメは，第 1 号・2 号クルミ塚から出土し，ＡＭＳによる年代測定によっても，中期中葉の勝坂式期（ca.5,300 ～ 4,800 cal B.P）であることが確実とされている（佐々木他 2007）。野生のヤブツルアズキの利用は，縄文時代早期前半の滋賀県粟津湖底遺跡出土例が最古であるが（南木・中川 2000），かつてリョクトウと考えられていた鳥浜貝塚出土の前期のマメも，その後の研究によってヤブツルアズキの可能性が高いとされる（松本 1994）。

一方，私たちが行った圧痕分析では，縄文時代前期から後期にかけて多くの遺跡からササゲ属アズキ亜属種子が認められ，安定的な広がりを見せてい

る。筆者は，現生のアジアヴィグナと縄文時代のアズキ型の種子圧痕との形態比較を行い，それらが植物種としてのアズキ (*Vigna angularis*) であると判断している (中山2010a・2010b)。問題は，これらの中に，栽培型(種)のアズキが存在するかである。そこで，現生のヤブツルアズキや栽培アズキと圧痕種子の大

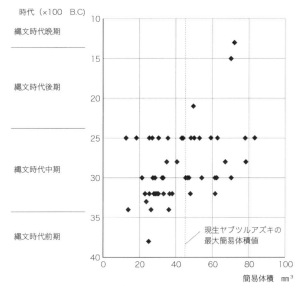

図6　縄文時代のアズキの亜属種子の大きさの時代変化
(中山 2015b)

きさを比較することとした(中山2015b)。

　その結果，現生ヤブツルアズキでは，簡易体積(俵形を楕円柱とした場合)が20粒の平均で22.6mm³，最大で約45.0mm³となるが，縄文時代のアズキ圧痕の乾燥値は12.7mm³～83.1mm³の種子が存在する。特に，縄文時代中期中葉の藤内式期以降ヤブツルアズキより大きな個体が目立つようになる(図6)。この傾向はダイズ属よりも若干時期的に遅れるものの，種子の大型化と言う点では同一の現象と捉えられる(中山2015b)。

　したがって，アズキもダイズ属同様に，縄文時代中期中葉には栽培型が出現している可能性が高い。

3. 縄文時代の植物栽培

　以上，縄文時代中期の中部高地を中心として確認されたマメ科，シソ属の種実圧痕の中に栽培植物が存在する可能性を指摘したが，これらの草本植物は当時どのように栽培されていたのであろうか。

第Ⅰ部　アジア東部の多様な農耕

　筆者は、縄文時代の植物栽培の発生過程を「遷移畑（Succession field）」論を援用し理解をしているが（福井 1983）、この植物利用システムを、今日の植物考古学の知見から図7のように描き直してみた（中山編 2014, 2015b）。

　つまり、既存植生の人間による伐採や火入れなどによるクリアランスにより、集落と一次植生の間には、二次植生帯とも言うべき空間が出現する。ここでは、クリアランスの直後にワラビ、ゼンマイ、ノビルなどが裸地に自然繁茂し、

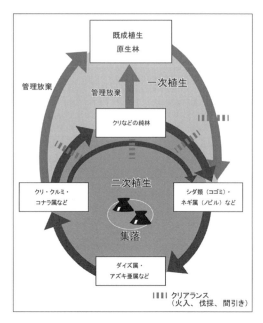

図7　二次植生帯の環境モデルと植物の栽培管理

肥沃な土地ではクズやツルマメ、ヤブツルアズキ、ジネンジョなどのマメ科植物や根茎類などへと変わり、人による利用性の高い草本植物が出現する。

　やがて、これらの地点にはクリやクルミ、トチなどの木本類が育成し、同時に繁茂するコナラ、クヌギ節、クマシデ属、ヌルデ属などの樹木は、薪炭材や道具の材料として利用される。二次林中のクリやクルミなどは意識的に管理され、中には純林に近いクリ林などが維持された。この空間が伐採や火入れによりクリアランスされれば、再び好日性の裸地植物が繁茂し、二次植生の循環がなされる。集落の移動などに伴って二次植生帯の人為的管理が途絶すれば、その地域はやがて自然植生に回帰する。

　縄文時代の火入れの証拠として、日本列島各地に分布する「クロボク土」が注目されている。山野井徹は、これまで「火山灰土」とされてきた「クロボク土」の中に、植物起源の微粒炭とともにゼンマイなどのシダ植物の胞子が多量に含まれることを明らかにし、その成因を縄文人による継続的な「野焼き・山焼き」行為の痕跡と捉えている（山野井 2015）。

日本列島における縄文時代の栽培植物

図8　東日本を中心とした地域における縄文時代の森林資源利用の模式図
（能城・佐々木2014より転載）

　また辻誠一郎は更新世末期から完新世にかけての植生史モデルを示す中で，縄文時代の自然の生態系が，日本列島の南では照葉樹林，北では落葉広葉樹林からなりたつこと，生態系に働きかけるさまざまな人間の活動による多様な「人為生態系」の形成を指摘する（辻2009）。この人為生態系ともいえる二次植生には人間が利用可能な植物が豊富で，人の選択的な関与と利用により豊かな森が維持される。同時に二次林は動物にとっても格好の餌場となり，狩猟の場ともなり得た。このような人為生態系の管理は，おそらく栽培植物が出現する以前の野生植物の利用段階に遡る可能性があり，数千年におよぶこの営みが，やがてダイズ属，アズキ亜属などの栽培型植物を生むことになったと考えられる。

　もちろんこのような植生循環システムは概念的なモデルであり，実際の場面では下宅部遺跡（能城・佐々木2014）のようにそれぞれの植生空間が集落周辺に同

第Ⅰ部　アジア東部の多様な農耕

時併存したとみられるが，こうした生産性の高い植生空間は，当初は二次林の植生遷移の利用から発生してきたのではなかろうか(図8)。このようにみると，植物栽培は人為生態系管理の結果として生まれた植物利用の一形態であるということができる。

4. 植物栽培と気候変動

　縄文時代の植物利用と栽培が，人による集落形成と周辺植生に密接に関わるとするならば，それは当時の気候変動とも連動することが想定される。そこで，完新世の環境史に照らし合わせて，整理しておきたい。

　縄文土器が登場する1万5千年程前は，更新世の末期にあたり最終氷期の中でも比較的温暖な時期から，ヤンガードリアス亜氷期と呼ばれる一時的な寒の戻りを経て，日本列島は温暖化に向かう。工藤雄一郎は国内外の環境史に関わる研究を比較する中で，日本列島の後氷期(完新世)における5つの画期を捉え，PG Warm-1（約11,500～8,400 cal BP），PG Warm-2（約8,400～5,900 cal BP）（約5,900～4,400 cal BP），PG Cold-2（約4,400～2,800 cal BP），PG Cold3（約2,800 cal BP～）の古環境区分を明らかにしている(PGはPost Glacialの略，工藤2012)。以下，工藤の環境変遷区分を基軸に植物栽培利用の動態をみてみよう(図9)。

　縄文時代の上記の植物は，その出現が最終氷期にあたる草創期まで遡るものもあるが，クリ，ウルシ，アサ，エゴマ，ヒョウタン仲間，ゴボウの他，野生のツルマメ，ヤブツルアズキなどが継続的に利用されはじめる起点が縄文時代早期前半であることは，改めて確認しておく必要があろう。この時期は，晩氷期最後の寒冷期LG Coldの直後から気温が急激に上昇し，海水準も上昇する時期にあたっている。同じ時期，日本海へ対馬海流が本格的に流入し，陸上の気温のみならず，台風や梅雨前線活動の位置，降雨量・強度，河川の活動や地形変化に大きな影響をもったと推定される(町田2011)。これらの植物は，何れもいわゆる8.2kaイベント(北半球全域で起こった完新世最大の寒冷化)以前に出現しており，日本列島の温暖化による植生変化に加え，複数の竪穴住居によって構成される集落の形成と定住化がその引き金になっている可能性が高い。粟津湖底遺跡では，早期初頭の定住化以前の生活痕跡からササゲ属，ヒョウタン仲間，ゴ

ボウ,エゴマなどが検出されているが,それらは常態的に栽培されたと言うより,小規模な人為的環境が人里植物の生育を自ずと促した結果とも評価されている(伊庭 2000)。

8.2kaイベントの後の温暖期 PG Warm-2 は,考古学的編年では縄文時代早期後葉から前期後半にあたっているが,この時期に中部日本を中心にエゴマの利用が顕著となる点は注意しておきたい。特に前期前半以降,土器圧痕の中でもエゴマは突出して検出例が増加する植物で,高カロリーかつ高脂質の食品として,急速に利用が進んだと推定される。また,次期における栽培型のダイズやアズ

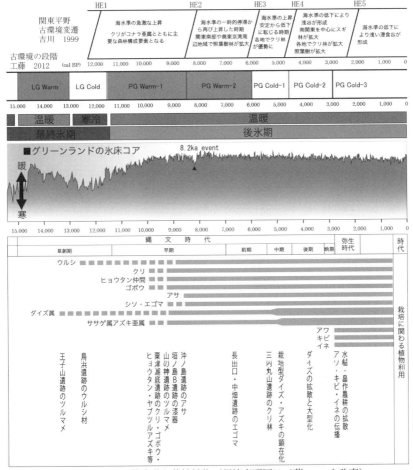

図9 完新世の環境変動と栽培植物(環境変遷図は工藤 2012 を改変)

第I部　アジア東部の多様な農耕

キの出現を考慮すると，この時期に野生マメ科植物の育種や栽培（pre-domestication cultivation）が進行していったものと考えられる。

　続く PG Cold-1 は，縄文海進のピーク後の海退開始期（約 5,900cal BP）を画期として，約 4,400cal BP 前後に始まる急激な寒冷化イベント開始期までの時期とされ，考古学的には縄文時代前期末葉〜中期全般にあたる。関東の武蔵野台地ではクリ林が優勢になり，狭山丘陵や多摩丘陵の谷筋にトチノキが拡大しはじめる（吉川 1999）。この時期の台地上でのクリ林の拡大は縄文人による植生関与の結果としての人為的生態系と評価されている（吉川 1999，工藤 2012）。

　草本植物では，マメ科のダイズ属，アズキ亜属に栽培型の種子が目立ってくるのがこの時期からである。栽培化現象の一つの特徴である種子の大型化が，なぜマメ科においてこの時期顕在化するのかは今のところ不明であるが，栽培型と言われるダイズの継続的な出現時期を考慮すると，海水水準の低下による海退開始期の寒冷化イベントが何らかの形で関わっている可能性もある。前時期から進行する野生種の栽培行為の過程で，人による大型種子の選抜が進んだことも一因と考えられるが，それが顕在化し安定する要因は，寒冷化によって一時的に多くの野生種が減少し，人為的な選抜を経た種子が積極的に播種，育成されことによるボトルネック効果と捉えることもできる。南アジアでのマメ科植物の種子大型化は，鋤や犁の利用による深耕と深い関わりがあるとみられているが（Fuller 2007），縄文時代前期末から中期初頭の寒冷化と乾燥，打製石斧の増大と深耕，種子の大型化に一連の関連性があったのではないであろうか。

　PG Cold-2 は，約 4,400 cal BP 前後に始まる急激な寒冷化イベントの開始を画期とし，2,800 cal BP 前後から始まる寒冷化イベントまでの期間を示し，縄文時代後期初頭から晩期後葉にあたる。関東では，開析谷内にハンノキやヤチダモの湿地林が形成され，トチノキ林が谷筋に拡大する。また，武蔵野台地上ではクリ林が目立って分布した（吉川 1999）。植物利用の点では，トチノキの利用が進み，トチの実のアク抜きを目的とした大規模な木組み遺構が埋没旧河道で発見される事例が増加する（佐々木 2007）。この時期，西日本から九州地方にかけても，ダイズの検出例が急増し，種子の大型化もさらに進行する。小畑は，これらの現象を中部日本から西日本へのダイズの拡散と評価する（小畑他 2007）。

　PG Cold-3 は，前時期後半に安定していた気候が，再び寒冷化に向かうイベン

トを画期としており，縄文時代晩期末葉以降の時期にあたる。関東平野ではこの時期以降浅谷が形成され，谷内ではハンノキ・ヤチダモ湿地林から草本が繁茂する湿地林に変化した(辻 1989)。植物利用の点では，晩期末の突帯紋期に韓半島からイネ，アワ，キビなどの穀類が伝播し，弥生時代中期前半にかけて緩やかにではあるが日本列島内に拡散していく。宮本は，これらの穀物伝播の動きを東北アジア初期農耕化第４段階に位置づけ，紀元前 8 世紀頃の寒冷期による朝鮮半島南部の渡来民の北部九州への移住や文化接触の結果とみる(宮本 2017)。一方，藤尾は，この寒冷化の開始期をやや古い紀元前 10 世紀後半とみているが，同じ時期に登場する水田などから，弥生時代の開始をこの年代に求めている(藤尾 2009)。京都府北白川追分町遺跡における初期の稲作では，周囲の湿地林を切り開いてあかるく開けた湿地でイネの栽培をし，周囲の微高地でアワの栽培を行っていた(那須 2014)。水田および畠作農耕による本格的な農業の開始によって社会は大きく変化し，やがて穀物栽培は生業の中心的な役割を担うようになるのである。

おわりに

　縄文時代は，狩猟・採集・漁撈を中心とした食料獲得経済と考えられてきた。しかしながら，植物考古学の最新研究によって，個別具体的な植物利用の実態が明らかにされ，植物の管理及び栽培も生業の一要素として組み込まれていることが確実となってきた。

　完新世における温暖化は日本列島に豊かな森を出現させ，その森を切り拓き定住化を進めた縄文人によって，周辺植生や人為生態系の管理がなされていた。縄文時代の植物栽培は，まさにこうした人と植物の共生の中で醸成されたシステムであったと推定される。

　筆者は，縄文時代中期以降の植物栽培を園耕(Horticulture)という初期農耕段階に位置付け，紀元前 1 千年紀にはじまる穀物の伝播と農耕社会の形成の前段階に起こった現象と捉えている。これらの植物栽培が即座に農耕社会の発生に直結しないものの，植物資源の管理や栽培が従来私たちが考えている以上に進展し，地域や時代の環境に応じて狩猟・採集・漁撈などと可変的かつ弾力的に組

第Ⅰ部　アジア東部の多様な農耕

み合わされていたことに，縄文時代の生業の特質をみる。また，この多様な環境適応こそが1万年以上にもわたる安定・継続的な縄文文化を維持できた最大の要因とみなすことができるのではなかろうか。

参考文献

阿部純・島本義也 2001「ダイズの進化：ツルマメの果たしてきた役割」『栽培植物の自然史－野生植物と人類の共進化』北海道大学図書刊行会

安　承模 2007「作物遺体を中心にみた朝鮮半島の先史農耕」『日本考古学協会 2007年度熊本大会研究発表資料集－列島初期農耕史の新視点』日本考古学協会熊本大学実行委員会

伊庭　功 2000「縄文時代早期初頭の環境と生活」『粟津湖底遺跡　自然流路（粟津湖底遺跡Ⅲ）』滋賀県教委

丑野　毅・田川裕美 1991「レプリカ法による土器圧痕の観察」『考古学と自然科学』24

小畑弘己・佐々木由香・仙波靖子 2007「土器圧痕からみた縄文時代後・晩期における九州のダイズ栽培」『植生史研究』15-2

小畑弘己・真邉彩 2011「王子山遺跡のレプリカ法による土器圧痕分析」『王子山遺跡』都城市教委

小畑弘己 2015「エゴマを混入した土器－軟X線による潜在圧痕の検出と同定－」『日本考古学』40

笠原安夫 1981「鳥浜貝塚の植物種実の検出とエゴマ・シソ種核・タール状塊について」『鳥浜貝塚－縄文前期を主とする低湿地遺跡の調査2－』福井県教委

工藤雄一郎 2011「王子山遺跡炭化植物遺体の¹⁴C年代測定」『王子山遺跡』都城市教委

工藤雄一郎 2012『縄文時代の環境変遷史』新泉社

工藤雄一郎編 2014a『国立歴史民俗博物館研究報告第187集 縄文時代の人と植物の関係史』国立歴史民俗博物館

工藤雄一郎編 2014b『縄文時代の植物利用』新泉社

酒詰仲男 1956「日本原始農耕試論」『考古学雑誌』42-2

佐々木由香 2007「水場遺構」『縄文時代の考古学5 なりわい』同成社

佐々木由香・工藤雄一郎・百原新 2007「東京都下宅部遺跡の大型植物遺体からみた縄文時代後半期の植物資源利用」『植生史研究』15-1　pp.35-50　日本植生史学会

島本義也 2003「ダイズ」『食用マメ類の科学－現状と展望』養賢堂

鈴木三男・能城修一・田中孝尚・小林和貴・王勇・劉建全・鄭雲飛 2014「縄文時代のウルシとその起源」『縄文時代の人と植物の関係史』国立歴史民俗博物館研究報告第187集

千葉敏朗 2014「適材適所の縄文人－下宅部遺跡－」『ここまでわかった！縄文人の植物利用』新泉社

辻誠一郎 1989「開析谷の遺跡とそれをとりまく古環境復元：関東平野中央部の川口市赤山陣屋遺跡における完新世の古環境」『第四紀研究』27

辻誠一郎 2009「縄文時代の植生史」『縄文時代の考古学3』同成社

友岡憲彦・加賀秋人・Duncan Vaughan 2006a「アジア Vigna 属植物遺伝資源の多様性とその育種的活用－（第一報）アジア Vigna の栽培種と起源」『熱帯農業』50-1

友岡憲彦・加賀秋人・Duncan Vaughan 2006b「アジア Vigna 属植物遺伝資源の多様性とその育種的活用－（第二報）新しい分類体系の構築とその特徴」『熱帯農業』50-2

長沢宏昌 1989「縄文時代におけるエゴマの利用について」『山梨県考古学論集Ⅱ』山梨県考古学協会

中山誠二 2009「縄文時代のダイズ属の利用と栽培に関する植物考古学的研究」『古代文化』61-3

中山誠二 2010a「縄文時代のアズキ亜属に関する基礎研究」『東海史学』44

中山誠二 2010b『植物考古学と日本の農耕の起源』同成社

中山誠二 2014「山梨県における縄文時代の植物質食料の利用について」『日韓における穀物農耕の起源』山梨県立博物館

中山誠二編 2014『日韓における穀物農耕の起源』山梨県立博物館

中山誠二 2015a「縄文時代のダイズの栽培化と種子の形態分化」『植生史研究』23-2

中山誠二 2015b「中部日本における縄文時代の栽培植物と二次植生の利用」『第四紀研究』54-5

名久井文明 2012『伝承された縄文技術』吉川弘文館

那須浩郎 2014「雑草からみた縄文時代晩期から弥生時代移行期におけるイネと雑穀の栽培形態」『国立歴史民俗博物館研究報告第 187 集　縄文時代の人と植物の関係史』国立歴史民俗博物館

新田みゆき 2001「シソとエゴマの分化と多様性」『栽培植物の自然史』北海道大学図書刊行会

能城修一・佐々木由香 2007「東京都東村山市下宅部遺跡の出土木材からみた関東地方の縄文時代後・晩期の木材資源利用」『植生史研究』15

能城修一 2014「縄文人は森をどのように管理したのか」『縄文時代の植物利用』新泉社

能城修一・佐々木由香 2014「遺跡出土植物遺体からみた縄文時代の森林資源利用」『国立歴史民俗博物館研究報告第 187 集　縄文時代の人と植物の関係史』国立歴史民俗博物館

福井勝義 1983「焼畑農耕の普遍性と進化－民俗生態学的視点から－」『日本民俗文化体系 5　山民と海人』小学館

藤尾慎一郎 2009「総論　縄文から弥生へ・弥生前史」『弥生時代の考古学 2』同成社

町田　洋 2011「第四紀の関東ローム層に記録された古環境：古土壌と考古学研究の基礎として」『地球環境』16-2

松本　豪 1994「鳥浜貝塚, 桑飼下遺跡出土のマメ類について」『筑波大学先史学・考古学研究』5

松谷暁子 1983「エゴマ・シソ」『縄文文化の研究　第 2 巻　生業』雄山閣

松谷暁子 1988「電子顕微鏡でみる縄文時代の栽培植物」『畑作文化の誕生　縄文農耕論へのアプローチ』日本放送出版協会

松谷暁子 1997「大月遺跡から出土した炭化植物について」『大月遺跡』山梨県教委

南茅部町埋蔵文化財調査団 2002『垣ノ島 B 遺跡』南茅部町教委

南木睦彦 1994「縄文時代以降のクリ果実の大型化」『植生史研究』2

南木睦彦・中川治美 2000「大型植物遺体」『粟津湖底遺跡　自然流路(粟津湖底遺跡Ⅲ)』滋賀県教委

文部科学省 2015『日本食品標準成分表 2015 年度版(第 7 訂)』

宮本一夫 2017「東アジアにおける農耕の起源と拡散」『季刊考古学 138 号　弥生文化のはじまり』雄山閣

山口裕文 2003「照葉樹林文化が育んだ雑豆“あずき”と祖先種」『雑穀の自然史－その起源と文化を求めて』北海道大学出版会

山野井徹 2015『日本の土　地質学が明かす黒土と縄文文化』築地書館

吉川純子・伊藤由美子 2004「青森県岩渡小谷(4)遺跡より産出した大型植物化石群」『岩渡小谷(4)遺跡Ⅱ』青森県教委

吉川純子 2011「縄文時代におけるクリ果実の大きさの変化」『植生史研究』18-2

吉川昌伸 1999「関東平野における過去 12000 年間の環境変遷」『国立歴史民俗博物館研究報告』第 81 集

吉川昌伸 2006「ウルシ花粉の識別と青森県における縄文時代前期の産状」『植生史研究』14-1

吉川昌伸 2011a「縄文時代以降におけるウルシ花粉の産出状況」『漆サミット 2011 －危機に直面している国産漆－発表資料集』明治大学

吉川昌伸 2011b「クリ花粉の散布と三内丸山遺跡周辺における縄文時代のクリ林の分布状況」『植生史研究』18-2

吉崎昌一・椿坂恭子 2001「先史時代の豆類について－考古植物学の立場から」『豆類時報』24　日本豆

第Ⅰ部　アジア東部の多様な農耕

類基金協会

吉崎昌一 2003「先史時代の雑穀」『雑穀の自然史－その起源と文化を求めて』北海道大学図書刊行会

Fuller,D.Q. 2007 Contrasting patterns in crop domestication and dometication rates: Recent archaeobotanical insights from the old world. *Annals of Botany* 100.

Noshiro,S., Suzuki,M. 2004 Rhus verniciflua Stokes grew in Japan since the Early Jomon Period. *Japanese Journal of Historiccal Botany* 12.

Noshiro S., Suzuki,M.,Sasaki,Y. 2007 Importance of Rhus verniciflua Stokes（lacquer tree）in prehistoric preiods in Japan, deduced from identification of its fossil woods. *Vegetation History and Archaeobotany* 16.

Tomooka,N.,Vaughan,D.A., Moss,H. 2002 *The Asian Vigna : The genus Vigna subgenus Ceratotropis genetic resouces.* Kluwer Academic Publishers, Dordrecht, London

日本列島における農耕の拡散

田﨑 博之

はじめに

　農耕は自然環境への依存度が極めて高い。中でも，気候の変動は，栽培植物の生育だけでなく，それによって土地条件は大きく変化し，農耕地の確保に影響を及ぼす。

　例えば，海岸沿いの浜堤では，縄文時代晩期前葉の風成砂が堆積する環境から，晩期中頃以降，表層に土壌が形成され始める。いわゆる「クロスナ層」である。冷涼な気候条件から温暖化が進むことを示している。晩期末の刻目凸帯文土器段階[1]には，谷底平野や扇状地扇端部では砂礫の供給が旺盛な氾濫原の環境が湿地に変化し，三角州性平野では湿地と湿潤地の環境が繰り返し生じる。湿地は浅水域〜沼沢地を含み地下水が常に表土をみたし排水不良の環境下にあり，湿潤地は表土が季節によって地下水でみたされたり地下水位が下がり地表が乾き土壌が形成されたりする。この時期，北部九州地域で登場する水田のほとんどは，湿潤地や作土に地下水が間接的に影響をおよぼす地形を利用する。弥生時代前期初頭になると，谷底平野では湿地が次第に湿潤地へ変化し，扇状地性平野でも湿潤地が拡大し，水田が営まれる地形条件の幅を広げることになる（田﨑 2008a）。

　ところが，弥生時代前期末を境として，中期前葉には，浜堤上は土壌形成よりも砂の堆積が優勢となる環境に再び変化する。花粉分析の研究成果では，多雨による気候の冷涼化が指摘されている（野井 1991 ほか）。地形学研究では，完新世段丘Ⅰ面が形成され，氾濫原面では洪水が多発して三角州が拡大する（高橋 2003）。それまで拓かれた水田は，河川氾濫による厚い砂礫層で埋没したり，湿地化して廃絶されることが多い。

　つづく弥生時代中期後葉〜後期前葉には，浜堤上では砂の堆積よりも土壌形

第Ⅰ部　アジア東部の多様な農耕

成が優勢な環境となり，温暖な気候条件への転換を読み取れる。三角州平野では，湿地と湿潤地の環境が交互に生じ，湿潤地への変化を捉えて各所に水田が進出する。その後，弥生時代後期中葉〜古墳時代前期前葉は寒冷な気候が始まる時期(坂口1993)で，谷底平野では砂礫の堆積が旺盛となり，三角州性平野では洪水氾濫が繰り返しおこるが，扇状地の扇端部周辺では湿潤地が拡大し，水田が営まれる主舞台となる。

　以上の環境変化とともに，縄文時代晩期末にはイネ，アワ，キビの種子圧痕資料が確認されている。遺跡出土の炭化種実資料の集成では，弥生時代前期には北部九州をはじめとする西日本地域でイネが増加し，水田雑草や畑雑草(人里植物)も随伴する。前期後葉には，東海〜東北地域でもイネ，アワ，ヒエ，キビが出土し，中期には面的な分布をみせる。イネを中心として畑作物を組み合わせた農耕が北部九州地域にあらわれ，各地域の自然条件や集落立地などに応じてイネと畑作物の組み合わせや割合を変えながら，前期末には東北地域まで農耕が拡散する(後藤2011)。

　本稿では，水田跡や畑跡が調査され農耕の本格的な拡散を知ることができる縄文時代晩期末〜弥生時代を中心として，農耕地の類型，農耕技術を象徴する農耕具，耕作単位や経営形態を検討することで，農耕の拡散について考える。

1.　農耕地の類型

　農耕地は，特定の栽培植物(食用植物)の育成に適するように，耕起，砕土，反転，攪拌を繰り返す耕耘作業を行う囲い込んだ空間である。考古学では，畦畔で囲まれた区画で水田跡，間隔をあけて列状に並ぶ土を盛り上げた畝や畝間の溝によって畑跡を認識してきた。それは，作土上面に残された形態からの認識であり，現在の農地との比較による認定法である。ところが，作土上半部が後世に破壊された場合や，畝だてされていない畑跡などでは，農耕地の認定は難しい。最近では，地質学や微細土壌形態学の研究法を導入して，農耕地の作土構造の特徴を読み取ることが試みられている(田﨑・松田・宇田津2016ほか)。発掘調査範囲の制約をこえて農耕地を捉えることができるようになってきた。

(1) 水田跡の類型

　九州地域では縄文時代晩期末(夜臼式及び併行期)の福岡市板付遺跡 G-7a・b 調査区(図1-4)と野多目遺跡(図1-5), 宮崎県都城市の坂元A遺跡(図4), 瀬戸内地域では弥生時代前期初頭(沢田式段階)の岡山市津島江道遺跡, 近畿地域では前期中葉(第一様式中段階以前)の奈良県御所市の秋津遺跡5〜8次調査(図2-1)の水田跡が, 最も時期が遡る事例である。秋津遺跡では, 水田が営まれ始める当初から, 微高地に挟まれた帯状にのびる幅 40 m, 長さ 170 m 以上の低地部を中心として, つづく前期後葉には 22,000㎡をこえる広面積の水田域が営まれる(図2-2)。さらに, 三重県松阪市筋違遺跡では弥生時代前期中葉〜後葉(馬見塚式と金剛坂式の併存期, 図5), そして北緯 40°をこえる青森県弘前市の砂沢遺跡では前期末(砂沢式段階)の水田跡が調査されている。

　以上を含む弥生時代〜古墳時代の水田跡の多くは, 畔畔で小さく区画(小区画)することで, 自然地形の起伏の中で効率的な水配りを図っているが, 水路が伴うⅠ型と, これを伴わないⅡ型の2つに類型化できる(田﨑 2002)。

　Ⅰ型水田は, これまで発見されている水田跡のほとんどを占め, 方形や矩形に区画され, 地下水位の高低という水条件[2]と付設された水路の性格によって, Ⅰa型・Ⅰb型・Ⅰc型に細分できる。Ⅰa型は, 地下水位が相対的に低く, 作土に地下水が影響を及ぼさない半乾田タイプである(図3-4)。水田域でも相対的に高い場所に給水を主目的とする水路を配置する。段丘上の鳥栖ローム層が土壌となった灰色みをおびる黒褐色土を作土とする前述の野多目遺跡, 扇状地の埋没旧中州に挟まれた谷状の窪地に堆積する黒褐色シルト〜褐灰色粘土を作土とする高松市浴・長池遺跡(弥生時代前期末)や, 旧河道上部の黒褐色砂質土が作土の福岡市岩本遺跡3次調査(弥生時代中期前葉〜中葉, 図1-6)などの水田跡はⅠa型に分類できる。

　これに対して, Ⅰc型は, 作土層が地下水の変動域に含まれ, 季節によっては作土が地下水でみたされる湿田タイプである(図3-2)。水田域の中で最も低い場所に排水を主目的とする水路が掘られる。扇状地と三角州の境界付近の低湿地沿いに位置する福岡市の東比恵三丁目遺跡(弥生時代中期後葉〜後期前半, 図1-3)や拾六町平田遺跡(弥生時代前期前葉, 図1-7), 自然堤防後背の低湿地縁辺にある大阪府の若江北遺跡や山賀遺跡(弥生時代前期中葉〜後葉)や鹿児島県薩摩川内市

第Ⅰ部　アジア東部の多様な農耕

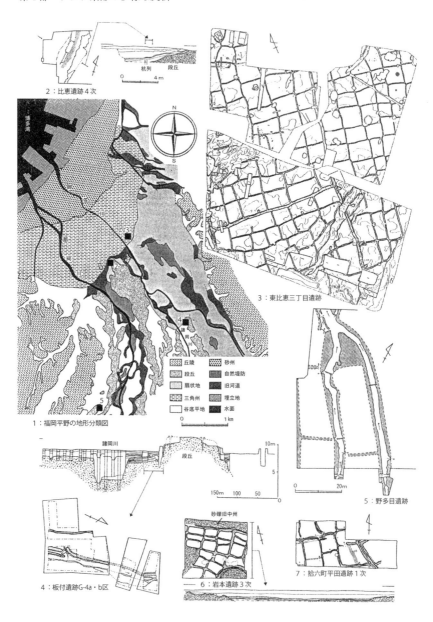

図1　福岡平野の地形分類図及び縄文時代晩期末〜弥生時代の水田跡（各報告書から作成）

日本列島における農耕の拡散

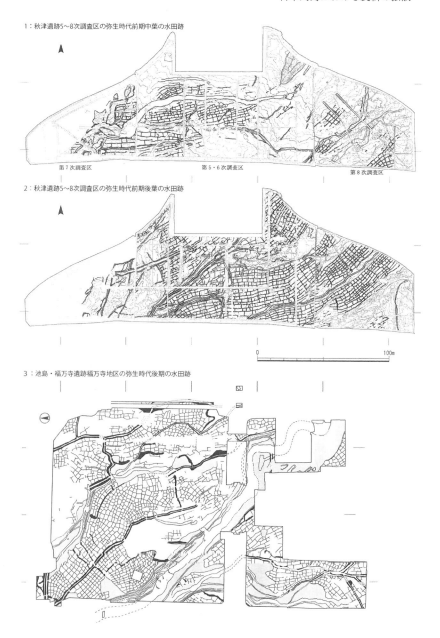

図2　近畿地域の弥生時代の水田跡（井上 2016、岡田 2016 より転載・作成）

第Ⅰ部　アジア東部の多様な農耕

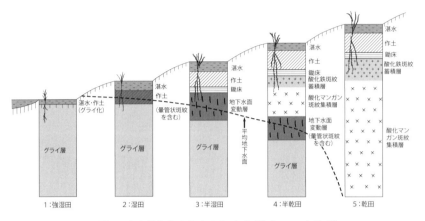

図3　水条件からみた水田タイプ（松井2004を改変）

の京田遺跡(弥生時代中期末～後期)，丘陵裾の谷底平野(低地)に拓かれた佐賀県唐津市の菜畑遺跡(縄文時代晩期末？～弥生時代前期)や福岡県小郡市の三沢・公家隈遺跡，鳥取県米子市の目久美遺跡(弥生時代前期～中期)，浜堤後背の低湿地近くに立地する仙台市杳形遺跡(弥生時代中期中葉)などでは，湿地環境で堆積した黒色有機質土層の自然排水が進み湿潤地化した時点で，Ⅰc型水田が営まれる。

Ⅰb型は，Ⅰa型とⅠc型の中間型で，地下水の変動域が作土層の直下にあり，地下水が作土に間接的に影響を及ぼす半湿田タイプである(図3-3)。水路は給排水兼用の性格をもつ。低位段丘上に砂や黒灰色シルト～粘土が互層状に堆積した緩斜面に立地する板付遺跡(図1-4)や大阪市長原遺跡(弥生時代中期前葉)が典型例である。自然堤防帯の旧河道の埋没過程で堆積した黒色～黒灰色のシルトや粘土質シルトを作土とする津島江道遺跡も，Ⅰb型水田に分類できる。

発見例が多いⅠ型水田と比べて，Ⅱ型水田は現時点では極めて少ない。その中で，坂元A遺跡では，縄文

写真1　坂元A遺跡のⅡ型水田跡の疑似畦畔と周辺に残る耕耘痕跡（報告書から転載）

日本列島における農耕の拡散

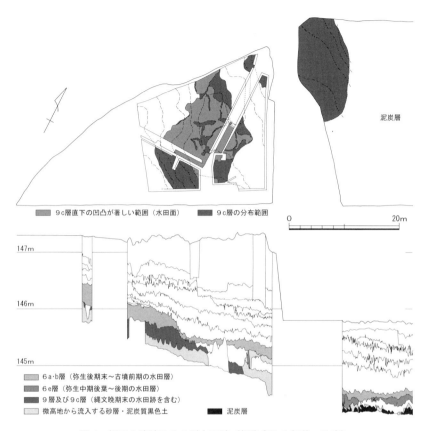

図4　坂元A遺跡のⅡA型水田跡（報告書から転載・改変）

時代晩期末のⅡ型水田の全容が明らかにされている（図4）。周辺から水が集まりやすい火山灰台地裾に開析された谷部への落ち際の緩斜面に立地し，黒色有機質土（図4の9層）が堆積する範囲の中で東西14 m，南北20 mほどに水田を拓いている。最も低い場所を畦畔で囲み，周りを取り囲むように不整形の水田区画を造る。作土の下層には緩斜面に流れ込む軽石混じりの砂と泥炭質の黒色土が交互に重なって堆積し，湿田タイプに属する。作土の下底面には，平面形が幅10〜12cm，高さ6〜8cmの隅丸の長底辺三角形（三角おむすび形）や長楕円形で，断面形がV字形やU字形の深さ2〜4cmの耕耘痕跡が残されていた（写真1）。

また，福岡市比恵遺跡4次調査（弥生時代前期）では，段丘沿いの低湿地に面して並ぶ杭跡を繋いで，幅0.8〜2 m，長さ5 mほどの細長い長方形の水田跡を

53

第Ⅰ部　アジア東部の多様な農耕

復元できる(図1-2)。仙台市富沢遺跡でも東北部の5・7・13・17・28・99・104調査地点の水田跡は，泥炭質の黒色～黒褐色有機質粘土を作土とする湿田タイプに属する。大・中・小の長方形や方形に区画され，一部の水田で自然排水が悪化した時には非耕作域とし，隣地に水田を追加して拓くことを繰り返す。弥生時代中期中葉(桝形囲式段階)には，湿地化した休耕田がモザイク状に点在する7,000㎡をこえる水田域が形成される。以上の水路を伴わないⅡ型水田は，いずれも湿田タイプに属することが特徴で，比恵遺跡や富沢遺跡の水田跡は長方形や方形に区画される点でⅠ型と共通する。坂元A遺跡例を指標とするⅡa型，比恵遺跡例や富沢遺跡例のⅡb型に細分できる。

(2) 畠跡の類型

　1970年代後半～1980年代初め，菜畑遺跡の調査では，低丘陵に挟まれた谷底の湿潤地に水田が拓かれ，花粉分析や出土種実分析から丘陵部に畠が営まれる景観が推定された。近年では，縄文時代晩期末～弥生時代前期初頭の松山市文京遺跡60次調査，弥生時代前期中葉の徳島市庄・蔵本遺跡20次調査，三重県松阪市の筋違遺跡などで畠跡の調査が続いている。静岡市の手越向山遺跡では中期前葉(丸子式段階)に繰り返し攪拌された痕跡が残る畠跡と考えられる覆土(作土)と下部に溝状遺構がみつかっている。

　文京遺跡60次調査例は，周囲から水が集まりやすい旧河道への落ち際に立地する。南北幅6～7m以下の最大でも100㎡をこえない

写真2　筋違遺跡の畠の天地返し跡と考えられる小溝群
（報告書から転載）

写真3　筋違遺跡のⅠ型畠跡（報告書から転載）

小規模な畠跡である。土壌となった有機物を多く含む灰黄褐色の砂混じりシルトを作土とする。坂元A遺跡と同じく，作土の下底面に平面形が長軸長7.5〜12cm，短軸長5〜10cmの隅丸三角形や菱形で，断面形が「レ」字形やV字形の耕耘痕跡が残されていた。作土の上面は洪水層で覆われているが，畝や畝間溝の痕跡は確認されず，畝だてしていない畠跡と考えられている。

　庄・蔵本遺跡20次調査の畠跡は，微高地縁辺の東西17m，南北11mを溝で囲み，その中に畝を造る。灰オリーブ色粘土を畝の作土，植物遺体が残るオリーブ灰色粘土を心土とする。畠跡に取り付けられた溝の底面で焼土と炭化物の集積がみつかり，水洗選別でアワとキビの炭化種子が出土している。作土のプラント・オパール分析では生育段階初期(苗の段階)のイネが確認されており，苗代としても利用されていることがわかる。

　筋違遺跡(図5)では，低湿地〜湿潤地よりも一段高い自然堤防縁辺に長さ0.8

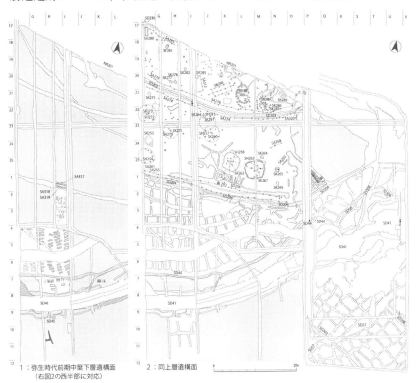

図5　筋違遺跡の集落と農耕地（報告書から転載・改変）

第Ⅰ部　アジア東部の多様な農耕

〜 1.5 m，幅 25 〜 40cm，深さ 10cmほどの小溝群(写真 2)と，自然堤防上の集落
域内の 2 ヶ所に 4×3 m と 6.5×2.3 mほどの溝で囲まれた列状に並ぶ高まり列群
(写真 3)が発見されている。前者の小溝群は数条の列をなして並び，畠の天地返
しの結果残されたと考えられる。部分的な調査にとどまっているが，地形条件
から南北幅 16 m の 400㎡ほどの畠跡を推定できる。後者の高まり列の間の窪み
の底面には，高まりから流れ込んだ極細粒砂〜シルトの薄層があり，高まり列
を畝とする畠跡とされる。

　現在まで発見されている弥生時代の畠跡は，かなり小規模である。今後，古
墳時代以降や朝鮮半島南部の青銅器時代のような広大な面積の畠跡が発見され
れば，立地条件や土壌条件を基準とする類型化もできようが，当面は，庄・蔵
本遺跡 20 次調査例や筋違遺跡例の畝だてをする畠跡の Ⅰ 型，文京遺跡 60 次調
査例の畝だてをしていない畠跡の Ⅱ 型に区分しておく。

2.　農耕具からみた農耕技術

　農耕地を拓くための土掘り具でもあり，栽培植物の種子の発芽や苗の育成に
適する土壌条件に整える農耕具は，農耕技術を知る手掛かりとなる。縄文時代
〜弥生時代前期を中心とする農耕具をみてみよう。

⑴ 縄文時代晩期〜弥生時代前期の土掘り具と木製農耕具

　縄文時代の土掘り具としては打製石斧がある。短冊形や撥形，分銅形で，身
幅が 20cmをこえる大型品もあるが，身幅 8 〜 15cmの打製石斧が大半を占める。
西日本地域では，縄文時代後期に出土量が増加し，晩期末前後には身幅が 10cm
前後の小型品が目立つ。打製石斧の中で，連続的な刃こぼれや直線的な線条痕
が残り，縁辺や剥離の稜が磨滅するものは土掘り具とされている。さらに，表
裏面に残る磨滅の状態と磨滅痕跡の分布の偏りから，斧身の主面に木柄の軸方
向を平行して装着するものと，斧身の主面に木柄を 90° 前後の角度でつけるも
のがあることが指摘されている(原田 2013)。前者では土を押し刺す所作を推定で
き，足を使わず腕力だけに頼って土を掘る中国の「鏟」に相当する。手鋤と呼
んでおく。後者は短い柄を付けて土を打ち引く手鍬である。作土に深く打ち込

日本列島における農耕の拡散

[縄文時代晩期末〜弥生時代前期前葉]

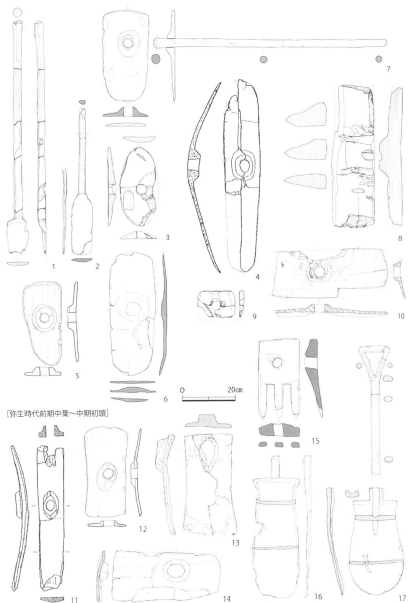

[弥生時代前期中葉〜中期初頭]

図6　北部九州地域の木製農具（1・3・6〜9：福岡市 橋本一丁田2次調査，2・15：福岡市 雀居4次調査，4：福岡市 鶴町，5・10・12：唐津市 菜畑，11：福岡市 比恵4次調査，13・14・16・17：福岡市 比恵25次調査，各報告書から転載）

第Ⅰ部 アジア東部の多様な農耕

[縄文時代晩期中葉〜弥生時代前期前葉]　　　　　　　　　　[弥生時代前期中葉〜中期初頭]

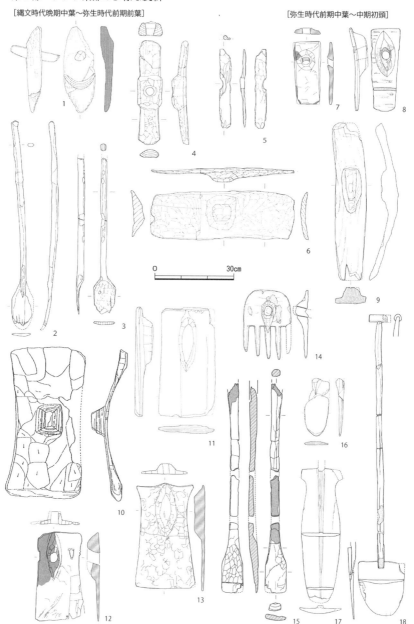

図7　瀬戸内・近畿地域の木製農具（1：土佐市 居徳，2：丸亀市 平池南，3〜6高松市 林・坊城，7・12・13・15：今治市 阿方，8：高槻市 安満，9：八尾市 木の本，10：今治市 松の木，11・16：岡山市 百間川・原尾島，14・18：大阪府 池上，17：大阪府 友井東，各報告書から転載）

み大きく掘り返すのではなく，作土の表面近くを掘り土塊を崩す用い方が考えられる。

打製石斧に加えて，縄文時代晩期中葉には，刃先まで木製で匙形の身部をもつ手鋤（木製手鋤）が出土する。香川県丸亀市の平池南遺跡例（図7-2）は推定長80cm前後，身幅8cmで，岡山県倉敷市の菅生小学校裏山遺跡の未成品も含めて，径10～15cmの丸木の半截材で作られる。さらに，高知県土佐市の居徳遺跡では，晩期中葉ないし晩期末の長楕円形の鍬形木製品がある（図7-1）。径15～20cmの丸太の辺材を用い，身部下半部を緩やかに尖らせる。中央より片側に寄せて柄孔があり，身部の前面が窪むので，掘り起こされた土を寄せ集めたり掬ったりする用途が考えられる。

木製手鋤は，つづく縄文時代晩期末～弥生時代前期初頭にも，福岡市の橋本一丁田遺跡2次調査（図6-1）や雀居遺跡4次調査（図6-2），高松市の林・坊城遺跡（図7-3），神戸市の田中玉津遺跡，東大阪市の鬼虎川遺跡21次調査などで出土している。

また，橋本一丁田遺跡の1点だけの出土例であるが，身幅が15cm前後の楕円形の諸手鍬がある（図6-3）。鍬身前面を平坦に作り，柄孔のある中央部が最も厚く，周縁に向かって緩やかに厚みを減じ，全周に刃が作られる。径20～30cmのクヌギの辺材が用いられている。韓国・青銅器時代前期後半～中期の大邱広域市の梅川洞遺跡や慶尚北道金泉市の松竹里遺跡でも，同様の諸手鍬が知られている。土を打ち引く耕起作業だけでなく，中耕除草や土寄せなどの多様な用途が推定され，出土遺跡の立地から田畑兼用の鍬と考えられる（田﨑2014b）。

この時期，北部九州地域では，開墾具（土木具）としての性格をもつ現在のツルハシに似た身部が反り返る狭鍬（図6-4），耕起用の身部の前面や後面の中央に柄孔隆起部をもつ諸手広鍬（図6-5・6）や柄孔隆起部が上半部に寄る平鍬（図6-7），整地用のエブリ（図6-9・10），脱穀用の竪杵や籾打ち棒が出土する。狭鍬，諸手広鍬，平鍬，エブリは，それまでとは異なり径50cmをこえるカシの大径木のミカン割り材で作られる（図6-8）。瀬戸内地域でも，林・坊城遺跡で狭鍬（図7-4），諸手広鍬（図7-5），エブリ（図7-6）がみられる。ところが，狭鍬や諸手広鍬は径20～30cmの丸木の半截材や辺材が利用されている。北部九州地域と農耕具の組み合わせが共通する一方で，縄文時代以来の製材技術が用いられている。

第Ⅰ部　アジア東部の多様な農耕

弥生時代前期中葉〜中期前葉になると，西日本の各地で木製農耕具が数多く出土し始める。北部九州地域では，前段階に登場する狭鍬(図6-11)，諸手広鍬(図6-12)，平鍬(図6-13)，エブリ(図6-14)，竪杵に加えて，砕土用の又鍬(図6-15)と身幅15〜25cmの鋤(図6-16・17)が登場し，弥生時代の木製農耕具の基本的な組み合わせが完成される。瀬戸内〜近畿地域でも，北部九州地域と共通する形状の狭鍬(図7-9)や諸手広鍬(図7-10)，平鍬(図7-11)，鋤(図7-17・18)がある。その一方で，小型の狭鍬(図7-7・8)や柄孔をあける隆起部の両側に小孔や小さな突起をもつ平鍬(図7-12・13)といった地域独自の鍬類が出土する。北部九州地域では姿を消す木製手鋤も残存する(図7-15・16)。和歌山県すさみ町の立野遺跡や御坊市堅田遺跡では，辺材で作られた平鍬がある。縄文時代以来の用材利用が保持され続けたり，瀬戸内〜近畿地域独自の鍬類が生み出される。

(2) 農耕具からみた耕作スタイル

以上の農耕具の変遷と組み合わせ，そして農耕地に残る耕耘痕跡から，耕作スタイルを考えてみよう。耕耘痕跡の中で特徴的なものは，縄文時代晩期末〜弥生時代前期初頭の坂元A遺跡のⅡa型水田や文京遺跡60次調査のⅡ型畠の作土下面に残された痕跡である。断面形が「レ」字形，U字形やV字形を呈し，痕跡内に混じる下層由来の偽礫の挙動，土を掘り起こして空間をつくった痕跡がみられないことから，上方もしくは斜め上方から土に突き刺し攪拌する所作を読み取れる。耕耘痕跡の幅が7.5〜12cmであることと，同時期の土掘り具を考えれば，身幅が10cm前後の打製石斧を装着した手鋤や木製手鋤が用いられたことになる。手鋤で作土の攪拌を繰り返す耕作スタイルを推定できる。

これに対して，弥生時代の木製農耕具の基本構成は，用途ごとに形や大きさを作り分けた狭鍬，諸手広鍬，平鍬，又鍬，身幅が広い鋤である。その中で，鋤には，身部が長く作られた一木式の鋤(図6-16・7-17)や，鋤身が反って柄が鈍角に装着される組み合わせ式鋤(図6-17)があり，掘り起こした土の移動や穀物の乾燥時の反転や移動の用具と考えられる。これに対して，諸手広鍬や平鍬は，朝鮮半島南部と比べて，身幅が広い大型品が目立つ。それは径50cmをこえる大径木が利用されているためでもあるが，作土を大きく掘り起こし反転することが目指されたためと考えられる。狭鍬，諸手広鍬や平鍬を主要な耕耘具とする耕

作スタイルが成立する。

　加えて，エブリは，縄文時代晩期末から出土し始め，水田稲作に関連づけて論じられることが多い。確かに，近現代には，エブリは主として田植え前の本田整地の際の代掻き作業を担っていた。しかし他に籾の乾燥や調整の際の反転や畠作の覆土作業にも用いられていた。そこで，エブリの身幅をみると，青銅器時代前期に畠作農耕具として導入された可能性が高い朝鮮半島南部のエブリは30cm未満，縄文時代晩期末の橋本一丁田遺跡例（図6-9）は14cmほどで，代掻き作業に使うには，身幅が狭すぎる。一方，弥生時代のエブリは身幅が40～55cmの大型品が多い。こうしたエブリの大型化は，作土を大きく均す機能強化を示している。そして，庄・蔵本遺跡のⅠ型畠では，生育段階初期（苗の段階）のイネが確認されている。苗代で育てた苗を本田に移し替える移植農法（田植え農法）が，弥生時代前期に遡ることは確実である。移植農法では，周到な育苗管理，除草対策，用水の有効利用ができる。土地環境に適応する幅を広げ，農耕の拡散をもたらす重要な因子の一つと考えられる。

3. 農耕地の耕作単位と経営形態

　農耕地の耕作単位や経営形態は，集落動向と関連づけて論議されてきた。近年では，地質学の研究手法を用いて古地形を復原し，農耕地の規模や変遷を推定した論議も進められている（大庭2014）。

⑴ 縄文時代晩期末～弥生時代前期初頭の農耕地経営

　農耕地の各類型の中でも，Ⅱa型水田とⅡ型畠は，ともに周辺から水が集まりやすい旧河道や谷への落ち際の緩斜面に形成された土壌を利用している。しかし，地形条件をほとんど改変せず利用するので，小規模な農耕地しか営めない。坂元A遺跡のⅡa型水田では300㎡ほど，文京遺跡60次調査のⅡ型畠でも100㎡をこえることはない。しかも，有機物を多く含む土壌を作土するが，植物栽培のための地力を長期にわたって維持することは難しい。

　Ⅱa型水田とⅡ型畠が発見されている縄文時代晩期末～弥生時代前期初頭には，弥生時代前期初頭の板付遺跡に代表される環壕集落が登場する一方で，福

第 I 部　アジア東部の多様な農耕

岡県糸島市の曲り田遺跡，松山市文京遺跡 45 次調査，徳島県阿南市の宮ノ本遺跡では，径 30 〜 100 m の範囲に竪穴建物が何重にも重複する集落遺跡が調査されている。狭い範囲に竪穴建物が何重にも重複することは，竪穴建物の構築→廃絶→他所へ移動しての構築→廃絶→再度同地点に戻っての構築が繰り返されていることを物語る。そうした重複関係を整理すると，一時期 1 〜 3 棟の竪穴建物から構成される居住単位を見出せる(田﨑 2014a)。

　また，文京遺跡では，45 次調査地点以外にも，東西 1.1km，南北 500 m に展開する扇状地の旧中州に当たる微高地上の各所で，相互に 100 〜 200 m 離れて当該期の遺物が点々と出土する。それぞれの地点の近くに一時期 1 〜 3 棟の居住単位を推定できる。しかも，45 次調査地点における竪穴建物群の重複状況から言えば，これらは同時併存したわけではなく，短期間で移動を繰り返していると考えられる。こうした短期間に移動を繰り返す一時期 1 〜 3 棟で構成される居住単位が経営する農耕地こそが，II a 型水田と II 型畠であり，耕作単位は個別的で，農耕地の経営も自己完結的である。

(2) 弥生時代前期の農耕地経営

　弥生時代には，海岸平野や山間部盆地ごとに，径 2 〜 4km 前後に営まれる「遺跡群」が複数分布する。「遺跡群」を構成する個々の遺跡の規模はさまざまで，時期によって拡大・縮小あるいは廃絶するが，「遺跡群」全体では継続した生活の痕跡が残されている。集落，墓域，農耕地を含む集落空間の一単元と捉えられる。

　また，出土土器の型式から同時性を捉えた「単位集団」とされる 5 棟前後から構成される竪穴建物群が集落の基本単位とされてきた(近藤 1983)。ところが，近年の弥生時代の実年代問題で指摘されているように，土器の 1 型式の時間幅は 50 年を大きくこえる可能性が高い。そこで，竪穴建物や炉跡の造り直しを再検討すると，一時期に併存する竪穴建物は 1 〜 3 棟に分解されてしまう(田﨑 2008b)。居住単位の規模は縄文時代晩期末〜弥生時代前期初頭とさして変わらない。しかし，遺跡群内での分布密度は大きく変化する。弥生時代前期の北部九州地域では，低丘陵や段丘の各所に 50 〜 300 m ほど離れて，小規模な居住単位が点在しながら同時に営まれる景観を復元できる。大阪府の河内平野南部

では，中・小河川の流域ごとに 1 〜 2 ヶ所ずつ，段丘あるいは自然堤防に，数100 m の間隔をおいて小規模な集落遺跡が営まれる（大庭 2014）。北部九州地域と同じく，一時期 1 〜 3 棟の居住単位が遺跡群内に同時に営まれたと考えてよい。

　この時期，Ⅰ型水田が営まれた水田域では，微細な地形の起伏，大畦畔，大きさや形状が揃う水田面の配置関係から，3,000㎡前後の水田面のまとまりを見出せる。「水田ブロック」と呼ばれる最小の耕作単位である（井上 2016）。こうした耕作単位は，集落遺跡との構成と対比させた時，一時期 1 〜 3 棟の居住単位と結び付けて考えられる。加えて，長原遺跡や池島・福万寺遺跡では，複数の「水田ブロック」を繋ぐ水路が掘られている。遺跡群内に点在する一時期 1 〜 3 棟の居住単位が協働する水利関係が成立していたことになる。

　一方，板付遺跡などの環濠集落や，柵列で囲まれた福岡県小郡市の一の口遺跡では，一時期 5 〜 6 棟の竪穴建物群を中核として周辺に一時期 1 〜 3 棟の居住単位群が複数結合して相対的に大きな集落が営まれる。遺跡群内の中核的集落である（田﨑 2008b）。筋違遺跡では，その一部が調査されている（図5）。弥生時代前期中葉に洪水氾濫で堆積した砂礫層を挟み，上下 2 層の遺構面が確認され，上層の遺構面では自然堤防上に柵列を伴う溝で囲まれた一時期 5 〜 6 棟と推定される竪穴建物群が営まれ，竪穴建物に隣接して小規模なⅠ型畠が出土している。下層の遺構面では，集落を区画する溝の外側の自然堤防縁辺に400㎡ほどのⅠ型畠，その南側に幅 3.5 m の基幹水路を挟んでⅠb型を主体とする水田域が広がる。集落内の小規模なⅠ型畠は個別の竪穴建物，集落外のⅠ型畠とⅠb型水田は一時期 5 〜 6 棟の竪穴建物群による耕作が考えられる。

　さらに，下層遺構面が砂礫で埋没した後，上層遺構面では，幹線水路を復旧し，自然堤防沿いに水路を新設してⅠ型畠であった範囲をⅠb型水田に変えている。同じく，板付遺跡 G-7a・b 調査区では，縄文時代晩期末の最初期のⅠb型水田には段丘沿いに掘られた幹線水路から用水が導水され，これが洪水氾濫で埋没すると，規模を縮小しながらも水路をほぼ同じ位置に掘り直して水田を復旧する。弥生時代前期初頭には幹線水路を再度整備し，中期にいたる継続的な水田経営が目指される。規模を縮小しても幹線水路が維持されることは，水田の復旧に幹線水路が不可欠であったことを示している。板付遺跡の幹線水路は，南北約 500 m，東西 160 〜 200 m の段丘沿いにめぐらされており，段丘上

第Ⅰ部　アジア東部の多様な農耕

の環壕内の竪穴建物群と周辺に営まれた一時期1〜3棟の居住単位の協業によって維持・管理されていたと考えられる。弥生時代前期には，個別の竪穴建物，一時期1〜3棟や5〜6棟の竪穴建物群による耕作を基盤としながら，遺跡群全体におよぶ水利施設を共有する農耕経営が始まる。

⑶ 弥生時代中期後葉〜後期におけるⅠ型水田域の拡大と大規模集落

　弥生時代中期後葉〜後期になると，Ⅰ型水田域では，計画的に水路や大畦畔が配置され，最小の耕作単位である「水田ブロック」はほぼ同じ大きさに揃い，耕作単位が明確化されることが指摘されている(図2-3)。また，それまでの耕作単位を単線的に水路で連結するのではなく，幹線水路を枝状支線水路に分岐させて複数の「水田ブロック」に導水したり，複数の「水田ブロック」を相互に結びつけた複雑な灌漑システムが形成される(井上2016)。

　その結果，沖積平野の自然堤防や旧河道の起伏に富む多様な地形条件を乗り越えて，Ⅰa〜Ⅰc型を組み合わせた広大な水田域が営まれる。自然堤防が東西に並ぶ岡山市百間川遺跡群の原尾島・沢田遺跡では，弥生時代後期後葉〜末に，自然堤防上には褐色〜灰色シルト〜粘土質の沖積土を作土とするⅠa型水田，自然堤防間の旧河道に当たる谷状の窪地には黒色〜黒灰色のシルト〜粘土質シルトを作土とするⅠc型水田が造られ，水田域の東西幅は1.5kmをこえる。河内平野南部では，弥生時代中期後葉〜後期の水田面積が4倍近くなる試算も示されている(大庭2014)。

　この時期，小平野や盆地ごとに拠点的な大規模集落が登場する。弥生時代における集落動向の大きな画期である。福岡市の那珂・比恵遺跡群，佐賀県の柚比遺跡群，松山市の文京遺跡，香川県善通寺市の旧練兵場遺跡，岡山市〜倉敷市の足守川加茂遺跡や上東遺跡をはじめとする足守川下流域遺跡群，大阪府の池上・曽根遺跡などが代表例である。それまでと比べて出土遺構・遺物は圧倒的に多い。その成立には，前述のⅠ型水田域の拡大による農耕生産の高まりが大きくかかわっていたことは間違いない。

　しかし，柚比遺跡群は低丘陵地帯，文京遺跡は扇状地の扇央部にあり，周辺で農耕地となり得る沖積地は限られる。水田域の拡大や，畑作を想定したとしても，大規模集落が営まれる遺跡群だけで食糧確保は考え難い。一方で，文京

64

遺跡や高松市の太田原・高洲遺跡などでは，1基の土壙や貯蔵穴から大量の炭化米が出土する。大規模集落は食糧の集積地であることを物語っている。前述したように，大規模集落では大量の遺構・遺物が出土するとともに，土器焼成失敗品，石器や木器の未成品や製作残滓を確認でき，土器・石器・木器の生産拠点であり，他地域から搬入された土器の出土からは地域間を結ぶ交流拠点と考えられる。生産・交流活動の一つとして，遺跡群をこえてコメが交換財とされていた可能性が高い。農耕地の拡大と生産量の増加に伴い，農耕の社会的意味合いに変化が生じることになる。

おわりに ——2つの農耕様式と農耕の拡散——

　以上の農耕地の類型，農耕具，耕作単位，経営形態と，それらの時期的な変遷を追った時，2つの農耕様式があることを指摘できる。

　第1の農耕様式は，ⅡA型水田とⅡ型畠を舞台として，打製石斧を装着した手鋤や木製手鋤で作土を押し刺し攪拌する耕耘作業を繰り返す農耕様式である。一時期1～3棟の居住単位が経営主体であり，耕作地は小規模で短期間に移動を繰り返す。個別的で自己充足的な経営形態で，生産力は大きなものとは言い難い。打製石斧の出土傾向を考えれば，この農耕様式は縄文時代晩期中葉以前に遡る可能性が高い。

　第2の農耕様式は，縄文時代晩期末～弥生時代前期初頭に登場し，機能分化した鍬や鋤を使いⅠ型水田を営む。加えて，Ⅱb型水田やⅠ型畠が伴う。多様な農耕地類型が組み合わされ，弥生時代前期には移植農法が導入されることで，農耕は地形条件や気候条件に柔軟に適応できる生業となり，日本列島の各地へ拡散する。Ⅰ型水田は地形条件に即した耕地を確保する開発指向型の性格をもち，コメは食糧資源の中で中心的位置を占めるようになる。

　こうした第2の農耕様式は，弥生時代前期には，一時期1～3棟の小規模な住居単位や環壕集落に象徴される一時期5棟前後の竪穴建物群を耕作単位とし，幹線水路の維持・管理を遺跡群全体による協業で行い，継続的な農耕経営が目指される。中期後葉～後期には，Ⅰ型水田域は拡大・整備され，その生産力は，小平野や盆地ごとの拠点的な大規模集落が登場する支持基盤となる。これに伴

第Ⅰ部　アジア東部の多様な農耕

って農耕は，他の手工業生産や流通，社会集団の編成などと相互に依存関係を
もって結びつき，特有の生活様式や価値体系を形成していく。

註
1)　刻目凸帯文土器段階を弥生時代早期とする見解があるが，本稿では，早期を設定
　　せず，前期・中期・後期の時期区分を用いている(田﨑1999)。また，時期区分は北
　　部九州地域を基準として各地の時間的な平行関係を示した。
2)　地下水位は時代によって変動するが，作土とその母材となる下層の堆積相，花粉
　　分析やプラント・オパール分析の成果から推定した。
＊本稿では，紙面の都合で主要な調査報告書を挙げ，他の多くの報告書の引用を割愛
　　した。ご寛恕願いたい。

参考文献
井上智博 2016「池島・福万寺遺跡における弥生時代水田域構成の動態」『水田から弥生社会を考える』
　　（近畿弥生の会 第3回テーマ討論会要旨集）
愛媛大学埋蔵文化財調査室 2017『文京遺跡Ⅷ－文京遺跡60次調査－』
大庭重信 2014「河内平野南部の弥生時代集落景観と土地利用」『日本考古学』第38号
大庭重信 2016「西日本の弥生時代水田の灌漑システムと社会」『水田から弥生社会を考える』（近畿弥
　　生の会 第3回テーマ討論会要旨集）
大阪文化財センター 2002『池島・福万寺遺跡2』（大阪文化財センター調査報告書　第79集）
大阪文化財センター 2007『池島・福万寺遺跡3』（大阪文化財センター調査報告書　第158集）
岡田憲一 2016「奈良盆地西南部・葛城地域における水田遺跡と集落遺跡」『水田から弥生社会を考える』
　　（近畿弥生の会 第3回テーマ討論会要旨集）
鹿児島県立埋蔵文化財センター 2005『京田遺跡』（鹿児島県埋蔵文化財発掘調査報告書　第81集』
後藤　直 2011「栽培植物種子からみた弥生時代農耕」『講座 日本の考古学6―弥生時代（下）―』青木
　　書店
近藤義郎 1983『前方後円墳の時代』岩波書店
阪口　豊 1993「過去8000年の気候変動と人間の歴史」『専修人文論集』51，専修大学学会
静岡大学人文学部考古学研究室 2011『手越向山遺跡の研究－東海東部における弥生時代中期畠状遺構・
　　方形周溝墓の調査－』
仙台市教育委員会 2010『杏形遺跡』（仙台市文化財調査報告書　第363集）
高橋　学 2003『平野の環境考古学』古今書院
田﨑博之 1999「夜臼式・板付式土器と農耕文化」『論争 吉備』考古学研究会岡山例会シンポジウム記録
　　1)考古学研究会
田﨑博之 2002「日本列島の水田稲作―紀元前 一千年紀の水田遺構からの検討―」『東アジアと日本の考
　　古学Ⅳ―生業―』同成社
田﨑博之 2008a「発掘調査データからみた土地環境とその利用―北部九州玄界灘沿岸における検討―」
　　『地域・文化の考古学―下條信行先生退任記念論文集―』愛媛大学法文学部考古学研究室
田﨑博之 2008b「弥生集落の集団関係と階層性」『考古学研究』第55巻第3号，考古学研究会
田﨑博之 2014a「日本列島における縄文時代後晩期～弥生時代前期の集落と出土遺物」『青銅器時代 韓
　　日農耕文化の交流』（第8回 韓国青銅器学会 学術大会 発表資料集）

田﨑博之 2014b「韓国青銅器時代における木製農工具の特性」『東アジア古文化論攷Ⅰ』中国書店
田﨑博之・松田順一郎・宇田津徹朗 2016「秋津遺跡第7-3次調査区南部東端における水田遺構構造の検討」『奈良県遺跡調査概報─2014年度─』奈良県立橿原考古学研究所
徳島大学埋蔵文化財調査室 2009「西病棟建設に伴う埋蔵文化財発掘調査の成果」『年報1』
奈良県立橿原考古学研究所 2012「秋津遺跡第5次調査」『奈良県遺跡調査概報2011年度』
奈良県立橿原考古学研究所 2013「秋津遺跡第6次調査」『奈良県遺跡調査概報2012年度』
奈良県立橿原考古学研究所 2015「秋津遺跡第7-1次・第7-2次調査」『奈良県遺跡調査概報2013年度』
奈良県立橿原考古学研究所 2015「秋津遺跡第7-3次調査」『奈良県遺跡調査概報2014年度』
奈良県立橿原考古学研究所 2015「秋津遺跡第8次調査」『奈良県遺跡調査概報2013年度』
野井英明 1991「比恵遺跡24・25次調査によって得られた試料の花粉分析」『比恵遺跡(10)』(福岡市埋蔵文化財調査報告書 第255集)
原田　幹 2013「「打製石斧」の使用痕」『論集 馬見塚』考古学フォーラム
松井　健 2001「水田土壌学の考古学への応用」『土壌学と考古学』博友社
三重県埋蔵文化財センター 2004『筋違遺跡発掘調査報告』
三重県埋蔵文化財センター 2014『筋違遺跡(第2・3次)発掘調査報告』
宮崎県都城市教育委員会 2006『坂元A遺跡　坂元B遺跡』(都城市文化財調査報告書　第71集)

中国大陸における初期農耕の出現と拡散

宮本 一夫

はじめに

　中国大陸における農耕の始まりは，大きくアワ・キビ農耕と稲作農耕に分けることができ，それぞれが発生地を異にしている。アワ・キビ農耕は淮河以北の華北にその起源地があり，稲作農耕は長江中・下流域が発生地であると考えられている。ともに，これらの栽培化は野生穀物を馴化することにより栽培穀物が生まれる。アワの野生種はエノコログサであり，キビの野生種は不明である。イネの野生種は野生イネである。それらが淮河以北の華北と長江中・下流域以南の華中や華南に自生していたのである。人類は，氷河期から後氷期にかけて環境が変化する段階に，新たな生態適応としてこれら野生穀物の採集への関心を高めたということができるであろう。そしてそれら栽培穀物が起源した場所は，ともにそれぞれの植物生態系の中心地ではなく，周縁地あるいは他の生態系に接するような境界域であった。後氷期の開始は温暖化の始まりであったが，環境変動にいくつかの揺り戻しがあり，後氷期が始まってまもなく一時的な冷涼乾燥期が訪れる。この段階をヤンガー・ドリアス期と呼ぶが，この12000年から11000年前の寒冷期に，野生穀物の生態周縁域ではそれぞれ成長に影響があり，収穫量が減少していく。これが人類にとって野生種から栽培種への馴化への動機であると一般的に考えられている(宮本2000b・2005)。このような過程で約1万年前に中国大陸に始まった穀物栽培は，大きく黄河中・下流域に見られるアワ・キビ農耕と長江中・下流域の稲作農耕に分離して登場することになる。

　それぞれの初期農耕は，約1万年前に野生種から栽培種へと栽培化され，その後，栽培食物が補助的な生業から主たる生業へと変化し，農耕社会が発展していく。農耕社会の発展は単なる生業における栽培食物への依存度の高まりということだけではなく，それを成り立たせるための社会集団の組織化の歴史で

第Ⅰ部　アジア東部の多様な農耕

もあった。さらに，完新世の湿潤温暖期である8000年前から5000年前のヒプシサーマル期には，それぞれの地域の農耕が生態環境的に発達する段階でもある。栽培に適応する生態環境がこれまでに比べより緯度の高い地域で可能になるのと軌を同じくするように，次第に緯度の北の地域へと農耕が拡散していく。

1.　中国大陸の雑穀農耕

　華北のアワ・キビ農耕は，約1万年前にアワの野生種であるエノコログサが栽培化されるとともに，キビの野生種が栽培化されることに始まる。後期旧石器時代の華北では，山西省襄汾県丁村遺跡などで石皿が認められ，既にドングリ類などの植物食への依存が始まっていた(藤本2000)。このような中，栽培種としてのアワ・キビが華北を中心に出現していく。そのような初期アワ・キビ農耕に関係する遺跡の位置を図1に示した。

　10000〜9000年前と考えられている山西省吉県柿子灘遺跡第9地点第4層では，アワ・キビ農耕に伴う磨盤・磨棒が出土している。これら磨盤・磨棒のデンプン分析からはキビ属などの植物食のデンプン粒が検出されたとされ，野生か栽培化なのかは不明であるものの，穀物類への生業的な依存が始まった可能性が考えられている。北京市東胡林遺跡は，11500〜9450年前の土器が出現している新石器時代初期の遺跡である。ここでは比較的多くの磨盤・磨棒が出土しているが，土壌のフローテーションからはアワが発見されたという情報がある(秦嶺2012)。同じく初現期の土器が出土している河北省徐水市南荘頭遺跡は，11500〜11000年前の遺跡と考えられるが，ここからも磨盤・磨棒のデンプン分析からはアワ類のデンプン粒が全体で発見されたデンプン粒の46.8％を占めるという分析結果が得られているという(秦嶺2012)。これら1万年まえの遺跡群では，磨盤・磨棒のデンプン分析の結果や僅かなアワ種子の発見から，アワ・キビの栽培化が始まっていた可能性が指摘されているが，考古学的な証拠としては不十分なものである。また，華北の新石器時代の農耕道具である磨盤・磨棒といった石器は，既にこの段階から後の時代のように定型化しており，機能的にも脱穀や製粉具としての機能を持っていたであろう。しかし，その存在からは，野生ないし栽培化されたアワ・キビ穀物を食糧としていたことを示して

70

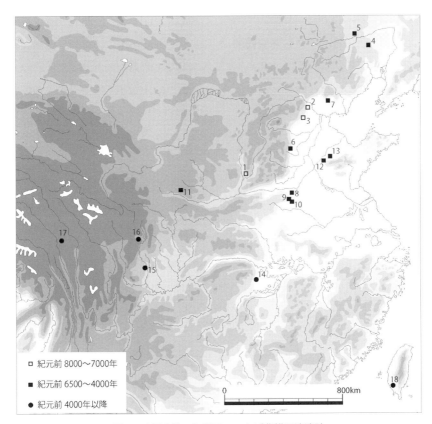

図1　中国大陸の初期アワ・キビ農耕関連遺跡
(1 柿子灘，2 東胡林，3 南荘頭，4 興隆溝，5 白音長汗，6 磁山，7 上宅，8 裴李崗・沙窩李，9 莪溝，10 石固，11 大地湾，12 月荘，13 西河，14 城頭山，15 宝墩，16 営盤山，17 卡若，18 南関里)

いるのみである。したがって，現状では約1万年前頃に華北ではアワ・キビ農耕が始まった可能性があるに過ぎない。

　確実にアワ・キビの栽培化の存在が示されるのは，内蒙古赤峰市興隆溝遺跡第1地点(BC6000～BC5500)である。ここからは，フローテーションで1,200点あまりの炭化種実が確認されている(趙志軍2004)。その内の15％を占めているのがキビであり，アワは僅か60点と比較的に少ない。さらに，黄河下流域の山東省済南市月荘遺跡でも灰坑からキビが採集されているが，その AMS 年代は5880-5770 cal. BC（Crawford 等2013）と，興隆溝遺跡と同じように古い段階の栽培穀物

第 I 部　アジア東部の多様な農耕

の存在を示している。

　このような華北のアワ・キビ農耕は，紀元前 6000 年紀の裴李崗・磁山文化や興隆窪文化段階で，既にアワ・キビに主に依存した本格的農耕段階に移っていたとする見解がある（秦嶺 2012）。しかし，長江中・下流域である華中の栽培イネにしろ，華北のアワ・キビにしろ，その当初の生産性は低いものであり，堅果類など他の野生植物食へ食料源を依存している。栽培穀物が主体となる本格的な農耕化すなわち灌漑農耕の出現は，比較的遅いものであったと考えられる。アワ・キビ農耕を本格的に導入した集約的農耕の出現は，新石器時代中期の仰韶文化段階からと考えておく方が良いのではないだろうか。この段階に，黄河中流域ではコメが導入されており，多様な穀物に依存する社会が始まっている。

　さらに注目すべきが華北に初現するキビの出現とその伝播である。キビはこれまで遅くとも紀元前 5000 年には東欧にも出現すると考えられていたが，その年代測定に疑義が出されている。現生のキビの遺伝形質から 2 分類ないし 6 分類が可能であるが，とくに 6 分類で見た場合，多くの遺伝形質が集中しているのが東アジアとりわけ華北地域であり，ヨーロッパというユーラシア西部に行くに従い遺伝形質の種類が減少するという分布差が認められる。この状況は，遺伝形質の種類が集中する華北が遺伝学上の種が系統的に変化する中心地であることを示し，その起源地である可能性を示している（Hunt et al. 2011）。さらに近年ではカザフスタンのベルガシュ遺跡から発見されたキビの年代が 2460-2190 cal. BC, 2170-2150 cal. BC（2 σ）（Frachetti et al. 2010）と，華北から草原地帯を西方へと広がっていく証拠として注目されている。さらにキビは長江流域でも湖南省澧県城頭山遺跡でも出土しており，紀元前 4000 頃には華中へも伝播していたことが知られる。さらに台湾の南関里遺跡では，紀元前 2500 年頃のアワがコメとともに発見されている（Tsang 2005）。華南への伝播ルートは不明であるが，キビ・アワが稲作農耕地帯である南方へ新石器時代に伝播していったことも理解されるのである。

　ダイズに関しては，中国でもダイズの栽培化の起源地が黄河中・下流域と考えられており，龍山期には大豆種子の大きさが大きくなるが，二里頭・商代には定型的に大型化しており，遅くともこの段階までに栽培化が行われていたと考えられている（Lee Gyoung-Ah et al. 2011）。なお，中国のダイズはツルマメに似て小

72

型であるが，韓国のものは丸く，縄文のものは扁平であり，それぞれ形態を異にすることから，起源を異にしていると考えられている(Lee Gyoung-Ah et al. 2011, 小畑 2016)。

　コムギは，甘粛省西山坪遺跡で 2700-2350 cal. BC の土層から(Li XiaoQiang et al. 2007)，そして山東省日照市両城鎮遺跡では紀元前 2600-1900 年(Crawford et al. 2005)，山東省膠州市趙家荘遺跡(靳桂雲ほか 2011)で 2500BC-2270BC（87.2%，2 σ）のコムギそのものの年代測定が認められる。近年カザフスタンのベルガシュ遺跡でもコムギが発見され，コムギとキビを合わせた AMS 年代であるが，2460-2190 cal. BC，2170-2150 cal. BC（2 σ）という年代値が得られた(Frachetti et al. 2010)。これにより西アジアで栽培化されたコムギが，ユーラシア草原地帯を伝わり，中国西北部あるいはより北のモンゴル高原からさらに黄河下流域へと龍山文化期に伝播していく過程が明らかとなりつつある。さらに，山東省臨沂県東盤遺跡でも龍山文化期のコムギ 6 粒がフローテーション法で発見されており(王海玉ほか 2012)，趙家荘遺跡や両城鎮遺跡の例も加えれば，龍山文化期に山東までコムギが普及していたことが明らかになりつつある。また，遼東半島の大連市王家村遺跡の小珠山上層期文化層からはコムギ 7 粒が出土している(馬永超ほか 2015)。龍山文化期には山東半島から既に遼東半島までコムギが広がっていた可能性がある。一方，二里頭文化期には中原においてコムギの出土例が認められ，二里頭・商代には華北でコムギが確実に普及した可能性が高い。

　一方，オオムギは二里頭文化期の甘粛省民楽県東灰山遺跡出土のものがこれまで中国大陸最古の事例(甘粛省文物考古研究所・吉林大学北方考古研究室編 1998)であったが，近年，龍山文化期から山東省臨沂県東盤遺跡でオオムギ 2 粒(王海玉ほか 2012)，山東省膠州市趙家荘遺跡で 1 粒(靳桂雲ほか 2011)が発見されている。それらの炭素年代は知られていないが，オオムギもコムギと同じく龍山時代に山東まで伝播していた可能性も認められる。

　以上のように，黄河中・下流域を中心とする華北では，旧石器時代終末期には野生穀物などの植物食の採集などへ生業戦略が変更するとともに，約 1 万年前にアワ・キビの栽培化がはじまり，新石器前期の興隆窪文化や後李文化でアワ・キビの栽培が普及する。さらに新石器中期には黄河中流域でもコメを受容し，さらに新石器後期にはダイズの栽培化やコムギの導入など，多様な穀物栽

第 I 部　アジア東部の多様な農耕

培が可能になっている。いわゆる五穀が新石器時代末期に黄河中・下流域では揃っており，これがその後の二里頭文化などの初期国家（宮本 2005）を生み出す生業的な背景となっている。

2.　中国大陸における稲作農耕の始まり

　中国大陸におけるイネは，最も古い段階のものが湖南省道県玉蟾岩遺跡（図 2）である。これは野生イネか栽培イネであるかが明らかではないが，その遺跡の年代は 12,060 calBP 年の年代が測定されており，紀元前 10,000 年頃のものである可能性がある（厳文明 1997）。江西省鄱陽湖におけるボーリングコアサンプルによっても，植物珪酸体分析の結果ではあるが，12,830 calBP 年以前の堆積層にイネが存在することが知られている（Zhao & Piperno 2000）。また，江西省万年県吊桶環遺跡では，堆積層の植物珪酸体分析により，野生イネから栽培イネへの層序的な変化が，趙志軍によって示されている（趙志軍 2014）。これは野生イネと栽培イネの植物珪酸体の形態差が存在するという観点から示されたものであり，野生イネから栽培イネへの変化が 12900 ～ 11500 年前のヤンガー・ドリアス期にあるとする（趙志軍 2014）。この分析の可否については未だ最終的な決着が付いたわけではないが，このように，長江中・下流域の華中においては野生か栽培かは別にして，イネが紀元前 10000 年頃に存在することは間違いない。

　10000 ～ 8500 年前の浙江省浦項県上山遺跡（図 2）は，土器片中に多量のイネの圧痕がみられると共に，炭化米が出土している。その炭化米は既に栽培化されたものとする意見があり，イネの栽培化は 10000 年前には始まっていたことになる。栽培化のプロセスは未だ明確ではないが，野生イネがもともと採集戦略の重要な食料源であったという栽培化の前提条件が必要である。この点では，イネの栽培化も西アジアのコムギ・オオムギなどと同じヤンガー・ドリアス期という一時的な寒冷化を挟んで野生から栽培という変化を生み出した可能性がある（宮本 2000b・2005）。

　栽培イネに関しては，イネの形態学的な計測分析から，湖北省澧県八十壋遺跡の紀元前 6000 年頃には始まっており，次第に栽培イネの比率が増えていくことが示されている（Crawford2011）。また，イネの非脱粒性を示すイネの穂軸盤の

中国大陸における初期農耕の出現と拡散

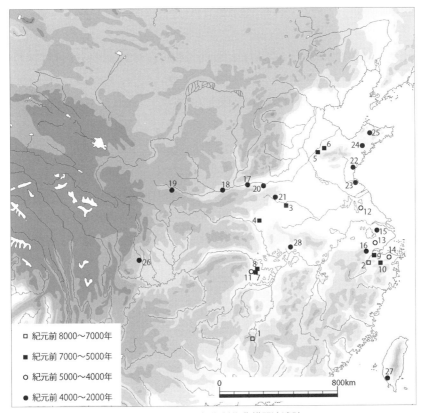

図2　中国大陸の初期稲作農耕関連遺跡
(1 玉蟾岩, 2 上山, 3 賈湖, 4 八里崗, 5 月荘, 6 西河, 7 彭頭山, 8 八十壋, 9 跨湖橋, 10 小黄山, 11 城頭山, 12 龍虬荘, 13 羅家角, 14 田螺山, 15 草鞋山・綽墩・澄湖, 16 茅山, 17 南交口, 18 泉護, 19 西山坪, 20 灰嘴, 21 潁河調査区, 22 両城鎮, 23 藤花落, 24 趙家荘, 25 楊家圏, 26 宝墩, 27 南関里, 28 葉家廟)

形態から，野生イネであるか栽培イネであるかの判別がなされるようになっている(Fuller et al. 2009)。この判別により，例えば先に示したような浙江省田螺山遺跡の河姆渡文化期においても，出土したイネのうち半分以上が野生イネであることが判明している。このイネの穂軸盤の計測分析からは，イネが馴化を経て栽培化された段階は，紀元前4600年以降とされる(Fuller et al. 2009)。かつて紀元前5000年頃の河姆渡文化期には本格的な稲作農耕が始まっていたと考えられていたが，この段階でも依然として野生イネが存在するとともに，粒径が揃わないうちに採集がなされていた事実が判明している(Fuller et al. 2007)。この粒

第 I 部　アジア東部の多様な農耕

径の大小がこれまで中国では籼稲や粳稲として識別されていたものであり，基本的にはそれらすべてがジャポニカであることが分かっている。

　未だ灌漑農耕が起こらない紀元前 6000 年紀は最大高海面期前の温暖化した比較的安定した気候であり，この期間に華中では湖南省澧県八十壋遺跡や安徽省泗洪県順山集遺跡では環濠集落が生まれている。しかし，生業の実態は，同時期の浙江省田螺山遺跡（図2）でも示されるように，イネですらこの時期の野生イネが 49％，栽培化したものが 51％であり，半分は野生イネである（Fuller & Qin 2009）。さらに食料源は堅果類とともに菱や蓮の実などの水生植物が主体をなす多様な植物食が展開されている。こうした華中の稲作農耕が生業の中心となる本格的な農耕社会の登場は，水田と共に農耕具が揃った紀元前 4000 年頃の崧沢文化期以降であると考えられるに至っている（Fuller & Qin 2009）。

　近年では，イネの種実の形態分析のみならず，DNA 分析が盛んとなっている。華南の現生の野生イネのゲノム解析から，栽培イネの起源地を珠江流域と見なすものである（Huang et al. 2012）。これは現生の野生イネと栽培イネの遺伝距離との計算により，その遺伝距離が珠江流域を中心に次第に地理的に大きくなることを根拠としている。しかし，この仮説は，考古学的な栽培イネの出土地とその年代から導かれた長江中・下流域説とは，大きく考え方を異にしている。問題は，過去に存在したと考えられる長江中・下流域の野生イネと栽培イネとの遺伝的な関係である。それらの野生イネに対するゲノム解析が必要であるが，おそらくは既に死滅しており分析は不可能である。考古学的に直接の祖先と考えられる長江中・下流域の野生イネと，栽培イネとりわけジャポニカ種との遺伝距離を測る必要がある。

　ところでイネはジャポニカとインディカに分かれ，さらにジャポニカは熱帯型ジャポニカと温帯型ジャポニカに分けることができる。ジャポニカの熱帯型と温帯型の 2 種に関しては籾殻などの形態からの分類は難しく（佐藤 1991），むしろ遺伝学的な分析が重要であるとされる。中国大陸の新石器時代に栽培化されたイネのうち，DNA 分析（佐藤 1996）や植物珪酸体の形態分類による分析（藤原 1998）からは，これまで長江中・下流域の新石器時代イネはすべて熱帯型ジャポニカとされている。ところが，日本列島の弥生時代以降の出土コメは，温帯型ジャポニカが主体であるが，弥生時代初期の段階から熱帯型ジャポニカが存在

することが知られている(Tanaka et al. 2010)。弥生時代の水稲耕作が朝鮮半島南部から伝来したことは明白である(宮本2009・2017)が，それは温帯型ジャポニカが主体であり，熱帯型ジャポニカも存在している(佐藤1996・1999)。それでは，温帯型ジャポニカがどこで生まれたかが謎となるのである。

3. 小魯里遺跡出土イネ籾の位置づけ

　韓国忠清北道清州市小魯里遺跡は旧石器時代後期の遺跡であり，この遺跡の泥炭層からイネの籾殻が多数発見されている。泥炭層の炭素年代とともに，籾殻そのものの炭素年代が調和的であり，年代そのものには問題性は見られない。中部泥炭層の年代が12500BP 〜 14800BP であり，籾殻の年代は12500BP（李隆助・禹鐘充2003），12,520 ± 150 BP（Kim et al. 2012)などがあり，両者は調和的な年代を示している。籾殻も複数で同様な年代値が測定されており，問題はないであろう。中国大陸での野生イネは玉蟾岩遺跡をはじめとして12000年前には存在しており，小魯里遺跡の籾殻の年代もこの段階のものである。小魯里遺跡の籾殻はその大きさから栽培の可能性も論ぜられている(李隆助・禹鐘充2003)が，大きさや形態から栽培・野生の区分は難しいことは既に述べてきたところである。やはり，年代から推定すれば野生イネというように考えておくべきであろう。

　むしろ問題になるのは，その発見位置である。これまで野生イネの分布は，現生の生態様相や歴史文献の記述から，淮河以南と考えられてきた(厳文明1982)。小魯里遺跡は淮河以北の華北よりもさらに東方に位置しており(図3)，現世の野生イネの分布範囲と相関していないのである。その点で，新たな事実として注目されるのが黄河下流域での古い段階でのコメの出土例である。それは黄河下流域の後李文化の山東省済南市月荘遺跡や章丘市西河遺跡の出土例である(図3)。これは形態的には野生か栽培かの判別ができない段階のイネである。月荘遺跡の場合，イネそのものの炭素年代は6060-5750 cal. BC であり(Crawford等2006)，長江下流域の上山遺跡のイネに匹敵するものである。西河遺跡のイネも6075-5990cal. BC から6030-5900cal. BC の年代が得られている(呉文婉ほか2013)。その場合，長江下流域のイネが黄河下流域まで拡散したと考えるには問題があろう。なお，現生しないイネが一時的に高温期において長江下流域から黄河下

第 I 部　アジア東部の多様な農耕

流域まで広がるという仮説(Guedes et al. 2015)があるが，月荘遺跡や西河遺跡の紀元前 6000 年頃のイネは紀元前 6200 年頃の寒冷期直後のものであり，それほどの高温期には達していない。むしろ紀元前 4500 頃の高海面期こそが高温期であり，この時期には黄河下流域にはイネは認められない。したがってこの仮説は成り立たない。すなわち月荘遺跡や西河遺跡のイネは，現生の野生イネが存在しない地域にイネが存在していたことになる。山東半島では紀元前 6000 年頃の後李文化の後，イネが消え，再び認められるのは紀元前 3000 年頃の大汶口文化後期からであり(王海玉・靳桂雲 2014)，山東龍山文化期には黄海沿岸で稲作農耕が主体となっていく。ここでは，大汶口文化以前ではアワ・キビ農耕が主体であったものが，山東龍山文化ではイネが出土するだけではなく，土壌の水洗浮遊選別法によって山東省日照市両城鎮遺跡で稲が 49% を占めることが示されたように，イネが主たる穀物に変化している。一方，山東北部の教場鋪遺跡ではアワが 92% と依然として高い比率にある(趙志軍 2004)。すなわち山東龍山文化段階には，稲作が黄海沿岸を伝わるようにアワ・キビ農耕地帯に受容され，さらにそれが主たる生業になる形で山東半島の東端である楊家圏遺跡まで伝播したのである(宮本 2009)。

　このように大汶口文化後期以降のイネは，長江中・下流域の栽培イネの拡散に伴うものと想定できる。近年，北辛文化期においても山東省臨沭県東盤遺跡でコメ 2 粒が発見されているが(王海玉ほか 2012)，北辛文化期に黄海沿岸を通じて既にイネが山東半島南西端まで拡散している可能性があるものの，泰山を越えた黄河流域には及んでいない。一方，黄海沿岸でも膠東半島の山東省即墨県北阡遺跡では，大汶口文化早期には確実にイネは存在せず，キビを主体としアワが一部認められるにすぎない(靳桂雲ほか 2014，王海玉・靳桂雲 2014)。この地域がもともとアワ・キビ農耕から成り立っていることを示している。黄海沿岸のイネの拡散も，アワ・キビ農耕圏に大汶口文化後期ないし龍山文化段階にならないと本格化しないことが明白である。したがって，長江下流域からのイネの拡散が黄河下流域にまで及んでいないとすれば，後李文化の月荘遺跡や西河遺跡のイネは，もともとこの地域に存在していたものであり，長江中・下流域の野生イネとは異なるものと想像できるのである。歴史時代には野生イネが淮河流域までしか生息しておらず，それより北には野生イネは存在していなかった

中国大陸における初期農耕の出現と拡散

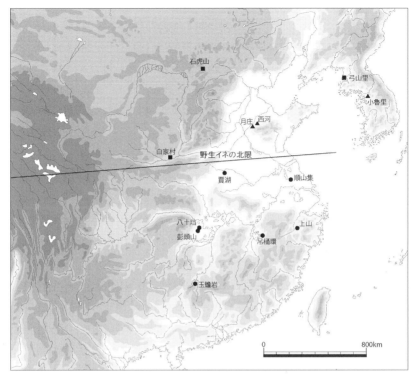

図3 野生水牛の出土遺跡（■）位置と初期イネ関連遺跡（●・▲）の分布

（厳文明1982）。そのような黄河下流域でのイネの存在と消失をどのように解釈していくかが問題である。現生では野生イネが存在しない地域である月荘遺跡や西河遺跡とともに小魯里遺跡において，イネが存在していたのである。しかも小魯里遺跡の場合，長江中・下流域の最も古い野生イネと同時期のものである。

筆者はこうした異なる地域にイネが存在する事実を，異なるイネの種類が存在していたと想定したい。栽培イネにおいて，熱帯型ジャポニカと温帯型ジャポニカというジャポニカの品種差が存在するが，これはもともと野生種段階から存在していた品種差ではないのかと考えたいのである。なぜなら，長江中・下流域の新石器時代のイネは遺伝子分析により熱帯型ジャポニカであることが知られている（佐藤1996）。一方で，一時的に認められる黄河下流域や韓半島のイネが，温帯型ジャポニカという別品種の野生イネではなかったかと思われる。籾殻の形態から熱帯型・温帯型ジャポニカの区分は難しいとされる（佐藤1991）

79

第Ⅰ部　アジア東部の多様な農耕

が，小魯里遺跡では籾殻の形態を現生のインディカとジャポニカと比べられている(Kim et al. 2012)。大半が現生のジャポニカすなわち温帯型ジャポニカに近い形態を示しているが，一部ジャワニカと呼ばれる熱帯型ジャポニカにも類似した形態を示すものが見られる。こうした主たる形態的特徴も，小魯里遺跡の稲が栽培化された温帯型ジャポニカの祖先種であることと関係しているかもしれない。

　そして，華北に自生した温帯型ジャポニカの祖先種は，基本的に完新世前半期の段階で消滅していく。こうした現象は新石器時代前期まで華北に水牛が生息していた(図3)ものが，その後消滅する現象(宮本2005)に，匹敵するものと思われる。ちなみに水牛は韓半島新石器時代の遺跡である弓山遺跡でも発見されている(社会科学院歴史研究所1979)が，その後の韓半島新石器時代遺跡には存在しない。

　華北に自生していた月荘遺跡や西河遺跡のイネのような温帯型ジャポニカの祖先種は，一時的に採集植物として利用されていたが，その後，消滅の過程にあった。この段階に山東半島では大汶口文化後期以降に，熱帯型ジャポニカの栽培種が伝播してきた。稲作農耕が長江下流域から山東半島へ伝播していったのである。おそらくこうした段階に僅かに自生していた温帯型ジャポニカの祖先種も，稲作農耕文化の中で栽培化され，生態に適応する形で山東から遼東半島・朝鮮半島で発達していったのではないだろうか。この仮説が正しければ，その後に朝鮮半島を経由して弥生時代の日本列島の主たるイネが，温帯型ジャポニカという事実を，うまく説明することができるのである。

おわりに

　中国大陸では，華北に始まる雑穀農耕と，華中に始まる稲作農耕はそれぞれ南と北へ拡散し次第に融合していく。特に長江中・下流域で栽培化されたイネは，次第に北上し，黄河中流域から渭水流域へ，さらに黄海沿岸を伝わるようにして，山東半島の東端へと広がっていく。こうした地域が東アジアの初期の農耕社会である。この農耕社会の北辺域は紀元前3000年頃からの冷涼乾燥化によって次第に牧畜型農耕社会へと転換し，後に遊牧社会へと特化していく(宮本

中国大陸における初期農耕の出現と拡散

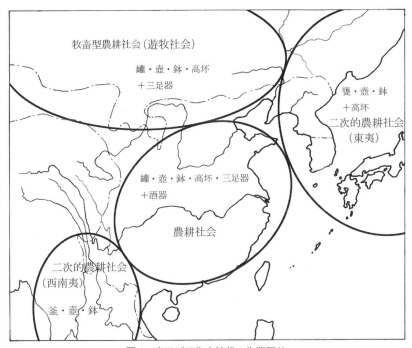

図4　東アジア先史時代の生業区分

2005）。一方，先史社会の東アジアでは，この農耕地帯から狩猟採集社会へ広がる二次的農耕地帯が，沿海州南部・朝鮮半島・日本列島の東北アジアと，西南中国から東南アジアへと広がっている。このような四つの生業域が東アジアの基層性を形成しており（図4），それぞれ生業圏で時期を異にしながら，古代国家が形成されていく（宮本2011）。

　この中で，黄河中・下流域のアワ・キビ農耕と長江中・下流域の稲作農耕が融合していくのが，黄河中・下流域であると言えよう。黄河中・下流域ではさらに龍山時代から二里頭時代にかけて，コムギやオオムギなど西アジアに起源する栽培穀物をユーラシア草原地帯を媒介として受容している。ほぼ同じ段階にダイズなどの豆類の栽培化が，黄河中・下流域においてなされている。新石器時代終末期までに，アワ・キビ，コメ，コムギ・オオムギ，ダイズといった五穀が揃い，複合的な農耕が可能となっていたのが，黄河中・下流域ということができよう。さらに黄河中流域では，長城地帯などの牧畜農耕社会から中国西北部を通じ，龍山時代以降ヒツジやコウギュウなど牧畜動物も受容していく。

第Ⅰ部　アジア東部の多様な農耕

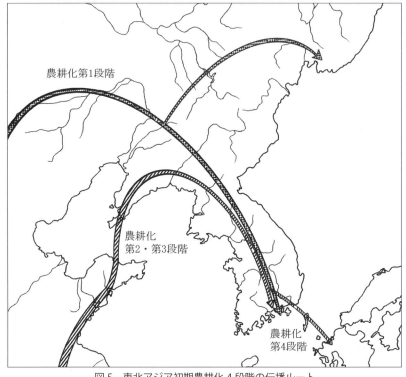

図5　東北アジア初期農耕化4段階の伝播ルート

ブタやニワトリに加え，家畜動物も複合化していく（宮本2005）。こうした複合化した農耕を持つことが，社会発展の源泉を生むことになり，政治的な中心を生むことに繋がろう。黄河中・下流域では，農耕経済の発達こそが夏王朝（二里頭文化），続いて商王朝が生まれる（宮本2005）背景となるのである。

　一方で，二次的農耕社会の一つである朝鮮半島から日本列島を含む東北アジアの初期農耕化の過程は，4段階に分けて説明が可能であり（宮本2009・2017），東北アジア初期農耕化4段階説（宮本2009・2017，Miyamoto2014）としてまとめることができる（図5）。さらにもう一つの二次的農耕社会では，紀元前3000年頃からの気候変動に伴い，華南にも稲作農耕が広がり（宮本2005），さらに西南中国から東南アジアへと稲作農耕が広がっていく。

参考文献

【日本語】

小畑弘己 2016『タネをまく縄文人　最新科学が覆す農耕の起源』(歴史文化ライブラリー 416)，吉川弘文館

佐藤洋一郎 1991「アジア栽培イネのインド型―日本型品種群における籾形の差異」『育種』41, 121-134 頁

佐藤洋一郎 1996『ＤＮＡが語る稲作文明』NHK ブックス

佐藤洋一郎 1999『ＤＮＡ考古学』東洋書林

藤本　強 2000「植物利用の再評価―世界的枠組みの再構築を見据えて」『古代文化』第 52 巻第 1 号，1-15 頁

藤原宏志 1998『稲作の起源を語る』岩波書店

宮本一夫 2000a『中国古代北疆史の考古学的研究』中国書店

宮本一夫 2000b「農耕起源理論と中国における稲作農耕の開始」『日本中国考古学会会報』第 10 号，13-24 頁

宮本一夫 2005『中国の歴史 01　神話から歴史へ』講談社

宮本一夫 2009『農耕の起源を探る　イネの来た道』(歴史文化ライブラリー 276)吉川弘文館

宮本一夫 2011「東アジア地域社会の形成と古代国家の誕生」『東アジア世界の交流と変容』(九州大学文学部人文学入門 1）九州大学出版会，3-19 頁

宮本一夫 2017『東北アジア初期農耕と弥生の起源』同成社

【中国語】

Crawford Gary W.・陳雪香・王建華 2006「山東済南長清区月荘遺址発現後李文化時期的炭化稲」『東方考古』第 3 集，247-251 頁

Crawford Gary W.・陳雪香・欒豊実・王建華 2013「山東済南長済月荘遺址植物遺址遺存的初歩分析」『江漢考古』第 2 期，107-116 頁

甘粛省文物考古研究所・吉林大学北方考古研究室編 1998『民楽東灰山考古―四壩文化墓地的掲示与研究』科学出版社

靳桂雲・王海玉・燕生東・劉長江・蘭玉富・柊佩華 2011「山東膠州趙家荘遺址龍山文化炭化植物遺存研究」『科技考古』第 3 輯，科学出版社，37-53 頁

靳桂雲・王育茜・王海玉・靳桂雲 2014「山東即墨北阡遺址(2007)炭化種子果実遺存研究」『東方考古』第 10 集，239-254 頁

馬永超・呉文婉・王強・張翠敏・靳桂雲 2015「大連王家村遺址炭化植物遺存研究」『北方文物』第 2 期，39-43 頁

秦嶺 2012「中国農業起源的植物考古研究与展望」『考古学研究』九，文物出版社，260-315 頁

王海玉・靳桂雲 2014「山東即墨北阡遺址(2009)炭化種子果実遺存研究」『東方考古』第 10 集，255-279 頁

王海玉・劉延常・靳桂雲 2012「山東省臨沭県東盤遺址 2009 年度炭化植物遺存分析」『東方考古』第 8 集，357-372 頁

呉文婉・張克思・王沢冰・靳桂雲 2013「章丘西河遺址(2008)植物遺存分析」『東方考古』第 10 集，373-390 頁

厳文明 1982「中国稲作農業的起源」『農業考古』1982 年第 1 期・第 2 期，19-31・151 頁，50-54 頁

厳文明 1997「我国稲作起源研究的新展開」『考古』1997 年第 9 期，71-76 頁

趙志軍 2004「両城鎮与教場浦龍山時代農業生産特点的対比分析」『東方考古』第 1 集，211-215 頁

趙志軍 2014「吊桶環和仙人洞遺址出土稲属植物植硅石的分析与研究」『仙人洞与吊桶環』242-254 頁，文物出版社

【韓国語】

李隆助・禹鐘充 2003「世界最古『小魯里볍씨』의 発掘과 意味」『第 1 回国際学術会議　亜細亜 先史 農耕과 小魯里 볍씨』27-46 頁。

社会科学院歴史研究所 1979『朝鮮全史(原始扁)』科学，百科事典出版社

第Ⅰ部　アジア東部の多様な農耕

【英語】

Crawford. Gary W., Underhill, A., Zhao, Z., Lee, G. A., Feinman, G., Nicholas, L., Luan, F., Yu, H., Fang, H.,
　　Cai, F. 2005 Late Neolithic plant remains from northern China: preliminary results from Liangchengzhen,
　　Shanndong. In *Current Anthropology* 46: 309-327.

Crawford, Gary W. 2011 Early rice exploitation in the lower Yangzi valley: What are we missing? *The Holocene*
　　22(6): 613-621.

Fuller, Drian Q., Harvey, Emma. & Qin, Ling. 2007 Presumed Domestication? Evidence for wild rice cultivation
　　and domestication in the fifth millennium BC of the Lower Yangtze region. In *Antiquity* 312(81): 316-331.

Fuller, Drian. Q. & Qin, Ling. 2009 Water management and Labor in the Origins and Dispersal of Asian Rice,
　　World Archaeology 41(1): 88-111.

Fuller, Dorian Q., Qin, Ling., Zheng,Yunfei., Zhao, Zhijun., Chen, Xugao., Hosoya, Leo Aoi., Sun, Guo-Ping.,
　　2009 The Domestication Process and Domestication Rate in Rice: Spikelet Bases from the Lower Yangtze.
　　In *SCIENCE* VOL 323: 1607-1610.

Frachetti, Michael D., Spengler, Robert N., Fritz, Gayle J., Mar'yashev, Alexei N. 2010 Earliest direct evidence
　　for broomcorn millet and wheat in the central Eurasian steppe region. In *Antiquity* 84(326): 993 – 1010.

Guedes, Jade d'Alpoim., Jin, Guiyun., Bocinsky, R. Kyle. 2015 The Impact of Climate on the Spread of Rice to
　　North-Eastern China: A New Look at the Data from Shandong Province. *PLOS ONE* DOI10.1371: 1-19

Huang. Xuehui., Kurata, Nori., Wei, Xinghua., Wang, Zi-Xuan., Wang, Ahong., Zhao, Qiang., Yan, Zhao., Liu,
　　Kunyan., Lu, Hengyun., Li, Wenjun., Guo, Yunli., Lu, Yiqi., Zhou, Congcong., Fan, Danlin., Weng, Qijun.,
　　Zhu, Chuangrang., Huang, Tao., Zhang, Lei., Wang, Yongchun., Feng, Lei., Furuumi, Hiroyasu., Kubo,
　　Takahiko., Miyabayashi, Toshie., Yuan, Xiaoping., Xu, Qun., Dong, Guojun., Zhan, Qilin., Li, Canyang.,
　　Fujiyama, Asao., Toyoda, Atsushi., Lu, Tingting., Feng, Qi., Qian, Qian., Li, Jiayang. & Han, Bin. 2012 A
　　map of rice genome variation reveals the origin of cultivated rice. *Nature* 11532 (490): 497-501.

Hunt, Harriet V., Campana, Michael G., Lawes, Matthew C., Park, Yong-jin., Bower, Mim A., Howe, Christopher J.
　　and Jones, Martin K. 2011 Genetic diversity and phylogeography of broomcorn millet (Panicum miliaceum
　　L.) across Eurasia. *Molecular Ecology* 20, pp. 4756-4771.

Kim, Kyeong Ja., Lee, Yung-Jo., Woob, Jong-Yoon., Jull, Timothy A.J. 2012 Radiocarbon ages of Sorori ancient
　　rice of Korea. *Nuclear Instruments and Methods in Physics Research B 294* (2013): 675–679.

Lee, Gyoung-Ah, Crawford, Gary W., Liu, Li., Sasaki, Yuka., Chen, Xuexiang. 2011 Archeological Soybean
　　(*Glycine max*) in East Asia: Does Size Matter? *PloS ONE* 11(6):1-12.

Li, XiaoQiang., Zhou, XinYing., Zhou, Jie., Dodson, J., Zhang, Hong Bin., Shang, Xue. 2007 The earliest archae-
　　obiological evidence of the broadening agriculture in China recorded at Xishanping site in Gansu Province.
　　Science in China Series D: Earth Sciences 50 (11): 1707-1714.

Miyamoto, Kazuo. 2014 Human Dispersal in the Prehistoric Era in East Asia. A*ncient People of the Central
　　Plains in China*. : 63-83, Kyushu University Press, Fukuoka, Japan.

Tanaka, Katsunori., Honda, Takeshi., Ishikawa, Ryuji. 2010 Rice archaeological remains and the possibility of
　　DNA archaeology: examples from Yayoi and Heian periods of Northern Japan. In archeology and Anthropo-
　　logical Sciences 2: 69-78.

Tsang, Cheng-hwa. 2005 Recent discoveries at the Tapenkeng culture sites in Taiwan: implications for the prob-
　　lem of Austronesian origins. *The People of East Asia Putting together archaeology, linguistics and genetics,*
　　Routledge Curzon, London and New York: 63-73.

Zhao, Zhijun. and Piperno, Dolores R. 2000 Late Pleistocene / Holocene Environments in the Middle Yangtze
　　River valley, China and Rice (*Oryza sativa* L.) Domestication: The Pytolith Evidence. *Geoarchaeology* 15 (2):
　　203-222.

韓半島における農耕の開始と拡散

古澤 義久

はじめに

　三千里錦繡江山と称される麗しい韓半島の自然と風土は，多様性に富んでいる。任良宰と吉良竜夫は暖かさの示数(WI)と寒さの示数(CI)による等値線の分布と森林植生はよく一致しており(図1)，植生分布が主として温度気候に支配されていることを指摘しているが(Yim and Kira1975)，後藤直は青銅器時代・初期鉄器時代の炭化穀類及び土器圧痕種子の分布との相関を考え，(1) WI > 100 と CI > − 10 の地域は雑穀もあるが，イネが圧倒的に多いイネ優先地域，(2) WI

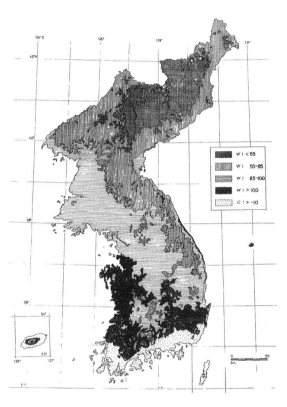

図1　韓半島の暖かさと寒さの示数分布
（Yim and Kira1975 より転載）

= 85 〜 100 の地域はイネ＋雑穀で，そのうち漢江流域(CI =− 30 弱の等値線)以南は雑穀も栽培されるが，イネが多いイネ優勢地域，(3) WI = 85 〜 100 の地域のうち，漢江流域以北ではイネはほとんどなく，雑穀が多い雑穀優先地域，(4)

第Ⅰ部　アジア東部の多様な農耕

WI＝55〜85の地域は雑穀だけが出土する雑穀地域という4作物地域が形成されたとみている(後藤1994)。このことは新石器時代に開始された農耕の展開を考える上で重要であるため冒頭に触れた。

1. 新石器時代の農耕

(1) 農耕関連遺構

江原道高城郡文岩里では耕作(畠)遺構が発見されている。国立文化財研究所による2011年度・2012年度調査区では,大きく上層(Ⅱ-2層)と下層(Ⅶ-1層)の2層で耕作遺構が発見された。上層耕作遺構の年代は鉄器時代〜朝鮮時代(約2000〜660cal y.B.P.)であった。下層耕作遺構の耕作層の厚さは上層耕作遺構のために削平され,正確な厚さはわからないが,3〜8cmの堆積が認められる。畝幅45〜150cm,畝間幅40

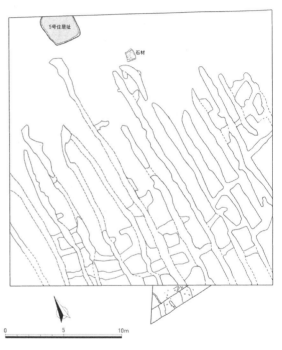

図2　文岩里下層耕作遺構（崔孟植 外 2013 より改変転載）

〜87cm,畝間深さ13〜15cmである(図2)。下層耕作遺構土壌を炭化植物遺体分析した結果,畝でマメ属,カナムグラ(葎草),未詳種子,ドングリ,堅果類,堅果片が検出された。下層耕作遺構が検出された層を新石器時代中期の5号及び6号住居址が切っている。さらに下層のⅦ-4層も耕作層である可能性がある。初期耕作層(Ⅶ-4層),下層畠耕作層,中期住居址層の年代は新石器時代中期(約5300〜4100cal.y.B.P.)であった[1]。野外炉址などからの植物遺体分析結果等からア

ワとキビなどの複合作物の栽培をした可能性が高く，焼畑や散播のような原始的な農業よりは既に発展した形態の農耕であったものと評価されている(崔孟植外 2013, 曺美順 2014)。花粉分析の結果でも，初期耕作層，下層畠耕作層，中期住居址層では栽培型イネ科花粉出現率が連続的な点，好湿性花粉出現率が少ない点，草本花粉(胞子含む)が樹木花粉より卓越する点などから，農業活動があったものと考えられている(박지훈・박윤정・조미순 2014)。

(2) 農耕関連植物遺存体と土器圧痕

① 植物遺存体

　農耕関連植物遺存体については，李炅娥らにより多くの資料が検出されている。近年の安承模(2012)，尹昊弼(2014a)が集成した新石器時代作物遺体集成表を基に整理した集成が表1である。東三洞1号住居址アワ・キビ発見以降，新石器時代中期から晩期にかけて確実にアワ・キビ遺存体がみられることが報告されてきている。これに加え，従前，マメは青銅器時代前期にならなければみられないとされてきたが(Crawford and Lee2003)，平居洞3－1地区でAMS年代により紀元前2千年紀前半(3010～2700cal.B.P.)に遡るマメ属やアズキ属が発見され，また文岩里(新石器時代中期)からマメが発見されかなり早くからマメ類が利用されていたことが判明している。平居洞3－1地区のマメは青銅器時代例に比べ，はるかに小さいが，アズキは青銅器時代例とほぼ同じ大きさで，栽培化の過程にあると指摘されている(李炅娥 外 2011, 李炅娥 2014a)。

② 農耕関連植物土器圧痕

　これまで新石器時代土器で確認された圧痕調査の結果は表2のとおりであった。新石器時代中期から晩期にかけてアワやキビが安定的にみられ，またエゴマなどがみられることも判明した(中山編 2014, 曺美順 外 2014)。しかし，小畑弘己と真邉彩の調査における新石器時代早期とされるアワ・キビの圧痕事例や新石器時代前期のアワやキビの圧痕事例(小畑・真邉 2014)はこれまでの想定とは異なる事例であり注目される。

③ アワ・キビ農耕の開始と展開

　これまで，水佳里Ⅰ期(中期)における弓山文化系の土器の南部への拡散とともにアワ・キビ農耕が華北型農耕石器を随伴して展開したとみられていた(宮本

第Ⅰ部　アジア東部の多様な農耕

表1　韓半島新石器時代作物遺存体（尹昊弼 2014a より改変転載）

地域		遺跡名	遺構名	時期	作物遺体の種類	備考
平壌		南京	31 号住居址	後期	アワ	
黄北	鳳山郡	智塔里	2 号住居址	前期	アワまたはヒエ	アワの可能性
		馬山里	7 号住居址	前期	アワ	
黄南	青丹郡	蘇井里第 2 地点	4 号住居址	後期	ヒエ？	同定疑問
江原	高城郡	文岩里	10 号野外炉址	中期	イネ、キビ、マメ、アカザ	
			12 号炉址	中期	アワ	
			住 1+3　3-Ⅲ-18	中期	アワ、キビ族？	
			5 号住居址	中期	コムギ？	
京畿	高陽市	大化里　城底	泥炭層（1 地域）	後期	イネ籾	年代疑問
		大化里　家瓦地	泥炭層（2 地域）	後期	イネ籾	年代疑問
		注葉里	泥炭層（3 地域）	後期	土器胎土イネプラント・オパール	同定疑問
京畿	金浦市	佳峴里	泥炭層	後期	イネ籾、アワ	年代疑問
京畿	始興市	陵谷洞	15 号住居址床面グリッド C4	前期	キビ	
			15 号住居址床面	前期	マメ類	
			19 号住居址竪穴 A3 木炭中層	中期	アワ、キビ、アワ属、キビ属	アワ 4770±40y.B.P.
			19 号住居址床面グリッド D3	中期	アワ、アズキ、アワ属、キビ属	
			19 号住居址床面グリッド C7	中期	マメ類	
京畿	華城市	石橋里	新石器 3 号住居址	中期	アワ	
			新石器 6 号住居址	中期	アワ	
			新石器 22 号住居址	中期	アワ、キビ	
			新石器 23 号住居址	中期	アワ、キビ	
			新石器 25 号住居址	中期	アワ	
仁川	永宗島	中山洞 21 地点	22 号住居址 c ベルト Ⅵ-1 層	後期	アワ、アワ属、アカザ属	
			22 号住居址 2 次炉址 1 層	後期	アワ	
			22 号住居址 1 号柱穴	後期	アワ	
			2 号住居址 1 号炉址	後期	アカザ属	
		中山洞 23 地点	8 号住居址 b ベルト 6 層	後期	キビ族	
			8 号住居址炉址内 1	後期	アカザ属	
			9 号住居址 a ベルト 4 層	後期	キビ、アワ、キビ族	
			9 号住居址 d ベルト 4 層	後期	アカザ属	
			10 号住居址 2 号炉址 1 層	後期	アカザ属	
			15 号住居址 b ベルト 3 層	後期	アカザ属	
			集石遺構 1	後期	アカザ属	
忠北	沃川郡	大川里	住居址	後期	コメ？、イネ籾？、オオムギ？、コムギ？、アワ、キビ	年代、同定疑問
忠北	忠州市	早洞里	住居址	後期	土器胎土イネプラント・オパール	同定疑問
忠南	牙山市	長在里　アンガンゴル（안강골）	1 号住居址	中期	アワ、キビ	
			6 号住居址	中期	アワ	
釜山		農所里		晩期	土器胎土イネプラント・オパール	
		東三洞	1 号住居址	中期	アワ、キビ、キビ族、アカザ属、ミチヤナギ属	アワ 4590±100y.B.P.
慶南	昌寧郡	飛鳳里	1 貝層	前期	アワ	1 粒
			1 号野外炉址	前期	アワ	1 粒

88

慶南 晋州市	上村里 1 地区	B3-125-3 竪穴	後期	アワ、キビ	
		B3-124-3 竪穴	後期	アワ、キビ	
		B3-114-1 竪穴	後期	アワ、キビ	
		B3-2 竪穴	後期	アワ、キビ	
		B3-8-1 竪穴	後期	アワ、キビ	
		B3-8-2 竪穴	後期	アワ、キビ	
		B2-Tr140-1 竪穴	後期	アワ、キビ	
	上村里 B 地区	1 号野外炉跡	後期	アワ、キビ	アワ 4060±140y.B.P.
	大坪里　漁陰 1 地区	6 号野外炉址	後期	アワ、キビ、コムギ(攪乱)	アワ 4030±100y.B.P. コムギ 1250±270y.B.P.
		1 号野外炉址	後期	アワ	
		3 号野外炉址	後期	アワ	
		4 号野外炉址	後期	アワ、キビ	
	平居 3－1 地区	28 号竪穴	後期	アワ、キビ、マメ類	キビ 4340±40y.B.P. アズキ 4175±25y.B.P.
		13 号土取場 A 竪穴	後期	アワ、キビ、マメ類	マメ 4200±40y.B.P.
		13 号土取場 B 竪穴	後期	アワ、キビ、マメ類	
		13 号土取場 C 竪穴	後期	アワ、キビ、マメ類	アズキ 4350±25y.B.P.
		61 号竪穴	後期	キビ	
		15 号貯蔵穴	後期	アワ	
		18 号貯蔵穴	後期	アワ、マメ類	ドングリ 4320±30y.B.P.
		2 号住居址	後期	アワ、キビ	アワ 3940±20y.B.P.
		野外炉址(1)	後期	コムギ(攪乱)	
	平居 4－1 地区	1,5 号住居址	後期	アワ、キビ、マメ属、アズキ	
		2,3 号住居址	後期	アワ、エゴマ	
		野外炉址(1)	後期	コムギ(攪乱)、アワ、キビ	
		溝(1)	後期	コムギ(攪乱)、アワ、キビ、マメ属、エゴマ	
		竪穴(5)	後期	コムギ(攪乱)、アワ、マメ属、アズキ、エゴマ	

2003,2009)。しかし，これを遡る事例が土器圧痕により明らかとなった。新石器時代前期とされる資料の内，キビ有ふ果やアワ有ふ果の圧痕土器が出土した飛鳳里第 1 貝層及び第 1 敷石層は出土土器からみて瀛仙洞式期のほぼ単純層とみられる。土器自体もキビの有ふ果圧痕がみられた粘土帯縦線文土器(BBR0018)は，疑いなく瀛仙洞式土器そのものである。粘土帯指頭文土器(BBR0001)や斜格子文土器(BBR0017)にもアワ有ふ果圧痕がみられるとされ，文様としては瀛仙洞式の組成をなすものとみて，問題はない。同じくアワ有ふ果圧痕がみられた東三洞 5 層押捺文土器(DSD0014)も瀛仙洞式土器の遅い段階の土器とみられる。そのため，韓半島南海岸新石器時代前期，すなわち瀛仙洞式期にアワやキビが存在したことはほぼ間違いないものと考えられる。このことは，筆者が以前，飛鳳里第 1 貝層及び第 1 敷石層で磨盤と磨棒，掘地具といった農耕石器の組成がみられることから，新石器時代前期にアワ・キビ農耕の萌芽的な段階があったと推定したこと(古澤 2013)と整合的である。

一方，新石器時代早期の問題は検討の余地がある。東三洞貝塚 1 号住居址覆

第Ⅰ部　アジア東部の多様な農耕

表2　韓半島新石器時代土器圧痕

時期	遺跡	キビ	キビ?	野生種に近いキビ	キビ族	アワ	アワ?	アワまたはキビ	エノコログサ	エノコログサ?	アワまたはエノコログサ
早期	文岩里遺蹟										
	鰲山里C遺蹟										
	凡方貝塚	1			1				1		
	東三洞貝塚	1									
	凡方遺蹟										
前期	凡方貝塚				1						
	凡方遺蹟				1						
	飛鳳里遺蹟	3			4						
	東三洞貝塚				18						
	サルレ(살내)										
前期末・中期初	新安遺蹟										
中期	文岩里遺蹟				2	5					
	文岩里遺蹟(3次除外)	1			23	12					
	鰲山里C遺蹟	3			1						
	松田里遺蹟	4				9					
	大皁北洞遺蹟	1				2					
	石橋里遺蹟(中山ほか)	2				1					
	石橋里遺蹟(山崎)	20	1			12			3		
	松竹里遺蹟	1	1		6	6					
	東三洞貝塚	3				5				1	
後期	中山洞遺蹟	14	1	3		11	3	5	2	1	1
	智佐里遺蹟	3	2			2	3				
	鳳渓里遺蹟	1	1								
	東三洞貝塚									1	
後期~晚期	水佳里貝塚										
晚期	鳳渓里遺蹟	2									
	東三洞貝塚	4				3					
	凡方貝塚					1					

土出土隆起文土器(DSD0008)にキビ穎果圧痕が認められ，新石器時代早期の所産であるとされている。安承模(2012)はこのキビが栽培種であるか等の疑義を提示したが，小畑・真邉(2014)は栽培種であると述べた。さて，当該隆起文土器は口縁内面に段があり，縦位の隆起文がみられるが，器形や隆起文自体の形態が，新石器時代早期の典型的な隆起文土器とは異なる面がある。東三洞1号住居址自体は新石器時代中期の住居址で，その覆土には，早期の隆起文土器，前期の瀛仙洞式土器，中期の水佳里I式土器が含まれている。そこで，層位上及び埋土出土土器からはDSD0008を新石器時代早期のみに時期を限定することにはまだ疑いの余地があると考えていたところ，近年，金恩瑩によって当該土器は水佳里3区貝塚3・4層出土S字貼付文土器と関連があり，水佳里I期に属するという見解(金恩瑩2016)が提示された。そのため，この土器を以って新石器時代早期のキビ痕跡とするのは問題がある。ほかに新石器時代早期とされる凡

アワ属雑草	イネ科	エゴマ	スゲ属	シソ属	アズキ型	マメ科	マメ亜科	未詳マメ類	カナムグラ属	堅果類	不明種子	貝・昆虫	文献
											1		曺美順 外 2014
						1					3		曺美順 外 2014
											2	2	小畑・真邊 2014
											1		小畑・真邊 2014
											1		小畑・真邊 2014
													小畑・真邊 2014
													小畑・真邊 2014
				1							4	1	小畑・真邊 2014
											2	1	小畑・真邊 2014
	1					2					1		中山ほか 2013
											2		中山ほか 2013
2		2						1	1		2		曺美順 外 2014
		3							1		15		曺美順 外 2014
		1									6		曺美順 外 2014
2						1					23		曺美順 外 2014
			1								4		中山編 2014
											2		中山ほか 2013
										2	3		山崎 2013
			3								7		中山編 2014
			2								6		小畑・真邊 2014
				1							7		小畑・真邊 2014
											9	1	中山ほか 2013
			1										中山編 2014
											8		林尚澤 外 2011 김민구 2011
													中山編 2014
											1		小畑・真邊 2014
													小畑・真邊 2014

方貝塚 12 層出土のアワとキビの土器圧痕資料（BPK0004 及び BPK0005）があるが，いずれも無文様の土器で型式が不分明な部分がある。確かに凡方貝塚 12 層では隆起文土器が主体的に出土しているが，無文様土器が確実に新石器時代早期の所産であると判断できるかは難しい問題である。従って，小畑らによってこれまで提示された新石器時代早期とされる資料では，韓半島南海岸に新石器時代早期にアワやキビが存在したとするには，まだ，確実性が不足していると述べざるをえない。新石器時代早期の所産であると明確に判断できる典型的な隆起文土器からアワ・キビの圧痕を探し出すことができるかどうかというのが今後の課題となる。対馬島の越高・越高尾崎出土隆起文土器ではまだそのような資料は確認されていない（小畑 2015b）。

④ イネとムギの存否

　宮本一夫はアワ・キビ農耕の展開後，新石器時代後期にほかの石器を伴うこ

第Ⅰ部　アジア東部の多様な農耕

となくイネ単体で移動してきたとする(宮本 2003,2008,2009)。その根拠の一つとなった沃川大川里のイネ遺存体については青銅器時代以降にみられるオオムギ，コムギ，アサなども伴っていることから，既に混在が指摘されていたが(小畑 2004)，イネ遺存体の年代測定値は 2070±60BP,1770±60BP,1800±60BP,1780±60BP であった(韓昌均 外 2014)。ただしこのコメの炭化度合いなどから年代測定値自体に対する疑問も併せて提示されている。大川里以外でイネ遺存体が発見された例としては文岩里 10 号野外炉址例が挙げられる。文岩里 5 号住居址ではコムギと推定される遺存体も出土しており，李炅娥(2014b)は文岩里のイネとコムギが新石器時代のものであるか慎重に検討しなければならないと述べている。このほかイネ関係の資料としては泥炭層出土イネ籾，土器胎土中のプラント・オパールなどが挙げられているが，相対的に信頼性が低い。庄田慎矢(2009)や中山誠二(2014)の指摘のとおり新石器時代のイネの存在自体についても再考しなければならない局面に至っている。

　一方，大川里オオムギは 4380±60BP, コムギは 4590±80BP という値が提示されている(韓昌均 外 2014)。文岩里のコムギもそうであるが，新石器時代中期から後期にかけての時期にオオムギ，コムギが韓半島で栽培されていたかは判断が難しい部分がある。近年，遼東半島東沖の広鹿島に所在する呉家村では土坑，柱穴，炉跡，包含層に含まれる植物遺存体についての調査が行われ，アワ 161 点，キビ 111 点，ダイズ 38 点などとともにコムギ 9 点が確認された。呉家村の遺跡自体の主要な年代は韓半島新石器時代中期に併行する。コムギは 5 基の柱穴と 1 基の土坑から出土しているが，柱穴の年代は出土資料が未整理のため明確ではない。遺存体自体はコムギであると鑑定されることに微塵も疑いはないが，数量も少ないことや出土遺構が特殊であるため年代やルーツについてはより一層の測定と分析が待たれるとされている(馬暁嬌等 2014)。今後の分析結果次第では，大川里のコムギの解釈に影響を及ぼすことであろう。

⑶ 農耕石器組成の問題

　宮本一夫は，アワ・キビ農耕を伴う農耕化第 1 段階として磨盤・磨棒，掘地具，柳葉形石鏃をともない，遼西から遼東を経て韓半島や豆満江流域等へ伝来するとする。韓半島南部では弓山文化系の土器文化が韓半島南部に影響を与え

成立する水佳里Ⅰ期がこの段階であるとし，宮本の主張する華北型農耕石器[2]と土器文化の動態が連動するものとみた点に最大の特徴がある。このような観点は早くから申叔静らによっても想定されていた(申叔静1994)。しかし，小畑と真邉は新石器時代中期以前の農耕の存在から，寒冷化に起因する遼東・遼西からの農耕パッケージの移入という宮本の想定が成立しないと批判した(小畑・真邉2014)。遼東地域により近接した弓山文化の智塔里や馬山里の石鋤や石鎌の由来でさえ地域的な適応を考えなければならないという指摘(大貫2013)や，掘地具も南部では新石器時代早期からみられる(安星姫2011)ため，掘地具の系譜を在地に求められる可能性があることなどからも韓半島南部への農耕パッケージの移入という想定は難しくなってきているのだろうと思われる。

(4) 磨盤・磨棒

製粉具である磨盤・磨棒[3]については，農耕における起耕→収穫→調理という過程の中で，調理を担うものであり，農耕に関連する道具として多く研究されてきた。農耕の比重が高い華北でも磨盤・磨棒堅果類加工の比重が高いという分析結果(劉莉2008)がある点などから，大貫が以前から指摘しているとおり栽培作物と採集植物の両方を対象としている可能性が高いため(大貫1998,2013)，磨盤・磨棒の存在が農耕と等号で結ばれるものではない。しかし，製粉における運動方向の差異は小さなものではなく，前後運動に変化するということは，それ以前とは異なる対象物を処理していたものと考えられ，ここでは，おおむねアワ・キビ農耕の存在自体についての一つの指標として取り扱う。

韓半島における磨盤・磨棒の変遷過程について，上條信彦は新石器時代から初期鉄器時代を対象に検討したことがある。磨棒については，磨棒2A(縦断面半・円形，横断面弓形)→1A(縦断面長方形，横断面弓形)→1B(縦断面長方形，横断面平坦)→2B(縦断面半・円形,横断面平坦)という変化方向がみられるという(上條2005)。一方，小畑弘己と真邉彩は，上條案とは異なり，「磨棒が磨盤よりかなり小さく，方向も前後のみではなく多方向に動かすもの」→「磨盤とほぼ同じ幅の磨棒で作業するもの」→そして新石器時代中期に至り「細長い磨盤にそれより幅広い磨棒を合わせて前後方向に作業を行うもの」という変遷を想定しており(小畑・真邉2014)，上條案とは異なっている。そして，つい最近，박성근は新石器

93

時代採集・農耕具について論じ，磨盤・磨棒の変遷を明らかにした。磨盤については大型・中型・小型・器形に分類，磨棒については長条形・円形・杵形に分類し，長条形については断面楕円形（Ⅰ式）・長方形（Ⅱ式）・板状（Ⅲ式）に細分類した。Ⅲ式は両端が突出した形態が大部分でⅠ・Ⅱ式とは差異が大きいものとしている。そして，新石器時代中期以前には長条形Ⅰ式とⅡ式がみられるが，中期には長条形Ⅱ式・Ⅲ式がみられるようになり，後期には特にⅢ式の比率が高くなると述べた（박성근 2016）。

　そこで，筆者も，磨盤・磨棒の変遷を明らかにするために各地域の土器編年と併行関係に基づき磨盤・磨棒を配列してみた。磨棒については時期差が顕著に認められるようなので，次のとおり分類する。

磨棒甲類：一面が平坦で，磨棒の一面全体が磨面となる類型。棒状の形態が多い。上條分類の 1B，2B，박성근分類の長条形Ⅰ・Ⅱ式に概ね該当する。

磨棒乙類：両端が突出しており，その中間が磨面となる類型。板状の形態が多い。上條分類の 1A, 2A, 박성근分類の長条形Ⅲ式の大部分に概ね該当する。

　仔細にみればさらに細分することは可能であるが，この分類でも時期差は充分に反映されるので，ここでは大きく 2 類に分類する。磨棒甲類では厚みを持ち，断面半円形になるものが多く，上から押さえつけて前後運動するものと思われるが，磨棒乙類は厚みが比較的薄く，上から押さえつけて用いるには持ち手が低いので，両端を持って前後運動するのが一般的ではないかとみられ，甲乙の分類は持つ部分の差異を反映しているものと考えられる。

　清川江流域・咸鏡南道以南の韓半島で最も早く磨盤・磨棒が認められるのは，弓山 1 期の大同江流域から臨津江流域といった韓半島中西部であり，弓山文化の丸底土器が分布する範囲である（図 3-1~4）。この時期，韓半島東部では鰲山里式土器，南部では隆起文土器といった平底土器を中心とする別の文化が分布していたが，これらの遺跡からは，石皿・磨石が発見されることはあっても，基本的に磨盤・磨棒が発見されることはないというのが，従来からの一般的な理解であった。しかし，小畑と真邉は隆起文土器期の磨盤・磨棒として飛鳳里第 2 貝塚及び第 2 敷石層の「磨盤」と凡方貝塚 12 層の「磨棒」を挙げている。飛鳳里第 2 貝塚及び第 2 敷石層の磨盤は多方向に擦痕が認められ，後の時期とは区別される磨盤・磨棒であるとしている（小畑・真邉 2014）。筆者としては，連続

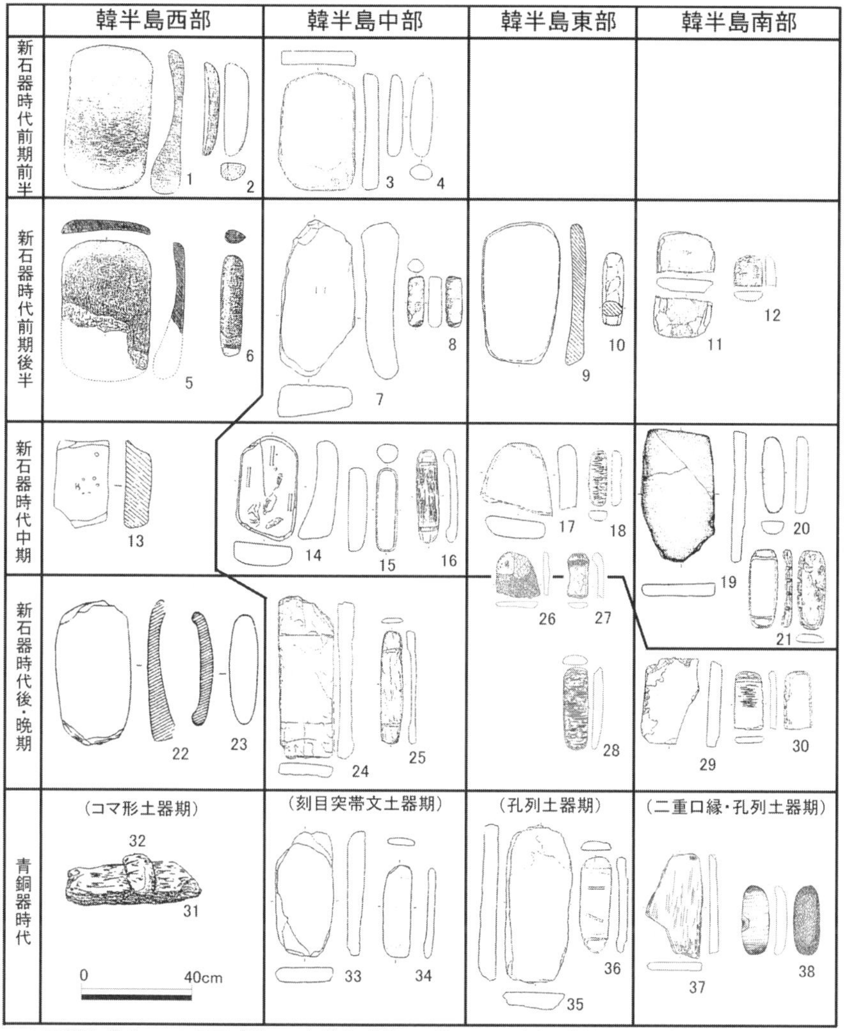

韓半島における農耕の開始と拡散

	韓半島西部	韓半島中部	韓半島東部	韓半島南部
新石器時代前期前半	1　2	3　4		
新石器時代前期後半	5　6	7　8	9　10	11　12
新石器時代中期	13	14　15　16	17　18　26　27	19　20　21
新石器時代後・晩期	22　23	24　25	28	29　30
青銅器時代	（コマ形土器期）31　32	（刻目突帯文土器期）33　34	（孔列土器期）35　36	（二重口縁・孔列土器期）37　38

1,2智塔里1号住、3,4三巨里2号住、5,6智塔里2号住、7,8雲西洞Ⅰ2地点43号住、9,10地境里4号住、11,12飛鳳里第1貝層及び第1敷石層、13龍德里1号住、14新吉洞5号住、15新吉洞1号住、16鶴母里、19,20上村里（東北大）1号住、21ハ方B地区5層、22,23長村1号住、24,25中山洞4号住、26,27池辺洞、28アウラジ積石遺構、29,30東三洞（釜博）2層、31,32沈村里3号住、33,34蓮下里1号住、35,36アウラジ15号住、37,38平居洞3-1地区5号住

図3　韓半島の磨盤・磨棒

的な前後運動を伴わないこのような「磨盤」を磨盤と呼ぶことには抵抗感がある。この時期の不整方向・回転運動による石皿・磨石の盛行からは，小畑らが指摘した遺物は，それぞれ，盤状の石皿，棒状の磨石という理解も可能ではな

95

第Ⅰ部　アジア東部の多様な農耕

いだろうか。

　続く弓山2期に併行する段階でも韓半島中西部では同様に磨盤・磨棒が用いられる（図3-5~8）。この時期に至り，韓半島東部では弓山文化系の丸底土器が認められ，これに伴い，磨盤・磨棒も登場する（図3-9,10）。従来，韓半島南部地域では次の段階の新石器時代中期に磨盤・磨棒が登場するといわれてきたが，飛鳳里第1貝層及び第1敷石層やサルレ遺跡などでは磨盤・磨棒が出土しており（図3-11,12），瀛仙洞式土器期に既に南部地域でも磨盤・磨棒が存在したことが明らかになった。瀛仙洞式期の遺跡はこれまで50箇所以上が知られているが，石皿・磨石が出土する遺跡が圧倒的で，磨盤・磨棒が出土する遺跡は飛鳳里など一部の遺跡に限られ，磨盤・磨棒が瀛仙洞式期の安定的な道具の組成を示していないため筆者は農耕の萌芽的な段階とみた（古澤2013）。以上の弓山1期から2期といった新石器時代前期の磨棒には甲類のみが認められる。飛鳳里出土磨棒は同時期の他地域の磨棒と比べるとやや扁平で在地化したものとみられる。

　新石器時代中期に入ると南部も含めて安定的に道具の組成として磨盤・磨棒が認められるようになる（図3-13~21）。南部ではこの段階に農耕への依存度が高まっていったものとみられる。新石器時代中期でも磨棒の多くは甲類である。しかし，一部には乙類が現われはじめる（図3-16,27,21）。

　新石器時代後・晩期には大同江流域で遺跡・住居址単位で多量の磨盤・磨棒がみられることがあり，特徴的な展開を示す。この段階では中西部から南部にかけて磨棒甲類も併存するものの（図3-28），磨棒乙類が安定的・主体的にみられるようになる（図3-23,25,30）。

　韓半島では青銅器時代に入っても磨盤・磨棒が引き続き用いられ，やはり磨棒乙類が目立つようである（図3-31~36）。以上の韓半島における磨盤・磨棒の展開を整理すると，磨棒甲類から乙類への変化の方向性が看取され，小畑と真邉や박성근が想定した変遷案こそが正しいものと判断される。

　さて，このような磨盤・磨棒の展開について極東平底土器分布圏に目を向けると，遼西地域では小河西文化や興隆窪文化で磨盤・磨棒が認められ（図4-1~4），早い時期から用いられていたことがわかる。遼東半島や鴨緑江下流域では小珠山下層期・後窪下層期には磨盤・磨棒が認められる（図4-11~13）。韓半島中西部弓山1期にみられる磨盤・磨棒は遼西地域から遼東地域を経てもたらされたと

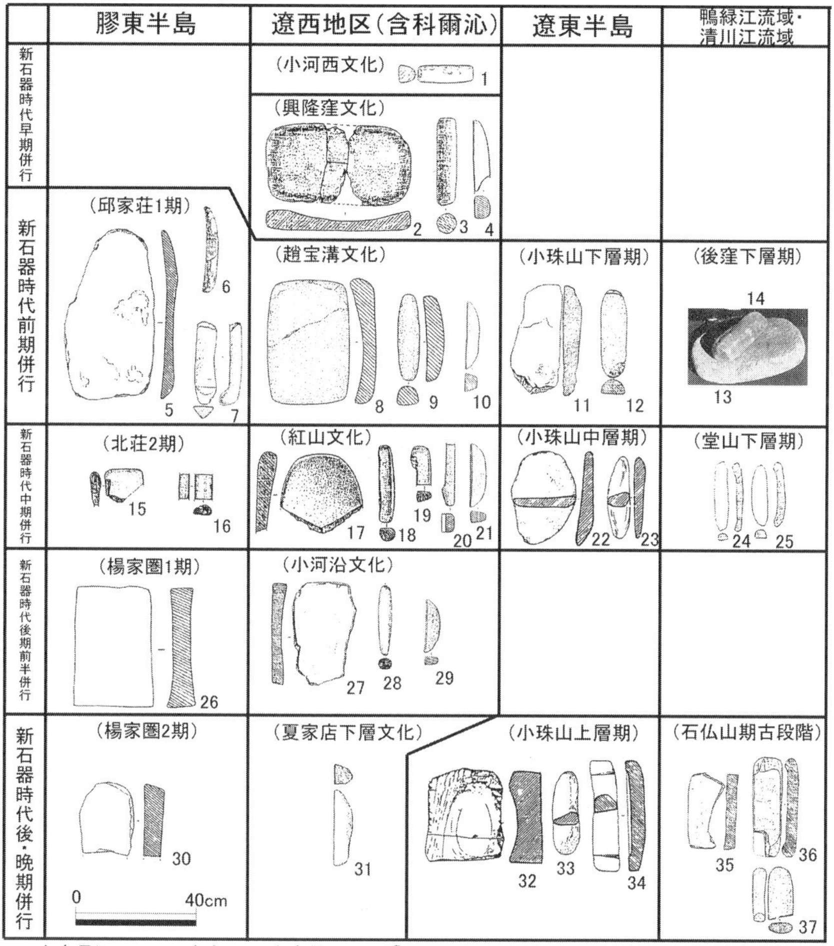

韓半島における農耕の開始と拡散

	膠東半島	遼西地区（含科爾沁）	遼東半島	鴨緑江流域・清川江流域
新石器時代早期併行		（小河西文化）　1 （興隆窪文化）　2 3 4		
新石器時代前期併行	（邱家荘1期）　5 6 7	（趙宝溝文化）　8 9 10	（小珠山下層期）　11 12	（後窪下層期）　13 14
新石器時代中期併行	（北荘2期）　15 16	（紅山文化）　17 18 19 20 21	（小珠山中層期）　22 23	（堂山下層期）　24 25
新石器時代後期前半併行	（楊家圏1期）　26	（小河沿文化）　27 28 29		
新石器時代後・晩期併行	（楊家圏2期）　30	（夏家店下層文化）　31	（小珠山上層期）　32 33 34	（石仏山期古段階）　35 36 37

0 ──── 40cm

1白音長汗BF64,2,3査海F26,4白音長汗BF30②,5,6白石村2期層,7大仲家,8,9趙宝溝F104,10白音長汗AH21、11北呉屯③A層,12北呉屯F4,13,14後窪下層,15,古鎮都④層,16古鎮都③層,17～19牛河梁N5下層,20白音長汗4期層,21白音長汗AH53,22,23郭家村下層,24,25堂山下層,26楊家圏1期層,27南宝力皐吐M170,28南宝力皐吐M199,29南宝力皐吐CM34,30楊家圏2期層,31豊下,32～34郭家村上層,35～37北溝西山

図4　遼東地域と周辺地域の磨盤・磨棒

早くから指摘されてきた（甲元1973, 田村1980）。韓半島新石器時代前期に併行する時期までの遼西地域から鴨緑江下流域でみられる磨棒は甲類のみであり，韓半島中西部の様相と一致することからこの想定は正しいものとみることができる。

　磨棒乙類は，遼東半島では小珠山上層期にみられるが（図4-34），それ以前の磨

第Ⅰ部　アジア東部の多様な農耕

盤・磨棒の報告例が少なく，その導入時期は新石器時代中期併行期まで遡る可能性がある。なぜなら，韓半島中西部との接触地帯である清川江流域の堂山下層期に乙類とみられる磨棒がみられるためである(図4-24,25)[4]。鴨緑江流域では新石器時代後・晩期併行期にも遼東半島と同様に磨棒乙類がみられる(図4-36)。磨棒乙類は遼西地域では紅山文化でみられる一方(図4-19,20)，膠東半島では新石器時代前期併行期に既にみられるようであり(図4-7)[5]，磨棒乙類の源流が遼西地域であるか，膠東半島であるかは即断できない。重要なことは，甲類から乙類へという磨棒の変化の方向性が遼東地域と韓半島で一致していることである。遼東地域と韓半島でそれぞれ独自に変化した結果，偶然一致したという可能性もないことはないが，乙類の出現時期が新石器時代中期併行期頃と見込まれ，新石器時代後・晩期に盛行するという時期的な一致もみられることから，遼東地域の影響で，韓半島でも磨棒乙類が出現するようになったとみるのが穏当であろう。この想定が正しければ，新石器時代前期に遼西地域を起源として遼東地域を介して農耕関連情報の第1波が韓半島に流入し，磨盤・磨棒甲類が用いられたということに加え，後の新石器時代中期あるいは後・晩期にも第2波，第3波と継続的・持続的に農耕関連情報が遼東地域から韓半島にもたらされたということができる。

　一方，豆満江流域及び周辺地域におけるこれまでのところ最も古い段階の磨盤・磨棒出現例としては松花江支流の螞蜒河流域で，牡丹江西方約80kmに位置する亞布力において，磨盤(図示なし)とともに，磨棒甲類が出土している(図5-1,2)。新石器時代中期に併行する興城新石器1期には，磨棒甲類(図5-3)とともに，既に磨棒乙類も認められる(図5-4)。豆満江流域と周辺地域でも磨棒は甲類から乙類へと変化している。その後，新石器時代後期併行期から青銅器時代併行期にかけて，磨棒では甲類と乙類の両者がみられるが，弓形をした磨棒甲類が多くみられるのが特徴である(図5-13~15,18,21,26,32)。この弓形磨棒は磨盤の幅より長さが短く，典型的な磨棒ではない可能性もある[6]。遼西地域では同様の弓形磨棒が興隆窪文化〜小河沿文化でみられるので(図4-4,10,21,29)，相互の関係性がある可能性もある。ただし，弓形磨棒はザイサノフカ文化新3段階からシニ・ガイ文化[7]と，比較的遅い段階に盛行するようであり，併行関係上，小河沿文化とは直接結びつかない一方，弓形磨棒の祖形の可能性がある磨棒がザイ

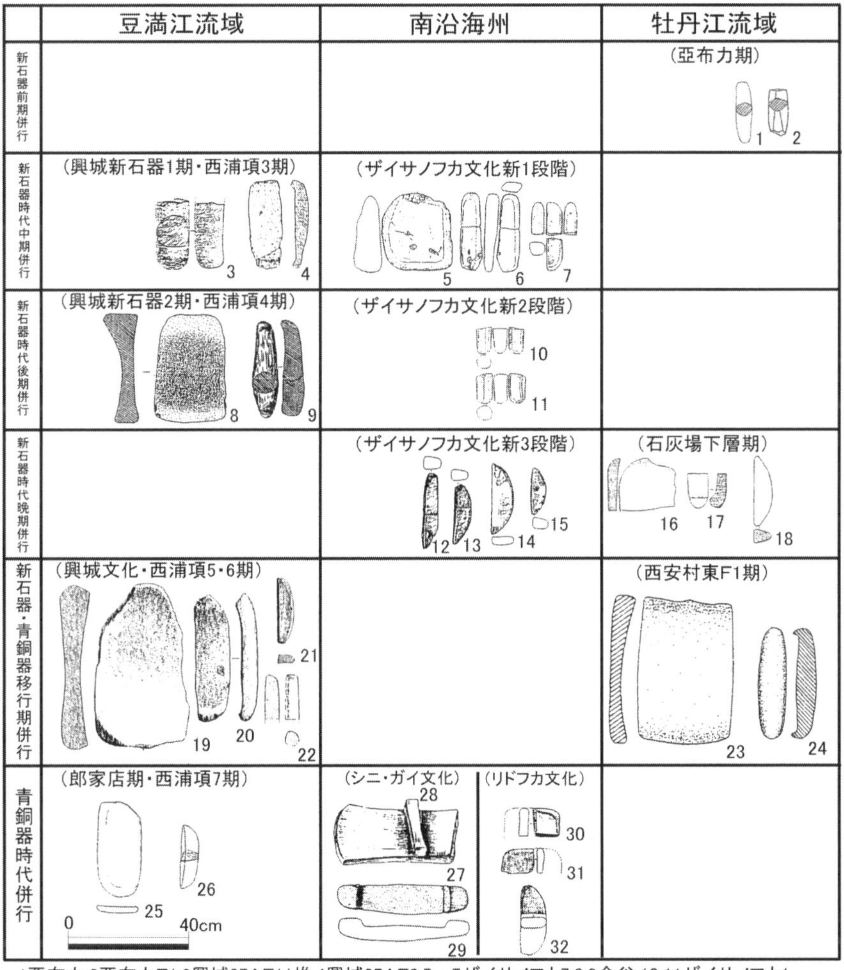

豆満江流域	南沿海州	牡丹江流域
新石器前期併行		（亞布力期） 1　2
新石器時代中期併行 （興城新石器1期・西浦項3期） 3　4	（ザイサノフカ文化新1段階） 5　6　7	
新石器時代後期併行 （興城新石器2期・西浦項4期） 8　9	（ザイサノフカ文化新2段階） 10 11	
新石器時代晩期併行	（ザイサノフカ文化新3段階） 12　13　14　15	（石灰場下層期） 16　17　18
新石器・青銅器移行期併行 （興城文化・西浦項5・6期） 19　20　21　22		（西安村東F1期） 23　24
青銅器時代併行 （郎家店期・西浦項7期） 26 0　25　40cm	（シニ・ガイ文化） 27　28　29	（リドフカ文化） 30 31 32

1亞布力,2亞布力F1,3興城87AF11堆,4興城87AF3,5～7ザイサノフカ7,8,9金谷,10,11ザイサノフカ1,
12,13ヴァレンチン地峡,14,15レッチホフカ・ゲオロギチェスカーヤ,16六道溝北,17光明,18二百戸,
19,20五洞4号住,21五洞,22興城87AF15堆,23,24西安村東B区,25西浦項1号住,26西浦項10号住,
27,28シニ・ガイA2号住,29ハリナ谷,30～32ブラゴタトノエ3

図5　豆満江流域と周辺地域の磨盤・磨棒

サノフカ-7でも出土していることから（図5-7），豆満江流域及び周辺地域での自
律的な発展の可能性も考えられる。

⑸ 韓半島新石器時代の農耕

　以上の論議を踏まえ，想定される韓半島での農耕の様相は次のとおりとなろ

第Ⅰ部　アジア東部の多様な農耕

う。遼西地域に端を発し，遼東地域を介して，農耕が韓半島に伝えられ，弓山文化では遅くとも弓山2期には，すでにアワ・キビ農耕が開始されていた。弓山1期の磨盤・磨棒を農耕石器として積極的に解する場合は，さらに遡り，遼東地域とそれほど時間差がないこととなる。韓半島南部では瀛仙洞式期にアワ・キビ農耕の萌芽的な段階がみられる。弓山文化2期とそれほど時間差はない。但し，韓半島南部で大きな変化がみられたのは磨盤・磨棒からみても大貫静夫も指摘するように水佳里Ⅰ期である(大貫2013)。文岩里の耕作遺構は，この段階に位置づけられる可能性がある。豆満江流域等ではこの時期には確実に農耕を行っている。アワ・キビ農耕はその後も継続して行われるが，この間も遼東地域からの農耕関連情報は継続的に大同江流域以南韓半島や豆満江流域にもたらされている。また，場合によっては新石器時代中期，遅くとも後期にはマメ類も利用された。これまでのところ新石器時代にイネが栽培されたとみることはできない。新石器時代の農耕は漁撈や採集活動とともに複合的な生業の一角を占めていたが，中期以降，その比重は高まっていたものと考えられる。

2. 青銅器時代開始期の農耕

(1) 稲作の開始

　後藤直によると青銅器時代には農耕が生業の中心となり，石庖丁の出現，土器の変革，時とともに定型化し，機能分化する各種石斧という前時代にはみられない大きな変化が認められるという。磨盤・磨棒と畠作については新石器時代から継続している要素であると把握されている(後藤2004)。新来の要素の多くは遼東地域からもたらされたとみられる中，磨盤・磨棒については遼東では双砣子1期以降，存在しなくなるため，大同江流域以南の韓半島や豆満江流域・南沿海州等で青銅器時代に継続する磨盤・磨棒はやはり，前時代の資料に系譜が求められるとすべきであろう。なお，磨盤・磨棒の消失は粉食から粒食への変化の反映であるとする見解(李白圭1974，藤本1983，大貫1998,2010)があるが，磨盤・磨棒の残存する地域では鬲などの三足器が分布しないので，ある程度正しいのではないかとみられる。

　また，後藤が想定した段階では新石器時代の畠は未発見であったが，文岩里

の畠遺構が発見されるに至り，尹昊弼は文岩里の畠は等高線に直交し，三国時代よりも青銅器時代の畠に近く，作畦形態は畦立法を採用していると述べていること（尹昊弼 2014a）からも，新石器時代からの連続性についての後藤の想定を裏付けた形となっている。

　青銅器時代最初期の植物遺存体については，コマ形土器期前期では，南京36号住居址でイネ，アワ，キビ，モロコシ，マメなど（金用玗・石光濬 1984），やや遅れる時期の表垈 23 号住居址でイネが出土している（金鐘赫 2002）。韓半島中南部の刻目突帯文土器期では晋州大坪里漁隠 1 地区 104 号住居址でイネ，アワ，オオムギ，コムギなど（李相吉・李旻娥 2002），蓮下里 1 号住居址でイネ，キビが出土している（佐々木 2009）。土器圧痕については渼沙里（高麗大調査区）出土刻目突帯文土器にイネ，キビの圧痕が確認されている（孫晙鎬・中村・百原 2010）。

　このことから，大同江流域以南の韓半島では，イネが確実に栽培されていることが明らかであり，栽培穀物からも農耕が新しい段階に入ったことを窺うことができる。ただし，この段階においても多くのキビ・アワの栽培とともにイネが栽培植物として加わったという点にも留意する必要がある。青銅器時代・初期鉄器時代の耕作遺構として水田 25 遺跡，畠 33 遺跡が確認されており，畠作も多く行われていたことがわかる（尹昊弼 2013）。青銅器時代前期の水田では小区画水田と階段式田があり，水口が備えられ水路もみられる（田崎 2010，尹昊弼 2014b）。青銅器時代の水田遺構は遡っても青銅器代前期末と考えられるが（田崎 2010），このような水田が刻目突帯文土器期にも普及していたのか今後の資料の増加が期待される。

　新石器時代後期後半〜青銅器時代早期の気候変動のデータが不足しているが，新石器時代晩期を中心とする時期は海水面の上昇・温暖な気候条件が想定されている（田崎 2010）。このような気候条件が青銅器時代早期の稲作農耕の導入に影響を与えたのかは今後の課題となる。

(2) 磨製石庖丁

　大同江流域以南では，青銅器時代に至り，磨製石庖丁が石器組成に加わる。この磨製石庖丁はその用途が農耕に伴う収穫にほぼ限定されるので，農耕段階の指標となる。これまで，多くの研究者により韓半島の石庖丁の始原が遼東半

第Ⅰ部　アジア東部の多様な農耕

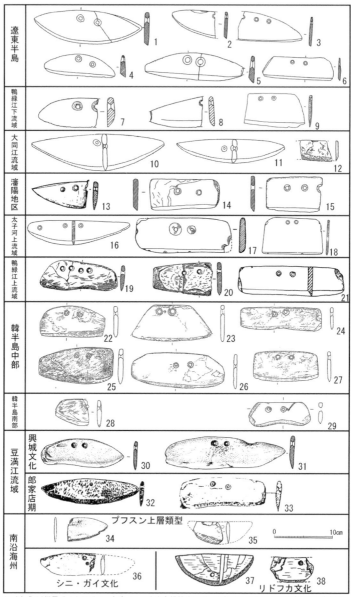

1〜6大嘴子3期層, 7, 8山西頭, 9下金坑, 10, 11南京青銅器時代1期, 12金灘里, 13新楽, 14, 15遼大学生宿舎楼, 16張家堡A洞, 17山城子B洞, 18馬城子A洞, 19, 20深貴里, 21大梨樹溝, 22アウラジ12号住, 23, 24, 27アウラジ1号住, 25, 26外三浦里5号住, 28平居洞4-1地区1号住, 29石房D-9住, 30, 31興城, 32, 33郎家店, 34ノヴォセリシェ4, 35ルドナヤ・プリスタニ, 36ハリナ谷, 37, 38ブラゴダトノエ3

図6　双砣子3期併行期の磨製石庖丁

韓半島における農耕の開始と拡散

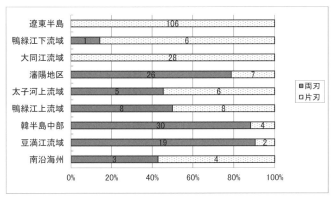

図7 双砣子3期併行期の磨製石庖丁刃部

島にあることが具体的に示されてきた(下條1988,甲元1989,安承模1995)。

遼東半島双砣子3期の石庖丁は弧背弧刃型が主であり、弧背直刃型、直背弧刃型、直背直刃型なども少数認められる(図6-1~6)。鴨緑江下流域石仏山期新段階・新岩里第3地点第2文化層期でも弧背弧刃型が主であり、弧背直刃型、直背直刃型が少数認められる(図6-7~9)。鴨緑江上流域深貴里1号住居址期では直背直刃型が主で、直背弧刃型、弧背直刃型が少数認められる(図6-19~21)。太子河上流域馬城子文化では直背直刃型のほか直背弧刃型、弧背弧刃型が認められる(図6-16~18)。瀋陽地区新楽上層文化では直背直刃型が主で、弧背弧刃型、直背弧刃型が少数認められる(図6-13~15)。豆満江流域郎家店期・西浦項7期では直背直刃型、弧背弧刃型、直背弧刃型がみられる(図6-32~33)。南沿海州シニ・ガイ文化では弧背弧刃型(図6-36),リドフカ文化では直背弧刃型が多く認められる(図6-3738)。

また、刃部形態については遼東半島ではほぼ片刃に限定される一方、瀋陽地区、太子河上流域、鴨緑江下流域では両刃と片刃が共存し、豆満江流域ではほぼ両刃が多く、南沿海州では両刃が主から片刃が主へと変遷する(図7)。

以上の東北アジアにおける石庖丁の形態差と地理的勾配によって、大きく、弧背弧刃型が主となり、片刃に限られる遼東半島、直背直刃型が多く、両刃と片刃が共存する瀋陽地区・太子河上流域・鴨緑江上流域、直背直刃型・弧背弧刃型などがみられ、両刃が多い豆満江流域、直背弧刃型で片刃が主となる南沿海州という4個のグループにわけることができる。なお、鴨緑江下流域は遼東半

103

島と鴨緑江上流域の双方の影響がみられる。

韓半島では大同江流域のコマ形土器に伴う石庖丁は圧倒的に弧背弧刃型が多く、刃部形態も片刃にほぼ限定される(図6-10~12)。一方、韓半島中南部の刻目突帯文土器に伴う石庖丁

図8　立教大学所蔵美林里出土磨製石庖丁

には弧背弧刃型、弧背直刃型、直背直刃型がみられ、紡錘形のように端部が尖るように処理されたものはほとんど認められず、弧背弧刃型であっても端部は直線的に処理され、全体が長方形や台形に近いものも少なくない(図6-22~27)。また、刃部は両刃と片刃の双方が認められる。

このように土器文化に対応する形で、韓半島青銅器時代の石庖丁は地域差を示すが、先に述べた東北アジアにおける石庖丁の地域差と対照すると、コマ形土器文化に伴う石庖丁は遼東半島の石庖丁との関係が強い。立教大学学校・社会教育講座収蔵庫に所蔵されている平壌市美林里出土資料は採集資料であるため子細な時期については詳らかではないが、コマ形土器に伴うことは疑いない。弧背弧刃型で片刃の石庖丁であるが、断面形態は刃部鎬の部分が最大厚となっている特徴を持っている(図8)。このような特徴を持つ石庖丁は東北アジアでも類例が少ないものの、遼東半島双砣子3期の石庖丁にはしばしば確認することができる(図6-4,5)。よって、コマ形土器に伴う石庖丁の系譜は遼東半島に求められる。一方、刻目突帯文土器に伴う石庖丁は、瀋陽地区・太子河上流域・鴨緑江上流域との関係が強く、これらの地域に系譜を求められるものと考えられる(図9)。

さて、このような平面形態や刃部形態による地域性は何を反映しているのであろうか。平面形態についてはさまざまな形態が各地で併存している状況が看取された。下條信行は遼東半島で直背弧刃と弧背弧刃がほぼ同量であることから「同様の価値をもって使われていた」(下條1988)という表現をしている。ま

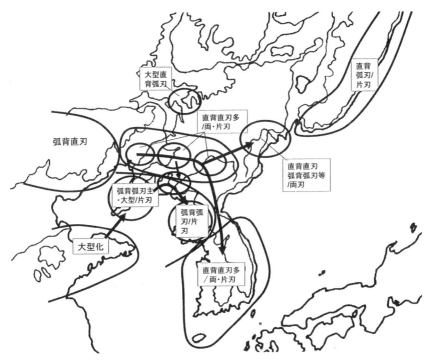

図9　双砣子3期併行期の磨製石庖丁の展開

た，刃部形態について，石毛直道は片刃と両刃の差異は作業効率に影響しないことを示し，石庖丁使用上の機能的な差異というよりも，製作方法や使用する人々の石器に対する態度の差異に基づく文化における「くせ」に起因すると述べたことがある(石毛1968)。このような指摘には妥当性が認められるので，平面形態や刃部形態の差は，例えば対象作物の違いといった機能的な面における差異であるというよりは，文化的な差異や，石庖丁伝播に伴う交流地域の差異，すなわち系統・伝統の差異であるとみられる。

このような磨製石庖丁の系統と，土器の系統も一致する。刻目突帯文土器の起源は豆満江流域説もあるが，筆者は鴨緑江上流域説を支持している(古澤2014)。

また，紡錘車の系統も磨製石庖丁と一致する。大同江流域以南では新石器時代には土製算盤珠形が主であるが，青銅器時代には組成が大きく変化し，コマ形土器分布圏では石製円盤形のみがみられ，刻目突帯文土器分布圏では石製円盤形に加え，土製円盤形，土製断面弓形などが加わる組成をなす。双砣子3期

第Ⅰ部　アジア東部の多様な農耕

に併行する東北アジアでは，遼東半島では石製円盤形のみがみられる一方，瀋陽地区，太子河上流域，鴨緑江流域では石製円盤形に加え，土製円盤形や土製断面弓形などが加わる（古澤2006）。

このように遼東半島—大同江流域と瀋陽地区—太子河上流域—鴨緑江上流域—韓半島中・南部という系統は磨製石庖丁のみではなく，土器や紡錘車でも確認され，文化要素全般にわたって組成をなしてそれぞれ伝播したものであることが了解される。これが，文化全般が変革する中で農耕もその一翼を担っていたのか，または農耕によって文化全般が変革したのか，あるいはその相乗効果であったのかは定かではないが，いずれにせよ農耕を包含する大きな文化変革が系統を異にして大同江流域以南の韓半島に生じたのである。

⑶ 韓半島へのイネの伝来経路

このように，大同江流域以南の韓半島では青銅器時代開始期には既に稲作が認められるが，その伝来経路について考える。遼東半島における古い時期のイネ関連資料の可能性がある事例としては，イネ，ヨシ，ススキ，キビ族のプラント・オパールが検出された文家屯ＡⅠ第3層出土紅焼土が挙げられる（宇田津・藤原2002）。文家屯Ａ区第3層では小珠山中層期～三堂村1期の土器が出土している。プラント・オパールが紅焼土内部まで潜り込む可能性があること，文家屯では小珠山上層期までの土器が出土しており，層序的に画然と堆積時期を区分できるかという懸念があること，事例数が少ないことなどから，まだ，確実な事例であるとはいえない。遼東半島南部の遺跡における土壌中に含まれるプラント・オパールの分析では小珠山上層期と推定される王家村文化層最上面採集土壌でイネ，アワ，キビなど，郭家村採集土壌（但し土層断面の状況は灌木等あり）でイネなどが検出されている。また，双砣子1～3期の双砣子炉跡採集土壌からイネ・アワなどが検出されている（靳桂雲等2009）。以上の資料は土壌中のプラント・オパール資料であり，年代に不安が残るが，膠東半島北部の龍山期の楊家圏H6,H9出土紅焼土中のイネ遺存体などの存在（北京大学考古実習隊等2000）から，遼東半島南端であれば，イネが小珠山上層期に存在していても不自然ではない。双砣子3期に属する大嘴子F3から出土した6点の壺内部に炭化穀物があり，炭化穀物にはキビとイネが確認されている（大連市文物考古研究所編2000）。ま

106

た，上馬石貝塚ではイネ籾圧痕と玄米圧痕がある上馬石上層期の土器がみられる(小畑 2015a, 李作婷 2015)[8]。

　以上を整理すると遼東半島南部では遅くとも双砣子 3 期にはイネが栽培されていたとみることができる。気候が比較的冷涼な中国東北地方にあって，遼東半島南部は膠東半島と同様に温暖湿潤で落葉広葉樹林区に属し(劉明光 1998)，イネを生育できる条件が整っている。そして，上述のとおり双砣子 3 期の遼東半島こそが，大同江流域の石庖丁も含む文化総体に強い影響を及ぼしているため，コマ形土器文化前期にみられるイネは遼東半島から黄海沿岸に沿って大同江流域に伝来したものであるとみることができる。ここで，黄海沿岸と述べたのは，鴨緑江下流域では，鴨緑江上流域とともに遼東半島の影響を受けた文化がみられることと，本稿冒頭で触れた韓半島の気温示数図(図 1)において平安北道沿岸部にはわずかに大同江流域と同様の WI ＝ 85 ～ 100 の地帯が広がっていることを念頭に置いているためである。

　それでは，韓半島中・南部における刻目突帯文土器に伴うイネの伝来経路はどのように考えるべきであろうか。上述のとおり，刻目突帯文土器分布圏の石庖丁を含む文化総体は瀋陽地区—太子河上流域—鴨緑江上流域からの強い影響を受けている。これらの地域では，資料の不足によりどのような作物が栽培されていたか不分明であるが，韓半島の気温示数図において，鴨緑江上流域は WI ＝ 55 ～ 85 の地帯に属していることからみて，鴨緑江上流域では基本的にはイネは認められないものと考えられる。東方の豆満江流域では虎谷 2 期に属する複数の住居址でキビ粉やモロコシ粉，五洞ではダイズ粒，アズキ粒，キビ粒などが出土しているため，鴨緑江上流域でもキビなどを中心とする作物が栽培されていたのであろう。そのため，石庖丁を含む文化総体において刻目突帯文土器分布圏は鴨緑江上流域から強い影響を受けているのではあるが，イネについてはその経路とみなすことができない。

　そうすると，刻目突帯文土器分布域におけるイネについては，別の経路を考えなければならないが，筆者は遼東半島から黄海沿岸を経由して大同江流域に到達したイネが，韓半島中・南部に伝来したものと考えている。刻目突帯文土器文化とコマ形土器文化は隣接しており交流の可能性が大きいからである。そして，韓半島南部地域に至り，気候と非常によく適合したため，後に稲作が発

第Ⅰ部　アジア東部の多様な農耕

展したものとみている。このような経路に関する考え方は, 宮本一夫が2009年に提示した見解(宮本2009)や庄田慎矢の見解(庄田2009)とほぼ同じである。筆者と宮本2009年見解の差異は, その伝来時期のみであるといってよい。

　しかし, このような考え方と対立する見解が既に, 後藤直によって提示されたことがある。後藤は二者択一ではないと断りながらも, 上述経路以外に膠東半島から韓半島中部西海岸へ直接渡来する経路も念頭に置き, 「(イ)遼東半島の稲作が大同江流域に伝わったが, 潅漑施設と区画水田からなる体系化された水田稲作とは考えられないから, 南下して南部の水田稲作のもとになったはずはない。(ロ)膠東半島で岳石文化期頃の雑穀畠作農耕と結びついて適応した稲作が韓半島中部西海岸に伝えられ, 南部に急速に広がった。(ハ)(ロ)のように南部に広がる水田稲作の一部が北上して大同江下流域に達したが, 気候条件が厳しいために定着せず放棄された。」と想定している(後藤2004)。

　ここで, 大きく問題になるのは, 膠東半島と韓半島中部西海岸を連結する黄海直行横断航路の存在が認められるかという点である。先史時代の黄海直行横断航路の存在は, 解放前から想定されてきたが, 現在に至るまで, その実態は把握されていない。膠東半島と遼東半島間には廟島群島が存在し, 相互に目視できる一方, 山東省栄成市成山頭―仁川広域市甕津郡大青島間の直線距離は約178kmで, 間に島は存在せず, 目視不可能である。そのような状況下, 両岸で相互の遺物が出土することは現在までなかったので, 新石器時代に黄海直行横断航路は存在しないことを筆者は述べたことがあるが(古澤2011), 青銅器時代についても同様に両岸で相互の遺物は出土しない。

　文献史学における検討では, 黄海直行横断航路は南朝の劉宋時期に開通したとみられているが(牟元珪1999), 李慧竹はこれに反対し, 戦国式銅剣をはじめとする「斉系」遺物が韓半島南部に集中して出土することから, 戦国時代の斉国亡民が黄海直行横断航路を利用したと述べている(李慧竹2004)。しかし, 「斉系」遺物とされた多くは, 陸路でもその搬入・伝播は充分に想定されるものであり, 筆者は黄海直行横断航路の証拠とは考えない。むしろ, 戦国時代にあっても, 黄海直行横断航路を証するとされる遺物がその程度しか挙げられないのだから, 先史時代においてはまず, 航路としては存在しなかったとみるべきだろう。『管子』や『爾雅』にみられる「発, 朝鮮之文皮」と『爾雅』や『淮南

韓半島における農耕の開始と拡散

子』にみられる「斥山之文皮」を関連付け,「斥山」を現在の栄成市に比定し,先秦時代の黄海直行横断航路を想定する研究もあるが,王青は「斥山」を現在の蓬莱市に比定し,廟島群島に沿った航路を想定しており(王青 2014),これも黄海直行横断航路の根拠として用いるのは困難である。

　恒常的な交流の航路が存在しないにも関わらず,それでも黄海を直行横断してイネが伝来したとすると,漂着など偶然の渡来を考えなければならなくなる[9]。畢竟,イネ伝来経路の問題は,そうした航路も含めた交通路の安定性か,気温など生育条件の安定性かどちらを重視するかという問題に収斂される。

(4) 青銅器時代農耕化の受容と精神文化にみられる反応

　上述のとおり,大同江流域以南では深鉢(甕)と壺の組成,磨製石庖丁,石製紡錘車という新たな文化要素が青銅器時代にみられるようになる。本稿ではこれを「青銅器時代化」と呼ぶこととする。これを劇的な変化と把握することもできるが,筆者はこれまで知られている大同江流域以南の新石器時代最末期と青銅器時代最初期の土器の間には,土器型式未確認の時期が少なくとも遼東半島の双砣子2期分は存在するだろうと考えているので(古澤 2012),実態として劇

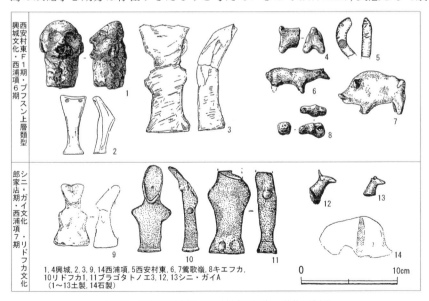

図10　豆満江流域と周辺地域の偶像・動物形製品

第Ⅰ部　アジア東部の多様な農耕

的変化であったかどうかは不分明である。そうであっても，これまで知られている双砣子3期に併行する大同江流域以南の青銅器時代早期において農耕具を含む新たな文化要素が短い期間で変化するのは急激な変化であるとみるのが妥当であろう。

　一方，豆満江流域と周辺地域でも青銅器時代までには，深鉢（甕）と壺の組成，磨製石庖丁，石製紡錘車を備えることとなる。但し，豆満江流域等では大型の貯蔵用甕は興城新石器時代2期，磨製石庖丁は興城文化期，石製紡錘車は郎家店期（笠形石製紡錘車もみられるなど在地化も認められる）と徐々に組成を揃えていく。また，南沿海州では青銅器時代に至っても石製紡錘車が受容されることはなかった。豆満江流域等における新石器時代から青銅器時代への土器の変化も連続的であることも勘案すると青銅器時代化は徐々に進行しているといえる。

　大同江流域以南の韓半島と，豆満江流域・周辺地域における差異と顕著な対比を示すのが，精神文化を表象する偶像・動物形製品の動向である。比較的急激に組成として青銅器時代化が進行した韓半島南部では，新石器時代晩期まで残っていた偶像・動物形製品は青銅器時代早期にはほぼ消滅し，同時期の遼東地域と同様に，土製品に依存しない精神文化を持つようになる。一方，豆満江流域等では，青銅器時代化が進行すると，かえって盛んに独自の偶像・動物形製品が製作されるようになる（図10）（古澤2014）。

　このことは，遼東地域からの新たな農耕を含む文化的衝撃に対する在地集団の反応が異なっていることを示している。豆満江流域等では新たな文化的衝撃に対して，在地の独自色を保持しようとしたものとみられるが，大同江流域以南の韓半島と比較すると全生業中で占める農耕の比率が比較的低かったため，そのような反応が可能だったのではないかと考えられる[10]。反対に大同江流域以南の韓半島では，より農耕化が急激に徹底されたため，精神文化に至るまで遼東地域との共通性が高まったのだと筆者は考えている。

おわりに

　韓半島は農耕の起源地ではないため，本稿では，周辺地域との関係に焦点をあてて，農耕の開始と拡散について論じた。先史時代の韓半島における農耕の

展開には絶えず中国東北地方からの影響がみられる一方，各地域では独自の受容をしていることが明らかとなった。農耕社会の形成過程についてはまだ不分明な点が多いため，今後も研究を進展する必要がある。

註

1) 但し下層畠出土磨製石鏃などから年代についての疑義も提起されている（金炳燮 2014）。

2) なお，安承模は華北型農耕石器とは黄河流域を中心に発生した石器と受け取られるため，「遼寧新石器農耕石器」とするのが適切だと述べている（安承模 2007）。

3) 製粉具の「したいし」を南韓では「갈판」，北韓では「갈돌판」，「うわいし」を南韓では「갈돌」，北韓では「갈돌대」と呼ぶのが一般的であるが，回転運動により磨り潰す道具と前後運動によって磨り潰す道具を区分している例はあまりない。本稿では不整方向・回転運動により磨り潰す道具については日本考古学の用語を借用して「したいし」を「石皿」，「うわいし」を「磨石」とし，前後運動によって磨り潰す道具については中国考古学の用語を借用して「したいし」を「磨盤」，「うわいし」を「磨棒」とする。

4) 清川江流域だけでなく，新石器時代中期併行期の遼西地域，豆満江流域と遼東半島を取り巻く地域で，磨棒乙類が出土していることは，遼東半島でも磨棒乙類が存在した可能性を示す。

5) 膠東半島でも磨盤・磨棒の報告例が少なく，正確な変遷過程を追うのが困難である。新石器時代中期併行期にも磨棒乙類が存在するか否か今後の出土事例を注視したい。

6) この弓形の磨製石器について中文では「磨棒」，露文では「курант（グラインダー）」として報告されることが多く，本稿でも磨棒として取り扱っているが，都宥浩は五洞で出土した同様の磨製石器について「갈돌'대형 숫돌（磨棒形砥石）」と報告しており，磨棒ではない徴表があるとする（都宥浩 1960）。

7) Д.Л. ブロジャンスキーはシニ・ガイ文化の磨棒では弓形磨棒が優勢であると述べている（Бродянский1987）。なお，図 5-28 に図示した磨棒とされる「うわいし」は詳細な説明がなく，不分明であるが，砥石の可能性もある。

8) 上馬石貝塚 BⅡ区出土イネ籾圧痕土器について，小畑は双砣子 3 期と集計しているが（小畑 2015a），底部であり，BⅡ区で主体を占める上馬石上層期に属する可能性もあり，双砣子 3 期として限定できる資料ではない。

9) 偶然の漂着により栽培作物が伝えられる例としては『類聚国史』にみられる蛮船漂着記事が挙げられる。延暦 18（799）年，崑崙人（自称・天竺人）が三河に漂着したが，木綿の種を持っていたので，朝廷は紀伊，淡路，阿波，讃岐，伊予，土佐，大宰府の諸国で栽培させた。但し，『夫木和歌抄』〈延慶 3（1310）年頃〉所収の衣笠内大

第Ⅰ部　アジア東部の多様な農耕

臣の歌に「敷島のやまとにはあらぬから人のうゑてし綿の種は絶にき」とあるように栽培・定着には失敗している(永原 2004)。

10)　但し，動物形製品の中にはブタもみられ，農耕文化を取り込む形での発展であったとみられる。

引用文献
【韓文】

古澤義久 2011「新石器時代 中期〜晩期 韓日土器文化交流의 特質－동북아시아에서의 異系統土器文化 接觸의 비교－」『韓国新石器研究』22

김민구 2011「水佳里遺蹟 圧痕 試料」『水佳里貝塚Ⅱ』釜山大学校博物館 研究叢書 第36輯

金用玕・石光濬 1984『南京遺蹟에 関한 研究』科学，百科事典出版社

金鐘赫 2002「表垈遺蹟 第1地点 팽이그릇 집자리 発掘報告」『馬山里，盤弓里，表垈遺蹟発掘報告』白山資料院

都宥浩 1960『会寧 五洞 原始 遺蹟 発掘 報告』遺蹟 発掘 報告 第7集，科学院 出版社

박성근 2016「新石器時代의 採集・農耕具」『新石器時代 石器論』진인진

박지훈・박윤정・조미순 2014「花粉分析으로 본 高城 文岩里 遺蹟의 新石器時代 中期 以後 植生変遷 및 農耕活動」『韓国新石器研究』27

上條信彦(金建洙訳) 2005「先史時代의 製粉 加工具－韓半島와 北部 九州를 中心으로－」『韓国新石器研究』10

孫晙鎬・中村大介・百原新 2010「複製(replica)法을 利用한 青銅器時代 土器 圧痕 分析」『野外考古学』8

申叔静 1994『우리나라 南海岸地方 新石器文化』学研文化社

安星姫 2011「南海岸地域 新石器時代 石器組成과 時期別 様相」『第1回 韓国考古学 連合大会 発表資料集』

安承模 1995『韓国半月形石刀의 研究』서울大学校大学院碩士学位論文

安承模 2007「第6回 韓・日 新石器時代 共同研究会에 대한 断想」『日韓新石器時代의 住居와 集落』第7回日韓新石器時代研究会発表資料集

安承模 2012「東아시아 조，기장 起源 研究의 最近 動向」『韓国 新石器文化의 様相과 展開』

尹昊弼 2013「韓半島 出土 耕作遺構(논遺構・밭遺構)集成表」『農業의 考古学』社会評論

尹昊弼 2014a「高城 文岩里 新石器時代 住民의 耕作活動」『高城 文岩里遺蹟의 再照明 学術 심포지엄』

尹昊弼 2014b「韓国 青銅器時代 農耕의 開始 및 展開」『青銅器時代 韓・日 農耕文化의 交流』第8回 韓国青銅器学会 学術大会

李炅娥 2013「植物遺体分析의 研究 成果와 農耕出現」『自然科学에서 본 農耕 出現』

李炅娥 2014a「韓半島 新石器時代 植物資源 運用과 豆類의 作物化 検討」『中央考古研究』15

李炅娥 2014b「高城 文岩里 遺蹟 植物遺体 및 澱粉 分析」『高城 文岩里 遺蹟Ⅱ 分析報告書』国立文化財研究所

李炅娥・尹昊弼・고민정・김춘영 2011「新石器時代 南江流域 植物資源 利用에 대한 考察」『嶺南考古学』56

李白圭 1974「京畿道 出土 無文土器 磨製石器」『考古学』3

林尚澤・정종환 2011「Replica-SEM 法을 通한 水佳里 土器 圧痕 研究」『水佳里貝塚Ⅱ』釜山大学校博物館 研究叢書 第36輯

曹美順 2014「高城 文岩里 先史遺蹟의 発掘調査 成果와 意義」『高城 文岩里遺蹟의 再照明 学術 심포지엄』

曹美順・서민석・조은하・李炅娥 2014「高城 文岩里 遺蹟 出土 土器 圧痕 研究」『高城 文岩里 遺蹟Ⅱ 分析報告書』国立文化財研究所

曺美順・조은하・신이슬・서민석・小畠弘己・李炅娥 2014「土器 圧痕法을 活用한 中部 東海岸地域 新石器時代 植物資源 利用 研究」『韓国新石器研究』28

崔孟植・李相俊・박윤정・曺美順・조은하・엄경은・박수범・백인화 2013『高城 文岩里 遺蹟 Ⅱ』国立文化財研究所

韓昌均・具滋振・김근완 2014「大川里 新石器遺蹟 炭化穀物의 年代와 그 意味」『韓国新石器研究』28

【中文】

北京大学考古実習隊・山東省文物考古研究所 2000「栖霞楊家圏遺址発掘報告」『膠東考古』文物出版社

大連市文物考古研究所編 200『大嘴子 青銅時代遺址 1987 年発掘報告』大連出版社

靳桂雲・欒豊実・張翠敏・王宇 2009「遼東半島南部農業考古調査報告」『東方考古』6

李慧竹 2004「漢代以前山東与朝鮮半島南部的交往」『北方文物』2004-1

劉莉 2008「中国史前的碾磨石器，堅果採集，定居及農業起源」『慶祝何炳棣先生九十華誕論文集』

劉明光 1998『中国自然地理図集』中国地図出版社

馬暁嬌・金英熙・賈笑氷・趙志軍 2014「呉家村遺址 2010 年度浮選結果及分析」『東方考古』11

王青 2014「《管子》"発，朝鮮之文皮"的考古学探索—兼論東周時期斉国与海北的貿易和交易」『東方考古』11

牟元珪 1999「古代山東在中韓関係史上的地位」『第三届韓国伝統文化国際学術討論会論文集』山東大学出版社

【露文】

Бродянский,Д.Л.1987 *Введение в Дальневосточную археологию.*Владивосток

【日文】

李相吉・李炅娥(南秀雄訳) 2002「韓国における農耕遺跡調査・研究の現況」『大阪市学芸員等共同研究「朝鮮半島と日本の相互交流に関する総合学術調査」平成 13 年度成果報告』

石毛直道 1968「日本稲作の系譜」『史林』51-5,6

宇田津徹朗・藤原宏志 2002「土器のプラント・オパール分析」『文家屯』遼東先史遺跡発掘報告書刊行会

大貫静夫 1998『東北アジアの考古学』同成社

大貫静夫 2010「北東アジア新石器社会の多様性」『北東アジアの歴史と文化』北海道大学出版会

大貫静夫 2013「朝鮮半島」『講座日本の考古学 3 縄文時代 上』青木書店

小畑弘己 2004「東北アジアの植物性食料」『先史・古代東アジア出土の植物遺存体(2)』

小畑弘己 2015a「上馬石貝塚出土土器圧痕調査の成果」『遼東半島上馬石貝塚の研究』九州大学出版会

小畑弘己 2015b「対馬島の朝鮮半島系土器出土遺跡における圧痕調査」『高野晋司氏追悼論文集』

小畑弘己・真邉彩 2014「韓国櫛文土器文化の土器圧痕と初期農耕」『国立歴史民俗博物館研究報告』187

金恩瑩 2016「水佳里文化の貼付文土器」『SEEDS CONTACT』3

金姓旭・片多雅樹・小畑弘己・那須浩郎・真邉彩 2012「レプリカ法による韓国中山洞遺跡出土土器の圧痕」『仁川 中山洞 遺蹟』

金炳燮(庄田慎矢訳) 2014「朝鮮半島新石器・青銅器時代の農耕関連遺跡」『日韓における穀物農耕の起源』山梨県立博物館調査研究報告 9

甲元眞之 1973「朝鮮の初期農耕文化」『考古学研究』20-1

甲元眞之 1989「東北アジアの石製農具」『古代文化』41-4

後藤直 1994「朝鮮半島原始時代農耕集落の立地」『第四紀研究』33-5

後藤直 2004「朝鮮半島農耕の二つの始まり」『財団法人大阪府文化財センター・日本民家集落博物館・大阪府立弥生文化博物館・大阪府近つ飛鳥博物館 2002 年度共同研究成果報告書』

佐々木由香 2009「清平 - 県里道路建設工事予定区間 A 地区の住居址から出土した炭化種実」『加坪 連下里 遺蹟』한밭文化財研究院 学術調査叢書 第 18 冊

下條信行 1988「日本石庖丁の源流—弧背弧刃系石庖丁の展開—」『日本民族・文化の生成 1 永井昌文教

第Ⅰ部　アジア東部の多様な農耕

　　授退官記念論文集』

庄田慎矢 2009「東北アジアの先史農耕と弥生農耕」『弥生時代の考古学 5　食糧の獲得と生産』同成社

田崎博之 2010「朝鮮半島南部における新石器時代中期〜青銅器時代の気候変動と農耕化プロセス」『先
　　史学・考古学論究Ⅴ』龍田考古会

田村晃一 1980「東アジアにおける農耕の起源と発展」『原始日本文明の系譜』学生社

中山誠二編 2014『日韓における穀物農耕の起源』山梨県立博物館調査研究報告 9

永原慶二 2004『苧麻・絹・木綿の社会史』吉川弘文館

藤本強 1983「石皿・磨石・石臼・石杵・磨臼(Ⅰ)」『東京大学文学部考古学研究室研究紀要』2

古澤義久 2006「東北アジア先史時代紡錘車研究」『日本中国考古学会 2006 年大会発表資料集』

古澤義久 2012「韓半島における新石器時代 - 青銅器時代転換期に関する考察―遼東半島との併行関係
　　を中心に―」『西海考古』8

古澤義久 2013「韓半島の新石器時代土器と西唐津式・曽畑式土器」『曽畑式土器とその前後を考える』
　　第 23 回九州縄文研究会沖縄大会

古澤義久 2014「東北アジア先史時代偶像・動物形製品の変遷と地域性」『東アジア古文化論攷 1』中国
　　書店

宮本一夫 2003「朝鮮半島新石器時代の農耕化と縄文農耕」『古代文化』55-7

宮本一夫 2009『農耕の起源を探る イネの来た道』吉川弘文館

山崎純男 2013「石橋里遺跡出土土器に見られる種子圧痕の検討」『華城 青園里・石橋里 遺蹟』中部考
　　古学研究所 学術調査報告 第 12 冊

李作婷 2015「上馬石貝塚の籾圧痕について」『遼東半島上馬石貝塚の研究』九州大学出版会

　【英文】

Crawford,G.W. and G-A.Lee2003Agricultural origins in the Korean Peninsula*Antiquity.*77-295

Yim,Y.J. and Kira,T.1975Distribution of Forest Vegetation and Climate in the Korean Peninsula. Ⅰ.Distribution
　　of Some Indices of thermal Climate.『日本生態学会誌』25-2

114

東南アジアの農耕
──タロ，ミレット，イネ──

新田 栄治

はじめに

　東南アジアでは農耕が始まったことを示す明瞭な考古学的証拠はわずかしかない。1970年代にはタイ北部のスピリット洞穴(Spirit Cave)などにおいて世界最古の蔬菜栽培，稲作が行われていたといわれたこともあったが，今となっては幻と化した。筆者による以前の論考以降も東南アジアの農耕起源をめぐる状況は変わっていない(新田 1995,1999)。炭化米や稲籾殻，アワの出土はあっても，水田や畠は見つかっておらず，明らかに農具だといえる遺物は，年代が分かっていない石鎌や，後世の金属器時代の金属製農具(青銅製の穂摘具，犂先など)くらいしかない。これとて農業の現場で実際に使われていたものではなく，儀礼用具であった可能性もある。しかし，近年，東南アジアでの稲作農耕起源に関して，「移住モデル」とでもいえる新しいモデルが提示されるようになった。

1. 根菜栽培の可能性

　東南アジアでは前1万年ころから新石器時代に入るが，中緯度地方と違って，打製石器・骨角器は持つけれども，磨製石器・土器・農耕をもたない文化が以後6,000年間続く。あたかも旧石器文化のようであるが，後氷期のこの文化をホアビニアン(Hoabhinian)と呼ぶ。当時の人々は山間部の洞穴に住み，様々な食用・薬用・油脂用植物や川や湖沼に生息する淡水産の魚，貝，カタツムリを採取し，イノシシのような大型獣から，リスなどの小型獣まで狩猟していた。ホアビニアンの時代の生存戦略は，自分たちの周囲にある広範囲の食料資源を獲得するものであった。

　長期にわたったホアビニアンだが，ベトナム北部海岸地帯のダ・ブート遺跡

(Da But)，バウチョ貝塚(Bau Tro)にみられるように，前4,000年ころから東南アジアでは顕著な変化が現れる。土器が作られるようになり，着柄用の突起を持つ完全磨製の有肩石斧(木工具)が現れる。また，居住地が山間の洞穴から湖沼周辺や沿岸部の低地へと移ってくる。この時期は狩猟・採集経済の時代から，ある種の農耕や水稲農耕へ，また石器から金属器へと発展していく東南アジア史の重要な過渡期にあたる。現段階では農耕が行われていたことを示す積極的な証拠がないため，土器を持った狩猟採集段階にあったとしておこう。定住化と有肩石斧を使った森林伐採による開地活動があったことが推定でき，その前提としてタロやヤムなどの根菜類の農耕の存在を想定することもできるが，その証拠を見つけることはとても難しい。

東南アジアにタロに代表される根菜栽培が行われていたのではないかという可能性もある。オーストラリア国立大学のロイは，ソロモン諸島・ブカ島(Buka)のキル洞穴(Kil)から出土した剥片石器に付着したタロの澱粉粒を，現在の栽培種タロの澱粉粒と比較することにより，タロ栽培の可能性を探る方法を開発し，キル洞穴でのタロ栽培の可能性を指摘した。またタロ澱粉粒が付着していた剥片石器の出土した層は前7,000年と推定している(Loy 1994)。したがってソロモン群島でのタロ栽培は前7,000年ころまでには行われていたと示唆した。ただ，澱粉粒の観察から栽培種であることを判定するのは難しいとの指摘もある。

また，広く知られていることだが，ニューギニア高地ワギ渓谷上流のクック・スワンプ(Khuk Swamp)でも，前7,000年のタロ栽培をしていた畑と水路や，前6,000年ころのタロやバナナ栽培の畑もみつかっている(Denham et al.2003)（図1）。

このことは前7,000年までにニューギニアにおいてタロ栽培が定着していたことを示している。

図1　クック・スワンプの畑と水路（Denham 2003による）

いっぽうでタロはメラネシア原産ではなく，東南アジア原産であり，東南アジアから栽培種タロがメラネシアに持ち込まれた可能性がある。そうであれば，相当古い時代から東南アジアでタロ栽培が行われていた可能性も出てくる。この時代の遺跡から出土する，中央がくぼんだ石臼形の石器や，磨棒と磨盤などはすり潰したりする根菜加工用の道具であった可能性も考える必要がある。

2. 稲作のはじまり：「移住民モデル」

栽培イネは野生イネの一種であるオリザ・ルフィポゴン（*Oryza ruffipogon*）がもとになって栽培化されたといわれる。この野生イネは中国南部だけではなく，東南アジアにも広く分布していた。栽培種の元になった野生種が自生していたにもかかわらず，なぜ東南アジアで独自に栽培化は始まらなかったのだろうか。それは東南アジアの食料資源の豊かさにあった。

土器も磨製石器も農耕もないホアビニアンの時代であっても，周囲の広範囲の食料資源を有効に利用する生活により，基本的に東南アジアは飢えを知らない地域であった。農耕を始める必然性に乏しい地域であったからといえる。雨季には魚，貝，カエルなど豊富な動物蛋白源が容易に手に入るし，乾季に備えてそれらを乾燥・塩蔵して保存することもできた。ただし，澱粉質食品が問題であった。稲作が導入されるより以前の東南アジアでの澱粉質食品は，タロ，ヤム，パンノキ，バナナ，サゴ（島嶼部）くらいであり，長期保存に耐えるものはきわめて乏しいという事情がある。東南アジアにイネ栽培が受け入れられた背景には，雨季と乾季というきわだった環境変化のあるふたつの季節があるという，この地域の自然条件に大きな要因があったと推定できる。雨季に比べ，食糧事情が極めて悪化する乾季への対応が重要であり，澱粉質食料資源が枯渇する乾季をいかに乗り越えるかが問題であった。その解決法として採用されたのが，長期保存が可能となるイネの導入，稲作の導入であった。

イネがアジアで栽培されるようになったのはいつころで，どこかという問題についてはこれまで多くの研究がある。中国浙江省の河渡姆遺跡をはじめとする1970年代以来の中国・長江流域での精力的な調査により，アジア栽培稲の起源地は長江流域であり，前6,000年ころというのが従来の説である。

第Ⅰ部　アジア東部の多様な農耕

　ところが 2012 年に新しい説が「Nature」電子版に掲載された。日本の国立遺伝学研究所と中国科学院上海生物科学研究所の植物遺伝学的研究を行う研究チームが，野生イネと栽培イネのゲノム解析に基づき，イネ栽培起源地は広東省珠江中流域であり，前 8,000 年ころという注目すべき研究成果を発表した。これによれば，ひとつの野生イネ集団からジャポニカのイネが生まれ，その後にこの集団に異なる野生系統が複数回交配し，インディカの系統が作り出されたという（X.Huang, N.Kurata et al 2012）。この結論が正しければ，イネ栽培は珠江中流域から長江流域へ，また東南アジアへと伝えられたことになる。ただし，日本の中国考古学研究者はこの新説には否定的である。

　東南アジアへの稲作の伝播については，いままでオーストラリア国立大学のベルウッドが，長江流域から西江（珠江の本流）へ前 4,000 年ころ伝わり，さらにベトナム北部へ伝わったという考えを示していたが，再考する必要がでてきた。また，ベルウッドは東南アジアへの稲作の伝播問題について以下のような仮説を提起している。すなわち，現在マレー半島に住むオーストロアジア語を話す狩猟採集民のセマン族とオーストロネシア語を話す農耕民のセノイ族は，いずれもホアビニアンの子孫であるが，セノイ族は南中国の農耕民であるモンゴロイドの血が入っており，南中国の農耕民が東南アジアに移動して稲作農耕をもちこんだ，というものである（Bellwood 1985, 2004）。

　ベルウッドによる南中国の稲作農耕民の東南アジアへの移動に伴う稲作の伝播説を遺伝学的に補完する研究が 2010 年に発表された。札幌医科大学の松村博文を中心とする研究チームはベトナム北部の紅河デルタ南岸にあるマンバック遺跡（Man Bac）で発見された人骨，とりわけ頭骨の形態的研究とミトコンドリア DNA 分析の結果に基づき，マンバックの人骨は東南アジアの狩猟採集民とは異なっており，逆に長江下流の稲作農耕民の遺跡である圩墩遺跡の人骨と近い関係にあることを示した。この研究成果に基づき以下のような「二層構造」モデルを提唱した。

　つまり東南アジアの人々が 2 つの系譜の異なる人類集団の混血によって形成されたとする。マンバック遺跡の年代である新石器時代後半，前 1,700 年ころ，ユーラシアの南回りで移住してきたサピエンスに由来する先住の狩猟採集民と，北回り起源のサピエンスが中国南部を経て南下拡散してきた稲作農耕民とが入

東南アジアの農耕

れ梼わったという説である。マンバック遺跡では仰臥伸展葬の埋葬が発見された。副葬品は少数の土器のほか，コヤスガイ，丸底の印紋土器，砥石，石斧などである。

　出土した人骨の頭骨の形態的研究によると，マンバックの頭骨にはホアビニアンの頭骨と似ているものと，後世の鉄器時代のドンソン文化のものと似ているものとに分かれる。新石器時代のバーンチェン遺跡や，鉄器時代や現代のベトナム人の特徴に近いこと，さらに前6,000〜前5,000年ころの稲作農耕村落である江蘇省・圩墩遺跡の人骨とも近いことを明らかにした。また頭骨を他の遺跡のものと比較し，圩墩遺跡のそれともっとも近く，オーストラリア先住民のそれともっとも遠く，現代東南アジア人の原形であることも示した。それを示すのが図2である。

　また，34点のサンプルのミトコンドリアDNA分析によると，マンバック遺跡では数群の母系列に分かれることが，またハプログループには東南アジアに一

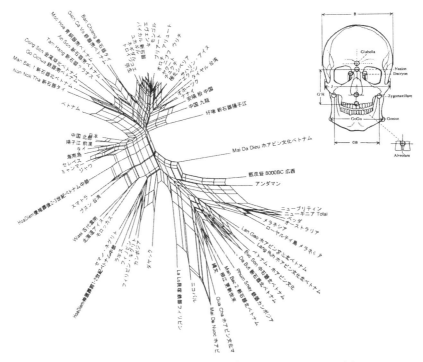

図2　マンバック遺跡出土の頭骨の系統図（Matsumura 2011 より）

般的な B,F と東アジアに多い D,G があることから，南中国からの移住と，その後の移住民と先住狩猟採集民との混血があったことも提唱している(Matsumura 2011, Dodo 2011, Shinoda 2011)。

オタゴ大学のハイアムはこれらの成果にもとづいて，中国南部からの稲作農耕民が東南アジアの狩猟採集民が居住する地域に侵入して住み着き，彼らの移住とともに東南アジアに稲作がもちこまれたと考えている。またベトナムだけでなく，タイ，マレーシア等へも同様に稲作農耕をともなった移住民集団が入り込んだと考えている(Higham 2014)。

なぜ華南稲作農耕民は南に向かって移住したのだろうか。それは気候変動が原因であった。前 3 千年紀末ころになると，地球規模の寒冷化現象がみられる。スチューバー（Stuiver)によると，前 3,800 年ころから前 2,800 年ころ，炭素同位体濃度が趨勢から乖離して高くなっていることから，炭素同位体の生成を阻む太陽活動が減衰していたという。太陽活動が衰えたことによる気候変動により，乾燥化，冷涼化が生じた。前 3 千年紀の末期になると急激な寒冷・乾燥化が起きたという。寒冷化現象は中緯度偏西風と寒冷前線の南下，熱帯収束帯の南下を引き起こした。中国では寒冷化により中緯度偏西風は蛇行，南下し，モンスーンを活発化させて寒冷前線を刺激した。この結果による冷涼化，湿潤化により黄河や長江下流域に洪水が発生した。そのため，長江下流域の稲作農耕民社会に危機をもたらしたのではないか。これがひとつの要因となって華南稲作農耕民の南下，一部グループの東南アジアへの移住につながったと考えられる。

最新のイネの遺伝学的分析と人骨の形態的および遺伝学的分析，考古学的研究成果を統合すると，東南アジアへの稲作の伝播は次のようにまとめられる。中国長江流域において，更新世末期に野生イネの利用が始まり，前 8,000 年

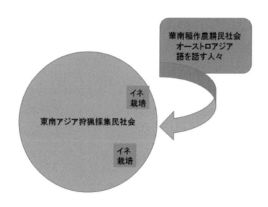

図 3　華南稲作農耕民の移住と東南アジアへの稲作受容モデル

ころ野生イネから栽培イネがうまれた。当時のイネは狩猟採集民の広範な食料源のうちのひとつの選択枝であった。その後，前7,000年ころからイネは長江中流域で栽培化へむけた動きが生じた。前6,000～前5,000年ころには長江下流域において栽培化が進んでいった。その後，気候変動による環境悪化のため，中国南部から南に向かう稲作農耕民の移住が始まり，前2,000年ころにはベトナムに稲作農耕民が移住し，現地の狩猟採集民の地域に定住していき，混血もおきた。このようにして稲作は東南アジアに持ち込まれた。この移住モデルを図化したのが図3である。

3. 東南アジア各地での稲作農耕社会

ベトナム北部では新石器時代末のフングェン文化の時期に稲作農耕が行われたことが確証される。炭化米が出土しているからである。ハノイの北，ヴィンフー省のドンダウ遺跡(Dong Dau)の下層はフングェン文化層であるが，ここから発見された炉跡から多量の炭化米が出土した。ジャポニカ型の大形の短粒米である。この層の ^{14}C年代は前1,380年ころとされる。またフングェン遺跡(Phung Nguyen)は河川の自然堤防上にあり，その背後に低湿地が広がる，水稲農耕には絶好の立地である。このようなところで水稲農耕が盛んに行われるようになった。フングェン文化の遺跡からは土掘具ではないかと推定される長方形・扁平な形をした打製石器が多数出土するが，穂積具や鎌などの農具と推定できる石器は未発見であり，木製農具の存在を考える必要がある。

炭化米を出土した遺跡はタインホア省マー川流域にもあり，前2千年紀にはベトナム北部の低地に水稲農耕が広く展開するようになっていた。近年ベトナム南部の稲作農耕社会がしだいに明らかになってきている。ホーチミン市の北方，ドンナイ川流域のアンソン遺跡(An Son)はドンナイ川の氾濫原をみおろす段丘上に立地する，前2,000～前1,000年と推定される遺跡である。ここからは土器，石器，砥石などが出土したが，コメも出土した。コメのDNA分析によると中国のジャポニカであった。家畜は飼っておらず，カメ，淡水産の魚の骨が大量に出土している。ここでもイネ栽培だけでなく，周囲の広範な食料資源を利用する生活形態であった。

第Ⅰ部　アジア東部の多様な農耕

　タイの稲作はいつ始まったのか，また独自に始めたのか，あるいは中国やベトナム北部から伝播してきたのだろうか。その答は現状では難しい。タイ湾東岸のバーンパコン川下流域に位置するコークパノムディ遺跡（Khok Phanom Di）では，前 2,000 年ころと推定される第 3 期の墓から出土した女性埋葬人骨の下腹部の位置から食物残留物が発見された。そのなかから魚骨や鱗のほかに，イネ籾が検出され，分析の結果，籾の小穂基部の離脱痕跡から，栽培種であることがわかった。また別の墓でも糞石のなかに栽培種のコメが残っていた。

　この時期のコークパノムディ遺跡は，バーンパコン川の堆積物で陸化が始まっていたとはいえ，いまだに汽水域に立地しており，イネ栽培は行われていないので，外部から入手したコメである。すでに近隣ではイネの栽培が始まっていたと考えられる。コメを外部から手に入れて食べていたのである。コークパノムディ遺跡の南にあるノーンノー遺跡はマングローブ内の島状の遺跡であり，多量の魚骨，貝，カニ，海獣骨が出土する海洋適応型の生活をしていた。稲作を行っていた形跡は全くないにもかかわらず，イネ籾の出土がある。ここでも，近隣の稲作農民からコメを入手していたと推定できる。

　タイの稲作開始期については，ノーンノー遺跡（Non Nor）の年代である前 2,450 年から，コメがみつかったコークパノムディ遺跡第 1 期，前 2,000 年の間であろう。

　中部タイ，ロブリー郊外のバーン・タケー遺跡（Ban Tha Ke）などで土壌堆積物を調査したキールホファー（L. Kealhofer）は前 3,700 年の居住の初めから，イネのプラント・オパールと，人間が周囲の森林を焼き払って環境改変を行った結果として残った炭がみられることから，前 3,700 年ころからの農

図 4　コークパノムディ遺跡の女性人骨下腹部のイネ籾残留物（矢印）
（Higham 2014 をもとに改変）

東南アジアの農耕

耕の開始を示唆した。しかし発見されたイネのプラント・オパールは栽培種か野生種か判定できないものであった。そのため，これも決定的なものではない。現在のところ，考古学資料では前 2,500 年より古い農耕の痕跡はみつかっていない。

残念ながら東南アジアでは，中国や日本のような水田遺跡は未発見である。これまで初期のイネが見つかった遺跡はいずれも低地，川の低い流域，氾濫源であり，低地ジャポニカの粗放な稲作であったことがわかる。労働集約的な農耕には達していなかった。おそらく当時の水稲農耕では籾を直接播く散播であったと考えられる。水田や灌漑用水路を整備し，田植えを行うという日本のような集約的稲作ではなかった。したがって東南アジアで初期水稲農耕の水田遺構を発見することはきわめて難しいと思われる。

タイ西部カンチャナブリ県，クワエ・ノイ川の河岸段丘上にあるバーンカオ遺跡(Ban Kao)は前 2 千年紀の稲作農耕村落である。デンマークのソレンセン(P.Sørensen)が1961～1962年に発掘した。ここでは埋葬人骨が45体発掘され，ソレンセンは新石器時代を前期と後期とに分けた。新石器時代の41体の墓葬はほとんどが伸展葬である。^{14}C によるとバーンカオ遺跡は前1,800～前1,300年と推定される。各種の土器のほかに穂摘具と考えられる貝製品が出土しているほか(図5)，かつて中国の黒陶の三足土器が伝播したものと想定された三足支脚のついた鉢なども副葬されている(図6)。

ソレンセンは黒陶を伴う龍山文化に先立つ「原龍山文化」時代の中国からの人の移動と稲作農耕の導入を考えた。ハイアムも同様に中国からの人の移住の結果と考えている。しかし，これと同じ三足付土器はバーンカオ遺跡近くのサイヨーク洞穴(Sai Yok)上層やマレ

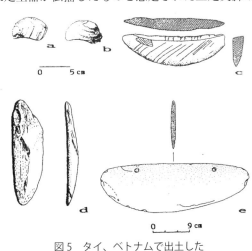

図5 タイ、ベトナムで出土した石製・貝製の穂積具と思われるもの

第I部　アジア東部の多様な農耕

一半島西岸のランロンリエン岩陰(Lan Ronlien)上層，クラビ県のペウンナヒンナチン(Peunhin Nachin)，マレーシアのベルハラ洞穴(Gua Berhala)などから出土しており，西タイからマレー半島に広く分布しており，この地域の土器伝統であって，中国から伝播したものではない。土器から人の移住をいうことは難しい。

図6　マレー半島、西タイに分布する三足土器（Higham 2014 より）

　東北タイにも重要な遺跡がある。ノーンノクタ遺跡(Non Nok Tha)はコンケン県にある集落・墓地遺跡である(図7)。メコン河の支流のポン川とチョーン川の流域のなだらかな丘陵地帯にあ

図7　ノーンノクタ遺跡（バナナ畑のところ）

り，周囲の低地には水田がひろがっている。遺跡は水田面から 0.8-1.5m くらいの高さの微高地上にある。この微高地は南北 100m，東西 150m の広さで，北側には雨季にのみ水が流れる小川がある。後期新石器時代の伸展葬土壙墓 17 基が検出されたが，その下層部の墓に黒色刻紋土器が副葬されている。これらの土器には混和材としてイネ籾殻が見られることから，すでに稲作農耕が行われていたことを示している。ノーンノクタ遺跡の東方に現在の集落があり，おそらくここがノーンノクタ遺跡に対応する居住遺跡であった。この居住地に住んだ人々の墓地がノーンノクタ遺跡である。両者のあいだには水田がひろがっており，当時の水田もここであったと考えられる。ウシ，イヌ，ブタを家畜としていたが，狩猟や淡水産魚貝の捕食も行っていた。

　東北タイ北部ウドンタニ県にあるバーンチェン遺跡(Ban Chiang)は，周囲を水

田で囲まれた微高地上の集落および墓地遺跡である。遺跡が立地する微高地は幅500m，長さ1,340m，比高2mの規模である。最下層部の墓にはノーンノクタ遺跡と同様の黒色刻紋土器が副葬されていた。これらの土器には多量のイネ籾殻が混和材として入れられている。すでに水稲農耕を行っていた証拠である。AMS年代測定法によって土器混和材のイネ籾殻をサンプルとして測定した結果によると，ノーンノクタ遺跡の新石器文化層については，前2,307〜前1,858年および前1,770〜前1,310年という測定値が，バーンチェン遺跡でも同様で，前2,190〜前1,880年と前2,050〜前1,500年という年代が得られており，いずれも前2,000〜前1,500年ころの遺跡ということができる。

　東北タイ南部，ムン川上流域では，ナコンラーチャシーマー県にあるバーンノンワット遺跡(Ban Non Wat)が重要である。この遺跡は後期新石器時代から鉄器時代に至る長期の居住が行われた集落・墓地遺跡である。後期新石器時代の層は前17世紀〜前1,000年ころと推定される。発掘によって仰臥伸展葬の墓葬と土器棺葬の墓葬とが出土している。居住初期の層からは墓葬のほかに多数の動物骨，貝殻，土器や石器のほかに炉が出土した。動物骨には狩猟獣と家畜とがあり，狩猟や採集が食料確保にとってまだ重要な役割を果たしていた。野生のウシ類が多いが，なかでもウシの一種であるガウアは体重が1tにもなる大型獣である。家畜にはイヌやニワトリがいた。また魚貝も多く，淡水にすむナマズと巻貝が多い。イネを栽培し，かつムン川や周囲の沼に適応しながら生活をしていたようだ。また，多数の磨製石斧，紡錘車，陶製あて具もある。土器は叩き技法によって作られ，丸底の甕が大半だが，脚がついた高杯もある。肩部に粘土紐を付け，首部と粘土紐との間を赤く塗った丸底甕はバーンチェン遺跡を初めとする東北タイ北部の後期新石器時代の土器の特徴と共通する。

　バーンノンワット遺跡の東方近くにあるバーンルンカオ遺跡(Ban Lum Kao)も初期稲作農耕民の遺跡である。前13世紀の遺跡であるが，多数の穴が検出され，なかから住民が残した食糧残滓がみつかった。これらは，シカ，イノシシ，スイギュウ，イヌなどの狩猟獣と家畜の骨，多数の魚骨である。ここでも，バーンノンワット遺跡と同じようにムン川上流域の水環境に適応した食料獲得活動を行っていたことが分かる。

　稲作導入以前のタイの社会では，出土した埋葬人骨の分析結果によって，体格

第 I 部　アジア東部の多様な農耕

の小型化や幼児の貧血などが頻発していたことが分かっており，栄養学的に恵まれない状況にあったことが推定できる。また，雨季と乾季の際立った生態環境の違いはきわめて重要な影響を及ぼしていた。雨季には河川・湖沼での魚やカエル等の動物蛋白資源が豊富であり，また食用植物資源にも恵まれるが，乾季には一転して水と食資源がきわめて厳しい状況になる。このような季節による食資源変動の影響を小さくするには，食料豊富な季節に食料を備蓄しておくことが重要になる。動物蛋白は塩蔵，発酵や乾燥によって可能である。いっぽう，大陸部東南アジアの澱粉摂取用の主要野生植物はタロとバナナであり，このような植物の澱粉の長期保存は難しい。これを解決する方法のひとつが長期保存可能な穀類，すなわちイネの導入である。水稲農耕は中国からの伝播論だけではなく，乾季の食料枯渇を解決する生存戦略のひとつとして受け入れられた可能性がある。

　前 2,000 年ころから東南アジアでは稲作が普及していき，各地でイネ栽培が行われるようになった。稲栽培の導入によって初めて年間を通じた安定した食生活が可能となった。

4.　ミレットの評価

　東南アジアでは，イネに比べてほとんど注意されることがない穀物にミレット（日本では雑穀という）がある。近年タイでのアワの検出が注目されている。イネとおなじくミレットの重要性にも注意する必要がある。銅鉱山遺跡のカオウォンプラチャン渓谷にあるノーンパワイ遺跡（Non Pa Wai）は銅の製錬工房遺跡として有名だが，銅製錬遺構のある層の下から後期新石器時代層が検出されている。前 2,300 年ころと推定される後期新石器時代層から，現在東南アジアで最古のアワが出土している（Weber et al. 2010）。この遺跡の位置は中部タイと東北タイの境界であるペチャブン山脈の西麓にあたり，山と平原との境界に位置する，周辺よりも高い立地の場所である。このような立地においては，イネ以外の穀類の栽培も行っていたようである。

　栽培種アワ（*Setaria italic*）は野生のアワ（*Setaria viridis*）から栽培化されたとされているが，野生アワは温帯ユーラシアに広く分布する。遺伝学的研究と考古植物

東南アジアの農耕

学の双方の研究成果から，野生アワから栽培化が始まったのは前6,000年ころ中国北部の黄土地帯とされている。したがって，東南アジアにアワが原生していなかった以上，アワもイネと同様に中国から東南アジアへ伝えられたと考えられる。イネとアワのどちらか先に東南アジアに導入されたかについては，現在の年代測定結果からはほぼ同じころといえるが，現段階では明確なことは言えない。

5. 半島部，島嶼部の稲作

半島部では，ホアビニアンの埋葬人骨が発見されたことで有名なマレーシアのチャ洞穴(Gua Cha)の上層部において炭化米が出土したが，前1,120年ころのものである。おそらくもっと古くから稲作は行われていたであろうが，ベルウッドが提唱していることを考古学的に証明することができる良好な資料はまだない。現時点では資料が乏しく，十分なことは言えない。

島嶼部での稲作についての情報は少ない。インドネシア，スラベシ島南部のウルレアン洞穴(Ulu Leang)ではイネを含む数種の植物遺存体がみつかった。発掘された炉のなかから50粒以上の炭化米と多量の籾殻が検出され，これらのコメが栽培種とされた。イネ資料が出土した炉の年代は前4,000年ころとされており，大陸部と比較するとあまりに古すぎるので，再検討を要する。

フィリピンではルソン島北東部のカガヤン渓谷にあるアンダラヤン遺跡(Andarayan)において出土した土器の中から，炭化した籾殻と茎が検出された。[14]C年代では前1,450年ころである(Dizon 1998)。十分な情報はないが，島嶼部でも前2千年紀中ごろにはイネ栽培が始まっていたようである。

おわりに

初期稲作村落においてはさまざまな野生動物の骨が出土することが示すように，初期稲作農耕民はイネとともに，狩猟採集生活時代と同様に，みずからの周囲に存在する広範囲の食料資源を利用しながら暮らしていた。また，埋葬伝統を異にするような複数の集団が共存する場合もあった。

第Ⅰ部　アジア東部の多様な農耕

　ベトナム北部では青銅器時代(前11—前5世紀)の炭化米が出土しているが，いずれも短粒であり，また青銅製農具も出土している。鎌，穂積具などがあるが，実用品であるかどうか判然としない(図8)。また鉄器時代になると大形の青銅製鋤先がハノイ郊外のコーロア遺跡から多数出土しているが，これも破損品や不完全品が多く，実用の農具であったかどうか明確ではない(図9)。
　前3世紀の鉄器時代の炭化米の出土例は東

図8　ベトナム北部青銅器時代、ゴームン文化の青銅鎌

図9　ベトナム北部鉄器時代の青銅製鋤先

北タイ・ノーンヤン遺跡(Non Yang)にある(Nitta 1991)。この遺跡は前3〜後1世紀の集落遺跡であり，火災にあって焼けた倉庫などが発見されている(図10)。出土米は残念ながら完全に炭化していたために電子顕微鏡解析やDNA分析は不可能であった(佐藤洋一郎教授による)。出土米の分析をしたイネの専門家である片山忠夫教授(鹿児島大学農学部)によると，形態的特徴から短粒米を主とするが，ばらつきが多く，いまだに品種として確立されていない段階の栽培稲であるとのことであった。前3世紀になってすら，イネ品種が確立していない。
　タイ西部，カンチャナブリ郊外にあるバーンドンターペット遺跡(Ban Don Tha Phet)では，後1世紀ころの多数の伸展葬墓が発見され，従来タイにはなかったタイプの鉄製鎌が副葬されていた。マレー半島西岸にも分布するタイプの鉄製鎌

東南アジアの農耕

図10　ノンヤン遺跡（写真右手から炭化米多数出土）

図11　現代の東北タイの田植風景

である。1世紀ころからマレー半島にはインドからの渡来者の痕跡が多くみられるようになるが、紀元前後ころからインド的農耕も東南アジアに入ってきた可能性もある。インドからの移住民がいたことは、ジャワ西部やバリ北岸から多数の回転紋土器(1世紀にインドで作られた土器)が出土していることからも推定できる。インドの農業技術が東南アジアの農業に革新を起こしたことは考慮する必要があるだろう。

ベトナムの同時代の炭化米資料では短粒米を主とした時代から、紀元以後に長粒米へ変わっていくが、タイにおいても同様であった可能性がある。初期稲作農耕ではさまざまな遺伝子をもった稲が栽培され、稲作の発展に伴い、選択が行われた結果、しだいに遺伝子が特定のものに集中していき、最終的に長粒米が卓越するようになった。短粒米から長粒米への転換の理由は、東南アジアの人口増加、紀元以降ころに東南アジアとインドとの交流が活発化したことを背景にし、長粒米つまりインディカのほうが高収量であったためであろう。以後、東南アジアのイネは現在に至るまで、長粒種が主流である。

129

第 I 部　アジア東部の多様な農耕

参考文献

新田栄治 1995「東南アジアの農耕起源」　梅原猛・安田喜憲編『文明と環境』第 3 巻　朝倉書店 ,184 - 202.

新田栄治 1999「東南アジアにおける稲作の始まり」『季刊・考古学』66 号,　35-39.

Bellwood, P. 1985 *Prehistory of the Indo-Malaysian Archipelago*. Academic Press.

Bellwood, P. 2004 Alien, Austoronesian, Malayic: Suggestions from the Archaeological Record. V. Paz ed. *Southeast Asian Archaeology*. 347-365. The University of the Philippines Press.

Dizon, E. Z. 1998 Growing the Asian Staples. Casal, G.S et al eds. *Kasaysayan – The Story of the Filipino People vol. 2, The Earliest Filipinos.* 77-83, 86-91. Asia Publishing Company.

Denham, T.P. et al. 2003 Origins of agriculture at Khuk Swamp in the highlands of New Guinea. *Science,* 301, 189-93.

Dodo, Y. 2011 Qualitative Cranio-Morphology at Man Bac. *Man Bac: The Excavation of a Neolithic Site in Northern Vietnam. terra australis* 33, 33-42. ANU Press.

Higham, C. 2014 *Archaeology of the Mainland South East Asia*. River Books.

Huang, X., N.Kurata et al. 2012 A map of rice gene variation reveals the origin of cultivated rice. *Nature,* 490, 497-501.

Loy, Thomas H. 1994 Methods in the analysis of starch residues on the prehistoric stone tools. J.G. Hather ed. *Tropical Archaeobotany,* 86-114. Routledge.

Matsumura, H. 2011 Quantative Cranio-Morphology at Man Bac. Man Bac: *The Excavation of a Neolithic Site in Northern Vietnam. terra australis* 33, 21-32. ANU Press.

Nitta, E. 1991 Archaeological Study on the Ancient Iron-Smelting and Salt-Making Industries in the Northeast of Thailand-Preliminary Report of the Excavations of Non Yang and Ban Dong Phlong-. 『東南アジア考古学会会報』No.11. 1-46.

Shinoda, K. 2011 Mitochondrial DNA of Human Remains at Man Bac. The Excavation of a Neolithic Site in Northern Vietnam. *terra australis* 33, 95-104. ANU Press.

Weber, S., Lehman, H., Barela, T., Hawks, S. and Harriman, D. 2010 Rice or millets: early farming strategies in Central Thailand. *Archaeological and Anthropological Sciences*, 2, 79-88.

第II部

西アジア型農耕の
起源と拡散

西アジア型農耕社会の誕生

常　木　晃

1.　西アジア型農耕社会誕生の意味

　本稿では西アジアにおける農耕社会の始まりをテーマとし，西アジアでどのように農耕が始まったのか，新しい生業に基づく農耕社会という営みが人類の歴史にもたらしたことなどについて議論していきたい。

　農耕の始まりは，人類の歴史の中で非常に大きな意味を持っていた。生態的には，これまで生態系を構成する一員に過ぎなかった人間集団が，生態系の頂点に立つとともに，生態系を自らの意志で支配し変換してしまう最初の一歩を踏み出すことを意味した。この後人間は自然を自分たちの意志のままに創り変えていき，やがて地球全体の環境を大きく改変し支配してしまう存在にまでなる歴史が始まる。社会経済的には，農耕は人々の間に貧富の差を生み出し，それがどんどん大きくなって社会的階層を生じさせ，やがて都市や国家を創り出して，地球上のあらゆる場所を国家の領域として分割してしまう。つまり生態的にも社会的にも，汎地球的に人が地球を覆いつくし支配することになる，そういう状況の最初の一歩を農耕が創り出したのである。

　600万〜700万年とされる人類の歴史から見ると，人が農耕を始めてからわずか1万年くらいしか経っておらず，その歴史は人類史の0.2%以下の時代幅を占めているに過ぎない。私たちの種であるホモ・サピエンス20万年の歴史だけを考えても，農耕を行っている年代はその5%の時代幅を占めるに過ぎないのである。この僅か0.2%，あるいは5%の歴史の中で，人は地球上に今までとは全く違う生態系を創り出し，想像もしなかったような社会を創りあげてしまった。

　農耕の始まりが地球や人類史に与えたインパクトは非常に大きいために，

第Ⅱ部　西アジア型農耕の起源と拡散

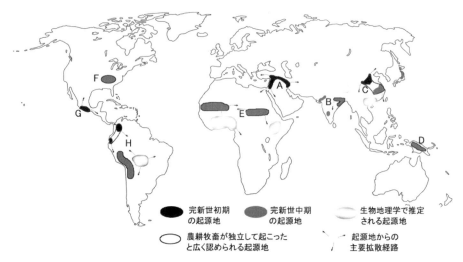

図1　農耕の起源地と年代（Larson et al. 2014. Fig.1 に基づいて作成）

　様々な分野の数多くの研究者たちが農耕起源問題に取り組んできた。農耕はいったい，いつ，どこで，どうして始められたのだろうか？　かつて農耕起源の一元説が唱えられたこともあったが，現在の研究者たちは基本的に世界中で様々な時代にそれぞれの地域でそれぞれの野生動植物を開発する形で農耕が始められたと考えている。図1は，農耕起源に関心を抱く遺伝学者や古植物学者，動物考古学者，考古学者が集まり，世界中の遺跡から出土した証拠に基づいて農耕の始まりを議論し，その起源地と年代をまとめた地図であり，図2は各起源地で栽培家畜化された動植物種別の年代を示した図である（Larson et al. 2014）。農耕開始の年代や場所については常に新しい情報が発表されているが，この地図と図は，現在のところ私たちが手にすることのできる，最も包括的な農耕起源地と年代を示した最新のバージョンと言える。この地図（図1）を一見するとわかるように，農耕が最も古く始まったとされる地域が世界に何カ所か存在している。それは西アジア，中国，メソアメリカ，南アメリカにあり，そうした地域では完新世初期（Early Holocene）に農耕が開始されたとされる。絶対年代で言うと，今から12,000年〜8,200年前，つまり紀元前10,000年〜6,200年ごろに最初の農耕が始められたと考えられているわけである。

　さらに詳細に各地域で動植物の栽培家畜化された年代を見てみると（図2），西

西アジア型農耕社会の誕生

アジアがそのほかの地域よりも古いということがわかる。この図は，それぞれの地域の専門家が集まって考古学的な遺跡から出土した動植物遺存体を評価して同一の視点からまとめたものであるから，遺伝学的にも古動植物学的にも，考古学的にも，西アジア地域で世界最古の農耕が始められたことについては世界的コンセンサスが得られていると考えて良い。西アジア地域では紀元前10,000年前後から栽培家畜種となるコムギやオオムギ，レンズマメ，エンドウマメ，ヒツジ，ヤギ，ブタ，ウシの利用が盛んになり，野生種を栽培飼育しているプレ・ドメスティケーションの段階を経て，紀元前9,000年から紀元前7,000／6,000年の間には形態的にも明らかに栽培家畜化された動植物種が出土するようになる。つまり，農耕社会となるこ

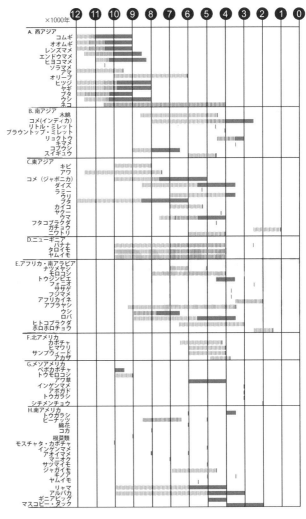

図2　各起源地で栽培家畜化された動植物種別の年代
（Larson et al. 2014. Fig.2 を改変）
薄い縦ライン：野生種の動植物を採集狩猟している段階
濃い縦ライン：野生種の動植物を栽培飼育している段階
黒棒ライン　：形態的に栽培家畜種となった動植物を栽培飼育している段階

第Ⅱ部　西アジア型農耕の起源と拡散

とを意味する新石器化 Neolithization がこの間に達成されたと言えるだろう。

2.　西アジア型農耕の特色と新石器化の舞台

　それでは世界で最も古く開始された西アジア型農耕とはどのようなものであったのだろうか。西アジアで最初に栽培化された植物は，コムギ，オオムギといった穀類と，エンドウマメ，ソラマメ，レンズマメ，ヒヨコマメなどのマメ類である。それにヒツジ，ヤギ，ウシ，ブタという四種類の動物が，ほぼ同時期に家畜化されている。このような植物と動物を併せ持った農耕体系が，西アジアでの新石器化の大きな特徴といえる。西アジアの場合はこれよりしばらく遅れて，たくさんの根菜類や果物，例えばリンゴ，ブドウ，ニンジン，キャベツなどが栽培化されていく。それからもう一つの大きな特徴は，栽培家畜化された動植物から様々な製品が派生的に作られることにある。コムギからはもちろんパンが，オオムギからはビールが，ブドウからはワインが，ヒツジ／ヤギやウシからはチーズなどの乳製品が，ヒツジからは羊毛が，といったように，現在まで繋がってくる数々の重要な生産品が，栽培家畜化された動植物から作り出された。

　こうした現代の私たちの生活にとって不可欠かつごく身近なものが，実は最初に西アジアで開発されたものであることを，たぶん私たちはあまり意識していないと思われる。しかしそこで開発された動植物は，現在の世界の人々を支えるメジャーフードとなっている。例えば現在，ウシやブタ，ヒツジ，ヤギ以外の畜肉を恒常的に食べている人はそれほど多くはない。現在食べられているブタの一部は中国で開発されたものを基にしているが，それを除く世界中で食べられているこの4種の畜肉は，西アジアで最初に栽培家畜化された種の遠い子孫なのである。

　西アジアの中で栽培家畜化が行われた場所については，古くから様々な議論がある。もっとも著名なのは，1910年代にシカゴ大学の古代史学者ジェイムズ・ブレイステッドが西アジア文明の揺籃地に名づけたいわゆる「肥沃な三日月地帯」(Fertile Crescent)であり(Breasted 1916)，後に農耕の起源地を探っていた同大学のロバート・ブレイドウッドは，ブレイステッドの言う三日月地帯よりもやや

136

高度の高いメソポタミア低地を取り巻く山麓丘陵地帯や山間地帯に対して同様の名前を与え(Braidwood 1948: 91の地図)，彼自身は農耕化の「核地帯」(Nuclear zone area)と呼んだ。この後，西アジアの農耕起源の研究ではこの肥沃な三日月地帯が主要舞台となり，ブレイドウッド自身もまたこの肥沃な三日月地帯東部のイラク・

図3　西アジアでの農耕起源地

クルディスタンのジャルモや，同中央部のトルコ・チャユヌにおいて発掘調査を実施して，農耕の始まりを実証的に証明しようとした。肥沃な三日月地帯の中でも，1970年代以降に特に農耕起源研究の中心舞台となったのがレヴァント回廊(Levantine corridor)(Bar-Yosef and Meadow 1995)と呼ばれる地中海東岸部一帯であった。パレスチナからシリアのユーフラテス河中流域にかけて多数の初期農耕に関わる遺跡が発掘調査され，特にムレイビット Mureybet (Ibáñez ed. 2008)やアブ・フレイラ Abu Hureyra (Moore, Hillman and Legge 2000)といった重要な遺跡の発掘成果から，ユーフラテス河中流域が農耕の発現地として注目を集めた。さらに，2000年代以降に特に注目を集めているのが，肥沃な三日月地帯の北側中央部にあたる，北シリアから南東アナトリアそして北メソポタミアの一部にかけての一帯で，オリヴィエ・オランシュらは黄金の三角地帯(Golden triangle)と呼んだ(Aurenche and Kozlowski1999, Kozlowski and Aurenche 2005)。現在，このあたりが農耕起源の中心地ではないかと考えている研究者も多い(図3)。

3. 農耕起源をめぐる諸説

　これまで，多くの農耕起源仮説が西アジアを舞台として考えられてきた。それは，前述したように西アジアが世界のどこよりも古く農耕が始まっているために，他からの影響を受けたのではなくそこで独自に農耕が始まったことが明らかなためである。また西アジアで開発された様々な動植物が現代にまで大きな影響を与えているので，その問題に回答を与えることが現代的な意味を持つと

第Ⅱ部　西アジア型農耕の起源と拡散

捉えられているためでもある。農耕起源の議論には非常に長い歴史があり，多くの著名な研究者たちによって様々な仮説やモデルが主に西アジアを舞台として立てられてきた。

　例えば著名なものとしては，オアシス・セオリー Oasis theory というゴードン・チャイルドによる仮説がある(Childe 1925, 1936)。西アジアでは氷河期の終わり，つまり更新世末期になって徐々に温度が高くなり乾燥化してきたために，オアシスなど限られた水場に動植物や人間が集まり，農耕が始まったという考え方である(実際には西アジアでは更新世末期に乾燥化が進んだのではなく温暖・湿潤化している)。前述のシカゴ大学のブレイドウッドは，後に栽培家畜化される動植物が集中して生育している彼の言う肥沃な三日月地帯に当たる核地帯で，農耕が始められたという核地帯仮説 Nuclear zone hypothesis を唱えた(Braidwood 前掲書)。この2つに共通しているのは，農耕・牧畜に適したような野生の植物と動物が人と近接して生育し，人がそれらの動植物の生態と有用性に気がつけば自然に農耕・牧畜が起こってくるという考え方である。これらをここでは，近接モデルという名でまとめておく。

　これに対して，農耕を開始した人々の動機についてもう少し具体的に説明を加えようとする議論がある。代表的なものがルイス・ビンフォードの主唱した人口圧仮説である(Binford 1968)。後氷期になって気候が温暖・湿潤化してきたことによって，あるところでは森林が広がり，利用できる資源が豊富になって定住的な生活が営まれるようになる。そして定住性の高まりに従って人口が増加する。やがて資源が豊富な森林では人口圧が高まり，そこから資源の乏しい周辺地帯に人口が排出される。排出された人々は資源の乏しい環境で様々なストレスを受け，農耕を始めざるを得なくなる，という仮説である。このような考え方を，ストレスモデルあるいはマージナルセオリー（辺境域モデル）と呼ぶ場合もある。ビンフォードの仮説を実際に西アジアやメソアメリカを対象に具体的な資料で検討したのがケント・フラナリーで(Flannery 1969, 1973)，彼は定住化を促進する多様な生物資源を食糧として利用するような社会経済的状況を広範囲生業(Broad spectrum subsistence)と呼び，農耕が開始される社会の一つの前提条件とした。人口圧仮説に限らず，気候の悪化や資源の減少，社会的軋轢の増大などによってそれまでの生業が維持できなくなるようなストレスを受けて農耕が開

始されるという考え方を，ストレスモデルと呼ぶ。

　また，生態学モデルと呼べるものがあるが，これは農耕の始まった原因を直接探し出すというよりも，人間と動物・植物との共生的な関係がどのように変化してきたのか，また両者にどのような生態的関係があれば栽培や飼育に至るようになるのかを考えてみようとする。主唱したのはイギリスのケンブリッジ大学のエリック・ヒッグスやマイケル・ジャーマンらであり(Higgs and Jarman 1969, 1972)，後にはデヴィッド・ハリスやゴードン・ヒルマンといった古植物学者らが，世界中の農耕化を生態学と進化論の視点から論じたシンポジウム論文集をまとめている(Harris and Hillman1989)。

　以上のようなストレスや生態的要件を重視する議論に対して，人間の心理や社会的要因が農耕出現の原動力になったとする主張が1990年代以降盛んになされるようになった。代表的なものにブライアン・ハイデンが唱えた祝宴競争仮説がある(Hayden 1990)。ハイデンによれば，旧石器時代終末期(彼の用語では中石器時代 / 古期)の豊かな資源に恵まれた狩猟採集民の中で，食糧資源をめぐる社会経済的な競争がおき，さらに豊かな資源をめぐって競争的な個人が自己の権力を強大化する道具として祝宴を利用した。そうした祝宴というコンテクストの中では，酔わせたり，珍しかったり，特権的であったりする様々な装置が必要であり，そのような装置の一つとして開発されたのが栽培植物や家畜であると考えた。祝宴競争仮説ばかりでなく，社会の同盟関係やエリートの出現などの社会的要因が農耕出現に深くかかわるという議論がなされていて(Flannery 1986など)，農耕起源の社会要因モデルと呼んでおく。

　農耕起源が，自然環境に左右されるよりもより人間側の問題に帰するという意味では社会要因モデルと同様の視点に立つが，それとはやや異なるコンテクストで，信仰や宗教といった人々の心の問題が農耕の開始に深くかかわっていたと主張したのはジャック・コヴァンであった(Cauvin 1994)。コヴァンは狩猟採集民が農耕牧畜民となるには大きな精神的変換が必要であり，信仰や宗教こそが農耕を準備したと考えた。これを農耕開始の宗教モデルと呼んでおこう。

　なぜ農耕が起こったかを検証し結論を得るのはなかなか困難であるため，近年の農耕起源をめぐる議論は，古植物学的，遺伝学的な証拠に基づいて，なぜ，というよりも，どのように農耕化が進んでいったのか，を議論する傾向が強ま

第Ⅱ部　西アジア型農耕の起源と拡散

っている。そのような意味では前述した生態学モデルに考え方は近いが，主唱されている結論はだいぶ異なる。西アジアでの植物栽培化に関しては，現在対照的な2つの主張がある。2つの仮説とは，コア・エリア仮説と長期多起源仮説(本書丹野研一の章では「プロトラクト仮説」)である。この2つの仮説の内容に関しては本書の丹野研一の章に詳しいが，ここでも一言触れておきたい。

コア・エリア仮説では，南東アナトリアにあるタウロス山脈中のカラジャダー付近をコア・エリアあるいはコア・ゾーンと呼び，この地域で紀元前8,800年から8,500年くらいの間，つまり前9千年紀の前半にあたる先土器新石器時代B期の初頭に，8種のファウンダー・クロップが一斉に栽培化され，西アジア各地に拡散されたと主張する(Lev-Yadun et al. 2000)。ファウンダー・クロップとはゾハリーがまとめた西アジアの栽培植物のパッケージで，アインコルンコムギ，エンマーコムギ，オオムギ，アマ，レンズマメ，エンドウマメ，ヒヨコマメ，ビターベッチである。現在この8種全ての野生種がコア・エリアに生育しており，当該期にこの地にいた有能な人間集団がまとめて栽培化し，それを西アジア各地に拡散したというのである。

長期多起源仮説は，ドリアン・フラーらによってコア・エリア仮説に反論する形で提起された(Fuller et al. 2011)。上述したコア・エリア仮説が現代の植生と

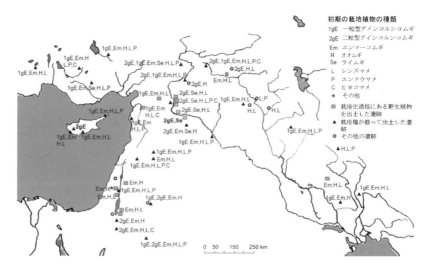

図4　初期の栽培植物の種類と出土遺跡（Fuller et al. 2011, Fig.1 を基に作成）

遺伝学的研究成果に基づいているのに対して，フラーらは当該期の遺跡から出土する古植物学的および動物考古学的証拠を丹念に整理して反論した。当該期の西アジア各地の遺跡では，後に栽培化される植物種の組み合わせが，それぞれの地域で少しずつ異なっていた。例えば南レヴァントでは初めからエンマーコムギが結構出土する。それに対して北レヴァントでは一粒型アインコルンコムギが，またユーフラテス河中流域では二粒型アインコルンコムギがライムギを伴って出土するのが一般的である（図4）。このように，それぞれの地域によって栽培化過程にあると想定される野生穀類やマメ類の種類は異なっている。つまり西アジアでは，紀元前 10,000 年よりも少し前から紀元前 8,000 ／ 7,000 年くらいまでの非常に長期にわたって，コムギやオオムギなどのイネ科植物および各種マメ類を含めた各地域に自生するローカルな植物の開発が独自に起こっていたことが想定される。一方いわゆるコア・エリアでは栽培化過程にある野生穀類やマメ類を出土する遺跡がほとんどなく，古植物学的にはコア・エリア農耕起源説は否定されてしまうという。各地で農耕は非常に長い時間をかけて徐々に進行し，ファウンダー・クロップの栽培植物が出そろう紀元前 8 千年紀の先土器新石器時代 B 期半ば以降に，各地の農耕が融合される形で西アジア型農耕が成立したと考えられる。

　農耕起源をめぐる様々な仮説を，近接モデル，ストレスモデル，生態学モデル，社会要因モデル，宗教モデルに区分して紹介してきた。さらに近年の植物学的な農耕起源論であるコア・エリア仮説と長期多起源仮説にふれた。モデル的にはこの最後の 2 仮説は生態学モデルや近接モデルに区分できるかもしれない。どのようなモデルに沿って農耕起源を説明していくかは，それぞれの研究者の寄って立つ考え方によるが，いずれにせよ各モデルは，自然環境の移り変わりに関する証拠や遺跡から出てくる様々な考古学的証拠によって検証される必要がある。そして人類の歴史にとってより重要なのは，農耕化にともなって人間社会がどう変化したのかという点であろう。

4．西アジアの植生変化

　農耕起源を議論する際に基本となるのは，実際に農耕らしき証拠が出始める

第Ⅱ部　西アジア型農耕の起源と拡散

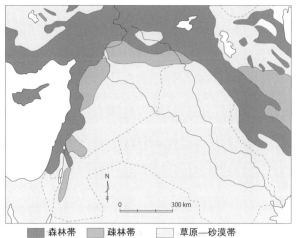

■森林帯　■疎林帯　□草原—砂漠帯
図5　西アジアの現在の植生

図6　地中海に近いシリアの森林

図7　イラク・クルディスタンの疎林

いわゆる氷河期の終焉する時期、地質学でいう更新世から完新世へ移り変わる時期とそれからしばらく後、絶対年代では紀元前1万数千年から紀元前6,000年くらいに当たる時期の、自然環境の変遷と考古学的証拠を突き合せることである。

肥沃な三日月地帯であるレバノン山脈、タウロス山脈、ザグロス山脈といった西アジアを取り巻く山岳地帯の現在の植生を見てみると、もちろん植生が人為的に破壊されてしまったところは多いものの、カシやナラの森林帯が自然植生で残っているところがある。その周辺には、森林植生から草原植生に移り変わる疎林帯と呼ばれる部分がある。そしてその内側が草原植生で、さらに内側に進むにつれて植生のごく乏しい砂漠植生へと移り変わる(図5)。このように環境の大きく異なる植生帯が広い範囲で隣り合っているところが西アジアの植生の大きな特徴と言える。森林植生のうち、例えば

142

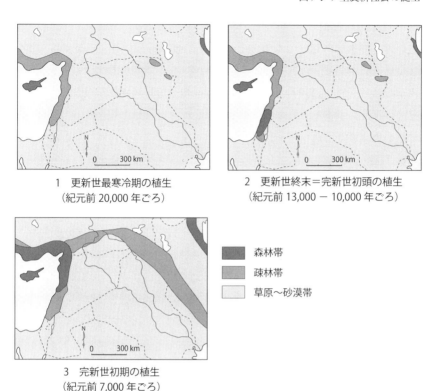

図8　更新世末期から完新世にかけての西アジアの自然植生変遷図

1　更新世最寒冷期の植生（紀元前20,000年ごろ）

2　更新世終末＝完新世初頭の植生（紀元前13,000 − 10,000年ごろ）

3　完新世初期の植生（紀元前7,000年ごろ）

■ 森林帯
▨ 疎林帯
□ 草原〜砂漠帯

地中海近くのシリアの森林はカシやピスタチオが主体で（図6），高度が下がるとマツ，上がっていくとイトスギやレバノンスギが優勢となる。つまり，ドングリなどの堅果類が存在する，そういった森林である。ただし日本のような深い森林をイメージすると大分違う。図7は，イラク・クルディスタンの疎林の写真だが，カシやピスタチオ，アーモンドなどがまばらに生え，植生の開けたところには，様々なムギ類が生育している。疎林帯と疎林帯のさらに内側の草原地帯に，野生のコムギやオオムギが生育する。

現在のこうした自然植生が，更新世末期から完新世にかけてどのように変遷していったかを知るためには花粉分析データが重要である。パレスチナ・フーレー湖，シリア北西部のガーブ渓谷，トルコ東部のヴァン湖，イラン・イラク・トルコ3国の国境に近いザグロスのゼリバール湖などから得られた花粉分析デ

第II部　西アジア型農耕の起源と拡散

一夕(Baruch and Bottema 1999, van Zeist and Bottema 1991, Yasuda et al. 2000, Wick et al. 2003)に基づいて，植生を復元してみる(図8)。紀元前20,000年前後の更新世最寒冷期(Glacial Maximum)には，西アジア全体に森林が乏しく草原が広がっていた(図8-1)。それが，だいたい紀元前13,000年から10,000年の更新世終末から完新世初頭にかけて，カシを中心とする森林帯がまず南レヴァントで形成される(図8-2)。そしてその森が徐々に北レヴァントからタウロス，ザグロス方面に広がっていき，紀元前7,000年ごろまでに，森林帯と疎林帯，草原—砂漠帯からなる現在の植生に近づく(図8-3)。

5. 農耕社会の誕生

　上記した植生の変遷に留意しつつ，紀元前13,000年から同7,000年ごろまでの遺跡や遺物の移り変わりを概観し，西アジアにおける農耕社会誕生までの状況を見てみよう。

ナトゥーフ併行期

　更新世終末〜完新世初頭は，考古学的には旧石器時代終末のナトゥーフ文化が繁栄した時期とほぼ重なる(図9-1)。ナトゥーフ文化(紀元前12,500〜10,000年)とは，西アジアで最初に登場した定住的である程度複雑化した狩猟採集民文化と定義できる。ナトゥーフ文化は南レヴァントで形成されるが，その出現の背景は，明らかに上述した更新世終末の温暖湿潤化に伴い南レヴァントでカシ—ピスタチオを主体とする森林が最初に形成されたことと関わっている。この豊かな森とその周辺で得られる多様な資源に依拠した広範囲生業に基づいて，人々は定住生活を確立し，複雑化した社会をつくり始めた。ナトゥーフ文化の遺跡では，数軒から十数軒の円形プランの石積みの壁を持つ竪穴住居で構成された集落が見られ(図10:1,2)，食糧貯蔵や墓として用いられた土坑なども検出される(Perrot 1966, Valla 1981)。エル・ワド洞窟やハヨニム洞窟から発見された埋葬の研究からは，複数の血縁集団によって運営されていた社会の存在が想定されている(Wright 1978, Belfer-Cohen 1988)。

　このナトゥーフ文化で穀物処理に関わる道具類として注目されるのが，いわ

西アジア型農耕社会の誕生

1. ナトゥーフ前期文化の遺跡の広がり

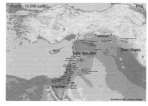
2. ナトゥーフ後期文化の遺跡の広がり

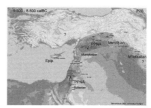
3. PPNA 文化の遺跡の広がり

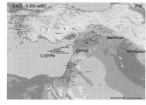
4. PPNB 前期文化の遺跡の広がり

5. PPNB 中期文化の遺跡の広がり

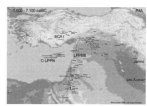
6. PPNB 後期文化の遺跡の広がり

図9　更新世末期から完新世初頭にかけての、西アジアにおける各文化の遺跡分布
（Böhner and Schyle 2006 より）

ゆるフリント製の鎌刃と石灰岩や玄武岩製の搗臼（つきうす）と石杵のセットである（図10:3-4）。イネ科の植物に触って手を切ることがあるが，イネ科植物は草本であるにもかかわらず木本のように立っている。それはプラントオパールと呼ばれる植物ガラスを体の中に溜め込んでいるためである。例えばフリントとかチャート，あるいは放散虫岩（ラジオライト）などと呼ばれるような珪酸分の高い石器でイネ科植物を繰り返し収穫していると，水が介在して化学反応を起こし植物ガラスが鎌刃に付着していく。それを鎌刃光沢（sickle gloss/sheen）と呼ぶが，それがみられる石器はイネ科植物を処理した道具であることがわかる。日本でも，例えば石包丁などにポリッシュと呼ばれる光沢が見られることがあるが，それはイネ科植物を刈った痕跡である。ナトゥーフ文化の遺跡では，このような鎌刃が，骨や木で作られた柄に装着したまま出土することがある（図10: 4）。折り取った数センチの長さの石刃を組み合わせるかあるいは単体で柄に装着されているが，鎌刃は直線状を呈していて，ムギの穂を持ちながら鎌を押し付けるようにして刈り取りが行われたものと想定される。

　搗臼（つきうす）と石杵のセットは，顔料の粉化やピスタチオなど堅果類の処理にも用いられているが，基本的にはムギ類をたたいて脱穀・籾摺りを行い粉化

第Ⅱ部　西アジア型農耕の起源と拡散

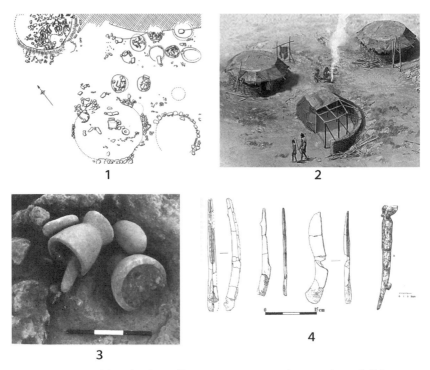

図10　ナトゥーフ文化の諸要素　1: 住居 アイン・マラッハ（Valla 1981）、2: 集落復元図
(https://jp.pinterest.com/pin/437271445046605848/)、3: 搗臼と石杵　ワディ・ハメー 27（Edwards 1991）、4. 鎌と鎌柄　ワディ・ハメー 27、エル・ワド（Edwards 1991, Henry 1989）

した製粉具と考えられる。つまりナトゥーフ文化の遺跡においては，イネ科植物であるムギを刈り，搗いて脱穀し，籾摺り，粉化を行っていたと想定される。数は少ないが，石皿状の製粉具もナトゥーフ期やそれ以前の遺跡から発見される例もあり，必ずしも搗臼と石杵のみで製粉されていたわけでもないようだ（須藤2006）。

　鎌刃や搗臼はナトゥーフ文化以前の旧石器時代終末期の遺跡からも散発的に出土するが，ナトゥーフ期になると恒常的に出土しており，ムギ類の収穫が主生業のひとつになりつつあったことが想定できる。もちろん，カシ―ピスタチオの森の内外で狩猟採集できるガゼルなどをはじめとする小動物や水産資源，マメ類などイネ科植物以外の多様な植物を食糧基盤として定住性と社会の複雑化が進行していくが，その中でムギへの関心が高まっていたことは間違いない。

このナトゥーフ文化は，前期(紀元前12,500~11,000年)の段階では南レヴァントにほぼ限定されているが，後期(紀元前11,000~10,000年)には北レヴァントからユーフラテス河中流域にまで広がっていく(図9:2)。それは，定住集落とムギの処理に関わる道具類を有する社会が，森林の拡大とともに北方へと広がっていったことを意味するだろう。ただし，アナトリア高原やザグロス方面では，同時代に定住的で穀物利用を行っているような遺跡は見当たらない。調査された遺跡数自体も少ない。ザグロスでの当該期の遺跡としては，イラク・クルディスタンのルワンダス地域に所在するザヴィ・チェミ・シャニダールが著名である(Solecki 1980)。そこでは円形プランの住居と思われる痕跡が発見されているが，定住村落というよりも一時的なキャンプサイトのように見える。穀物を刈るための鎌刃はほとんど出土しないが，石皿のような製粉具？は存在している。重要なことは，このオープン・エア・サイトではヒツジの幼獣骨が非常に多く出土していることで，後の家畜化につながるヒツジに対する体系的な利用が始まっていた可能性が古くから指摘されてきた(Parkins 1964)。家畜化の問題については，後述する。ザグロス南東部のイラン南部タンギ・ボラギ渓谷ハッジ・バハラミ洞窟の調査でも，旧石器時代終末の年代を示す文化層(Phases 1-1)が発掘されているが，炭化種子はピスタチオやアーモンド，エノキなどが多く，鎌刃なども出土せず，ムギを利用していた形跡はほとんど認められない(Tsuneki and Zeidi 2008, Tsuneki 2013)。この遺跡の場合，オープン・エア・サイトではなく洞窟という遺跡の性格上の問題が背後にあるかもしれない。しかしながら，概してザグロスの当該期の遺跡では，ムギ利用の証拠は乏しい。

先土器新石器時代A併行期

次の紀元前10,000～8,800年は考古学的には先土器新石器時代A期(PPNA期)と呼ばれている。新石器時代とはいっても，同時代の遺跡から出土する動植物は形態的にはいまだ野生種であり，野生種の動植物を栽培飼育していた時代と考えられている。PPNA文化といえるものは，それまでのナトゥーフ文化の範囲を超えて，レヴァントから南東アナトリアにかけて広範囲に広がっている(図9:3)。

PPNA文化の考古学的指標となっているのは打製石器の変化で，ナトゥーフ

第II部　西アジア型農耕の起源と拡散

図11　PPNA文化の諸要素：1.集落と復元図　ジャフレ・エル・アハマル III/E 層（Stordeur 2015）、2.集落と復元図（Stordeur 2015）　ジャフレ・エル・アハマル II/W 層、3.挽臼の出土状況　ジャフレ・エル・アハマル（Willcox 2013）、4.挽臼と磨石　ムレイビット（Cauvin1978）5.ギョベックリのエンクロージャーと動物像が彫りこまれた石柱（Schmidt, K 氏提供）

期まで主体となっていた幾何学形細石器に代わって尖頭器が出現し発展する。尖頭器は地域ごとに非常に多様な形態が存在しており，尖頭器の各型式は，各地に居住していた人間集団の相違を表している可能性がある。

　PPNA 文化の住居はナトゥーフ文化と同様に基本的に円形プランの竪穴住居ないし地上型住居で，石や土の塊（ピゼ）を積んで壁が造られている。集落規模は全体的に大きくなっているものの，平均でも 1ha 程度で，集落景観はナトゥーフ期のそれとはそれほど大きく変わっていないことが想定される（図 11:1）。

　ただし，特にユーフラテス河中流域の当該期のいくつかの遺跡で，特に PPNA 期の終末ごろに，大きな変革がおこっていた証拠がある。住居形態での大きな変化は，ムレイビットやシェイク・ハッサン，ジャフレ・エル・アハマルなどから報告されている円形プランから方形プランへの変換で，ジャフレ・エル・アハマルでは半地下式の円形プランの公共的建物の周囲に地上型の方形プラン住居が出現している（図 11:2, Stordeur and Willcox 2016）。この転換は，単なる住居平面形態の変化ではなく，そこに住んでいた人々の親族構造の変化とも密接にかかわっていたはずで，これ以降集落景観も大きく変わっていくことになる。

　ユーフラテス河中流域の遺跡では，住居形態の変化だけでなく，両設打面石核と押圧剥離技法の出現，それに伴う大型有茎尖頭器の登場，先進的な鎌刃の発達，先進的な製粉具の登場など，次の PPNB 期に繋がる様々な革新が認められる。

　ナトゥーフ文化で一般的だった搗臼と石杵のセットは，ナトゥーフ期終末から PPNA 期にかけて挽臼と磨石のセット（図 11:3,4）に変化しつつあったが，南レヴァントの一部の PPNA 文化の遺跡では従来型の深い搗臼と石杵のセットも根強く残る。擦面が平坦でより効率的な穀類の粉化に適した挽臼と磨石のセットは南レヴァントとユーフラテス河中流域で一般的で，ユーフラテス河中流域の遺跡では後の鞍形挽臼とコッペパンを半裁したようなプラノ・コンベックス形の磨石のセットまで登場している。南東アナトリアでは底面に凹みを有した浅くて広い搗臼が盛行している。

　特筆すべきは，この時代に大規模な公共建築物が南東アナトリアやユーフラテス河中流域，南レヴァントなどの各地に認められることだろう。最も著名な遺跡は，ユーフラテス河中流域と南東アナトリアの接点ともいえるハラーン平原を見下ろす丘の上に築かれたギョベックリで，PPNA 期から PPNB 期初頭に帰属

するこの遺跡では住居は全く発見されず，宗教的儀礼だけのために用いられた遺跡といえる(Schmidt 2006)。エンクロージャーと呼ばれる円形に石壁を巡らせた遺構の中央と石壁沿いに 10 トンもあるような T 字形の大きな石柱を数本〜十数本も建立し，そこに様々な動物のモチーフが刻み込まれている(図 11:5)。地下探査の結果，このようなエンクロージャーが 20 基以上発見されている。T 字形石柱に彫りこまれた動物像や出土動物骨との比較研究などによって(Peter and Schmidt 2004)，ギョベックリのエンクロージャー群では，トーテムや祖先崇拝に関わる儀礼が行われていた可能性が指摘されている。ギョベックリのような宗教遺跡ではないが，集落内に T 字石柱を建立させた儀礼の痕跡は，南東アナトリアから北シリアにかけて該期の遺跡に広く認められる(常木 2009)。また，前述した PPNA 期の各地にみられる様々な尖頭器のうち，北シリアから東南アナトリア，北メソポタミアに見られるすべての型式の尖頭器がギョベックリで出土している事実も見逃せない。つまりここから想定されることは，ギョベックリは，南東アナトリアから北シリアにかけての様々な地域から人々が集合し，祖先崇拝儀礼が執り行われた一大巡礼地であった可能性である。祖先崇拝儀礼や巡礼という行為に埋め込まれていたのは，定住性と組織性を高めていた PPNA 期の人間集団間のテリトリーや地位の利害調整機能であったと考えられる。

　ギョベックリ以外にも，南東アナトリアやユーフラテス河中流域では，一般住居ではなく公共的な役割を果たしたと捉えるべき建築物が PPNA 期の遺跡から数多く検出されている。チャヨニュの最初期のスカル・ビルディング(Özdoğan 1999)や，ハラン・チェミのベンチを持つ円形遺構(Rosenberg 1999)，ジャフレ・エル・アハマルの装飾ベンチがめぐる EA53 号遺構(Stordeur et al. 2000, Stordeur and Willcox 2016)，テル・キャラメルのタワー（Ryszard, Mazowski and Kanjou 2012)などである。これらの公共建築物の出現は，同地域で社会の発達と再編が進展していたことを強く示唆している。

　南レヴァントにおいても，PPNA 期の大規模な公共建築物の証拠がいくつか知られている。もっとも著名なのは 1950 年代の調査で発掘されたイエリコの石積みのタワーであり，直径 9m，高さ 8m 以上もある巨大な建造物である。当初は集落の防御壁の一部と考えられていたが，その後この巨大なタワーは儀礼に関わる公共建築物と考えられるようになった(Bar-Yosef 1986)。近年のヨルダンの

ワディ・フェイナン 16 遺跡の調査では，刻文装飾の施された大きな備え付けベンチがめぐり，直径が 22 ～ 19m もある泥プラスターが貼られた床を持つ，円形劇場のような巨大遺構(O75 遺構)が発掘されている(Finlayson et al. 2011)。装飾や構造は，ユーフラテス河中流域の PPNA 遺跡であるジャフレ・エル・アハマルで発見された EA53 号遺構を想起させるが，規模は格段に大きい。

　公共建築物の存在は，当該期の北メソポタミアのケルメズ・デーレなどからも報告されている。楕円形プランの竪穴遺構で，中に手の込んだプラスターで作られた粘土柱が立っていた。同遺跡を調査したワトキンズらは，住居というよりも家族の象徴的建造物であったと主張している(Watkins 1995)。筆者は，基本的にこれはギョベックリなどで見られる T 字柱を立てる信仰と同種類のものとみなしている(常木 2009)。

　PPNA 併行期のザグロスでは，ムレファートやカリム・シャヒル，アシアブといった遺跡が調査されているが，ナトゥーフ併行期のザウィ・チェミ・シャニダールと同様の傾向が認められる(Howe 1982, Dittemore 1983)。つまり，建築遺構としては円形プランの石列や敷石が検出され，遺跡は一時的住居ないしキャンプ址といった趣を呈し，鎌刃の出土も非常に少ない。それに対して，狩猟具や解体具として用いられる石器類が多く出土し，ヒツジやヤギなどの利用が盛んに行われている。ザグロスでの新石器化の様相については，調査数があまりに少なく不明な点が多いが，近年，イラク・クルディスタンとイラン側ザグロスでの調査が進展してきた。最も精力的に活動しているのはロジャー・マティウスらによる中央ザグロス考古学プロジェクトであり，イラン側でシェイフ・アバドとジャニの両遺跡を，イラク側でベスタンスールとシムシャラの両遺跡の発掘調査を実施している(Matthews 2010, 2013, 2016)。このうちシェイフ・アバドの最下層とベスタンスールのトレンチ 5 で紀元前 9000 年をさかのぼる PPNA 併行期の文化層を発掘しているが，発掘面積は僅かで，この時代の文化層では良好な遺構や栽培植物などの証拠は乏しい。両遺跡とも調査の主体となっているのは紀元前 8 千年紀の文化層なので，それらは次項で触れる。

　イラン側ザグロスで最近報告された遺跡で注目を集めているのが，チョガ・ゴラーンである。この遺跡は 3ha もの大きさのテルであり，8 m の文化堆積は，紀元前 10,000 ～ 7,800 年の長期に渡り，PPNA 期初頭～ PPNB 中期併行期をカ

ヴァーしている。同遺跡から出土した炭化種子の分析に基づいて，オオムギと
エンマーコムギ，レンズマメなどの栽培化の試みはすでに紀元前9,700年頃よ
り始まっていて，紀元前7,800年頃には形態的にも栽培種のエンマーコムギが
増加し，畑雑草も増えるとされる(Riehl, Zeidi and Conard 2013)。つまり，レヴァン
トや南東アナトリアとほぼ同じ時代に，ザグロスでもオオムギやエンマーコム
ギの栽培化プロセスが生じていたと主張している点が大変注目されるわけであ
る。公表されている考古学的資料では(Zeidi et al. 2012)，遺構は円形プランと直線
(方形?)プランの泥レンガ壁が検出されている。打製石器は基本的に細石刃イン
ダストリーであり，鎌刃と思われるものは多くない。また，製粉具は搗臼と石
杵が目立つが，石皿と磨石も混在している。ザグロスでのムギ・マメ類の栽培
化を正しく評価するには，資料を増やしていくしかないだろう。

　ザグロスではヒツジ/ヤギの家畜化への試みが西アジアの他地域と比較して
も比較的早くから始まっていたことが指摘されている(Zeder 2008)。何を家畜化
の始まりの指標とするかについては動物考古学者の間で様々な議論があるが，
特にヤギに関してはザグロスで紀元前9,000年ごろまでには飼育されていた可
能性が高く，紀元前8,200年ごろまでにアナトリア方面に持ち込まれたと想定
されている(ibid)。肥沃な三日月地帯からは南東に外れるが，前述したザグロス
南東部のイラン南部タンギ・ボラギ渓谷ハッジ・バハラミ洞窟の調査でも，旧
石器時代終末の文化層(Phases 1-2)と比べて紀元前9,000年以降の原新石器時代の
文化層(Phases 3-4)では出土動物骨の中のヒツジ/ヤギの比率が急激に高まり，50
％近くを占めるようになる(Hongo and Mashkour 2008, Tsuneki 2013)。同文化層では栽
培化された植物は全く出土せず，鎌刃などの農具も出土しない。もちろん洞窟
という遺跡の性格は考慮しなければならないが，この地域では同時代のオープ
ン・エア・サイトやテルの数も決して多くはない。従って，ザグロスでは，定
住・穀物利用とはやや異なる新石器化が模索されていた可能性を考える必要が
あろう。

先土器新石器時代B併行期

　次の先土器新石器時代B期(PPNB期＝紀元前8,800〜7,000年)が始まると，西ア
ジア全体で住居や道具類に大きな変化が顕在化してくる。住居は基本的に円形

西アジア型農耕社会の誕生

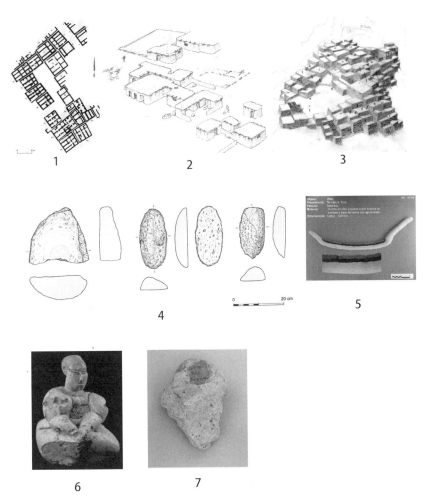

図12　PPNB文化の諸要素：1.通りのある集落　ボッコラス（Akkermans et al. 1983）、2. 集落復元図　サビ・アビヤド2号丘（Akkermans and Schwartz 2003）、3. 集落復元図　バジャ（Finlayson 2013）、4. 鞍形挽臼と磨石　テル・エル・ケルク2号丘（Iwasaki and Tsuneki 2003）、5. 復元された曲線鎌　ハルーラ（En Neolithico en el Proximo Oriente: Tell Halula: http://www.temporamagazine.com/el-neolitico-en-el-proximo-oriente-tell-halula-siria/）、6. 女性土偶　セクル・アル・アヘイマル（Nishiaki 2008）、7. 土器　ガンジ・ダレ（Iran Bastan Museum で筆者撮影）

プランの竪穴住居から地上型の方形プラン住居に変わっていくが，円形住居が根強く残存する地域や遺跡もある。方形プランに変換しても，内部を区切って複室にする場合と大きな単室構造を取る場合など様々である。しかしながら方

形プラン住居で集落をつくるということは，集落形態がより集住的な密度の高いものに変わったことを意味しており，この変化は前述したように家族構成や社会構造の変化に伴っておきたものと考えられる。集落内に通りがつくられたり，住居が計画的に配置されるような集落も出現し，集落景観も前代とは大きく異なるようになった（図12:1-3）。そして，一部の集落のサイズも急速に大規模化する。特に PPNB 後期（紀元前 7,600 ～ 7,000 年）のレヴァントや中央アナトリアの集落の中には，時に 10ha を超えるようなメガサイトとなった遺跡もあり，集落間の規模の格差も激しくなってくる（Tsuneki 2012）。

　PPNB 期には農具や穀物処理具に関わる道具類にも変化が認められる。鎌刃は直線鎌からより効率的な曲線鎌へと変化し，挽臼の一部に鞍形挽臼とそれに合うプラノ・コンベックス形の磨石が出現していて，コムギの脱穀や製粉の効率化が図られていく（図12:4,5）。それ以外にも，例えば土偶が出土したり，時に土器が出土したりする（図12:6,7）。西アジアの遺跡から恒常的に土器が出土するようになるのは紀元前 7,000 年以降の土器新石器時代になってからだが，実はそれ以前の先土器新石器時代のいくつかの遺跡からも土器は散発的に出土している（Tsuneki 2017）。西アジアではピゼなどの建材やパン焼き窯を作る素材，あるいは貯蔵用の容器の素材として粘土を使用した様々な技術を長期間にわたり発達させており，また土偶やトークンなど粘土製品を焼く技術も古くから存在していた。当然土器を焼成する技術もまた古くからあったが，最初の土器が登場してから本格的に土器を作り始めるまでには2000年以上の年月を経ている。その理由の一つとして，肉やパンなどを焼くのに土器が必要なく，調理などの必要性が欠如していたことを挙げることができるだろう。

　この PPNB 期の西アジアの集落の景観は，現在の西アジア各地で見られる農村風景と大きくかけ離れていない。方形プランの住居に住み，住居の一室や中庭，あるいは外壁にパン焼きカマドや製粉具を備え付け，中庭はたたきとなり休憩や食事，団らん，ヒツジやヤギの囲い込み，乳搾りなどに使用している。各家庭ではムギの収穫のために湾曲した鎌などの農具を備えている。住居は密集して集落はやや防御的な様相を示し，村の外にはムギや果樹の畑が広がる。従って，西アジアのどこにでも見られるような農村風景の原型が，この PPNB 期に形成されたと言ってもよいだろう。この PPNB 文化とそれに類した Aceramic

Neolithic 文化は，南北レヴァントから南東アナトリア，さらに中央アナトリアやザグロスにも広がっている(図9:4-6)。調査の遅れていたザグロスで近年発掘されているベスタンスールやシェイフ・アバドなどの Aceramic Neolithic 文化層から発見される遺構や遺物も，同様な傾向を示す(Matthews et al. 2010, 2013, 2016)。そのことと，この時期までに遺跡から出土する動植物遺存体の多くが，形態的に栽培家畜種となってくることとは，強くシンクロしているものと思われる。この PPNB 併行期の文化をもって，西アジアで農耕社会が確立したと本稿では主張しておきたい。

6. 農耕社会誕生の背景

最後に，これまでの議論に基づいて，肥沃な三日月地帯を中心とした西アジアでの社会的変化と農耕化プロセスの進行がどのような関係であったかを簡単にまとめ，農耕社会誕生の背景を考えておこう。参考として，当該期の植物(図4)と動物

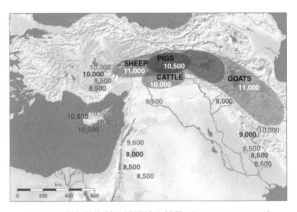

図13　家畜動物種の起源地と拡散（Zeder 2008. Fig.1)

(図13)の栽培家畜化を示すそれぞれの図も参照されたい。

図14は，後に西アジアで栽培家畜種となる主な動植物(7種のファウンダー・クロップと4種の動物)に対する人間の生業形態をごく単純化して，時代ごと，地域

主な生業形態(後に栽培家畜種となる動植物を対象)	絶対年代	文化期	南レヴァント	北レヴァント	南東アナトリア	ザグロス	中央アナトリア
野生種の動植物を採集狩猟	12,500-10,000BC	ナトゥーフ併行					
野生種の動植物を栽培飼育	10,000-8,800BC	PPNA併行					
栽培家畜種の動植物を栽培飼育	8,800-7,000BC	PPNB併行					

主体的　　客体的

図14　各地の栽培家畜種となる動植物に対する生業形態と時期別変遷

ごとにまとめたものである。後に栽培される植物への関心はレヴァントにおいて旧石器時代終末期ケバラ期から始まっているが，関心が深まるのはナトゥーフ期からである。更新世末の温暖湿潤化に伴い定住性を高めた南レヴァントにおいて，エンマーコムギ，オオムギ，レンズマメなどが熱心に採集されていた。ただし，ナトゥーフ文化の中のムギやマメはあくまでも多様な食糧の一つに過ぎず利用の背景は嗜好性の高いものであっただろう。それは，ナトゥーフ文化の中で，ムギ類の処理に関わって用いられた，鎌刃を装着する骨製の鎌柄や石灰岩製の臼にしばしば装飾が加えられていることからも，想像される。ムギは人が本格的に生活に取り入れ始めた最初の炭水化物であり，体の中にブドウ糖を取り込み血糖値を上げるために，「おいしい」と脳が感じるわけで，定住性を高めてやや生活に余裕のできた人々が，あの小さなムギの粒を懸命に集め食べようとした理由は，そのような嗜好性の問題と想像される。定住性の高まりに伴って人口増加現象が起こり，ナトゥーフ後期には定住集落が北レヴァント方面にも拡大していった。

　続くPPNA併行期では，レヴァントから南東アナトリアにかけて，ナトゥーフ文化後継のPPNA文化と呼べるような定住集落社会が広く分布するようになる。南レヴァントではナトゥーフ期以来のエンマーコムギ，オオムギ，レンズマメの栽培が試みられていた。住居形態や集落構造は基本的にナトゥーフ文化を継承しているが，この時代には集落全体を，あるいはいくつもの集落を統合するための，公共建築物がつくられるのが大きな特徴である。公共建築物はナトゥーフ文化の故地の南レヴァントでも造られるが，とくに盛行するのが，北レヴァントのユーフラテス河中流域から南東アナトリアにかけての地域であり，ギョベックリのような大巡礼地まで形成されている。公共建築物では様々な儀礼が行われ，社会の維持や発展に寄与したと想定される。こうした儀礼の中では，様々な嗜好品が用いられたはずであり，前代から開発され始めたムギやマメで作られた製品もその一つとなったことは想像に難くない。北レヴァントのユーフラテス河中流域周辺の植生では特に草本類が卓越していて，二粒系アインコルンコムギ，ライムギ，オオムギ，レンズマメなど，そこに生育していた様々な草本が，食糧として試され，栽培化が試みられていた。また，南レヴァントとは異なり，特に南東アナトリアやザグロス方面にはヤギ，ヒツジ，ウシ，

ブタなどの野生種が生育していて，それらを家畜化する試みも始まっていた。公共建築物で行われていた儀礼と，様々な草本類の開発，そして4種類の動物の家畜化の進行が，社会的な発展を推し進め，ユーフラテス河中流域から南東アナトリアの地域で，他地域に先駆けて様々な社会的変革が生じ，次のPPNB文化を先導した。

PPNB期に肥沃な三日月地帯に広がるのは，私たちが見慣れた農村の風景そのものである。方形プランの住居が密集し，パン焼きカマドや製粉具を備え，家畜小屋を付設し，中庭で乳搾りをおこない一家団らんを楽しむ。この時期には，それぞれの地域にある動植物が栽培家畜化されて，農耕牧畜は人々の主生業となっていった。このPPNB文化こそが，西アジアで真の農耕社会が誕生したことを示し，その後1万年にもわたって西アジア型農耕は継続されていくことになる。その時開発された動植物が，1万年後の私たちの食卓にまで上っていることを知る時，西アジア新石器時代人の才覚と味覚の確かさに感嘆せずにはいられない。

おわりに

西アジア型農耕社会が誕生するまでには，それぞれの時代にそれぞれの地域が多大な貢献をした。ファウンダー・クロップに最初に目を付けたのは，豊かな定住社会を築き上げた南レヴァントのナトゥーフ人だった。それを発展させ，動物飼育も取り込みながら農耕社会を準備したのはPPNA期の北レヴァントから南東アナトリアに住んだ人々だった。同じ時期のザグロスの人々は，植物栽培よりも動物飼育に励み，ヤギやヒツジを家畜化した。PPNB期にはそれぞれの地域で栽培家畜化が進行し，7種のファウンダー・クロップと4種の家畜を基盤とした西アジア型農耕パッケージが出来上がることになった。非常に多種多様な動植物の狩猟採集から，ごく限定された数種類の動植物の栽培飼育へという生業の変化は，まさに新石器化(農耕社会への転換)の本質を示している。モノカルチャー化と言い換えてもよい。農耕社会とは，限定された動植物の生産性を高めることに没頭する社会なのである。何でもほどほどに，という生活から，ハイリスク・ハイリターン生活への転換なのだ(常木1999)。農耕こそが，貧

第Ⅱ部　西アジア型農耕の起源と拡散

富の格差を促し，階層化社会の形成まで突き進んだ最大の原動力なのである。
　現在の考古学的証拠から西アジアでの農耕と農耕社会の成立を語ってきたが，
チモフェビ・コムギなど，まだまだその成立が不明の動植物は多々残されてい
る。そもそも，ザグロスなどではあまりにも新石器時代の調査例が乏しく，こ
れからの調査の進展では，西アジア型農耕の起源の図式が一新される可能性も
あることを主張して擱筆する。

参考文献

Akkermans, P.A.A. et al. 1983 Bouqras revisited, *Proceedings of the Prehistoric Society* 49: 335-372.

Akkermans, M.M.G. and Schwartz, G. 2003 *The Archaeology of Syria*, Cambridge University Press, Cambridge.

Aurenche, O. and Kozlowski, S.K. 1999 *La naissance du Néolithique au Proche Orient ou la paradis perdu*, Errance, Paris.

Bar-Yosef, O. 1986 The walls of Jericho: an alternative interpretation, *Current Anthropology* 27:157-162.

Bar-Yosef, O. and Meadow, R.H. 1995 The origins of agriculture in the Near East, in Price, T.D., and Gebauer, A.B.（eds.）*Last Hunters – First Farmers*: 39-94, School of American Research Press.

Baruch, U. and Bottema, S.1999 A new pollen diagram from Lake Hula, in Kawanabe, H. , Coulter, G. W. and Roosevelt（eds）*Ancient Lakes, Their Culture and Biological Diversity*: 75-86, Kenboi Production, Belgium.

Belfer-Cohen, A. 1988 The Natufian graveyard in Hayonim Cave, *Paléorient* 14-2:297-308.

Binford, L.R. 1968 Post-Pleistocene adaptations, in Binford, S.R. and Binford, L.R.（eds）*New Perspectives in Archaeology*, Aldine.

Böhner, U. and Schyle, D. 2006 Near Eastern radiocarbon CONTEXT database, 2002-2006, http://context-database.uni-koeln.de/

Braidwood, R.J. 1948 *Prehistoric Men*、Chicago Natural History Museum Popular Series, Anthropology, No.37.

Breasted, J. H. 1916 *Ancient Times, A Hisroty of the Early World: An Introduction to the Study of Ancient History and the Career of Early Man,* Boston: Ginn.

Cauvin, J. 1994 *Naissance des divinités, Naissance de l'agriculture.* CNRS Editions, Paris.

Childe, G.V. 1925 *The Dawn of European Civilization,* London.

Childe, G.V. 1936 *Man Makes Himself,* London.

Dittemore, M. 1983 The soundings at M'lefaat, in Braidwood, L.S. et al.（eds）*Prehistoric Archaeology along the Zagros Flanks,* OIP vol. 105: 671-692, The Oriental Institute of the University of Chicago, Chicago.

Edwards, P.C. 1991 Wadi Hammeh 27: An early Natufian sites at Pella, Jordan, in Bar Yosef, O. and Valla, F.（eds）*The Natufian Culture in the Levant*: 123-147, International Monographs in Prehistory, Ann Arbor.

Finlayson, B. 2013 The first villages. The Neolithic period. *Atlas of Jordan* :106-110, Ifpo Open Edition Books,

Finlayson, B., Mithen, S., Najjar, M. Smith, S., Maričević,D., Pankhurst, N., and Yeomans, L. 2011 Architecture, sedentism, and social complexity at Pre-Pottery Neolithic A WF16, southern Jordan, *PNAS* 108-20:8183-8188.

Flannery, K.V. 1969 Origins and ecological effects of early domestication in Iran and the Near East, in Ucko, P.J. and Dimbleby, G.W.（eds）*The Domestication and Exploitation of Plants and Animals*, Aldine.

Flannery, K.V.（ed）1986 *Guila Naquitz – Archaic Foraging and Early Agriculture in Oaxaca, Mexico,* Academic Press.

Flannery, K.V. 1973 The origins of agriculture, *Annual Review of Anthropology* 2: 271-310.

Fuller, D.Q., Willcox, G. and Allaby, R.G. 2011 Cultivation and domestication had multiple origins: arguments

西アジア型農耕社会の誕生

against the core area hypothesis for the origins of agriculture in the Near East, *World Archaeology* 43 (4) : 628-652.

Harris, D.R. and Hillman, G.C. (eds) 1989 *Foraging and Farming-The Evolution of Plant Exploitation*, Unwin Hyman.

Hayden, B. 1990 Nimrods, piscators, pluckers, and planters: The emergence of food production, *Journal of Anthropological Archaeology* 9: 31-69.

Henry, D. O. 1989 *From Foraging to Agriculture*, University of Pennsylvania Press, Philadelphia.

Higgs, E.S. and Jarman, M.R. 1969 The origne of agriculture: a reconsideration, *Antiquity* 43-169:31-41.

Higgs, E.S. and Jarman, M.R. 1972 The origins of animal and plan husbandry, in Higgs, E.S. and Jarman, M.R. (eds) *Papers in Economic Prehistory*: 3-13, Cambridge University Press.

Hongo, H. and Mashkour, M. 2008 Faunal remains from TB75, in Tsuneki, A. and Zeidi, M (eds) *Tang-e Bolaghi: The Iran-Japan Archaeological Project for the Sivand Dam Salvage Area*: 135-148, Tsukuba/ Tehran, University of Tsukuba / Iranian Center for Archaeological Research.

Howe, B. 1983 Karim Shahir, in Braidwood, L.S. et al. (eds) *Prehistoric Archaeology along the Zagros Flanks*, OIP vol. 105: 23-154, The Oriental Institute of the University of Chicago, Chicago.

Ibáñez, J. J. (ed.) 2008. *Le site néolithique de Tell Mureybet (Syrie du Nord)* . En hommage à Jacques Cauvin. Vol. I et II. Oxford : Archaeopress-Maison de l'Orient et de la Méditerranée Jean Pouilloux (BAR Int. Ser. 1843).

Iwasaki, T. and Tsuneki, A. 2003 *Archaeology of the Rouj Basin*, Vo. 1 University of Tsukuba, Tsukuba.

Kozlowski, S.K. and Aurenche, O. 2005 *Territories, Boundaries and Cultures in the Neolithic Near East*. BAR International Series 1362, Archaeopress, Oxford.

Larson,G., Piperno,D.R., Allaby, R.G., Purugganan, M.D., Andersson, L. Arroyo-Kalin. M., Barton, L., Vigueira, C.C., Denham, T., Dobney, K., Doust, A.N., Gepts, N., Gilbert, M.T.P., Gremillion, K.J., Lucas, L., Lukens, L., Marshall, F.B., Olsen, K.M., Pires, J.C., Richerson, P.J., de Casasu, R.R., Sanjur, O.I., Thomas, M.G., West-Eberhard, M.J., and Fuller, D.Q. 2014 Current perspectives and the future of domestication studies, PNAS (Proceedings of the National Academy of Sciences of the United States of America) vol.111.no.17: 6139-6146.

Lev-Yadun, S., Gopher, A. and Abbo, S. 2000 The cradle of agriculture. *Science* 288: 1602–1603.

Matthews, R., Mohammadifar, Y., Matthews, W. and Motarijem, A. 2010 Investigation of the Early Neolithic of Western Iran: The Central Zagros Archaeological Project (CZAP.) Antiquity, http://antiquity.ac.uk/projgall/matthews323/

Matthews, R. Matthews, W. and Mohammadifar, Y. (eds) 2013 *The Earliest Neolithic of Iran: 2008 Excavations at Sheikh-e Abad and Jani.* CZAP Reports Vo. 1. Oxford, Oxbow Books and British Institute for Persian Studies.

Matthews, R, and Fazeli, H. (eds) 2013 *The Neolithisation of Iran*, Oxbow Books and BANEA.

Matthews, R. Matthews, W., Raheem, K.R., and Aziz, K.R. 2016 Current investigations into the early Neolithic of the Zagros foothills of Iraqi Kurdistan, in Kopanias, K and MacGinnis, J. (eds) *The Archaeology of the Kurdistan Region of Iraq and Adjacent Regions*, Oxford, Archaeopress: 219-218

Moore, A.M.I., Hillman, G.C., and Legge, A.J. 2000 *Village on the Euphrates: The Excavation of Tell Abu Hureyra.*

Nishiaki. Y. 2008 *Naissance des divinités: figurine feminine "exceptionnelle" du néolithique*, DGAM, Damascus Özdoğan, A. 1999 Çayönü. Özdoğan, M. and Başgelen, N. (eds) *Neolithic in Turkey. The Cradle of Civilization*: 35-63. Arkeoloji ve Sanat Yayınları, İstanbul.

Parkins, D. Jr. 1964 Prehistoric fauna from Shanidar, Iraq, *Science* 144 (3626):1565-1566.

Perrot, J. 1966 Le gisement natoufien de Mallaha (Eynan), Israël, *L'Anthropologie* 70: 437-484.

Riehl, S., Zeidi, M. and Conard, N.J. 2013 Emergence of agriculture in the foothills of the Zagros Mountains of Iran, *Science* 341: 65-67.

159

第Ⅱ部　西アジア型農耕の起源と拡散

Rosenberg, M. 1999 Hallan Çemi. Özdoğan, M. and Başgelen, N.（eds）*Neolithic in Turkey. The Cradle of Civilization*: 25-33. Arkeoloji ve Sanat Yayınları, İstanbul.

Ryszard, F., Mazowski, R.Y.and Kanjou, Y. 2012 Tell Qaramel 1999-2007: Proto Neolithic and Early Pre-Pottery Neolithic Settlement in Northern Syria, PCMA No.2, University of Warsaw, Warsaw.

Schmidt, K. 2006 *Sie Bauten die Ersten Tempel,* Verlag C.H. Beck, Munchen.

Solecki, R.L. 1980 *An Early Village Site at Zawi Chemi Shanidar,* Malibu, CA : Undena Publications

Stordeir, D. 2015 *Le village de Jerf el Ahmar（Syrie, 9500-8700 av. J.-C）*, CNRS Éditions, Paris.

Stordeur, D. and Willcox, G. 2016 10. Jerf el-Ahmar（Aleppo）, in Kanjou, Y. and Tsuneki, A.（eds.）*A History of Syria in One Hundred Sites*:47-50. Archaeopress, Oxford.

Stordeur, D., Brenet, M., Der Aprahamian, G. et Roux J.-C. 2000 Les bâtiments communautaires de Jerf el Ahmar et Mureybet horizon PPNA（Syrie）*Paléorient* 26/1: 29-44.

Tsuneki, A. 2012 "Tell el-Kerkh as a Neolithic mega site", *Orient* 47: 29-65.

Tsuneki, A 2013 "Proto-Neolithic caves and neolithisation in the southern Zagros", in Matthews, R. and H. Fazeli Nashli（eds.）*The Neolithisation of Iran, The Formation of New Societies,* pp.84-96, Oxbow Books, Oxford.

Tsuneki, A. 2017 The significance of research on the emergence of pottery in West Asia, in Tsuneki, A., Nieuwenhuyse, O., and Campbell, S.（eds）*The Emergence of Pottery in West Asia*: 1-8, Oxbow Books, Oxford.

Tsuneki, A. and Zeidi, M.（eds.）2008 *Tang-e Bolaghi: The Iran-Japan Archaeological Project for the Sivand Dam Salvage Area,* Al-Shark 3, University of Tsukuba, Studies for West Asian Archaeology, Iranian Center for Archaeological Research and Department of Archaeology, University of Tsukuba, pp.1-261.

Valla, F. R. 1981 Les établissements natoufiens dans le nord d'Israël, in *Préhistoire du Levant*: 409-419, Edition du CNRS, Paris.

van Zeist, W. and Bottema, S. 1991 *Late Quaternary Vegetation of the Near East*, Dr.Ludwig Reichert Verlag, Weisbaden.

Watkins, T.（ed）1995 *Qermez Dere, Tell Afar: Interim Report no.3*, Project Paper No. 14, Department of Archaeology, The University of Edinburgh.

Wick, L., Lemcke, G., and Sturm, M. 2003 Evidence of Lateglacial and Holocene climatic change and human impact in eastern Anatolia: high-resolution pollen, charcoal, isotopic and geochemical records from the laminated sediments of Lake Van, Turkey, *Holocene* 13, 665–675

Willcox, G. 2013 The roots of cultivation in southwestern Asia, *Science* 341, 39-40.

Wright, G.A. 1978 Social differentiation in the Early Natufian. In Redman et al.（eds）*Social Archaeology: Beyond Subsistence and Dating:* 201-223, Academic Press, New York.

Yasuda, Y., Kitagawa, H. and Nakagawa, T. 2000 The earliest record of major anthropogenic deforestation in Ghab valley, northwest Syria: A palynological study, *Quaternary International* 73/74: 127-136.

Zeder, M. 2008 Domestication and early agriculture in the Mediterranean Basin: Origins, diffusion, and impact, *PNAS* 105-33:11597-11604.

Zeidi, M., Riehl, S., Napierala, H., Conard, N. 2012, Choga Golan: A PPN sites in the foothills of the Zagros Mountains, Ilam Province, Iran, in *Proceedings of the 7th International Congress on the Archaeology of the Ancient Near East,* R. Matthews, J. Curtis, Eds. Harrassowitz Verlag, Wiesbaden, Germany pp. 259–275.

須藤寛史　2006　「西アジア新石器時代における製粉具研究の諸問題」藤本強編『生業の考古学』277-291，同成社，東京

常木晃　1999「農耕誕生」「食料生産社会が語るもの」常木晃編『食糧生産社会の考古学』1-21，朝倉書店，東京

常木晃　2009「西アジアにおける農耕文化の始まり」　設楽博巳・藤尾慎一郎・松木武彦編『弥生時代の考古学5　食糧の獲得と生産』78-93．同成社，東京

西アジアにおける農耕起源とムギ類の栽培化

丹野 研一

はじめに

　西アジアにおける農耕は，周辺地域からの影響を受けていない純粋にこの地域で生じた農耕である点が注目される。約12,000年前ともいわれる定住と農耕のはじまりすなわち新石器時代のはじまりから，約5,000年前にはメソポタミア文明が興り，都市化と大規模農業が成立しまた文字が生みだされた。人類史の重大なイベントがこの地で立て続けにおこり，舞台背景を同じくした連続した生活文化のなかで農耕と社会の発展がみられるたぐいまれな地域である。農耕開始の具体的なイメージを感じていただくために，11,000年前頃の生活の実例をまず紹介することにしよう。

1. 西アジア農耕の生れた背景

(1) すでに豊かだった農耕開始期の食—ジャフェル・アハマル遺跡のキッチン

　北シリアのユーフラテス川流域は，新石器時代の初期の重要遺跡がひしめく農耕起源を考える上で外せない地域である。そこに位置するジャフェル・アハマル Jerf el Ahmar 遺跡(11,000年前頃)では，火災によって焼失した台所の遺構が発見された(図1)。火災は，その時の生活のよ

図1　ジャフェル・アハマル遺跡の火事に遭ったキッチン（約11,000年前、北シリア；Willcox 2002より）

第Ⅱ部　西アジア型農耕の起源と拡散

うすを瞬間的に封じ込める考古学にとってはこの上ない出来事である。ジャフェル・アハマルのキッチンでは，料理の準備をしていた最中に火事がおきてしまった。部屋の中央付近に置かれた石皿の上に，マスタード(シロガラシ *Sinapis* sp.)またはこれに近縁なアブラナ科植物の種子が，すりつぶされてから水を加えて，練ってまとめられた団子状態で発見された(Willcox 2002)。このプロセスは現代の練り辛子(マスタード)の製造過程と同じであり，農耕の始まったばかりとされるこの時代に料理を，しかも調味料の加工を行っていたことに驚かされる。ジャフェル・アハマルは新石器時代のごく初頭の遺跡であり，円形住居から現代のような矩形住居に変わったばかりの時代であり，このキッチンも発明されたばかりの四角い部屋のキッチンであった。整然と配置された容器類を見ると，おそらく現代人と大差なくキビキビと作業をこなしていたことが想像される。別の石製のやや深い鉢状容器には穀物であるオオムギが入れられていた。このオオムギは野生種と同定されているが，モミ(穎)をかぶった状態でまとまった量が発見された。おそらく石鉢のシンクに入れて，水を浸したかどうかは不明ではあるが，これから何某かの加工処理がなされる寸前であったのだろう。植物を研究している筆者としては，オオムギの加工調整作業の過程がわかるもう1時間後に出火していたならば，白ガラシもオオムギの調理過程もわかる最高の瞬間だったと思うが，不謹慎であろうか。

　この遺跡の発掘を率いたフランスのダニエル・ストゥルーダーは「そこには全てがそのまま残っていた。見つからなかったのは，料理をしていた女の人だけだった」と，筆者に語ってくれた。まさに第一級の発見である。ともかく肉類をあまり新鮮でない状態で食べるときには，カラシがあると食べやすいし，殺菌作用も期待できる。味を調整するような料理法が当時すでに存在していたわけであり，いわゆる「原始人」的なイメージは，この時代の人々にはまったく当てはまらないことが指摘できる。

(2) なぜ西アジアで農耕が発祥したのか〜地形と気候による必然性

　西アジアの自然は「乾燥地帯」という言葉とは裏腹にとても豊かである。たしかに夏の乾季には緑がなくなり枯れた荒野のような風景にはなる。しかしそんな季節でも，よほどの砂漠でないかぎり，いたるところに泉が湧いている。夏

の気温は 40 ～ 50℃にもなるが，湿度が高いので木陰に入ってしまえば快適である。四，五ヶ月ほどつづく乾季が終わって雨が降りだすと，大地は緑に覆いつくされる冬になる。春には色とりどりの花が溢れかえる。日本や熱帯の密林ジャングルとはまた異なった豊かな多様性があり，動物にしても植物にしても，狩猟採集民が欲しいものを選べる環境がここにはあった。冬の降雨と夏の極度の乾燥という地中海性気候は，日本にいてはなかなか想像がつかないけれども，盛夏の一時期を除けば人間にとって快適そのものといえる気候環境なのである。

　西アジアの肥沃な三日月地帯はそれほど広範な地域ではないが，事実，植物の多様性は非常に高い。西アジアの植生を調査してまとめた植物学者ミハエル・ゾハリーは，シソ科やマメ科，ナデシコ科などの植物を例にあげて種分化が著しいことを述べている。なかでもマメ科レンゲ属植物 *Astragalus* などは Boissier による分類で西アジア全体で 800 種以上もあることを指摘している (Zohary 1973, p.63)。トルコには 380 種，一見，乾燥して多様性が低そうにみえるイランではなんと一国内に 600 種ほどのレンゲ属植物が生えているというからあなどれない (Zohary 1973, p.393)。英国キュー植物園は世界の 9 割以上の植物種の標本が収蔵されている植物学の殿堂であるが，キューのキュレーターは私にこう言った「アマゾンよりもどこよりも，西アジアの標本が圧倒的に不足している」。非常に種分化が進んでいることがわかる。

　似た植物でも少しずつ異なっており，また同種のなかもよくみると変異があるこのような多様性を「遺伝的多様性」という。この遺伝的多様性の高さはマメ科だけでなく，例えば穀類として重要なイネ科のコムギ属をとってみても，近縁種でよく雑種をつくるエギロプス属をふくめると 28 種もある。我々現代人は品種改良によって，少しずつ異なった交配雑種のなかから栽培に値する品種を選ぶわけだが，西アジアの環境には，少しずつ異なる作物の候補が自然の中にすでに選べる状態で存在していた。栽培しやすい植物や味のよい植物など，気に入ったものを選びさえすればよい。コムギ・エギロプス属植物などはその好例で，西アジアに生えていた野生種 *Triticum turgidum* ssp. *dicoccoides* から栽培種のエンマーコムギ (図2)，*T. monococcum* ssp. *aegilopoides* (=*boeoticum*)からアインコルンコムギ，*T.timopheevii* ssp. *armeniacum* (=*araraticum*)からチモフェビーコムギという 3 種も選ばれて栽培化された。自生地で，もしお気に入りの植物が

第II部　西アジア型農耕の起源と拡散

図2　エンマーコムギ
（野生種、シリア・アレッポ近郊）

少なくなってきたら，そばに生えている植物つまり雑草をとりあえず刈っておけば，群落は回復し拡大もする。畑を耕すとか開墾するなどといった，いきなり大がかりなことをしなくても，いつかそのうち農耕に至る必然性が西アジアにはあった。

西アジアの植物の多様性は，この地域の地形的要因に起因する(図3)。西部の地中海沿岸には標高3,000m級のレバノン山脈があるために，降水量が年間800mmを超えるほど多く，森林が発達する。このレバノン山脈の東には，地溝帯とアンチ・レバノン山脈による丘陵帯が広がる。この地域の植生は，比較的温暖で

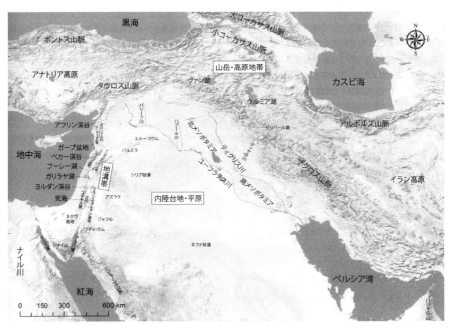

図3　西アジアの地理的環境（「西アジア考古学講義ノート」より）．湿潤な地中海沿岸から東の砂漠に行くにつれ降水量が減る．標高差，降水量，緯度，土壌の違いにより多様な環境が生みだされ，植物も多様に進化している．

ある冬に植物が育ち夏には乾季のため生育を止める植生で，地中海岸植生とよばれており，麦作農業が積極的に行われている。一方，北部にはアララト山（標高5,137m）とアナトリア高地が，また東部にはザグロス山脈が幾重にも連なっている。これら北部と東部は基本的に非常に乾燥してはいるが山地のおかげで降水が得られる。しかし夏の乾季のみならず，厳しい冬の寒さもあるために，この地域のとくに山地の植物は1年に夏と冬に2回生育を休止する生活様式をとっており，イラノ・チュラニアン植生とよばれる。

このように山地と低地の標高差や，南から北まで広がる地域の気温差，これらによって降水量も地域内で連続的に変化する。石灰岩や玄武岩，沖積土壌などの土質の違いもあることから，非常に多様な環境が生まれるわけである。また，死海地溝帯などは，海抜-400mの世界最低所で土壌は乾燥しているわりに空気は非常に蒸し暑い。ここは地球上の異質空間であり，気候が寒冷化したときにはここに逃げ込めば良い。生物たちのための避難シェルターまでもがこの地域には用意されていたわけである。植物は，それぞれの標高，緯度，土壌や降水環境に適した場所に生育場所すなわちニッチを得て，もとは同じ仲間の植物であったものが各地でさまざまに進化し種分化してきた。農耕が発祥したの

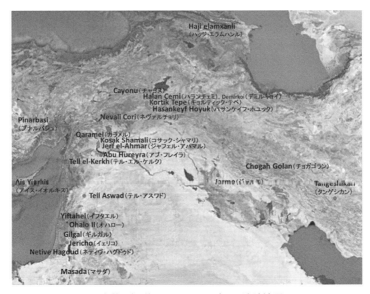

図4 本稿で解説している西アジアの遺跡地図

は年間降水量600-300mmほどの疎林からステップ（草原）にかけての植生とみられる（図2参照）。このような土地では泉も多く，狩猟もしやすく，肥沃な沖積土壌も溜まりやすくてそれは農耕に利用できるし，そもそも人間にとって活動がしやすい。各地の在地の食用可能な植物の中から，長年をかけて試行錯誤によって栽培植物が形作られて，農耕に至ったようである。この植生帯はつまるところ有名な「肥沃な三日月」地帯であり，西部・北部・東部をとりまく外輪山の麓に，初期農耕遺跡の数々が分布している配置になっている（図4）。それはあたかも外周を高く囲んだ円形劇場の輪の中に位置する舞台のようであり，それぞれの遺跡の人々が近隣と干渉し合い，それぞれの場で生物資源を利用した生業活動を演じていた。農耕起源劇場ともいうべき，人類史の重要な一幕である。

2. 農耕起源説

(1) 現在の定説の概要

　現在の農耕起源説は，ざっくり述べると以下のようになる。野生の植物を栽培する試みが西アジア各地で遅くとも12,000前頃からなされるようになり，数千年にわたる栽培種と野生種の混在栽培の期間を経て，栽培型の作物がゆっくりと定着した，というものである（Tanno and Maeda 2016 を参照）。栽培植物は長期にわたる野生種との混在によって，おそらく作物種の中に野生種のもつ遺伝子，たとえば病気に強いとか，穀粒が大きくなるなどといったさまざまな形質が取り込まれて，遺伝的多様性が高まったとみられている。現在の農業でも，いくつかの品種を用途や作期に応じて区別して栽培することが普通に行われており，1種類の品種しか存在しない作物というものはほとんどない。多様性がなくて均一すぎる作物は，病害が発生したときには蔓延しやすく，播種や収穫が一時に集中するとリスクが高くなることは農業の常識である。当時の人もそのことを十分にわかっていたのだろう。現在のこの農耕起源説は「農耕起源のプロトラクト・プロセス」（protract：ゆっくりとした，引き延ばされた）と呼ばれて落ち着いてきた。この現在の定説は，もとは筆者らの発表した論文が発端であったが，のちに英国のドリアン・フラーらが精力的にレビューを行い完成された。

　現在のこの説よりも以前には，農耕は，新石器時代前半のある年代に，ある場

所で突如として発明されて各地に爆発的に広まったのだとする説が，おもに遺伝学の立場から主張されていた。現在の新説は，考古学発掘によって遺跡から出土した植物を調査する立場をベースにして，また，より洗練された分子遺伝データが加えられて考察し直された説といえる。これら新旧2説はかなり対極的な論であるわけだが，どのような経緯を経て新説に至ったのかを以後に述べる。

(2) これまでの農耕起源説〜研究の黎明期

　西アジアが世界に先駆けた農耕起源地であろうということは，1948年から発掘が始まったイラクのザグロス山麓にあるジャルモ遺跡によって理解されるようになった。メソポタミア文明よりも古い農村集落の発見はたいへんセンセーショナルで多くの人の記憶に定着したが，その後の発掘調査が進むにつれ，地中海東岸いわゆるレヴァント地方のほうが起源が古いとみられるようになった。とくにイスラエル(パレスチナ)やシリア南部などの南部レヴァントでは，1980年代から1990年前半までは北部レヴァントよりも調査が進んでいたこともあり，この地が農耕起源地であると考えられるようになった。イスラエル(パレスチナ)のイェリコ遺跡の調査によって，農耕開始時代とされる新石器時代のなかでもその始まりである先土器新石器時代A期(PPNA期：Pre-Pottery Neolithic A)が定められた。
　この頃，気候の変動によって食糧難が訪れたことが人々を農耕へと向かわせたとする，いわゆる「農耕起源の気候変動説」が唱えられるようになった。洪積世の終わりにむかって気候が暖かくなりつつあったが，ヤンガードリアス寒冷期が突如襲い，増加していた人口を養うために農耕が開始されたというわかりやすい話で一世を風靡した。しかしその後，それでは植物の栽培化の証拠があるのかという視点で調査が進められたが，寒冷化したその時期には栽培化の証拠はみつからず，PPNA期になっても明確な栽培化の証拠がないことが徐々に明らかにされていった。気候変動説は証拠の薄い論説とみなされるようになった。

(3) 従来説その2：南レヴァント説から北レヴァント説，そしてコアエリア説へ

　南レヴァントにおける気候変動説が力を失っていったのは，北レヴァントにおける発掘調査が進展したことが直接の要因だったといえる。ちょうどそのこ

ろ，炭素年代測定法の年代補正技術が技術改良された。南レヴァントのイェリコ遺跡の年代が再測定されたところ，正しい年代はそれまで考えられていたほど古くなく，北レヴァントの E-PPNB 期とほぼ同時代であることが明らかにされた。北シリアから東南トルコにかけての北レヴァントでは 1980 年代以降にはダム建設にともなった考古学発掘調査が多数行われたことで，ユーフラテス中流域あるいはチグリス川中流域の遺跡において最古級の農耕遺跡が相次いで発見されていた。フランスの考古学の大御所であるジャック・コヴァンによって，新石器時代 PPNB 期の北レヴァントにおいて，四角い部屋から構成される住居構造や，石器のナヴィフォーム型石核，栽培型植物や家畜型動物など，さまざまな考古遺物や遺構スタイルに関する新しい文化要素が生みだされて，それらが周辺各地に一斉に伝えられたことが指摘された。これは「農耕起源の北レヴァント説」として，多くの考古学者から支持された(Cauvin 1994, 2000)。

　この頃，遺跡から出土する植物についての研究は，遺伝学者ダニエル・ゾハリーと考古植物学者マリア・ホップによって，西アジア各地で発掘同定された植物報告の概要が一冊の本にまとめられていた(Zohary and Hopf 2000, 第 3 版)。”Domestication of plants in the old world” というこの本には初期農耕のどの遺跡でどんな作物種が出土しているのかがよく整理されており，各作物のドメスティケーションのようすを理解しやすい。ただしこの本は，著者の高齢化と死去により，その後の版でエド・ヴァイスが編纂を担当するようになってから，原著論文には書かれていないような偏見や改竄とも思われる改訂版が出された(Zohary, Hopf and Weiss 2012, 第 4 版)。適切な表現といえるかわからないが端的に言うと，イスラエル中心主義にそわない研究報告は排除されたり，報告内容にうがった解説が加えられているので，この本に記載されている引用論文を参考にする場合は必ず原著論文を読んで内容を確認するようにされたい。それはともかくとして，この取りまとめを行った Zohary によって，新石器時代になってから多くの遺跡で一斉出土するようになる 8 種の植物があることが指摘され，ファウンダークロップ(創始者作物)と名づけられた(Zohary et al. 1996)。この 8 種の植物には，アインコルンコムギ，エンマーコムギ，オオムギ，レンズマメ，エンドウマメ，ヒヨコマメ，ビターベッチ，アマがあげられている。なお，このうちアマについては，新石器時代初頭には出土が少ないので，これは除いて 7 種

の作物をファウンダークロップとして議論されることが多い。

　ファウンダークロップが発表されたタイミングで，DNA 分析によってアインコルンコムギの栽培起源地が推定された(Heun et al. 1997)。アインコルンコムギはコムギ類のなかでも原始的な種で AA ゲノムをもつ二倍性種である。日本で現在みることのできるパンコムギがAABBDD ゲノムの六倍性種であり，日本にはないがスパゲティとして利用されるデュラムコムギが AABB ゲノムをもつ四倍性種であるのに対して，二倍性種のアインコルンコムギはさまざまな点で栽培しにくい。そのため現在では世界でもほとんどその姿をみることができない稀な種である。20 世紀中に世界各地でサンプリングされたアインコルンコムギ栽培種は，DNA 分析で元をたどると単一起源であり，その祖先野生種の系統はトルコ東南部のカラヂャダー山地に起源すると発表された(なお，この結果は，その後に進化統計手法の重大な欠陥がみつかり，誤りであることが判明している)。

　これらアインコルンコムギの DNA 分析結果とファウンダークロップのアイデアをベースとして，「農耕起源のコアエリア説」という新たな農耕起源説が提示された(Lev-Yadun et al. 2000)。コアエリア説では，7 種のファウンダークロップについてその祖先野生種に注目すると，全種とも自生分布域がトルコ東南部カラヂャダー山付近にちょうど重なっており，それは DNA 分析の結果とも一致する，ということを根拠としている。とりわけファウンダークロップのなかでもヒヨコマメは野生分布域が現在のトルコ南東部の石灰岩地に局限される。カラヂャダー山は玄武岩であるが，その結合している東部は石灰岩でここだけでしかヒヨコマメの野生種は自生していない。この山地の付近には考古遺跡が多数存在しているので，この地にいた有能な人々の集団が 7 種のファウンダークロップをまとめて一挙に栽培化したと論じた。このカラヂャダー山地を中心とする地域を農耕起源の「コアエリア」と述べて，北レヴァント説を用いてこの地域から PPNB 期に一気に農耕が拡散されたとする「農耕起源のコアエリア説」を提唱した。このようにして，農耕起源の北レヴァント説もしくはコアエリア説が，1990 年代後半から 2006 年ころにかけて支持されるようになった。以上が農耕起源の従来説である。

第Ⅱ部　西アジア型農耕の起源と拡散

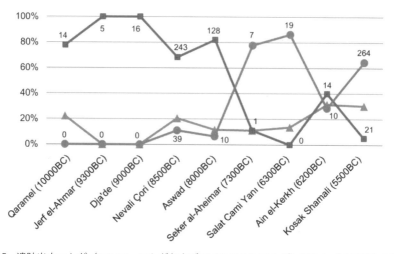

図5　遺跡出土コムギ（エンマーコムギおよびアインコルンコムギ）にもとづく栽培化の進行（Tanno and Willcox 2012 より一部改変）

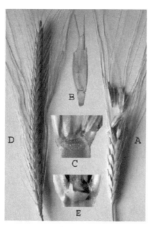

図6　アインコルンコムギの野生種と栽培種　野生種には小穂が自然脱落するための離層がみられ、栽培種には離層はみられず脱穀による傷痕が残る．A) 野生種は熟すと小穂が脱落する；B) 小穂；C) 野生種には離層が形成される；D) 栽培種の穂は熟してもバラバラにならない；E) 栽培種を脱穀すると上下段の小穂との連結部に損傷痕が残る（Tanno and Willcox 2006a より））

3. 現在の通説「農耕起源のプロトラクト・プロセス」

(1) コムギ〜栽培化途上の栽培

　従来説の論拠は，植物調査に基づく証拠ではあったが，それは現代のコムギのDNAであったり，現代の各作物の野生種の自生分布域であったりして，遺跡から出土する考古植物のデータによるものではなかった。現代の植物を調べ

170

ることによって，1万年以上も前のドメスティケーションの姿を推定するのは，かなりの無理がある。その点，現在の農耕起源の主流説であるプロトラクト説は，遺跡から発掘された植物データに多くを準拠している。この現在説がどのようにして形成されてきたのかを，呈示された多数のデータを整理しながら見てみよう。

プロトラクト説の発端となったのは，栽培型コムギの出現頻度を年代別に示した筆者らの論文であった(Tanno and Willcox 2006a)。図5は，遺跡から出土したコムギ小穂軸について，野生型と栽培型の出現頻度の変化を示したものである(ここでは情報更新した Tanno and Willcox 2012 の図を示す)。野生種は穂が熟したときに種子を含んだ小穂という部位(図6)が，バラバラに散って次の世代を残す(これを小穂の脱落性という)。栽培種は熟しても穂がバラバラにならず，人間によって収穫され播かれないと次の世代を残せない(小穂の非脱落性)。野生種の脱落部位である小穂軸には離層という小穂が脱落するための組織がみられる。一方，栽培種の小穂の軸部は穂が熟しても各小穂は固着したままであり，人間が脱穀して種子をとりだすために小穂軸には壊した傷痕がつく。

農耕開始以前とされる 11,750 年前のカラメル遺跡では，野生型の穂軸だけがみられていたが，ネヴァルチョリ遺跡では栽培型の傷痕のある穂軸がみられるようになった。その後ゆっくりと栽培型穂軸は増加をみせるが，コサック・シャマリ遺跡にみられるように銅石器時代に入っても栽培型に完全には置きかわらずに野生型を混在した状態で栽培が続けられていたことがわかった。つまり栽培型のコムギは，3千年以上の長い年月をかけてゆっくりと増加し野生型コムギと入れ替わったことがわかる。ひるがえすと，最初の栽培型が出現してから定着するまでに数千年にわたる長い時間がかかったということは，その最初の栽培型の突然変異体が出現するまでにも，数千年オーダーの長い年月のあいだ栽培行為が行われていた可能性が非常に高い。西アジアの広域でこのように在地の野生植物を利用した栽培行為が長期間かけて行われたことによって農耕が生まれた，という農耕起源説をこの論文では論じている。

この論文が出される以前は，栽培型ムギの定着は栽培型の種子の収穫量が増加する点ばかりが注目されており，数十年からせいぜい 200-300 年間の短期間で野生型と置きかわったとコンピューター・シミュレーションされていた

(Hillman and Davies 1990)。ゴードン・ヒルマンはユーフラテス川中流域に位置するアブフレイラ遺跡にて，12,000年前頃の古いライムギを発見し，それらが他では見られないほど粒張りの良好な種子であったことを報告している(Hillman 2000)。この出土状況によってヤンガードリアス寒冷期が穀類やマメ類の栽培へと向かわしめたことを論じて，農耕起源の気候変動説を支持していた。それに対して筆者らは，このライムギ種子は栽培型とは言えないしその後は絶えてしまったことを考えると，栽培化途上のドメスティケーション栽培カルチベーションされていたライムギであった可能性があると指摘した。ゴードン・ヒルマンは筆者らの研究に対して賞賛の言葉を誌上に述べてくれた。またアブフレイラ遺跡のその後の解釈としてスエ・カレッジ(Colledge and Conolly 2010)は，野生穀類の出土はナトゥーフの全期間を通して15%にも満たないことに注目して，ヤンガードリアス寒冷期は穀物の栽培というより，多種多様な植物種が今まで考えられていたよりも積極的に食糧利用された時期と解釈を改めている。

(2) マメ類の栽培化

ムギ類の栽培化研究の次に呈示されたデータも筆者らの研究によるものであり，テル・エル・ケルク遺跡で最古のヒヨコマメとソラマメを発見した(Tanno and Willcox 2006b)。コアエリア説の中心論拠は作物種の野生分布域であったが，そのなかでもヒヨコマメの祖先野生種の自然分布がこの地に局限されることが最大の論拠

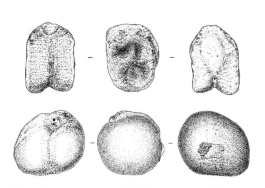

図7 テル・エル・ケルク遺跡から出土した世界最古のヒヨコマメ（点描画） 上）野生型；下）栽培型（北西シリア、約10,500年前；Tanno and Willcox 2006b 丹野原図）

とされていた。しかし，遺跡から出土した最古のヒヨコマメはコアエリアのものでなく，そこから250kmほど西南に離れている北西シリアのテル・エル・ケルク遺跡であった。ケルク遺跡では約10,500年前に，明らかに野生種の形態をした角張った種子とともに，野生種にはみられない球形の種子をふくんだ，さ

まざまな形態からなるヒヨコマメが大量にみつかった(図7)。この10,500年前という年代は，コアエリア説で農耕が開始されたと想定している年代であり，まさにその時期にすでに北西シリアではヒヨコマメが栽培されており，反面，コアエリア内では発見できないという矛盾が露呈された。またソラマメはゾハリーの示すファウンダークロップには含まれていなかったが，筆者の同じ研究で10,500年前のソラマメが大量にみつかった(Tanno and Willcox 2006b)。ソラマメはこの約500年後M-PPNB期のイスラエルにあるイフタエル遺跡でも大量出土が見られている(Kislev 1986)。こうして考えるとソラマメは，もはやもうひとつのファウンダークロップと呼ぶにふさわしい。コアエリアに起源したとは考えにくい農耕初期の作物種がもうひとつ存在するというわけである。

　さらにこれらの研究の直後に，イスラエルのエド・ヴァイスらによって，南レヴァントでは栽培型とはいえなくとも栽培行為を彷彿させる植物の出土が多くみられる，という論述が出された(Weiss et al. 2006)。具体的な図表データが示されていない論述なので詳細がわからないのであるが，エンバクやオオムギの野生種が，雑草種の混入の見られない状態でギルガル遺跡の小部屋に大量に保存されていたというものである。このエンバクの野生種はその後に作物にはならなかったが，その量と純粋さから野生ではなく栽培されていたのが収穫されたのではないかと考察された。やはり栽培型ムギが出現するより以前に，西アジアの各地で栽培行為，つまり農耕が存在していたと考えられるということである。

　西アジアの近年の発掘調査では，植物や動物の調査がきちんと計画に含まれていなければ調査許可が下りないことになっている。これによって近年になってから考古植物の同定報告が増えてきており，新しい情報が蓄積されてきた。

　ロンドン大学のドリアン・フラーは各遺跡の出土結果を網羅的に集計し，初期農耕時代の出土植物パターンを西アジア全体を通して概説した(Fuller et al. 2011, 2012)。南レヴァントでは栽培型の植物(つまり小穂脱落型のムギ類)こそ出土していないが，野生種(野生型の植物)を栽培していたと想定される出土状況が，11遺跡以上にものぼることが指摘された。北レヴァントでは野生型ムギから栽培型ムギへの変化が明瞭に見られていた。一方で，それよりやや北東に位置するコアエリアとして図示されていた地域の東部では，皮肉にもムギの出土自体がほとん

第Ⅱ部　西アジア型農耕の起源と拡散

図8　野生ピスタチオとイラノ・チュラニアン植生（トルコ東部、ハサンケイフ・ホユック遺跡付近）

どないことが指摘された。コアエリア内の東部には，ハランチェミ遺跡，デミルキョイ遺跡，キョルティック遺跡が知られていた(Savard et al. 2006, Riehl et al. 2012)。これらPPNA期のチグリス川水系の遺跡の報告によると，各遺跡ともムギ類の出土がほとんどなく，カヤツリグサ科やタデ科，イネ科の野生植物などが多く出土していた。筆者が現在，植物同定を行っているハサンケイフ・ホユック遺跡（筑波大学三宅裕先生による発掘）でも，アーモンド，ピスタチオ（図8），エノキなど木の実がもっぱら利用されていたのはわかるが，ムギ類がほとんど出土していない(Tanno et al. 2016)。

一方，同時代のユーフラテス川中流域では野生型のコムギ類やオオムギが大量に出土しており(Willcox et al. 2008)，つづくPPNB期にそれらは栽培型となって利用されていたのと対照的といえる。さらに農耕起源のコアエリア説では8種だけの祖先種の地理分布をもとに論が講じられていたが，フラーの集計では初期農耕時代には17種ほどの栽培植物がすでによく利用されていたことがわかった(Fuller et al. 2011, 2012)。17種すべてがコアエリアで同時に栽培化されたとは到底考えられず，コアエリアですべての作物が一度に栽培化されたとするコアエリア説の矛盾がさらに指摘された。

西アジア全体をみて，栽培型のムギ類をふくむファウンダークロップがパッケージとして大量に出土し始めるのは北レヴァントでおよそ8300cal.BC以降であった(Fuller et al. 2011, 2012)。それ以前の遺跡では，たとえばネヴァルチョリでは低頻度に栽培型アインコルンコムギが出土しているが(Tanno and Willcox 2006a)，大多数は野生型であって栽培型の作物パッケージが一斉に利用されはじめた事例とは言い難い。コアエリア説の根拠としていたチャヨヌ遺跡では，栽培型コムギはたしかに報告されていたが，よく調べてみるとそれが出土し始めるのは8300cal.BCの年代層からであった。

英国のエレニ・アソウティは南レヴァントにおける出土植物パターンを精査

した(Asouti and Fuller 2012)。南レヴァントではじめて作物パッケージが出土するのはイェリコ遺跡であるが，それも M-PPNB 期のことであった。8300cal.BC はまだイェリコ遺跡は PPNA 期の末であって，8200 cal.BC 頃とみられる PPNB 期の開始よりもさらに遅れていたのである。しかも，M-PPNB 期の南レヴァントの他の遺跡ではまだ作物パッケージが出土しておらず，現地に自生がみられるオオムギ，エンマーコムギ，レンズマメを利用した従来の栽培管理がもっぱら行われていたようである。南レヴァントで栽培型のムギ類をふくむ作物がパッケージとして明確に出土しはじめるのは，L-PPNB 期になってからであることが明示された。南レヴァントのほうが北レヴァントよりも遅れていたわけである。これらのことから，北レヴァントの M-PPNB 期にあたる 8300cal.BC が，西アジア農耕のひとつの転換期と想定できる重要な時期かもしれない。

　なお，南レヴァントでは，この時期よりも早い時代から栽培型のオオムギが時おり出土することが知られていた。オオムギは，たとえ野生種であっても 1 穂のなかの最下段小穂は，うまく脱落せずに熟しても固着したままなので，栽培型とほぼ同じ脱穀痕の形態をみせる。キスレフの見積もりだと，そういった擬栽培型オオムギ小穂軸は，野生集団を観察すると 10% ほどみられるといい，実際，PPNA 期のネティヴ・ハグドゥド遺跡 Netiv Hagdud ではそういった擬栽培型とみられるオオムギ穂軸が出土している(Kislev 1989, 2002)。

　オハロー遺跡 Ohalo II は 21,000 年前の遺跡で，これまでの常識ではこの年代には農耕はなかったと考えられている。しかし，最近この遺跡の植物を担当したヴァイスのグループによると，出土する植物には耕地雑草といえるものが多く(Snir et al. 2015)，また国際学会では，栽培型のオオムギ穂軸がかなりの数でみられており，オオムギは栽培されていたと述べはじめている。栽培し続けないと残らない突然変異体を発見し，その種子を一万年も数家族で代々維持することができたというのか…。スニルらの論文の結論部分は，読めばわかるが支離滅裂であり，彼らが農耕が当時のイスラエルにあったと言いたくて仕方がない様子がわかる。普通に考えれば，オオムギの登熟が終盤に近づき上部小穂があらかた脱落した頃に収穫したならば，下部小穂による栽培型穂軸が比率的に高まるのは当然といえる。ドリアン・フラーと筆者の見解は同じで，彼はこういっていた「たぶん彼らは，混乱しているのだろう」(筑波大学前田修先生との研究(後

第Ⅱ部　西アジア型農耕の起源と拡散

述)で，私信)。

　確かに，複数あるオオムギの栽培起源のひとつは，小穂非脱落性の遺伝子クローニング研究(Pourkheirandish et. al 2015)によっても南レヴァントに発祥するようであり，いつかどこかの遺跡から本物の栽培種が出現しているはずである。筆者らはシリア南部のアスワド遺跡に出土するオオムギにその可能性を指摘した(Tanno and Willcox 2012)。しかし，これが本当に栽培種なのか否かは，この遺跡に前後する周辺遺跡の出土状況をよくみて，出土に連続性があることを確認して判断すべきというスタンスを持っている。だから，初の出土がどこの遺跡でそれがオリジンだという議論は，基本的にしていない。エレニ・アソウティらがアスワドのオオムギの例をふまえつつも，南レヴァントにおける作物パッケージの出土は L-PPNB 期からとした判断は現時点で妥当と思われ，筆者にはこの考え方は共感できるものである。

　南北レヴァントだけでなく，西アジアの広域で調査例が増えてきた。キプロス島には野生のコムギが生えていない。およそ 9500 年前頃のアイス・イオルキス遺跡 Ais Yiorkis の調査では，本土からキプロス島へ持ち込まれた二粒型のアインコルンコムギは，島という小さな集団サイズでの栽培のために，導入後の種子サイズが急速に増大したようすが明らかにされた(Lucas et al. 2012)。また，中央アナトリアのプナルバシュ遺跡は，前述のチグリス流域の PPNA 遺跡と同年代の遺跡である。これら 2 つの地域は，まったく接点がないようにみえるほど離れているが，両者ともイラノ・チュラニアン植生に属している(より厳密にはプナルバシュ遺跡はイラノ・チュラニアンのなかのイラノ・アナトリアン植生に属す)。プナルバシュ遺跡の出土植物は，アーモンド，ピスタチオ，エノキの木の実が中心で，ムギ類の出土がみられなかった(Fairbrun et al. 2014)。すなわちこれらすべての点で，チグリス流域のハサンケイフ・ホユック遺跡と酷似していた。筆者はこれとは別に，数千キロ離れた南西イランのタンゲシカン遺跡(筑波大学常木晃先生による発掘)の植物も同定しているが，ここでもアーモンド，ピスタチオ，エノキの実が出土し，ムギ類は出ない(未発表)。どうやらイラノ・チュラニアン植生帯に暮らす人々は，農耕がもたらされる前にはこれらの植物食糧をもっぱら摂取していたのかもしれない。それはともかく PPNA 期には，農耕がさかんに行われている遺跡のすぐ周辺に，まったく農耕の気配を感じさせない遺跡が存在

176

していたことが面白い。

　栽培作物だけでなく耕地雑草種についても目が向けられた。ジョージ・ウィルッコクスは終末期旧石器時代から新石器時代にかけての雑草種の出土状況を整理した（Willcox 2012）。いわゆる耕地雑草として扱われる植物は，PPNA期までには出土が出揃うことを示して，このころまでの農耕の進行を裏付ける一つの証拠と述べた。

　また，ドイツのシモネ・リエフルらによって，今まで発掘調査が少なく農耕起源地としてはあまり注目されていなかったイラン西南部チョガゴラン遺跡で，やはり栽培種が出てくる以前に野生種のオオムギが栽培利用されていたとする論文が出された（Riehl et al. 2013）。この論文では栽培型エンマーコムギも出土したというが，同定法は筆者の方法を使っていた（Tanno and Willcox 2012）。しかし，筆者はこの穂軸は栽培型ではなく，誤同定と考えている。とはいえ，西アジアの東部でも農耕活動が盛んに行われていたことを示すものとはいえるだろう。

　ドリアン・フラーは各地の遺跡の出土植物データから，種子サイズのデータを改めて集計した。野生種といえる初期の出土植物では出土種子のサイズが非常に小さかったのが，年代とともにゆっくりと大きくなったことを明らかにした（Fuller et al. 2014）。おそらくこれは栽培化の進行とともに人為選抜によって，種子サイズが徐々に増加したことを示している。

　石器の研究者である筑波大学の前田修先生は，西アジア各地の遺跡で出土した277のコンテクストからなる約7000年分のフリント鎌刃を網羅的に集計し，

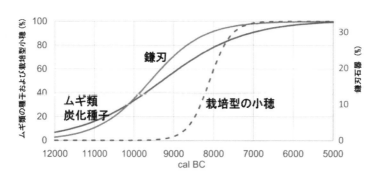

図9　石器（鎌刃）と植物（穀類）の出土には、きれいな対応関係がみられる
（Maeda et al. 2016 より）

タイプ分類した。この鎌刃のデータを，先のドリアン・フラーによる出土植物の網羅データと統合して，鎌刃と植物とくにムギ類の出現が西アジア全体でみてどれほど一致するものかを解析した(Maeda et al. 2016)。鎌刃は草本植物とくにムギを刈るのに適した道具であり，以前から鎌刃石器と栽培植物が新石器時代になると同調的に増えることは多くの人が感じていたが，それを莫大なデータを調査して初めて解析し実証したわけである。14,000年前から7,000年前のレヴァントでは，鎌刃とムギ類の出土量は，よく似た軌跡(リグレッションライン)を描きながら増加した(図9)。ただし，植物のほうが石器にくらべて少し遅いタイミングでそのカーブを見せていた。このタイムラグは植物の栽培化において遺伝的な変化が生じるのに必要な期間だったと考えると，完璧なまでの対応関係がリグレッション解析から示された。また，この研究で示されたリグレッションラインでは，西アジア東部のチョガゴラン遺跡における栽培型ムギ類の出現は他のパターンとは合わず，この地域で栽培化されたものではなく西部から導入された可能性が指摘された。先に筆者が誤同定ではと述べたそのデータである。西アジア東部におけるムギ類のドメスティケーションについては，今後，東部のデータが蓄積されるのを待ってから再解釈される必要がある。

　以上，主要研究をたどりながら，現在の農耕起源に関する情報を整理してきた。筆者らが最初に呈示したドメスティケーションには時間がかかったという説を基にして，コアエリア説の問題点が指摘され，フラーが中心となり数多くの研究者がデータを支えてプロトラクト説が構築されていった経緯がわかると思う。

4. 出土植物の DNA 分析

(1) これまでの DNA 分析

　分子遺伝学研究がさかんに行われだしたのは1990年頃からであった。しかしこれまでの分子研究といえば，現生植物のDNAを分析して1万年前という過去の栽培化を推測するものだった。栽培化に直接関わった遺伝子そのものを分析すれば，その栽培形質がいくつの起源をもつかということははっきりする。しかし，「いつ」「どこで」といった起源解明でもっとも知りたいことについて

は，現代の植物を調べていたかぎりでは埒があかない。それどころか時には誤った結果が導かれるだろう。これら「いつ」「どこで」という問題については，これまでは考古植物を調べるしか手がなかった。

　しかし最近は，出土遺存体そのものを遺伝子解析する方法が可能になりつつある。ネアンデルタール人骨や動物骨では，これまですでに遺跡で発掘された骨から塩基配列の解読に成功している。植物については依然として成功例はほとんどないのだが，やや進展がみられているので，少しここで紹介したい。

　2016 年に，米大陸の例ではあるが，各地洞窟遺跡から乾燥状態でみつかっていたトウモロコシの食べ残した軸(cob)から抽出した DNA をもとにライブラリーを作成し，次世代シーケンサーによる分析を行った結果が発表された(Fouseca et al. 2016)。従来の PCR 増幅による分析では一遺伝子座の情報，しかも通常は遺存体の DNA は 45bp ほどのズタズタに切れて短くなった配列しか読めない。したがってたまたま狙った遺伝子領域が遺存体に残っていなければ，分析は成功しない。次世代シーケンサーをつかった分析では，残存している DNA 断片であればどれを選ぶというわけでなく反応がうまくいった塩基配列をすべて読める。45bp 前後の短い塩基配列であっても，現代のバイオインフォマティクスの技術であれば，その配列が既存報告のある遺伝子の配列であるかどうかコンピューター解析で照合できるのである。このトウモロコシ研究では，種子散布遺伝子である *zagl1* が栽培型であったこと，甘味の増す *sugary1* 遺伝子が 2,000 年前には多様であったのが 750 年前までにはボトルネックを受けていて甘くなっていたことなど，遺跡出土のトウモロコシのいろいろな形質つまり特徴が明らかになった。

　西アジアでも炭化種子ではなく，乾燥種子による古代 DNA 分析が行われた。イスラエルのマサダ洞窟では，極度に乾燥した状態でさまざまな植物片が発見されている。この遺跡から出土した未炭化のオオムギ種子を半分に切断し，片方を炭素年代測定にまわし，もう片方から DNA が抽出されてライブラリーが作成されて次世代シーケンサー解析が行われた(Mascher et. al 2016)。6,000 年ほど前の銅石器時代のオオムギであることがわかり，小穂非脱落性遺伝子 *btr1* の変異体由来の栽培型であること，現在の野生・栽培オオムギ系統と比較したところではヨルダン渓谷が栽培起源地と推定されることなどがわかった。なお，こ

の6,000年前の栽培オオムギは，現代のこの地域の在来種とほぼ同じ遺伝組成であり，人間の交流などによるオオムギの持ち運びはなかったという。土地になじんだ品種を使い続けるのは，もっともなことである。以上の2例はともに乾燥遺存体からの分析であった。

西アジアで出土した炭化種子からの成功例はまだ報告されていない。遺跡から出土するのは炭化種子なので，これが分析できないかぎりは農耕起源の概要はつかめない。マンチェスター大学のグループは，古代DNA分析の先駆者であり，1990年代にすでに，ギリシャのアシロス遺跡(3300年前)で回収された炭化したエンマーコムギからDNAを検出していた(Allaby et al. 1997, 1999)。この研究によって，炭化種子にもDNAは残存していることがわかったが，そのDNA断片長は約60bp以下にズタズタに切断されていることが明らかになった。この研究以降は，現生DNAの混入を排除できないことや分析効率が非常に悪いことから，古代DNA分析はほとんど進まなかった。近年になって次世代シーケンサー解析ができるようになり，この研究は再開された。同じアシロス遺跡から出土したオオムギ，アインコルンコムギ，エンマーコムギ，キビを混合した状態で次世代シーケンサー解析が行われたところ，わずかではあったがこれらの種が確かに検出された(Bunning et al. 2012)。しかし，このように発掘してきた炭化種子をそのままDNA抽出して分析する方法は，付着していたあらゆる現代の生物種のDNAを検出してしまうのである。テレンス・ブラウンは，次世代シーケンサーによる古代DNA解析は，現生DNAのコンタミネーションとの闘いであることを指摘している(Brown et al. 2015)。このコンタミネーションはコンピューター解析によってサイズの長い配列など現生DNAとみられる配列を排除し，古代DNAとみられる配列を残すという方法で対処されている。これは，前述のトウモロコシとオオムギの方法も基本的に同じであり，出土植物から直接DNA分析ができることは理想であったが，現状ではもう一歩の進歩が必要と言わざるをえない。

大きな問題として，炭化種子からのDNA抽出が困難であることがあげられる。ネアンデルタール人骨や動物骨では，骨の中のコラーゲンにふくまれるDNAが，硬い骨できれいに覆われていて残存しやすい。植物種子の場合はそのような構造ではなく，抽出すべきDNAがむき出しに近い状態で出土する。基

本的に種子のような有機物はバクテリアに分解されるので，土中では残存せず，火を受けて炭化したものやケイ酸成分でできた場合のみ西アジアでは出土する。また，大きさも人骨や獣骨にくらべて非常に小さくてそもそも含まれているDNA量が少ないため，分析は骨遺存体にくらべて圧倒的に困難である。運良くDNAが得られたとしても，通常は60塩基対以下のズタズタに短くちぎれた断片が得られるので，それが何の植物種(生物種)のどこの遺伝子なのかをコンピューター解析で調べることになるがこれもまた大変である。なお，東アジアや欧州などでは，湿地のように地下水位が高く低酸素で微生物に分解されにくい環境で未炭化の状態でも出土することがあり，DNA分析も可能である。日本はまさにこのような自然環境であり，古代DNA分析にとって大きなアドバンテージをもっていたが，そのノウハウが蓄積されてこなかったことは惜しまれる。ともかく，乾燥と湿潤の繰り返される西アジアでは，出土炭化植物のDNA分析は成功例がなく，非常に困難であった。しかし，新しい手法が，次に述べるように出てきている。

(2) これからの植物古代DNA分析の一例

手前味噌ではあるが筆者らも，西アジアの遺跡から出土した炭化種子からDNAを抽出し，次世代シーケンサー解析を行っている。古代DNAの抽出法としては決定版と思われるGansauge and Meyer (2013)の手法は，これまでネアンデルタール人のDNA分析に用いられてきた。まだ現在解析途中ではあるが，筆者らは出土炭化植物ではこの方法をおそらく初めて挑戦して，一歩踏み込んだ結果を得ている。

この分析法は，生命を終えて残存したDNAのT(チミン)が時間とともに脱アミル化されてU(ウラシル)に変化することを利用しており，古代DNAを狙って分析できる画期的な方法である。つまり，現生種のコンタミネー

図10 遺跡から出土した炭化種子のDNA抽出．ゴーグルも着用する

第Ⅱ部　西アジア型農耕の起源と拡散

図11　古代DNA分析のための発掘現場でのサンプリング．筆者自身が炭化種子を取り上げてその場で同定し，薬ビンに回収した（アゼルバイジャンのハッジ・エラムハンル遺跡にて）

ションを避けられる点で，従来法にくらべて飛躍的に精度が高まっている．難点としては，この手法はDNA抽出をクリーンベンチ内で行うのは通常通りだが(図10)，ライブラリー作成のために33ステップからなる実験を数回の休憩ポイントのみで行わなければならないことと，また，一回の実験で現状では200万円と経費が非常に高いこと，使用する試薬が多くまた中には国内で入手できないものがあることなどがあげられる．とくに海外取り寄せした酵素は3ヶ月ほどかかって受け取ったが，たった6サンプル分の実験量で約60万円した．コストの緊迫感からノンミスで操作できたものの，筆者にとってこれは奇蹟だと思った．二度とやりたくない実験のひとつというのが正直な感想である．

　出土植物で行うのは世界初の例で成功するかわからなかったので，最高に貴重な試料は使用しなかった．しかし，それでも供試する試料にはこだわった．筆者は分子研究も考古植物研究も行うので，自分自身で発掘現場において土中から現れた炭化種子を，ピンセットで取り上げて，そのままTEバッファーに入れて，目視で皮性オオムギであるとその場で同定した(図11)．これまで発表されてきた古代DNA研究は，すべて発掘調査団が掘り出したサンプルを分子生物学者がもらい受けて，分析を行ったものである．万事思うように進まないといって過言でない西アジアに，わざわざ分析者自身が赴くことは少なくともこれまではなかった．アゼルバイジャンのハッジ・エラムハンル遺跡(東京大学西秋良宏先生の発掘調査)は，西アジアで生まれた農耕が北のトランスコーカサスに伝わり，アゼルバイジャンで初の農耕遺跡とみられていた．このオオムギがどういった起源をもつのかは興味深い．なお，このとき本当の目的としていたサンプリングは，六倍体のパンコムギだった．パンコムギは世界の穀物の筆頭

182

で，この地域付近で発祥したとゲノム研究ではもうわかっているように解釈されているが，考古学的にほとんど未解明である。半日以上も地面やトレンチにかぶりつくようにして探したが，残念ながらというか当然というか，土にまじる炭化コムギはみつけることができなかった。もうひとつ分析に供試したサンプルは，1970年代後半にオリエント博物館が発掘したルメイラ遺跡から出土した皮性オオムギとした。この資料は大量にあり，水洗されず直接そのまま保管されていてほとんど汚染されていなかった。しかも，状態をチェックしたところ，堅くしっかりしており，中には砕くことのできない生焼けのものがあった。分析にはこの生焼けのものを液体窒素で粉砕して用いることにした。

実験した結果は，極めて小数のDNA断片しか検出できなかったのだが，わずかながらにオオムギの既知配列にヒットする配列が読めている。ほかの植物種や生物種との類似性は非常に低く，コムギには少々ヒットしており，多くがオオムギにヒットするという理想的な結果だった(コムギとオオムギは進化的に近い関係なので当然ある程度ヒットする)。この研究は実験のプランニングと試薬ほか実験室の準備に岐阜大学の山根京子先生が全面的に協力して下さった。また，バイオインフォマティクス解析は農業分野で国内トップレベルである明治大学の矢野健太郎先生に依頼し，ポスドクの小林正明博士に解析していただいた。矢野先生と筆者はポスドクの不遇時代からの親友であり，当時は毎晩日付がかわるまで行きつけの飲み屋で議論や話をした。資金面もそうだが，試料や共同研究者まで，実験をするための条件が揃っていた。本研究はそういう意味で運が良かった。

困難とされ成功例がなかった西アジアの炭化植物からも，古代DNA分析ができそうである。これからの農耕起源とドメスティケーションの研究は，発掘された植物遺存体を直接にDNA分析する段階に入ってきた。

引用文献

Allaby, R.G., O'Donoghue, K., Sallares, R., Jones, M.K. and Brown, T.A. (1997) Evidence for the survival of ancient DNA in charred wheat seeds from European archaeological sites. *Arc Biomol* 1: 119-129

Allaby, R.G., Banerjee ,M. and Brown, T.A. (1999) Evolution of the high- molecular-weight glutenin loci of the A, B and D genomes of wheat. *Genome* 42: 296-307

Asouti, E. and Fuller, D. (2012) From foraging to farming in the southern Levant: the development of Epipalaeolithic and Pre-Pottery Neolithic plant management strategies. *Vegetation History and*

第Ⅱ部　西アジア型農耕の起源と拡散

Archaeobotany 21: 149-162

Brown, T.A., Cappellini, E., Kistler, L., Lister, D.L., Oliveira, H.R., Wales, N. and Schlumbaum A.（2015）Recent advances in ancient DNA research and their implications for archaeobotany. *Vegetation History and Archaeobotany* 24: 207-214

Cauvin, J.（1994）Naissance des divinites, naissance de l'agriculture. La revolution des symboles au Neolishique. *CNRS editions*.

Cauvin , J.（2000）The birth of gods and the origins of agriculture. Cambridge University Press. *Cambridge, UK.*

Colledge, S. and J. Conolly（2010）Reassessing the evidence for the cultivation of wild crops during the Younger Dryas at Tell Abu Hureyra, Syria. *Environmental Archaeology* 15:124-138

Fairbairn, A., Jenkins, E., Baird, D. and Jacobsen, G.（2014）9th millennium plant subsistence in the central Anatolian highlands: new evidence from Pinarbasi, Karaman Province, Central Anatolia. *Vegetation History and Archaeobotany* 41: 801-812

Fonseca, R.R., ほか計 20 名（2015）The origin and evolution of maize in the Southwestern United States. *Nature Plants*（article no.）14003 | DOI: 10.1038/ NPLANTS.2014.3

Fuller, D.Q., G. Willcox ,and R.G. Allaby（2011）Cultivation and domestication had multiple origins: arguments against the core area hypothesis for the origins of agriculture in the Near East. *World Archaeology* 43: 628-652

Fuller, D.Q., G. Willcox, and R.G. Allaby（2012）Early agricultural pathways: moving outside the 'core area' hypothesis in Southwest Asia. *Journal of Experimental Botany* 63: 617–633

Fuller, D.Q., Denham, T., Arroyo-Kalin, M., Lucas, L., Stevens, C.J., Qin, L., Allaby R.G. and Purugganan, M.D.（2014）*PNAS*: 111: 6147-6152

Gansauge, M.T. and Meyer, M.（2013）Single-stranded DNA library preparation for the sequencing of ancient or damaged DNA. *Nature Protocols* 8（4）: 737-748

Harlan, J.R. and D. Zohary（1966）Distribution of wild wheat and barley. *Science* 153: 1074-1080

Hillman, G.C.（2001）The plant food economy of Abu Hureyra 1 and 2. In:（Moore A.M.T., Hillman G.C. and Legge A.J.）*Village on the Euphrates.* Oxford University Press, NY. pp. 378-384

Hillman, G.C. and M. S. Davies（1990）Measured domestication rates in wild wheats and barley under primitive cultivation, and their archaeological implications. *Journal of World Prehistory* 4: 157-222

Heun, M., R. Schäfer-Pregl, D,Klawan, R, Castagna, M.,Accerbi, B,Borghi and F, Salamini（1997）Site of einkorn wheat domestication identified by DNA fingerprinting. *Science* 278: 1312-1314

Kislev, M.E.（1985）Early Neolithic horsebean from Yiftah'el, Israel. *Science* 279:302–303

Kislev, M. E.（1989）Pre-domesticated cereals in the Pre-Pottery Neolithic A period. In:（ed. Hershkovittz, I.）People and culture in change. BAR International Series 508. *Oxford.* pp. 147-151

Kislev, M. E.（2002）Origins of annual crops by agro-evolution. *Israel Journal of Plant Science* 50: S85-88

Lev-Yadun, S., A,Gopher and S. Abbo（2000）The cradle of agriculture. *Science* 288: 1602-1603

Lucas, L., Colledge, S., Simmons, A. and Fuller, D.Q.（2012）Crop introduction and accelerated island evolution: archaeobotanical evidence from 'Ais Yiorkis and Pre- Pottery Neolithic Cyprus. *Vegetation History of Archaeobotany* 21: 117-129

Maeda, O., Lucus L., Silva, F., Tanno, K., Fuller D.Q.（2016）Narrowing the harvest: Increasing sickle investment and the rise of domesticated cereal agriculture in the Fertile Crescent. *Quaternary Science Reviews* 145: 226-237

Mascher, M., ほか計 22 名（2016）Genomic analysis of 6,000-year-old cultivated grain illuminates the domestication history of barley. *Nature Genetics* 48: 1089-1093

Miyake, Y., O. Maeda, K. Tanno, H. Hongo and C.Y. Gündem（2012）New excavations at Hasankeyf Höyük: A 10th millennium cal. BC site on the Upper Tigris, southeast Anatolia. *Neo-Lithics* 1/12: 3–7.

Pourkheirandish, M., ほか計 29 名 (2015) Evolution of the grain dispersal system in barley. *Cell* 162: 527-539

Riehl, S., M. Benz, N.J. Conard, H. Darabi, K. Deckers, H.F. Nashli, M. Zeidi-Kulehparcheh（2012）Plant use in

西アジアにおける農耕起源とムギ類の栽培化

three Pre-Pottery Neolithic sites of the northern and eastern Fertile Crescent: A preliminary report. *Vegetation History of Archaeobotany* 21: 95-106

Riehl, S., M. Zeidi and N.J. Conard（2013）Emergence of agriculture in the foothills of the Zagros mountains of Iran. *Science* 341: 65-67

Savard, M., M. Nesbitt and M.K.,Jones（2006）The role of wild grasses in subsistence and sedentism: New evidence from the northern Fertile Crescent. *World Archaeology* 38:2: 179-196

Snir, A., D. Nadel, I. Groman-Yaroslavski, Y. Melamed, M. Sternberg, O. Bar-Yosef and E. Weiss（2015）The origin of cultivation and proto-weeds, long before Neolithic farming. *PLOS One* 10（7）: e0131422

Tanno, K. and G. Willcox（2012）Distinguishing wild and domestic wheat and barley spikelets from early Holocene sites in the Near East. *Vegetation History and Archaeobotany* 27: 107-115

Tanno, K. and Maeda, O.（2016）The origins of agriculture. In:（eds: Tsuneki A., Yamada S. and Hisada K.）Ancient West Asian civilization: *Geoenvironment and society in the pre-Islamic Middle East.* Springer, Singapore. pp.87-98

Tanno, K., Maeda O., Miyake Y.（2016）Plant remains from Hasankeyf Hoyuk: a new PPNA settlement in the upper Tigris valley. *17th Symposium of the International Work Group for Palaeoethnobotany.* Paris, France. pp.38-39

Tanno, K. and G. Willcox（2006a）How fast was wild wheat domesticated? *Science* 311: 1886

Tanno, K. and G. Willcox（2006b）The origins of cultivation of *Cicer arietinum* L. and *Vicia faba* L.: Early finds from north west Syria（Tell el-Kerkh, late 10th millennium BP）. *Vegetation History and Archaeobotany* 15: 197-204

Weiss, E., M.E. Kislev and A. Hartmann（2006）Autonomous cultivation before domestication. *Science* 312: 1608-1610

Willcox, G.（2002）Charred plant remains from a 10th millennium B.P. kitchen at Jerf el Ahmar（Syria）*Vegetation History and Archaeobotany* 11: 55-60

Willcox, G.（2012）Searching for the origins of arable weeds in the Near East. *Vegetation History and Archaeobotany* 21: 163-167

Willcox, G., Fornite, S. and Herveux, L.（2008）Holocene cultivation before domestication in northern Syria. *Vegetation History and Archaeobotany* 17: 313-325

Zohary, D.（1996）The mode of domestication of the founder crops of southwest Asian agriculture. In: Harris DR（ed）*The origins and spread of agriculture and pastoralism in Eurasia.* UCL Press, London pp. 142–152

Zohary, D. and Hopf, M.（2000）第 3 版 *Domestication of plants in the old world.* Oxford Univ. Press, NY

Zohary, D., Hopf, M. and Weiss, E.（2012）第 4 版 *Domestication of plants in the old world.* Oxford Univ. Press, NY

Zohary, M.（1973）*Geobotanical foundation of the Middle East.* Volume 1 and 2.Gustv Fischer Ferlag. Amsterdam. pp.63（vol.1）, pp.393（vol.2）

地中海へと渡った農耕
—— キプロス島から見た農耕の拡散 ——

笹津 備当

はじめに

　本論は地中海，特に東地中海への農耕の拡散をキプロス島の農耕文化の成立
と展開を基に論じることを目的とする。

　まずは簡単にキプロス島について紹介したい。キプロス島は東地中海に浮か
ぶ，面積9,251㎡と四国の約半分ほどの面積を持つ，地中海の中ではシチリア島，
サルディーニャ島に次ぐ大きさの島である。大陸との距離は北のトルコ南部へ
は約70 km，東のシリア西部へは約100 km，南のエジプト北部には約300 kmを測
る場所に位置し，古くから東地中海の貿易，交通，軍事上の要衝として重要な
拠点とされてきた。この島の歴史はまさに大陸の列強諸国からの被支配の歴史
である。先史時代からヒッタイトやアッシリアといったアナトリアの諸王国に
よる支配，その後の古代エジプト王朝やアケメネス朝ペルシアによる支配，ロー
マによる属州化，東ローマ帝国による支配，十字軍を契機としたイングラン
ドによる征服とキプロス王国の成立，その後の王位継承者の断絶を契機とした
ヴェネツィア共和国による支配，そしてオスマン帝国による征服へと続く。近
代になると第一次世界大戦によりオスマン帝国からイギリスに併合。1960年に
イギリスからキプロス共和国として独立したが，ギリシア系住民とトルコ系住
民が紛争と内戦を続ける中へトルコ軍が介入，北キプロスを占領した。その後，
北キプロスは北キプロス・トルコ共和国として独立を宣言したが，国際的にこ
れを承認したのはトルコのみであった。この島は現在でも首都ニコシアを走る
「グリーンライン」によって南北に二分されている。この状況はキプロス島の考
古学の現状にも大きな影響を与えている。1974年の北キプロスへのトルコ軍の
介入により，北キプロスで実施されていた考古学プロジェクトは全て中止とな

第II部　西アジア型農耕の起源と拡散

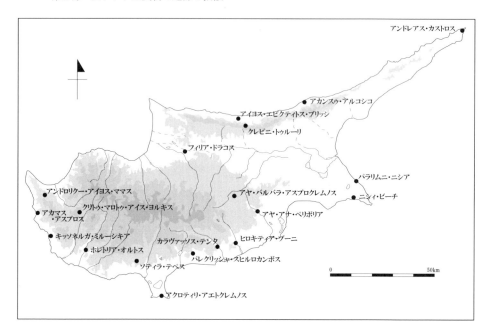

図1　本論で言及している遺跡の位置

った．以来，北キプロスにおける国際的なプロジェクトによる考古学的調査は行われていない．

　キプロス島の住民は，紀元前14世紀頃にギリシア系のアカイア人が入植して以来，ギリシア系住民が多かった．その後のオスマン帝国による支配などでギリシア系とトルコ系が混在していたが，キプロス紛争で大多数のギリシア系住民は南部へ，トルコ系住民は北部へと移動した．そのためキプロス共和国の人々はエーゲ海のギリシアの島と同じようにギリシア語を話し，多くがギリシア正教徒であるため，一見，ギリシアのエーゲ海の島々と同じように感じられる．しかしながら街で話されるキプロス方言のギリシア語や，屋台で売られているケバブ（ギリシアではギロス），イギリス風のパブや朝食など，ギリシアやトルコ，イギリスなどの多国籍な文化が混在した独特な雰囲気を漂わせる．

　さて，キプロス島でユネスコの世界遺産に登録されたものに「ヒロキティア」という新石器時代の遺跡がある．1934年にポルフィリオス・ディケオス（Porphyrios Dikaios）により島の南部ラルナカ地方で発見されたこの遺跡は，紀元前

7千年紀から紀元前6千年紀頃にかけての集落跡で，コムギなどの栽培種を用いた農耕とヒツジやヤギといった家畜を用いた牧畜という完成された農耕システムのうえに成り立っていたことが彼の調査で明らかとなった。土器を用いていなかったため，この時代は先土器新石器時代であるとされ，発見された遺跡からこの時代の文化はヒロキティア文化と呼ばれることとなる。1961年に同じくディケオスが発見した，土器を伴う農耕文化を営んだソティラ・テペス(Sothira-Teppes)の発掘調査報告によって，キプロス島の新石器時代観が定着することになる。すなわち紀元前7千年紀から土器を伴わない農耕社会(ヒロキティア文化)が始まり，紀元前6千年紀に途絶え，しばらくの断絶の後，土器を伴う農耕社会(ソティラ文化)が始まるというものである。

　キプロス紛争によって，仕切り直しを余儀なくされたキプロス島の考古学だが，1980年代に入ってから，数々の新しい発掘調査プロジェクトが行われるようになり，それらが素晴らしい成果を挙げた。特にヒロキティア文化以前の文化の発見は，キプロス島の先史時代の空白を埋める極めて重大な発見だったのである。そこでこの島の農耕の成立と展開を考えるためには時系列的に述べるのではなく，まずは時代観が定着している先土器新石器時代であるヒロキティア文化とその後の土器新石器時代であるソティラ文化について，その文化の内容を概観しつつ農耕について述べ，その後に時代を遡ることとしよう。

1. ヒロキティア文化とソティラ文化

　紀元前7千年紀から6千年紀頃にかけての先土器新石器時代であるヒロキティア文化の特徴は，円形住居が密集した集落と石製容器の使用にある。同時代のレヴァント地方では住居形態は円形から方形に移行しており，土器の使用もすでに始まっていた。ただしキプロス島でもこの時代まったく土器の生産がなかったわけではない。ディケオスはヒロキティアの先土器新石器時代の層から"grey ware"と呼ばれる土器片が僅かに出土したことを報告した(Dikaios 1962)。しかしながら，ヒロキティア文化で土器の出土が確認されたのは，これが唯一の例であり，恒常的に生産していたわけではなかったようである。この時代の代表的な石製容器は安山岩(andesite)や輝緑岩(diabase)などの在来の硬質な火成岩を

第Ⅱ部　西アジア型農耕の起源と拡散

時代	文化	Date Cal BC.
終末期旧石器時代後期	アクロティリ期	11000-9000
先土器新石器時代早期	キプロ PPNA 期	9000-8500/8400
先土器新石器時代前期	キプロ PPNB 期	8500/8400-6800
	(前期)	8500/8400-7900
	(中期)	7900-7600
	(後期)	7600-7000/6800
先土器新石器時代後期	ヒロキティア文化	7000/6800-5200
土器新石器時代	ソティラ文化	5200/5000-4500/4000

表1　キプロス島の時代編年（Knapp 2013 Table 2. より一部引用）

用いた注口付きの精緻な大型の鉢や碗で，浮彫りで幾何学文様を施したものも
ある(図2)。この精緻な石製容器は女性の埋葬に伴って出土することが多く，何
かしらの祭礼的な役割を担ったと考えられる。また石製容器と同様の石材加工
技術を用いて，同じく硬質な火山岩を中心に岩偶も作られた。代表的な形態は男
根的(phallic)な要素を持ち，長い首を持つ頭像であるが，胴部と短い手足がある
全身像も出土した。打製石器はナイフ形石器や二次加工のない石刃が主で，中
には刃部にシックルグロスが付着したものも確認された。他にはビュランやス
クレーパー，石錐などがあるが，尖頭器はほとんど出土しない。これらの石器
は狩猟よりも農耕の場で使われたと考えられる。石材は在来のチャートやフリ
ントが主で，黒曜石が使われることは稀であった。磨製石器では穀物を加工す
るために用いられた磨石，石皿，石臼，石杵などや，木材加工用の磨製石斧が
見つかった。この時代の代表的な遺跡はヒロキティア・ブーニ(Khirokitia-*Vouni*)，
カラバッソス・テンタ(Kalavasos-*Tenta*)，ホレトリア・オルトス(Kholetria-*Ortos*)な
どが挙げられる。

　このようなヒロキティア文化は紀元前5千年紀頃に突然終わりを迎え，上記
のような集落遺跡は放棄された。焼失などの痕跡は確認されておらず，内部の
混乱や外部からの侵略も確認できない。土器新石器時代を迎えると，以前の集
落とは違う場所に集落を形成した。これはキプロス島の先史時代を通して同様
の傾向にある。そのためレヴァント地方やギリシアのテッサリア地方で見られ
るようなテル状の遺跡はキプロス島では構築されなかった。ヒロキティア文化
とそれに続くソティラ文化では，500年から1000年程の空白期間がある(Steel

190

地中海へと渡った農耕

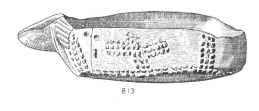

図2 ヒロキティア出土の石製容器
（Dikaios 1962, fig52 より）

2004)。その空白期間には集落や移行段階の文化は現状では確認できない。

さて，土器新石器時代のソティラ文化の特徴は何よりも土器の使用が挙げられる。この文化で最も古い土器は暗色磨研土器(Dark Faced Burnished Ware)だが，その後に彩文を施された碗や壺が一般的になる。この文化に代表的なタイプは白い下地に赤色で幅広の線文を施した土器(Broad Line Red on White (RW))と赤色の下地に櫛歯状文を施した土器(Combed Ware)である。土器の使用開始によりヒロキティア文化で見られた硬質な石材で石製容器を作る技術は失われたようで，石灰岩製の粗製な石製容器は見られるものの，安山岩などを使用した精緻な石製容器は見られなくなる。ただ土器の使用が開始された後も偶像制作に関しては土偶に移行せず，ヒロキティア文化と変わらず岩偶が作られた。ただやはり硬質な石材を加工する技術が失われたことにより，石材はより加工しやすい石灰岩製が中心となった。偶像は男根を直接的に表現するものが多く形態はより単純化したものとなり，石棒も見られるようになる。またヒロキティア文化で特徴的だった円形住居は，密集形態や建築工法は変わらないものの，隅丸方形状建物に変化した。石器の特徴はヒロキティア文化のものと大きく変わることはなかった。これは農耕や狩猟などの生業的な変化が少なかったと捉えることができる。代表的な遺跡にはソティラ・テペス(Sotira-*Teppes*)，アイヨス・エピクティトス・ブリッシ(Ayios Epiktitos-*Vrissi*)，クレピニ・トゥルーリ(Klepini-*Troulli*)，フィリア・ドラコス(Phillia-*Drakos*)などが挙げられる。

キプロス島の新石器時代に行われた農耕は，いわゆるムギの農耕とヒツジ・ヤギの牧畜を基本とした西アジア型農耕である。ヒロキティア文化の段階ではすでに生業システムは確立し，ヒロキティア文化とソティラ文化を通じてそれぞれの遺跡で確認される植物相や動物相の割合に違いはあるものの，組み合わせ自体の変化は起きなかったようである。キプロス島の農耕の特徴は，特に動物相の中に現れる。キプロス島の新石器文化で確認される動物相はヒツジ・ヤ

ギ，ブタ，ダマジカ（Fallow deer, *Dama Mesopotamica*）が三本柱となる。ここにまず一つ目の特徴がある。キプロス島のこの時代の動物相にはウシがいないのである。ウシは食肉としてだけではなく，乳牛・役用牛として，農耕には欠かせない存在だが，ヒロキティア文化とソティラ文化の農耕にはウシはいない。さらにいえばその後の銅石器時代であるエリミ文化の農耕にもウシはいない。キプロス島におけるウシの登場は，紀元前3千年紀中頃から始まる青銅器時代まで待たなければならない。もうひとつの特徴が三本柱のひとつ，ダマジカの存在である。ダマジカはヨーロッパからアナトリアにかけて広く生息するシカであるが，キプロス島の農耕ではヒツジ・ヤギ，ブタと並んで主要な動物相のひとつであった。ここで主要なヒロキティア文化の遺跡の動物相の割合を示してみよう（表2）。ヒロキティア・ブーニではヒツジ・ヤギ（Caprine）55％，ブタ16％，ダマジカ28％（Davis 1994）。カラバッソス・テンタではヒツジ・ヤギ（Caprine）28％，ブタ32.8％，ダマジカ38.9％（Croft 2005）。ホレトリア・オルトスではヒツジ・ヤギ（Caprine）49.1％，ブタ29.7％，ダマジカ20.7％（Simmons 1996）。このように三つの動物がバランスよく保たれており，ヒロキティア文化でダマジカが，他の家畜と共に動物資源として重要な役割を果たしていたことがうかがえる。さらにソティラ文化になると，ダマジカへの依存が高まる。アイヨス・エピクティトス・ブリッシではヒツジ・ヤギが50％半分を占め，ダマジカは37.2％であるが，他の遺跡ではおよそ7割を占めるようになる。ダマジカの馴化についてはこれまでも議論されてきたが，馴化はされず狩猟によって獲得されたという見解が一般的である（Croft 1991）。ただし馴化されないダマジカの狩猟がキプロス島の新石器時代で盛んに行われたというのは，狩猟用の石器が出土しない状況と照らし合わせると，理屈として多少の違和感を覚える。馴化はされずとも，何かしらの群れのコントロールを行っていた可能性が考えられる。またダマジカと他の動物とでは，動物資源の目的（食肉・乳や毛などの二次製品）が異なった可能性も考えられる。その他の動物としてはネコ，イヌ，キツネ，齧歯類が確認されている。

　植物相についてヒロキティア文化ではアインコルンコムギ（Einkorn），エンマーコムギ（Emmer），オオムギなどのムギ類と，レンズマメやエンドウなどの豆類の栽培種が確認されており，ソティラ文化ではこれにパンコムギ（Bread wheat），

ライムギ(Rye)，カラスムギ(Oat)，ヒヨコマメ(Chick pea)が加わる。ヒロキティア文化とソティラ文化ではムギ類とマメ類を中心とした農耕が行われたと考えられる。その他に植物相ではピスタチオ，イチジク，オリーブなどが主に確認されるが，これらは果樹栽培ではなく採集によって獲得されたと考えられる(Steel 2004)。

2. アクロティリ期

(1) キプロス島に初めにいた人々

　では，このヒロキティア文化はどこから来たのか。この文化に先立つ人々の居住はあったのか。キプロス島における旧石器時代の存在は，1960 年代以降から複数の研究者によって提起されてきた。ここで代表的な 4 人の研究者とその説を挙げたい。まず，ストックトンはキレーニア村の周辺で採集した石器(スクレーパー，石刃，ナイフ形の打製石器，サムネイル型スクレーパー，細石器と思われる石器など) 100 点以上を例示し，「後期旧石器時代前葉」に属する可能性を示した(Stockton 1968)。次にヴィタ・フィンツィは島の南岸，ジギの東を流れるモロヌー川河口の化石の多い浜辺で発見した 5 点の石器の図を紹介し，地質学的に「中期旧石器時代」のものである可能性を述べた(Vita-Finzi 1973)。この 2 人は主に表採資料を基にした分析での言及であるが，発掘調査による事例としては，島の北西，アカマス半島を流れるキリソク川流域にあるアンドロリクー・アイヨス・ママス(Androlikou-*Ayios Mamas*)で，アドヴァシオスらが行った発掘調査が挙げられる。彼らはこの遺跡で発見された 62 点の石器が「中期あるいは後期旧石器時代」に属する可能性を言及した(Adovacio *et al.* 1975)。また島の南東，トレミソス平野に位置するアヤ・アナ・ペリボリア(Ayia Anna-*Perivolia*)でバウドゥらが複数のトレンチ調査を行ったが，彼らはそこから出土した石器 35 点が「後期旧石器時代」の剥片石器であると述べた(Baudou & Engelmark 1983)。しかしながら，いずれの例も旧石器時代に属する明確な証拠が不十分であった。

　この「先ヒロキティア文化」を巡る議論が大きく動いたのは，1980 年代後半からである。中でも 1987 年から 1990 年にかけてシモンズらによるアクロティリ・アエトクレムノス(Akrotiri-*Aetokremnos*)の発掘調査は大きな反響を呼び，多く

の論争が巻き起こった。この遺跡はキプロス島の最初期の人々の島の利用を考えるうえで，欠かすことができない遺跡である。

(2) アクロティリ・アエトクレムノス

アクロティリ・アエトクレムノスは島の南部，アクロティリ半島南端の断崖の中腹，海面から約40mの場所に位置する崩壊したロックシェルター内にある遺跡である。50m²にも満たない範囲の遺跡で堆積も薄いが，この遺跡からは現在のキプロス島では絶滅した島の固有種である

図3　アクロティリ・アエトクレムノス出土した骨の整理作業風景(Simmons 2001, Fig. 5 より)

コビトカバ(pigmy hippopotamus, *Phanourios minutus*)とコビトゾウ(pigmy elephant, *Elephas Cypriotis*)の大量の骨と共に石器などの人の痕跡が発見されたのである(図3)。この遺跡で採取した複数のサンプルから得られた放射性炭素年代測定の結果は，およそ紀元前1万年紀前後(10,005-9702 Cal BC)を示していた。つまりヒロキティア文化を3000年近く遡ることになる(Simmons *et al.* 1999)。

主に発見されたのは，21万点以上の動物骨である。その内訳はコビトカバのものが圧倒的に多く，全体の98%に達する。これは個体に換算すると505体分にもなる。次に多いのがコビトゾウで229点，個体にして3体分。その他にも鳥類(ハト・ガンなど)，小型の哺乳類(ネズミ・ジェネットなど)，爬虫類(ヘビ・カメなど)，魚介類(カニ・ウニなど)が発見された。少し注意が必要なのは，ブタ(おそらくイノシシ)とダマジカの遺存体の発見についてである。この2種は上述したように新石器時代以降の農耕社会で主要な動物相となるものである。しかしながら，報告者自身はこの時期にブタとダマジカがキプロス島で生息していたことについて懐疑的な見解を示しており，発見されたのが指骨や中手骨だったことから，毛皮等の加工品に付着した状態で大陸から持ち込まれた可能性を示した(Reese 1999)。ヴィーニュはこの遺跡でダマジカと判断された指趾骨を再調査し

た結果，小型のイノシシのものであるとし，大陸のレヴァント地方から人の手によって導入され，島で隔離された状況の中で小型化したものであると論証した(Vigne *et al.* 2009)。

　出土遺物としては打製石器が主である。特徴的なものとしてはサムネイル形のスクレーパーがあり，他にはビュラン，スクレーパー，剥片石器，細石器，磨製の礫器，円礫の破片，わずかに使用痕のある円礫などが発見されている。石材はすべてキプロス島のものである。また，加工されたピクロライト(蛇紋岩に似たキプロス島固有の石)や，コビトカバの門歯や貝殻などで製作した装飾品と考えられるものも発見されている。

　さて，問題となるのは動物遺存体と遺物の出土状況である。アクロティリ・アエトクレムノスの層位は4層に分けられる。最上部の第1層はいわゆる表土層であり，根や小動物の巣穴などでかく乱を受ける。また第3層は東側の区域だけにあり，何も遺物などを含まないことから崩落によって形成されたとみられる層位である。注目されるのは第2層と第4層である。動物遺存体のほとんどが最下層である第4層から検出されたのに対し，遺物はその多くが第2層から出土した。具体的には，コビトカバの骨はその88％が第4層から検出されたのに対し，第2層ではわずかに2％ほどである。また，第4層で出土した石器などの遺物はわずかに12％しかない。第4層で特徴的な人の活動の痕跡は，焼成を受けた多くのコビトカバなどの骨の存在である。この大量の動物遺存体が検出された第4層と，遺物が出土した第2層が分かれていることは，必然的に「本当にコビトカバなどの大量死に人が関わったのか？」という疑問を生じさせた。この問題については現在においても，まだ完全な決着を見ているわけではない。この遺跡を調査したシモンズらは，これら大量の骨の堆積は人がコビトカバなどを食肉や毛皮を利用するために処理した結果であり，この遺跡はキルサイトとして狩猟採集民が利用したものであると考えている。しかし，懐疑的な論調を述べたブーニモヴィッツらは，第4層のコビトカバ等の骨は，更新世に自然発生した大型動物相の大量死が原因であり，第2層に見られる完新世の狩猟採集民が，その骨をこの遺跡で短期的な居住をしながら利用したことによると主張している(Bunimovitz & Barkai 1996)。なお，コビトカバやコビトゾウの遺存体は，その後のキプロス島の歴史には一切登場することはない。唯一，ヒロ

第Ⅱ部　西アジア型農耕の起源と拡散

キティア文化の遺跡，アンドレアス・カストロス岬(Cape Andreas Kastros)でコビト
カバの遺存体が1点のみ確認されている(Le Brun 1985)。しかしながら，この骨
は他の骨と違い化石化しており，新石器時代にコビトカバが食料資源として利
用された可能性は低く，更新世の段階で絶滅したものと考えられる。

　以上のように，この遺跡から考えられることは，紀元前1万年紀ごろのキプ
ロス島には航海技術を持つ狩猟採集民が存在していた証拠がある。ただ集落な
ど定住した痕跡はなく，この時期に続く遺跡も現在のところ，まだ発見されて
いないため，この時期に島にいた人々は島の食料資源(コビトカバなど)を獲得す
るために，一時的に大陸から渡海した人々だと考えるのが妥当である。

(3) その他の遺跡とまとめ

　このキプロス島における続旧石器時代後期は，遺跡名から「アクロティリ期
(Akrotiri phase)」と呼ばれている。現在のところ，アクロティリ期に確実に属する
遺跡は，このアクロティリ・アエトクレムノスのみである。ただ近年の "Report
of the Department of Antiquities, Cyprus" に，アマーマンらがこの時期まで遡る
可能性のある遺跡を報告している(Ammerman et al. 2006, 2007, 2008)，ひとつは島の
南東沿岸，アヤ・ナパのすぐ西にあるニシィ・ビーチ(Nissi Beach)，もうひとつ
が，島の西部にあるアカマス半島の西沿岸にあるアカマス・アスプロス(Akamas-
Aspros)である。どちらの遺跡も海岸沿いの風成層からなる化石化した砂丘に位
置している。いずれも表採などの予備調査段階の報告であるが，この2つの遺
跡で出土した石器組成は互いに類似しており，さらに先土器新石器時代の遺跡
の石器組成よりも，アクロティリ・アエトクレムノスの第2層から出土した石
器に類似すると報告者は述べている(Ammerman et al. 2006)。ただ，ニシィ・ビー
チで検出された貝殻2点の放射性炭素年代測定を行ったところ，紀元前8千年
紀中葉(キプロ PPNB 期中葉)という結果が出た。これは前述した石器組成の年代観
とは異なるものであったが，アマーマンらは津波や嵐などにより表採した石器
と地表直下の堆積との反転が起こったからだと述べている(Ammerman et al. 2006)。
これらの遺跡からは，現在のところ，動物遺存体などの報告はなく，直接，農
耕につながる情報はない。ただ，アクロティリ・アエトクレムノスと同様に沿
岸部に位置していることから，アクロティリ期におけるキプロス島が狩猟採集

地中海へと渡った農耕

民(あるいは漁撈民)の航海による一時的な利用であったことを示唆している。

　また，アクロティリ・アエトクレムノス以外のキプロス島における更新世の動物相の情報は少ない。スウィニーによるとコビトカバとコビトゾウ以外の大型哺乳類は確認されておらず，ジェネット(ジャコウネコ科)やネズミ，トガリネズミが確認されたのみである(Swiny 1988)。アクロティリ・アエトクレムノスから後の農耕社会で利用されたイノシシとダマジカ(イノシシの可能性あり)の骨は発見されたが，上述したように島の固有種である可能性は低い。更新世のキプロス島ではヒツジ・ヤギ・ブタ・ウシなどの初期農耕で使用される動物相は生息していなかったようである。

3. キプロ PPNB 期

(1) キプロス島における新石器時代の新たな始まり

　紀元前1万年紀頃のアクロティリ期の段階のキプロス島では，人が活動していた痕跡は確認できるものの，島に人が定住していた痕跡は発見されていない。ではヒロキティア文化以前に，人はキプロス島に定住していたのか。この問いに答えるかのように，1990年代以降，このアクロティリ期とヒロキティア文化の空白期間を埋める遺跡が次々に発見され，発掘調査が行われた。特にパレクリッシャ・スヒルロカンボス(Parekklisha-*Shillourokambos*)とキッソネルガ・ミルーシキア(Kissonerga-*Mylouthkia*)の2つの遺跡の発見は，ヒロキティア文化に先立つキプロス島の新石器文化の存在を決定的なものにした。何よりヒロキティア文化にはないビブロス型尖頭器やナヴィフォーム型石核といったレヴァント地方の先土器新石器文化B (PPNB)の特徴や，キプロス島では採れない黒曜石の出土，農耕社会の存在を示す，動植物遺存体の検出など大陸との繋がりを色濃く示すキプロス島における新たな新石器時代の区分を確立した。この紀元前9千年紀中葉から紀元前7千年紀にかけての時代は，大陸のPPNB文化との関連性からキプロ PPNB 期(Cypro-PPNB)と呼ばれる。上記の2遺跡を中心に，キプロ PPNB 期の農耕について述べたい。

197

(2) パレクリッシャ・スヒルロカンボス

パレクリッシャ・スヒルロカンボスは，キプロス島南部の都市リマソルから東に約6kmに位置する集落遺跡である。1992年から発掘調査が始まり，ヒロキティア文化で特徴的な石積みの円形住居が密集する集落ではなく，複数の柱穴や溝，井戸といった遺構から構成された集落が発見された。この遺跡は主に4つの時期，Early Phase A（ca. 8400-7900 Cal BC），Early Phase B（ca. 7900-7600 Cal BC），Middle Phase（ca.7600-7200 Cal BC），Late Phase（ca. 7200-7000 Cal BC）に区分される。Early Phase A から Middle Phase までが，キプロ PPNB 期に属し，Late Phase はヒロキティア文化に属する。Early Phase A では，いくつかの円形に近い掘立柱建物跡と家畜用の囲いとみられる一連の柱穴と溝，深い円形の井戸などが確認された。実はキプロス島で紀元前9千年紀の掘立柱建物跡とみられる柱穴が確認されるのは，パレクリッシャ・スヒルロカンボスが初めてではない。1976年から1984年にかけて調査されたヒロキティア文化に属するカラバッソス・テンタ(Kalavasos-*Tenta*)の最下層である Period 5 では，紀元前9千年紀後半の年代を示す炭素年代測定の結果(8228±139 Cal BC)と，いくつかの柱穴で構成された遺構が確認されたが，このカラバッソス・テンタの証拠からだけではこの遺構と年代を評価することは出来なかった。パレクリッシャ・スヒルロカンボスの発見により，ヒロキティア文化以前の存在が明らかになることで，カラバッソス・テンタの Period 5 も再評価されたのである。この Early Phase A の井戸(Well 66)からは，蛇紋岩(serpentine)で作られた猫のような耳を持つ頭像が出土した(図4)。Early Phase B になると，泥壁(pise)の円形の住居跡が登場する。また約250㎡に及ぶ住居の基礎と見られる敷石や，赤色や白色の漆喰の痕跡の残る

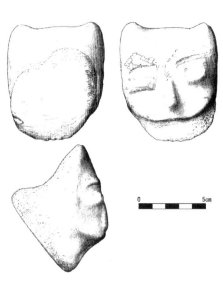

図4　パレクリッシャ・スヒルロカンボス出土のネコのような耳を持つ頭像(Guilaine 1999, Fig4,5 より）（スケールを追加）

図5 パレクリッシャ・スヒルロカンボス出土の四足獣の岩偶(Guilaine 2003, Fig. 1c より)(スケールを追加)

壁の基部などの遺構のほか,多くの石器,石製容器の破片,動物遺存体なども出土した。Middle Phase は約 5 m 四方,深さ約 6 m の廃棄された井戸と考えられるピット(pit 23)が確認されており,このピットの中からは,一体の屈葬された成人男性の人骨や 20 個体もの幼児を含む頭骨が出土した。またこの時期からは輝緑岩(diabase)で作られた四足獣の岩偶が出土した(図5)。Late Phase からは直径 7.2 m の大型の円形遺構が確認された。この建物跡は壁の厚さが 1 m 以上もあり,20-30cm 大の自然石からなる。この構造は典型的なヒロキティア文化の住居であるが,この住居跡自体は土器新石器時代であるソティラ文化で再居住されたようで磨石や石鎌,ソティラ文化を特徴づける櫛歯文土器(Combed Ware)等が出土した。

では,パレクリッシャ・スヒルロカンボスのキプロ PPNB 期から検出された動物相を見てみよう(以下 Vigne, Carrère & Guilaine 2003)。この遺跡からはダマジカ,ブタ,ウシ,ヒツジ・ヤギ,キツネ,ネコ等の哺乳類の遺存体が検出された。貝類や魚類,鳥類,小型哺乳類の遺存体も検出されたが,数は非常に少ない。まず特徴的なのは,この遺跡からは "Neolithic Package" と呼ばれる新石器時代の生業で中心的な役割を果たすヒツジ・ヤギ,ブタ,ウシの 4 種が全て揃っていることである。初めて集落としての人の定住が確認されたキプロ PPNB 期の遺跡で,これら動物相が全て揃っていることも重要な点であるが,最も特筆すべき点は,ウシが確認されたことである。ヒロキティア文化とソティラ文化の農耕の特徴でもすでに述べたが,キプロス島の新石器時代から銅石器時代までの生業の特徴の一つが,家畜の中にウシが一切登場しないことである。それまでの唯一の報告例は,ソティラ文化の段階のヒロキティア・ブーニで,ウシの骨 1 点のみが報告されただけであった(Davis 2003)。それまでの定説では,キプロス島でウシが本格的に導入されたのは,大陸との交流が本格化する青銅器

第Ⅱ部　西アジア型農耕の起源と拡散

時代以降であった。それだけにパレクリッシャ・スヒルロカンボスでウシの遺存体が検出されたことは，まさに画期的な発見であった。これによりウシは他の家畜種と同時期に一度はキプロス島に導入されたが，何らかの理由によりキプロス島の新石器文化の生業では定着しなかったと仮説を立てることができる。遺跡内での変遷も，前期では 140 点ほど(全体の 8.6%)検出されたウシの遺存体が Middle Phase では 20 点(全体の 1%以下)にまで減少した。では，これらの動物相がキプロ PPNB 期では，果たして馴化のどの段階にあったのであろうか。この遺跡の動物遺存体を分析したヴィーニュらは，(1)ダマジカ(Mesopotamian fallow deer)とヤギ(Aegagrus goat)は全てではないが狩猟により獲得された，(2)イノシシ(Suids)は小型なもので二つの集団があり，ひとつは狩猟によるもので，もうひとつは家畜による，(3)ウシは家畜化されていた，(4)ヒツジは家畜化されていた，と考察している(Vigne, Carrère & Guilaine 2003)。

　植物相に目を向けると，Early Phase A から小穂脱落性のオオムギが，泥壁(pisé)の中から見つかった(Willcox 2000, 2003)。このオオムギは野生種とみられ，今日のキプロス島でも唯一，野生種が自生している穀物である。コムギについてはエンマーコムギが見つかったが，形態的には野生種か栽培種かは定かでない。また，アインコルンコムギも一応確認されているが，その同定について不確かのようである。

⑶ キッソネルガ・ミルーシキア
　キッソネルガ・ミルーシキアは，キプロス島西部のパフォス地方の沿岸部に位置する遺跡であり，銅石器時代の代表的な遺跡であるキッソネルガ・モスフィリア(Kissonerga-*Mosphilia*)の約 1 km北北西に位置する。この遺跡の時代は主に Period 1A（ca. 8200-8600 Cal BC），Period 1B（ca. 6800-7200 Cal BC），Period 2（ca. 3600 Cal BC），Period 3（ca. 3500 Cal BC)の 3 時期からなり，Period 1A と Period 1B がキプロ PPNB 期，Period 2 が銅石器時代前期，Period 3 が銅石器時代後期に当たる。この遺跡からは主に数軒の銅石器時代の円形住居跡と共に 3 つの井戸跡が発見され，これら井戸跡がキプロ PPNB 期に属する。特に 2 つの井戸跡(Well 116 と Well 133)が特徴的である(図6)。年代では Well 116 が Period 1A, Well 133 が Period 1B と異なるが，構造は共に類似する。垂直に下る直径約 90cmの円筒形を呈し，

200

地中海へと渡った農耕

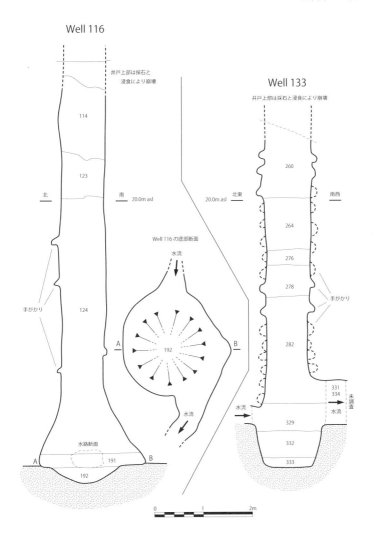

図6　キッソネルガ・ミルーシキアの二つの井戸（Peltenburg 2003, Fig29 をトレースして作成）

底部はわずかに広がる。深さは Well 116 の方が 8.5 m，Well 133 の方が 7 m を測る。havara と呼ばれる軟質石灰質の堆積層の岩盤を掘りこまれて造られており，側面には手がかりのための穴がいくつも開けられる。現在では水脈は枯れているが，底には幅 20-40cm の筒状の水路が水平に掘られた。2 つの井戸には廃絶後，あらゆるものが投げ込まれたようである。人骨，動物骨，貝，魚骨，炭

201

第Ⅱ部　西アジア型農耕の起源と拡散

化種子，打製石器，磨製石器，漆喰，軽石，赤色顔料(red ocher)などが見つかった。底部のプール状のたまり部分は粘性の高いシルト層で形成され，微小な動物相が検出された。この層は井戸が使用中に堆積したものと考えられる。その上層はシルトを基本に粘土，*havara*，砂岩，礫，灰などで構成され，上記の遺物が堆積していた(Peltenburg 2003)。

　それではこの遺跡での動物相を2つの井戸跡から検出された遺存体を中心に見てみよう。キプロPPNB期の早い段階に位置づけられるWell 116では，もうひとつのWell 133と比較すると検出された動物遺存体の量は少なく，その全てが部分的な骨片に過ぎない。それでもヒツジ・ヤギ(caprine)，ダマジカ，ブタが大型哺乳類として確認され，小型哺乳類としてはネズミやトガリネズミなどが確認された。対照的にキプロPPNB期の後の段階に属するWell 133からはヒツジ・ヤギ(caprine)が少なくとも23個体，完全な状態で検出された。その詳細はヒツジが9個体(幼体1・成体8)，ヤギが14個体(幼体12・成体2)である。この遺跡の動物遺存体の分析を行ったクロフトは，これら完全な個体が遺棄された状況は，人骨も同様に遺棄されていたことを考慮に入れると，ただ単純に廃棄のために投げ込まれたというより宗教的な儀式，つまり生贄として投げ入れられた可能性を示唆した(Croft 2003)。その他に検出された動物相は，Well 116と同じく大型哺乳類としてはダマジカやブタが確認され，中型から小型の哺乳類としてはネコ，キツネ，ネズミ，トガリネズミが確認された。珍しいものでは完全な状態のフクロウの骨も発見された。パレクリッシャ・スヒルロカンボスで確認されたウシは，この遺跡では見つかっていない。

　植物相については，この遺跡から12個体の植物の炭化物塊が出土した(以下，Anne Murray 2003)。そのうち5個体がPeriod 1Aに属するWell 116から出土し，7個体がWell 133を含むPeiod 1Bから出土した。これらの炭化物塊を水洗した結果，合計880リッターの沈殿物を含んでおり，2,635点に及ぶ植物データが得られた。その結果，栽培種のエンマーコムギや，アインコルンコムギ，オオムギが穀物のもみ殻と共に検出された。その他には野生種・栽培種の別は不明だが，レンズマメ，大型のマメ科植物，イチジク，ピスタチオ，アマなどが検出された。Period 1AとPeriod 1Bの間に大きな違いはないが，Period 1Aの方に僅かにオオムギが多く，Period 1Bの方はエンマーコムギやアインコルン

地中海へと渡った農耕

コムギが多かった。

(4) その他の遺跡とまとめ

この時期をまとめる前に近年，アヤ・バルバラ・アスプレクレムノス(Ayia Varvara-*Asprokremnos*)などでレヴァント地方の先土器新石器文化 A（PPNA）文化と並行するキプロ PPNA 期の存在が指摘されていることも一言だけ言及したい。内陸部に位置するこの遺跡では，レヴァント地方の PPNA 文化と類似した住居跡が出土し，キプロス島最古の定住とみられている(McCarthey et.at 2009)。さらに確認された動物相のおよそ半分がブタであるとされる(Knapp 2013)。

他に 2 つのキプロ PPNB 期の遺跡に簡単に触れよう。まずキプロス島西部，パフォス地方の沿岸部から 20 km 程内陸に位置するクリトゥ・マロトゥ・アイス・ヨルキス(Kritou Marottou-*Ais Giorkis*)は，キプロ PPNB 期からヒロキティア文化にかけての集落である。この遺跡からはキプロ PPNB 期の特徴である尖頭器，黒曜石製の石器，石灰岩製の岩偶が出土した。動物相としてはパレクリッシャ・スヒルロカンボスと同様に，ウシの動物遺存体が発見された。他にはダマジカ，ブタ，ヒツジ・ヤギ，キツネ，ネコなどが検出された。ウシの割合は他の動物遺存体と比べて僅か 1.6% に過ぎない(Simmons 2003)。もうひとつの遺跡は，キプロス島北部沿岸に位置するアカンスゥ・アルコシコ(Akantou-*Arkosyko*)で，北キプロスで近年，発掘調査の成果が報告された数少ない遺跡である。この遺跡では泥煉瓦で造られ，床面がプラスターで覆われた住居跡や，大量の黒曜石が発見された(Şevketoğlu 2002)。この遺跡からもウシの動物遺存体が 2 点ではあるが検出された。その他には多い順にヒツジ・ヤギ，ダマジカ，ブタ，イヌ，キツネなどが見つかった(Frame 2002)。

以上のように，キプロ PPNB 期の農耕の特徴は動物相の変化である。アクロティリ期で確認されたキプロス島の固有種であるコビトカバとコビトゾウは全く確認されなくなり，アクロティリ期では確認されなかったヒツジ・ヤギ，ダマジカ，ブタというヒロキティア文化とソティラ文化の動物相の三本柱がこの時期に登場した。さらにキプロス島では青銅器時代まで飼育されなかったと考えられていたウシがこの時期にだけ登場し，その後家畜のラインナップから退場した。家畜化の段階としては，過渡期的な段階と考えるのが適当だろう。そ

第Ⅱ部　西アジア型農耕の起源と拡散

遺跡		コビトカバ	コビトゾウ	ウシ	ヒツジ/ヤギ	ブタ	ダマジカ	イヌ	キツネ	ネコ	文献
アクロティリ期											
アクロティリ・アエトクレムノス		218459 (98.3%)	229 (0.1%)			13(?)	4(?)				Simmon et al. 1999
キプロ PPNB 期											
パレクリッシャ・スヒルロカンボス・	(前期A)			5 (3.3%)	14 (9.4%)	110 (73.8%)	20 (13.4%)	?			Vigne, Carrère & Guilaine 2003
	(前期B)			135 (8.6%)	421 (26.7%)	370 (23.5%)	633 (40.2%)	9 (0.6%)	5 (0.3%)		
	(中期)			○	○	○	○	○	○	○	
	(後期)				242 (46.4%)	133 (25.5%)	141 (27%)	2 (0.4%)	3 (0.3%)		
キッソネルガ・ミルーシキア					32 (+23体)	39	33		1	6	Croft 2003
クリトゥ・マラトゥ・アイス・ヨルキス				36 (1.6%)	355 (15.7%)	806 (35.6%)	1042 (46.1%)		17 (0.7%)	5 (0.2%)	Simmons 2003
アカンスゥ・アルコシコ					264 (34.1%)	169 (12.8%)	233 (36.5%)	4 (9%)	3 (0.5%)		Sevketoğlu 2000
ヒロキティア文化											
ヒロキティア・ヴーニ					4562.5 (55%)	1371 (16%)	2321 (28%)	○	○		Davis 1994
カラバッソス・テンタ					789 (28%)	924 (32.8%)	1029 (38.9%)		3 (0.1%)	4 (0.1%)	Croft 2005
アンドレアス・カストロス		△ (化石化)			144.5 (28.6%)	158 (31.3%)	203 (40.1%)	○	○		Davis 1989
ホレトリア・オルトス					1984 (49.1%)	1198 (29.7%)	837 (20.7%)		18 (0.4%)	3 (0.1%)	Simmons 1996
ソティラ文化											
アイヨス・エピクティトス・プリッシ					(50.4%)	(10.5%)	(37.2%)	○	○	○	Knapp 2013
フィリア・ドラコス					(22.6%)		(66.5%)				Knapp 2013
パラリムニ・ニシア					(16.7%)		(77.1%)	○			Knapp 2013, Flourentzos 2008

表 2　キプロス島の動物相の変遷

の他にイヌやネコもこの時期に登場した。特にネコについては，パレクリッシャ・スヒルロカンボスで人骨と共に埋葬されたネコの骨が発見され，最古のペットのネコとして話題になった(Vigne *et al.* 2004)。この遺跡では前述したように猫のような耳を持つ石製の頭像が発見されており，ネコはすでにただの家畜という存在を越えて人と特別な関係にあったことが伺える。気になるのはキツネの存在である。アクロティリ期では確認されずキプロ PPNB 期から登場し，その後ヒロキティア文化とソティラ文化でも登場する。主要な動物相に含まれておらず数も少ないが，必ず登場する存在である。このキツネ遺存体について言及した研究者は少ない。ヴィーニュがパレクリッシャ・スヒルロカンボについて語る中で，ダマジカとキツネ(European fox, *Vulpes vulpes*)は現在の野生種の骨格と

違いがないことを述べたのみである(Vigne 2001)。アクロティリ期で確認されていないことをふまえると，他の動物と共にキプロス島に移入された可能性が高く，飼育資源としてよりもネコやイヌなどのように生業とは違う役割を果たしていたのではないかと考えられる。

　植物相については，エンマーコムギ，アインコルンコムギ，オオムギがこの時期から登場した。植物相についてはアクロティリ期の遺存体の事例がなく，移入されたかどうかは，野生種の分布から考えるしかないが，ムギ類でキプロス島に自生するものはオオムギしかなく，エンマーコムギやアインコルンコムギの野生種はキプロス島では自生していない(Colledge 2004)。少なくともコムギはこの時期にキプロス島に移入されたと考えていいだろう。

おわりに

⑴ 海を渡った農耕民

　レヴァント地方からヨーロッパ，特に東地中海への農耕の拡散を考えた場合，東からの新しい文化を携えた農耕民と，その地域にもともと住む中石器文化を持つ狩猟採集民との関係性が大きな論点になる。つまりアンマーマンとカヴァリ・スフォルツァが言うところの "wave of advance" モデルのように，在来の狩猟採集民を駆逐する形での農耕民の人口移動が起きたのか(Ammerman and Cavalli-Sforza 1971)，それともズヴェレビルらが言うように狩猟採集民が農耕民との交易や交流により農耕文化が拡散したのか(Zvelebil and Zvelebil 1988)。

　キプロス島の様相から農耕の拡散を考えると，東地中海への農耕の拡散には確実に人口移動が伴っていたと考えることができる。キプロス島では新石器時代以前に狩猟採集民が定住していたことを示す証拠が希薄である。アクロティリ・アエトクレムノスが示すアクロティリ期の人の活動は，この島固有のコビトカバとコビトゾウを集中的に獲得し絶滅させて以後はこの島を去って行った，と読み取ることができる。その後，大陸から海を越えて PPNB 文化を持った人々がやってきた。その時には土着の狩猟採集文化はなかったので，大陸から持ってきた PPNB 文化がそのまま定着したのではないか。

　しかしながらキプロ PPNB 期の文化の変遷とその後のヒロキティア文化の成

第Ⅱ部　西アジア型農耕の起源と拡散

立からは農耕拡散の波が恒常的なものではなく，あくまでも一過性のものだったと仮定することができる。むろん農耕拡散は大きな波であり，キプロス島にひとつの文化を定着させうる規模の人々が一定期間に移動してきた。ただその後も継続的に人の移動が行われたわけではなかったようである。キプロ PPNB 期の文化は当初のものから次第に変容した。農耕の中からはウシがいなくなり，代わりにダマジカが主要な食肉資源のひとつとして重用された。石器組成からは尖頭器が消え，黒曜石もヒロキティア文化では大陸の産地からの供給が絶えたことからか出土しなくなった。何よりレヴァント地方では土器新石器時代に移行した後も，キプロス島では先土器新石器時代であり続けた。これは大陸の農耕文化が島の環境に適合することによる文化変容と大陸との交流の断絶を示すと考えることができる。キプロス島から読み取れる東地中海への農耕の拡散は，農耕民の移動によってもたらされたのである。

この移動に伴って，人の生活に関わるあらゆるものが大陸からキプロス島へ持ち込まれた。家畜種ばかりでなく，ダマジカという野生の狩猟動物まで島に連れてこられた。このような一過性の大波のような人の移動で，あらゆるものを伴ったとなると「ノアの箱舟」のような事象を想起させるが，一過性の波とはいえ，おそらくそれは少なくとも数百年間をかけて段階的に起こった出来事であっただろう。

(2) さらに地中海を西へ

キプロス島と海を渡った農耕民の波は，このまま地中海を西へと進んで行ったのか。さらに西方に目を向けると，クレタ島に行き当たる。この島で最も有名な遺跡であるクノッソスの第Ⅹ層で六倍体コムギ(Hexaploid wheat)，エンマームギ，オオムギ，ヒツジ・ヤギ，ブタ，ウシという完全な "Neolithic Package" を持った紀元前7千年紀頃の無土器新石器時代の文化層が確認された(Perlès 2001)。同様の文化がさらに北西に進んだギリシア本土で確認された。ペロポネソス半島ではフランクティ洞窟(Franchthi Cave)とデンドラ(Dendra)，テッサリア地方ではセスクロ(Sesklo)，アルギッサ(Argissa)，アキレイオン(Achilleion)，ゲディキ(Gediki)，スフリ・マグウラ(Soufli Magoula)などの遺跡が挙げられる。ただしギリシアの無土器新石器時代はキプロ PPNB 期と異なり，PPNB 文化の様相が見られ

206

地中海へと渡った農耕

ず土器の出土が見られない点以外は，後の新石器時代前期の文化と変わらない。
ギリシアに到来した農耕民がもたらしたものは PPN 文化ではなく，土器新石器
文化であると考えるのが妥当である。ただ地図上でキプロス島，クレタ島，そ
してペロポネソス半島やテッサリア地方という遠く離れた点だけを繋いで，海
上ルートでギリシアに農耕が拡散したと考えるのは，少々単純化が過ぎるだろ
う。またキプロス島と違いギリシアでは在来の中石器文化が存在した。代表的
なフランクティ洞窟以外にも，近年ではテオペトラ洞窟(Theopetra Cave)，キクロ
プス洞窟(Cyclops Cave)，クリスラ洞窟(Klisoura Cave)などの遺跡で発掘調査が行わ
れ，ギリシアの中石器時代に関する新しい知見が得られている。ヨーロッパの
在来の中石器文化と外来の農耕文化との関係については，さらに詳細に検討す
る必要があるだろう。

参考文献

Anne Murray, M. 2003 The Plant Remains. *The Colonization and Settlement of Cyprus: investigations at Kissonerga-Mylouthkia, 1976-1996*, Lemba Archaeological Project, Cyprus, Volume III. 1, Studies in Mediterranean Archaeology LXXX:4, P. Åströms Förlag, Sävedalen: 59-71.

Ammerman, A. and Cavalli-Sforza, L. 1971 Measuring the rate of spread of early farming in Europe. *MAN* 6: 674-688.

Ammerman, A. *et al.* 2006 Two new early sites on Cyprus. *Report of the Department of Antiquities, Cyprus*: 1-22.

Ammerman, A. *et al.* 2007 More on the new early sites on Cyprus. *Report of the Department of Antiquities, Cyprus*: 1-26.

Ammerman, A. *et al.* 2008 Third report on early sites on Cyprus. *Report of the Department of Antiquities, Cyprus*: 1-32.

Adovacios, J.M. et al. 1975 Prehistoric and historic settlement patterns in western Cyprus (with a discussion of Cypriot Neolithic stone tool technology). *World Archaeology* 6: 339-364

Baudou, E. & Engelmark, R. 1983 The Tremithios Balley Project: a preliminary report for 1981-1982. *Report of the Department of Antiquities, Cyprus*: 1-8

Bunimovitz, S. & Barkai, R. 1996 Ancient Bones and Modern Myths: Ninth Millennium BC Hippopotamus Hunters at Akrotiri *Aetokremnos*, Cyprus? *Journal of Mediterranean Archaeology* 9: 85-96.

Clarke, J. 2001 Style and Society in Ceramic Neolithic Cyprus. *Levant* 33: 65-80.

Colledge, D 2004 Reappraisal of the archaeobotanical evidence for the emergence and dispersal of the 'founder crops'. *Neolithic Revolution: New Perspectives on Southwest Asia in Light of Recent Discoveries on Cyprus.* Levant Supplementary Series I, Oxbow, Oxford: 49-60.

Croft, P. 1991 Man and Beast in Chalcolithic Cyprus. *Bulletin of the American School of Oriental Research* 282/283: 63-79.

Croft, P. 2003. The Animal Bones. *The Colonization and Settlement of Cyprus: investigations at Kissonerga-Mylouthkia, 1976-1996*, Lemba Archaeological Project, Cyprus, Volume III. 1, Studies in Mediterranean Archaeology LXXX:4, P. Åströms Förlag, Sävedalen: 49-58.

Croft, P. 2005 Mammalian Fauna. *Vasilikos Valley Project 7: Excavation at Kalavasos-Tenta Volume II*, SIMA LXXI: 7, P. Åströms Förlag, Göteborg: 342-367.

第 II 部　西アジア型農耕の起源と拡散

Dikaios, P. 1953 *Khirokitia*. Monograph of the Department of Antiquities, Government of Cyprus, No.1. Oxford University Press, Oxford.

Davis, S. 1989 Some More Animal Remains from the Aceramic Neolithic of Cyprus. *Fouilles Récentes à Khirokitia (Cypre) 1983-1986*, Editions Recherche sur les Civilisations, Paris: 189-221.

Davis, S. 1994 Even More Bone from Khirokitia: the 1988-1991 Excavations. *Fouilles Récentes à Khirokitia (Cypre) 1988-1991*, Editions Recherche sur les Civilisations, Paris: 305-333.

Davis, S. 2003 The Zooarchaeology of Khirokitia (Neolithic Cyprus), Including a View from the Mainland. *Suppléments du Bulletin de Correspondance hellénique* 43: 253-268.

Flourentzos, P. 2008 *The Neolithic Settlement of Paralimni*. Department of Antiquities, Cyprus. Nicosia.

Frame, S. 2002 Island Neolithics: Animal Exploitation in the Aceramic Neolithic of Cyprus. *World Islands in Prhistory:International Insular Investigations*. British Archaeological Reports, International Series 1095, Arphaeopress, Oxford: 233-238.

Guilaine, J. *et al*. 1999 Tête sculptée en Pierre dans le Néolithique Pré-Céramique de Shillourokambos (Parekklishia, Chypre). *Report of the Department of Antiquities, Cyprus*: 1-12.

Guilaine, J. 2003 Objets «symboliques» et parures de Parekklisha-Shillourokambos", *Bulletin de Correspondance Hellénique Suppl. 43*: 329-340.

Knapp, B. 2013. *The Archaeology of Cyprus, From EarliestPrehistory through the Bronze Age*. Cambridge University Press, Cambridge.

Le Brun, A. 1985 Cap Andreas-Kastros et Khirokitia. *Archaeology in Cyprus 1960-1985*, Leventis Foundation, Nicosia: 73-80.

McCarthey, C. *et al.*2009 Preliminary report on the 2008 EENC excavations at Aga Varvara *Asprokremnos* and regional field survey. *Report of the Department of Antiquities, Cyprus* : 1-16.

Perlès, C. 2001 *The Early Neolithic in Greece, The first farming communities in Europe*. Cambridge University Press, Cambridge.

Peltenburg, E. (ed.) 2003 The Colonization and Settlement of Cyprus: investigations at Kissonerga-Mylouthkia, 1976-1996, Lemba Archaeological Project, Cyprus, Volume III. 1, Studies in Mediterranean Archaeology LXXX:4, P. Åströms Förlag, Sävedalen

Reese, D. 1999 Pig, Deer. In Simmons, A. *et al. Faunal Extinction in an Island Society*: 164-167.

Şevketoğlu, M. 2002 Akanthou-*Arkosyko* (Tatlısu-Çiftlikdüzü): the Anatolian Connections in the 9th Millennium BC. *World Islands in Prhistory:International Insular Investigations*. British Archaeological Reports, International Series 1095, Arphaeopress, Oxford: 98-106.

Simmons, A. 2001 The First Humans and Last Pygmy Hippopotami of Cyprus. *The Earliest Prehistory of Cyprus, From Colonization to Exploitation*. Cyprus American Archaeological Research Institute Monograph Series 2, American School of Oriental Research, Boston.

Simmons, A. *et al.* 1999 *Faunal Extinction in an Island Society. Pigmy Hippopotamus Hunters of Cyprus*, Kluwer Academic, Plenum Publishers, New York.

Simmons, A. 2003 Preliminary Report of the 2002 excavations at *Ais Giorkis*, an Aceramic Neolithic Site in Western Cyprus. *Report of the Department of Antiquities, Cyprus*: 1-10.

Stanley Price, N. 1977 Khirokitia and the initial settlement of Cyprus. *Levant 9*: 66-89.

Steel, L. 2004 *Cyprus before History: From the Earliest Settlers to the End of the Bronze Age*. Duckworth, London.

Stockton, E. 1968 Pre-Neolithic remains at Kyrenia, Cypurs. *Report of the Department of Antiquities, Cyprus*: 16-19.

Swiny, S. 1988 The Pleistocene Fauna of Cyprus and Recent Discoveries on the Akrotiri Peninsula. *Report of the Department of Antiquities, Cyprus*: 1-14.

Todd, I. 2001 Kalavasos *Tenta* Revisited. *The Early Prehistory of Cyprus from Colonization to Exploitation*, American Schools of Oriental Research, Boston: 95-107.

地中海へと渡った農耕

Vita-Finzi, C. 1973 Paleolithic Finds from Cyprus? *Proceedings of the Prehistoric Society 39*: 453-454.

Vigne, J. 2001 Large Mammals of Early Aceramic Neolithic Cyprus: preliminary results from Parekklisha Shillourokambos. *The Earliest Prehistory of Cyprus from Colonization to Exploitation,* American School of Oriental Research, Boston: 55-60.

Vigne, J., Carrère, I. & Guilaine, J. 2003 Unstable Status of Early Domestic Ungulates in the Near East: the Example of Shillourokambos (Cyprus, IXth-VIIIth Millennia cal. B.C.). *Suppléments du Bulletin de Correspondance hellénique* 43: 239-251.

Vigne, J. *et al.* 2004 Early taming of the cat in Cyprus. *Science* 304(9 April 2004): 259

Vigne, J. *et al.* 2009 Pre-Neolithic wild boar management and introduction to Cyprus more than 11,400 years ago. *Proceedings of the National Academy of Science of the United State of America 106 (38)*: 16135-16138.

Willcox, G. 2000 Présence des cereals dans le Néolithique précéramique de Shillourokambos à Chypre: resultats de la champagne 1999. *Paléorient* 26: 129-135.

Willcox, G. 2003 The Origins of Cypriot Farming. *Suppléments du Bulletin de Correspondance hellénique* 43: 231-238.

Zvelebil, M. and Zvelebil, K. 1988 Agricultural transition and Indo-European dispersals. *Antiquity* 62 : 574-583.

西アジアからエジプトへの
農耕牧畜の伝播とエジプトにおける発展

白井 則行

はじめに

　前・中期完新世に世界の各地で起こった狩猟採集生活から農耕牧畜中心生活への移行は，文明社会を支える生業基盤が確立したという意味で非常に重要な出来事であった。人類学や考古学においては，この移行が各地で具体的にどのように起こり，地域間でどのような相関関係や共通点，相違点が見られるのかが盛んに研究されてきた。本稿では，四大古代文明の1つであるエジプトで，いつ，どのようにして農耕牧畜が始まったのかについて，主に当時の気候変動，環境変化，人口動態の点から論じる。エジプトのナイル河谷に農耕牧畜生活が根付いてから最初の古代国家が誕生するまではわずか千年足らずであったのに対して，農耕牧畜生活が根付くまでにはその何倍もの時間がかかっている。本稿では，この長期にわたる過程について広範な地理的脈絡から考察する。

1. 農耕牧畜はエジプトのどこで，いつ始まったのか

　本稿におけるエジプトとは，アフリカ大陸の北東角を占める，現在のエジプト・アラブ共和国を指す(図1)。エジプトは北では地中海，東では紅海に面し，西をリビア，南をスーダンに接している。国土の真ん中を流れるナイル河は東アフリカの高原地帯に発し，ワディ・ハルファ近くの第2瀑布以北から現在のエジプト領内に入り，アスワンの第1瀑布を越えると，カイロまでの間には瀑布はないため，傾斜は非常に緩やかで流れも遅くなる。ナイル河はカイロ以北にデルタを形成しつつ，地中海に注いでいる。ナイル河谷は，北部ではエジプト石灰岩台地，南部ではヌビア砂岩台地を削り込んで形成されており，南部で

第Ⅱ部　西アジア型農耕の起源と拡散

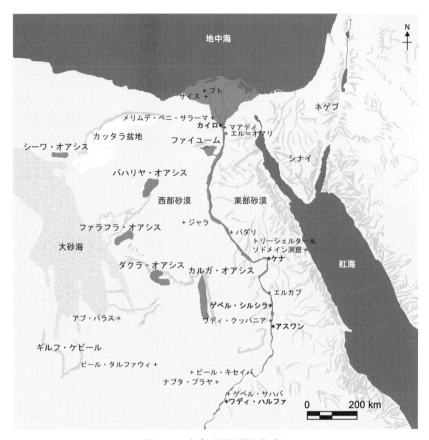

図1　エジプト地図（筆者作成）

は河谷の幅は非常に狭いのに対して，砂岩台地が途切れて石灰岩台地に入れ替わるゲベル・シルシラ以北からナイルデルタに至るまでは沖積平野の幅も広がり，最大幅は25kmにもなる。第1瀑布からナイル河が大きく屈曲するケナまでの地域は上エジプト，ケナからファイユーム盆地のある辺りまでは中エジプト，ファイユーム以北は下エジプトと呼ばれる。第1瀑布と第2瀑布の間の地域は下ヌビアと呼ばれる。

　ナイル河谷東岸から紅海岸までの間の起伏の大きい岩砂漠はアラビア砂漠，または東部砂漠と呼ばれ，ナイル河谷西岸からリビアとの国境までの間の比較的平坦な礫砂漠はリビア砂漠，または西部砂漠と呼ばれる。リビアとの国境付

212

近には「大砂海」と呼ばれる砂砂漠が広がっている。西部砂漠という呼称はあくまでナイル河谷から見た呼称であり，アフリカ大陸全体の中では，東部サハラ砂漠と呼ばれる。西部砂漠には，シーワ，バハリヤ，ファラフラ，ダクラ，カルガの5つの大きなオアシスがある。これらのオアシスでは，地下のヌビア帯水層から水が豊富に湧き出している。カイロの南西約100kmに位置するファイユーム盆地は巨大な湖を湛え，一見オアシスのようであるが，この湖はナイル河に繋がっており，そこから水の供給を得ているため，ファイユームの環境は，オアシスというよりもナイル河谷の環境に近い。

　中・後期完新世には，エジプトのナイル河谷各地でさまざまな考古学的文化が生まれた。紀元前5000年紀後半から紀元前4000年紀前半のナイル河谷では，中エジプトにバダリ文化が現れ，続いて，中エジプトと上エジプトにナカダ文化，下エジプトにマアディ・ブト文化が現れる。これらは，紀元前4000年紀末に成立した最初の王朝国家に先立つ文化として，まとめて先王朝文化と呼ばれており，より一般的な考古学的呼称としては金石併用文化に相当する。この時代には，農耕牧畜が基盤となりつつも，依然として狩猟，採集，漁撈は重要な生業であった。石器，土器に加えて，さまざまな工芸品や銅製品も登場し，それらの製作と流通は次第に専業化していった。ナカダ文化は，紀元前4000年紀後半には下エジプトにも拡散して，エジプト全土がナカダ文化一色となり，これがその後3000年続く古代エジプト文化の基礎となった。先王朝時代以前の考古学的文化には，技術的な発展の度合いや生業形態に応じてさまざまな名称が与えられており，その分布は非常に広範でナイル河谷だけに留まらない(図1)。

　ナイル河谷内の沖積平野やその縁辺の低位砂漠は先史時代以来の人間の居住域であったが，ナイル河の沖積活動や近現代の人間による土地利用の拡大のために，現地表面下にある先史時代の人々の活動の痕跡を見つけることは困難になっている。従って，前・中期完新世の考古学的文化はごくわずかしか研究されていない。それらの文化は細石器の優勢と土器の欠如，狩猟採集生活が特徴で，終末期旧石器文化と呼ばれる(Close 1996; Vermeersch 2002)。ナイルデルタの沖積平野も先史時代以来の人間の居住域であったはずであるが，ナイル河谷の場合と同じ理由で，考古学の調査は困難になっている。先史時代の人間活動の痕跡は，農地などに利用されていないゲジラ(アラビア語

第Ⅱ部　西アジア型農耕の起源と拡散

で「島」の意味）と呼ばれる河の支流と支流の間に形成された小丘状の沖積堤
においてか，あるいはデルタ縁辺の低位砂漠上でしか見つからない。そう
した数少ない痕跡のうちで最も古いのは，中期完新世の土器と農耕牧畜を
伴う新石器文化のもので，それより古い文化については不明なことが多い
（Junker 1928; Rowland and Bertini 2016; Wilson *et al.* 2014）。

　前・中期完新世の東部砂漠における人間活動についてはほとんど知られてお
らず，紅海岸に近い地域で，洞窟や岩陰，涸れ谷，海岸平野などが利用された
痕跡が見つかっているのみである（Vermeersch 2008; Vermeersch *et al.* 2015）。紅海岸に
近いワディ・ソドメインで得られたデータによれば，そこは，気候が湿潤にな
った紀元前 8000 年紀の終わり頃から人が断続的に訪れていた。一方で，西部砂
漠にあるオアシスは，先史時代以来，半乾燥環境の中にあって人間の活動拠点
であり続けた。過去数十年間に行なわれた西部砂漠全域にわたる踏査と比較的
良好な保存状態のおかげで，前・中期完新世の西部砂漠における人間活動の痕
跡がオアシスだけでなく，季節的に雨の降る他の地域でも発見され，研究され
てきた。人間の活動拠点は，水が枯れることのない泉の周りや，プラヤと呼ば
れる，降雨後に出現する浅い池や湖の周りに集中する傾向があった（Bubenzer and
Riemer 2007; Riemer 2005）。

　西部砂漠における前・中期完新世の文化編年については，各地から得られた
放射性炭素年代を基に構築されてきた。紀元前 9000 年紀以来の長期にわたる
人間の居住の継起がエジプトの南の国境に近いナブタ・プラヤ / ビール・キセ
イバ地域とダクラ・オアシスで明らかになっている（McDonald 2001; 2016; Wendorf
and Schild 2001）。この 2 ヵ所における前期完新世の文化は，ダクラ・オアシス内
の指標遺跡にちなんで，マサラ文化と名付けられた終末期旧石器文化である。
これに続いて，ナブタ・プラヤ / ビール・キセイバ地域の指標遺跡にちなんで
名付けられたエル＝ゴラブ文化が西部砂漠だけでなく，ナイル河谷まで拡がっ
た（McDonald 2003; Wendorf and Schild 2001; Wendorf *et al.* 1984）。土器製作と野生ウシ（*Bos
primigenius*）の家畜化の試みは，ナブタ・プラヤ / ビール・キセイバ地域では紀元
前 9000 年紀から知られているが，西部砂漠の他の地域では，紀元前 6000 年紀
まで知られていない。紀元前 6000 年紀初めには，西部砂漠のいくつかの地域で
家畜ヤギ（*Capra aegagrus* f. *hircus*），家畜ヒツジ（*Ovis ammon* f. *aries*）の飼養が始まって

214

いる。しかし，紀元前 6000 年紀半ば以降には，気候の乾燥化に伴って西部砂漠の文化は次第に消滅し，年間を通じて水がある地域でのみ存続するようになる（Kuper 2007; Nicoll 2001）。

エンマー小麦（*Triticum turgidum* ssp. *dicoccum*），二条大麦（*Hordeum vulgare* ssp. *distichum*）などの栽培作物とヤギ，ヒツジなどの家畜，土器や磨製石器などの物質文化が揃っていることによって定義される典型的な新石器文化が初めてエジプトに現れるのは，紀元前 6000 年紀の半ば以降のことで，ファイユーム盆地がその最古の場所である（Caton-Thompson and Gardner 1934; Shirai 2010）。これに続いて，紀元前 5000 年紀には類似した文化がナイルデルタ西部のサイスとメリムデ・ベニ・サラーマやカイロ南郊のエル＝オマリ，中エジプトのバダリに現れた（Brunton and Caton-Thompson 1928; Debono and Mortensen 1990; Eiwanger 1984; 1988; 1992; Rowland and Bertini 2016; Wilson *et al.* 2014）。

2. エジプトにおける農耕牧畜の開始と発展をどのように見るか

野生エンマー小麦（*Triticum turgidum* ssp. *dicoccoides*）と野生二条大麦（*Hordeum vulgare* ssp. *spontaneum*）の自生地は，西アジアの中でも年間降雨量が少なくとも 300 ミリはある肥沃な三日月地帯の潅木地であることが知られている一方，野生アインコルン小麦（*Triticum monococcum* ssp. *boeoticum*）はこれよりも湿潤な環境を好むため，南レヴァントまではその分布を広げていない。北アフリカには，野生小麦は自生していない一方で，乾燥に強く，冷涼な気候にも耐える野生大麦は北アフリカの地中海岸沿いにまばらに分布している（van Zeist and Bottema 1991; Willcox 2005; Zohary *et al.* 2012）。これは，野生の小麦，大麦の成長に必要な冬から春にかけての雨の量が北アフリカの大部分では全く足りないからである。更に，西アジアと北アフリカでの調査によって，北アフリカで知られている家畜ヒツジと家畜ヤギは，アフリカ土着の野生種であるバーバリーシープ（*Ammotragus lervia*）やヌビア・アイベックス（*Capra ibex nubiana*）とは遺伝的に繋がりがないことが明らかにされた（Gautier 2002; 2007; Uerpmann 1987）。西アジアのどこで，いつ栽培種の小麦，大麦，家畜種のヒツジ，ヤギが最初に現れたのかという問いに関する議論はまだ決着が付いておらず，チグリス・ユーフラテス河上流域単一起源説と，西ア

第Ⅱ部　西アジア型農耕の起源と拡散

ジアの複数の地域起源説とがある(Fuller *et al.* 2011; 2012; Gopher *et al.* 2001; 2013; Peters *et al.* 2005; Zeder 2008; 2011)。それでも，エジプトで知られている栽培種の小麦，大麦，家畜種のヒツジ，ヤギに関しては，レヴァントから来たことは疑いの余地がない。

こうした事実があるにもかかわらず，エジプトにおける農耕牧畜の開始が西アジア考古学の研究成果に照らして論じられることは最近までほとんどなかった(Barich 2016; McDonald 2016; Shirai 2010; 2016)。エジプトの研究者は，農耕牧畜がエジプトで独自に始まったかもしれないという話を強調する一方で，レヴァントからの栽培作物や家畜の導入がどのように起こったのかについては曖昧にしてきた。後期旧石器時代(約2万年前)のナイル河谷で大麦が栽培されていた可能性が1980年代に一時取り沙汰された後，撤回されたものの，過去数十年の西部砂漠における調査によって，エジプトの南の国境近くでは，世界でも最古級の土器製作が紀元前9000年紀に始まり，土着の野生ウシの家畜化の試みが遅くとも紀元前8000年紀には始まっていたことが明らかになった(Gautier 2002; 2007; Hassan 2002a; 2002b; Jordeczka *et al.* 2011; 2013; Wendorf and Schild 2001)。この土器を伴う牧畜文化は，スーダンのナイル河谷からリビアのサハラ砂漠に至る広い範囲に分布しており，今では前期完新世の特異なサハラ・スーダン文化として認知されている(Close 1995; Cremaschi and Di Lernia 1999; Garcea 2004; Jesse 2003; Mohammed-Ali and Khabir 2003)。早くからの土器製作の発展とそれに続くウシの家畜化という継起を基に，このサハラ・スーダン文化は，初めが中石器文化，次が新石器文化として理解されている。前期完新世のナブタ・キセイバ地域の文化連続もエル＝アダム初期新石器文化，続いてエル＝ゴラブ初期新石器文化と名付けられている(Wendorf and Schild 2001; Wendorf *et al.* 1984)。一方で，同時代の西部砂漠の他の地域やエジプトのナイル河谷における考古学的文化は，細石器の優勢という点においてはサハラ・スーダン文化と共通しているものの，土器も家畜ウシも存在しないため，終末期旧石器文化と名付けられている。

しかし，「新石器文化」という用語はヨーロッパ考古学においては非常に曖昧に定義されてきたため，アフリカの状況を描写するのには必ずしも適しておらず，そうした用語をアフリカで使うことは問題が多いということが議論されてきた(Sinclair *et al.* 1993; Smith 2013)。何人かの研究者は，「新石器文化」という用語

が穀物栽培の存在を含意しているため，前期完新世の西部砂漠で知られている土器とウシの飼養を伴うサハラ・スーダン文化は「新石器文化」と呼ぶべきではなく，代わりに技術的発展段階のみに注目して，単に「土器文化」と呼ぶべきであると主張している（Hendrickx and Vermeersch 2000; Kuper 2007）。

　西アジア考古学やヨーロッパ考古学においては，「新石器革命」という用語は次第に使われなくなっているが，これは，「新石器革命」に関する議論の中で定義された，栽培作物や家畜，土器，磨製石器，定住村落などのいわゆる「新石器パッケージ」の全ての要素が同時に出現したという説が疑問視されるようになり，全ての変化の過程が必ずしも革命的ではなかったとの理解が広がったからである。その代わりに，最近では「新石器化」という用語の方が使われている。「新石器化」とは，前・中期完新世に起こった，野生種の馴化，または他地域からの馴化種の導入による穀物栽培と家畜飼養の開始と発展，及びそれに伴う新しい技術の発展や，複雑な社会の発展という長期にわたる過程のことを指している。以前は「新石器パッケージ」の構成要素と見なされていた個々の特徴についても再考がなされ，今ではそれらは必ずしも同時発生ではなく，またもっと複雑に関連し合っていると見なされるようになった（Barker 2006; Cauvin 2000; Finlayson 2013; Verhoeven 2004; 2011）。

　エジプトの研究者は，前・中期完新世における特異なサハラ・スーダン文化の発展を記述する際に，「新石器化」という用語を避けるか，あるいは使うことを長らくためらってきた。これは，サハラ・スーダン文化の発展が西アジアの肥沃な三日月地帯やヨーロッパで見られたような急速な社会経済状況の発展には繋がらずに，厳しい砂漠環境への遊動牧畜適応という結果になったからである。ウシ家畜化の試みがエジプトの南部で非常に早い時期に始まった一方で，家畜ヒツジやヤギの導入はエジプトのいくつかの地域で遅れて始まった。また，栽培種小麦や大麦はエジプトのナイル河谷内には拡がったものの，西部砂漠に伝播することはなかった。古代エジプト文明は，レヴァントの農耕牧畜文化を基盤としてナイル河谷に誕生したのであり，土着のウシの家畜化によってのみ成り立ったわけではないことを踏まえると，レヴァントからエジプトへの影響はそれがどんなに時期的に遅かったとしても決して過小評価されるべきではない。それでもこのことは，エジプトの新石器化がレヴァントからの新石器パッ

第Ⅱ部　西アジア型農耕の起源と拡散

ケージの到来の時点でようやく始まったという意味ではない。エジプトの新石器化はすでに前期完新世には始まっており，外来の栽培作物や家畜の導入によって完了したと考えるべきである。エジプトの新石器化は部分的には西アジアの新石器化と連動しており，東地中海地域という脈絡に置くことによって，より深く理解できるということはもっと強調されて良い。

　エジプトにおけるこれまでの研究は概して，栽培作物や家畜がどのようにしてエジプトの住人の手に渡ったのか，また，それらのエジプトへの伝播は，なぜ紀元前6000年紀よりも前に起こらなかったのかについて論じることを怠ってきた。エジプトの研究者にとっては，北アフリカにおけるどのような気候条件や環境条件の下で，ナイル河谷や西部砂漠の住人は外来の栽培作物や家畜を拒絶，または受容したのかということが重要な研究課題となる。実際，ある研究者は，ナイル河谷は野生食料資源が非常に豊富だったためにそこの住人は外来の栽培作物や家畜を長らく必要としていなかったと論じてきたのに対して，他の研究者は，野生食料資源が概して豊富だったとしてもナイル河谷の住人は時には食料不足に見舞われていたはずであり，バックアップ用として外来の栽培作物や家畜を導入する必要があったはずと論じていたが (Butzer 1976; Hassan 1984; Wetterstrom 1993)，答えは曖昧なままであった。

　一方で，エジプトが西アジアにおけるいわゆる「先土器新石器時代B期交流圏」(Bar-Yosef and Belfer-Cohen 1989)からは完全に外に位置していたのか，また誰がどのような状況下で栽培作物や家畜のエジプトへの伝播を仲介したのか，といったこともエジプトの研究者にとって重要な研究課題である。西アジアにおいて，言葉の壁やその他の障害をものともせずに多くの共同体が新奇な事物に魅了されて交流ネットワークに参入し，社会文化的交流圏が拡大，強化されていく様 (Watkins 2008; 2013)については，エジプトの新石器化に関する研究でも考慮する必要がある。「先土器新石器時代B期交流圏」の概念に関しては最近，西アジアの研究者によって詳細な再考察が行われたが，エジプトのことは全く言及もされていない (Asouti 2006; 2011)。西アジアの研究者にとっても，エジプトを考慮に入れることは「先土器新石器時代B期交流圏」の概念をより明確にする上で重要なはずである。西アジアの研究者は，先土器新石器時代B期の人々による縄張り拡大行動を理解するために，キプロス島への植民といった研究課題

218

には熱心に取り組んでいるが，それならば，レヴァントとはシナイ半島を通じて陸続きで，交流もはるかに容易であったはずのエジプトを無視して良いはずがない。

　南レヴァントにおける先土器新石器時代 B 期の文化と社会は，人間による樹木の伐採や過放牧が原因で起こった環境破壊と，熱帯収束帯の南への後退による気候の乾燥化の両方が原因で，紀元前 6900 年頃に「崩壊」したと論じられてきた(Rollefson and Köhler-Rollefson 1989; Simmons 1997; 2000)。先土器新石器時代 B 期から土器新石器時代の間に，南レヴァントの各地で大規模な地滑りの痕跡も見られることから，近年では，この時期の気候の変動が単なる乾燥化に留まらず，突発的な豪雨も伴うなど，大きな天災になったことが論じられている(Weninger *et al.* 2009)。この「崩壊」がいかにして周辺地域へのドミノ効果の引き金となり，エジプトの新石器化にも影響を与えたのかについて考察する意義は大きい。この時期のエジプトでは，土着の社会の劇的な崩壊は知られていないが，エジプトが紀元前 7600 年以降，たびたび気候変動を経験し，西部砂漠の多くの居住地が何度か一時的に放棄され，特に紀元前 6000 年頃にそれが顕著であったことは確かである(Riemer 2006)。従って，紀元前 7000 年紀の北アフリカとレヴァントにおけるほぼ同時期の気候の悪化は，近年，「8200 年前の寒冷化現象」，または紀元前 7000 年紀の「突発的気候変動」(Rohling *et al.* 2002; Rohling and Pälike 2005; Weninger *et al.* 2009)と名付けられたことで知られる地球規模の気候変動に関係していた可能性があり，これが当時の人々の遊動戦略や縄張りの再編を引き起こしたと考えられる。「8200 年前の寒冷化現象」はレヴァントからヨーロッパのバルカン半島へ農耕牧畜民が拡散するきっかけになったと論じられているが(Weninger *et al.* 2009)，農耕牧畜民の拡散は北アフリカ方向にも起こった可能性は高い。

　エジプトの研究者がこれらの課題に取り組むに当たっては，エジプトの新石器化を引き起こした諸要因について整理をし，どのような時間的尺度でそれらの要因が現れ，影響し合ったのかについて熟考する必要がある。西アジア考古学における同種の研究は最近では，相対立する考え方をどのように調和させ，どの要因をより詳しく調査するべきかを明確にしようと試みてきた(Asouti and Fuller 2013; Finlayson 2013; Watkins 2006; 2013; Zeder 2009)。今やらなければならないことは，エジプトを含む北アフリカが農耕牧畜の開始に向かって辿った歴史の

特異さをただ強調して，西アジア考古学で使われている農耕牧畜の開始に関する理論やモデルは北アフリカには当てはまらないと悲観的な意見を述べること（Garcea 2004; Linseele 2010）ではなく，なぜ，どのようにしてそのような特異さが北アフリカに現れたのかを描写することである（Barich 2016; Marshall and Hildebrand 2002; Marshall and Weissbrod 2011; McDonald 2016; Shirai 2010; 2016）。以下では，エジプトの新石器化の諸要因について論じる。

3. エジプトの新石器化の諸要因

3-1. 北アフリカの気候と動植物相

　北アフリカの気候は雨をもたらす低気圧の配置によって決まる（図 2）。一般に，雨は北緯 40 度から 60 度あたりを行き来する寒帯前線や北緯 0 度から 20 度あたりの低緯度を行き来する熱帯収束帯など，低気圧帯に沿って降るものである。亜熱帯高圧帯と呼ばれる，北緯 30 度あたりの高気圧帯の下にはほとんど雨は降らず，ここが今日では最も乾燥した地域に当たる。時折，低気圧の谷で亜熱帯サイクロンが地中海上に発生するが，この気圧の谷が冬には北アフリカまで南下してくるため，それに引きずられる形で，偏西風が大きく南へ蛇行し，サイクロンに由来する雨を北緯 25 度あたりまで降らせる。熱帯収束帯は，地上から見た太陽の位置が季節的に南北に移動するのに合わせて赤道をまたいで南北に移動しており，夏には北緯 15 度あたりまで来て雨をもたらす。寒帯前線は冬から春にかけて南に移動し，西アジアに雨をもたらすが，北アフリカまでは至らない。従って，北アフリカの雨量は，亜熱帯高圧帯の気圧の谷と熱帯収束帯の季節的，長期的な南北移動に大きく左右される（Nicholson 2000; Said 1993）。これは更新世や前・中期完新世においても同じで，南北移動の幅が異なるだけである（Brookes 2003; Gasse 2000; Hassan 1997; Haynes 2001; Kuper and Kröpelin 2006; Staubwasser and Weiss 2006; Zerboni 2013）。

　中期更新世や前期完新世に関する限り，エジプトは必ずしも「ナイルの賜物」ではなかった。エジプトの南の国境に近いビール・タルファウィやダクラ・オアシスにおける考古学，地質学の調査と動物遺存体の研究によって，今日の西部砂漠が中期更新世にはサイ（*Ceratotherium simum*）やキリン（*Giraffa camelopardalis*），バッ

ファロー (*Pelorovis antiquus* or *Syncerus caffer*), イボイノシシ (*Phacochoerus aethiopicus*), カバ (*Hippopotamus amphibius*) などを含むスーダン・エチオピア動物相を支えるに十分なほど湿潤であったが，遅くとも7万年前頃には気候の乾燥化によって砂

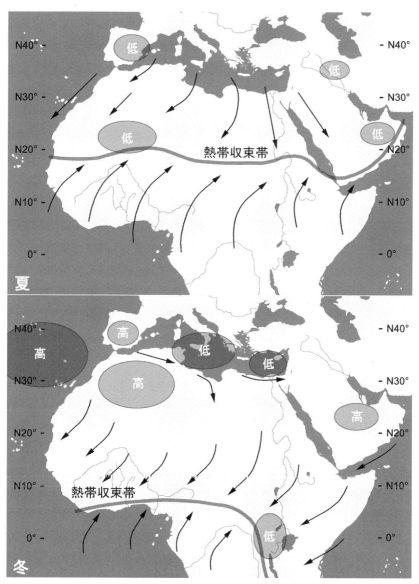

図2　北アフリカの気圧配置(筆者作成)

漠化したことが明らかになった（Churcher *et al.* 2008; Gautier 1993）。更に，ヤンガー・ドライアスとして知られる終末期更新世における突然の気候の寒冷化と乾燥化の後に続く前期完新世のエジプトの気候は，短い乾燥化の時期を繰り返し挟むものの，概して湿潤になったことがさまざまなデータによって明らかになった（Hassan 1997; McDonald 2001; Nicoll 2001; 2004; Riemer 2006; Wendorf and Schild 2001）。

　ナイルデルタ沖の東地中海の海底から採取された土壌コアは，前期完新世に大量の真水がこの海域に流入したことを示しており，これはエチオピア高地にあるナイル河の源流域で夏に激しい雨が降った結果，ナイル河の水量が急増したことによるものと考えられている（Ducassou *et al.* 2008; Fontugne *et al.* 1994; Rossignol-Strick 1999）。また，ナイル河流域の各地で観察される沖積層も河の水位が前期完新世には変動はあったものの，概して非常に高かったことを示している（Said 1993）。紅海の海底から採取された土壌コアも紀元前 8000 年紀後半から 6000 年紀後半頃に大量の真水の混入が特に紅海の北端で起こったことを示しており，寒帯前線の南下によって，この地域における冬から春の雨量が増したと考えられている（Arz *et al.* 2003）。これらのことは北アフリカの植物相にも大きな影響を与えた。

　現在，地中海性植物相の南限はカイロのある北緯 30 度あたりで，一方，スーダン・サヘル植物相の北限はナイル河の第 5 瀑布のある北緯 15 度あたりであり，この両植物相の間の広大な地域は不毛の砂漠となっている。しかし，植物考古学や土壌堆積学の研究によって，前・中期完新世には，熱帯収束帯の北進に伴って，スーダン・サヘル灌木相がファラフラ・オアシスやジャラのある北緯 27 度あたりまで拡がり，亜熱帯高圧帯の気圧の谷の南進に伴って，地中海性植物相もダクラ・オアシスやカルガ・オアシスのある北緯 25 度あたりまで拡がっていたことが明らかにされた（Haynes 2001; Neumann 1989; Nicoll 2004; Nussbaum and Darius 2010）。

　前期完新世の湿潤期における降雨によって，今日の西部砂漠は草原や灌木地に変貌した。これによって，狩猟採集民はナイル河谷だけでなく，この「緑の砂漠」でも生業活動ができるようになった。この時期の西部砂漠における人間の活動拠点で最も一般的な樹木はアカシア（*Acacia* sp.）とタマリスク（*Tamarix* sp.）で（Neumann 1989），野生動物には，オリックス（*Oryx dammah*）やダマ・ガゼル（*Gazella dama*），ドルカス・ガゼル（*Gazella dorcas*），野ウサギ（*Lepus capensis*）などがいた（Pöllath 2009; Van Neer and Uerpmann 1989）。これらの動植物は，降雨があったにもかかわらず西部砂漠が概して半乾燥環境であって，もっと湿潤だった中期更新世の環境とは比較にならないことを示している。しかし，西部砂漠の中でもダクラ・オアシスのように地下水が豊富な地域では，前・中期完新世を通じて動植物はもっと多様で，バッファロー（*Pelorovis antiquus* or *Syncerus caffer*）やハーテビースト（*Alcelaphus buselaphus*），シマウマ（*Equus* sp.）など，飲料水なしでは1週間も生きられない動物や，ドルカス・ガゼルのように乾燥に強く，飲料水なしでも数週間は生きられる動物の両方がいた（Churcher *et al.* 2008）。

　一方で，同時代のナイル河谷の環境がどのような状態だったのかについては良く分かっていない。上エジプトのナイル河谷の遺跡で発見された上部旧石器時代と後期旧石器時代の動物遺体は，後期更新世の乾燥した冷涼な気候の下でどのような野生動物が河谷環境に暮らしていたのかを示している。主な哺乳動物は，カバ，野生ウシ，ハーテビースト，野生ロバ（*Equus africanus*），ドルカス・ガゼル，バーバリーシープの6種であるが，このうち，カバ，野生ロバ，バーバリーシープの数はあまり多くない（Gautier and Van Neer 1989; Linseele and Van Neer 2009; Peters 1990; Vermeersch *et al.* 2007）。これらの動物は，紀元前8000年紀から7000年紀に当たる終末期旧石器時代のエルカブ文化の人々が狩猟対象としていた動物と基本的に同じである（Vermeersch 1984; 2002）。この時期にナイル河の水量が増したことが知られているが，ナイル河谷の住民がそのような状況にどう対処したのかについては，遺跡数が非常に少ないため，ほとんど分かっていない。

　こうした西部砂漠とナイル河谷との間の対照的な状況は，エジプトの新石器化の脈絡で最初に考慮するべき要素である。どちらの状況が最初の土器製作やウシの家畜化の試みが行なわれるに当たって，より好ましかったのかは明らかではない。現在までに得られているデータによれば，エジプト最古の土器と最古の家畜ウシは，紀元前9000年と7600年の間にあった前期完新世の湿潤期のうちの1つであるエル＝アダム湿潤期にエジプトの南の国境に近いビール・キセイバとナブタ・プラヤで現れているが（Wendorf and Schild 2001），これは単に西部砂漠における遺跡の保存状態の良さによるもので，実際にはそれらはナイル河谷でもっと早くに現れていたかもしれない。

第Ⅱ部　西アジア型農耕の起源と拡散

前・中期完新世の西部砂漠における生業活動の大きな変化の１つは，ナブタ・プラヤやアブ・バラス，ダクラ・オアシスやファラフラ・オアシスで，ソルガム（*Sorghum bicolor*）やキビ（*Panicum turgidum*）などの野生穀物の集中的利用が始まったことである（Barakat 2002; Barakat and Fahmy 1999; Barich *et al.* 2014; McDonald 2008; 2009; 2013; 2016; Wasylikowa *et al.* 1997; 1999）。また，植物遺存体は見つかっていないものの，石皿の出現と増加から，西部砂漠のその他の地点でも野生穀物の利用が始まったと考えられている（Gehlen *et al.* 2002; Riemer 2007a）。他の大きな変化としては，ナブタ・プラヤやビール・キセイバ，ダクラ・オアシスにおけるウシの飼養の開始と，ナブタ・プラヤやダクラ・オアシス，ファラフラ・オアシス，ジャラにおけるヒツジとヤギの飼養の開始が挙げられる（Barich *et al.* 2014; Churcher *et al.* 2008; Kindermann 2010; McDonald 2008; 2009; 2013; 2016; Wendorf *et al.* 1984; Wendorf and Schild 2001）。

ここでの疑問は，なぜバッファローのような土着の動物の家畜化が中期更新世の湿潤期に始まらずに，前期完新世になって，西部砂漠の半乾燥環境という野生ウシの本来の生息環境ではない場所で野生ウシの家畜化が進んだのかということである。野生ウシの本来の生息環境はナイル河谷に間違いなく，西部砂漠の真ん中にあるナブタ・プラヤやビール・キセイバとナイル河谷を結ぶ自然の回廊のようなものは存在しない（Gautier 2002; 2007）。従って，前期完新世における砂漠環境の湿潤化だけが自律的なウシの家畜化の発展のための十分条件ではなかったと仮定できる。

最近の古気候学の研究は，更新世の湿潤期が，植物の成長に大きな影響を与える気温や大気中の二酸化炭素濃度，それらの変動の度合いや頻度という点において，完新世の湿潤期とは全く異なっていたことを明らかにしており，更新世の気候下では農耕は全く不可能であったとまで論じられている（Richerson *et al.* 2001）。この研究に従えば，植物の成長に適した大気のおかげで，完新世の植物は更新世の植物よりも多産で栄養豊富で，寒波や乾燥に対しても耐性を獲得したため，完新世の狩猟採集民が植物性食料への依存度を次第に高めていくことはほとんど必然であったという（Bettinger 2001）。エジプトの西部砂漠において，前期完新世に野生穀物の集中的な採集が始まったのも当然の現象であったということになる。従って，紀元前 7000 年頃にナブタ・プラヤで狩猟採集民による

野生穀物の集中的な採集が始まったのは，エル＝ナブタ・エル＝ジェラール湿潤期と呼ばれる，前期完新世の最湿潤期の到来によって（Wendorf and Schild 2001），それまでになかった植物相が拡大したことに関係しており，そうした集中的な採集は更新世には起こり得なかったと考えられる。更に西部砂漠に繁茂した野生穀物は，野生動物を引き寄せただけでなく，家畜のための餌にもなったはずである（Wasylikowa *et al.* 1997）。狩猟採集民が野生穀物の経済的価値に気づいて初めて，彼らはそれを家畜の餌にできるようになったことになる。ウシの家畜化が本来の生息環境ではない場所で前期完新世に起こったのは，こうした気候上，環境上の理由があった可能性が高い。

　ここでの第2の疑問は，南レヴァントからエジプトへの栽培種の小麦，大麦や家畜種のヤギ，ヒツジの伝播がなぜ前期完新世の気候条件の良かった時に起こらなかったのかということである。南レヴァントの中期先土器新石器時代B期は，前期完新世の湿潤な気候の下で農耕が急速に拡散した時代で，栽培種の小麦，大麦が肥沃なレヴァント回廊を超えて周囲の半乾燥地にまで伝播した。しかし，家畜種のヤギ，ヒツジがエジプトの紅海岸へ到達し，栽培種の小麦，大麦がエジプトのファイユームに伝播したのは，中期完新世になってからであった。従って，栽培作物や家畜のエジプトへの伝播がこのように遅かった直接の理由は湿潤な気候以外の何かであったと考えられる。

3-2. 人口の集中と定住化

　家畜種のヤギ，ヒツジは紀元前6000年紀前半にシナイ半島からエジプトの東部砂漠の紅海岸に到達し，そこからナイル河谷をまたいで西部砂漠に伝播したと論じられているが（Close 2002; Riemer 2007b）。家畜ヤギ，ヒツジがなぜ，どのようにして受け入れられたのかは説明されていない。この疑問には，この時期のエジプトに何か前例のないことが起こってはいなかったかどうかを検証することによって答える必要がある。

　エジプトの西部砂漠は，前期完新世の湿潤期には人の居住が可能になったが，全域が等しく居住されたわけではなかった。ナブタ・キセイバ地域では，人々が掘った井戸が見つかっているが（Kobusiewicz 2003），地下水脈は西部砂漠のどこでも見つかるわけではなかった（Riemer 2005）。調査によって，前・中期完新世の

第II部　西アジア型農耕の起源と拡散

西部砂漠における人間の居住跡の多くは，崖下の窪地やかつての水流跡の傍に位置していることが明らかにされており（Bubenzer and Riemer 2007），十分な水が得られることが当時の居住拠点の選定において最も重要な条件であったことは確かである。人々は地下水の絶えない場所や，降雨後に現れる季節的な湖の周りに集まって暮らし，そこから放射状に動いたり，あるいは水場と水場の間を行き来したりしていたと考えられる。

　ある程度の定住は，水場やその周囲の食料資源へのアクセスを維持するために必要だったはずであり，特に西部砂漠では水場の数は限られていたため，定住の必要性は，ナイル河谷の住人よりも西部砂漠の住人の方がより強く感じていたはずである。ナイル河谷の後期旧石器時代の遺跡であるワディ・クッバニアやゲベル・サハバでは，暴力的な死を迎えた痕跡を持つ人々の遺体が多く見つかっており（Wendorf 1968; Wendorf and Schild 1986），この時代には，異なる人間集団間の激しい争いが稀ではなかったことがわかる。そうした争いは，重要な資源へのアクセスを巡るものであった可能性は高い。前期完新世の気候の湿潤化に伴って野生食料資源が豊富になったことは，直ちに人口の増加には繋がらなかったとしても，その機会を増やしたことは確かである。前・中期完新世の西部砂漠において，暴力的な死を迎えた人の遺体が見つかっていないことは，血生臭い争いを減らすような新しい社会関係や社会制度のようなものが生まれていたことを示唆しているかもしれない。

　ナブタ・プラヤやダクラ・オアシスでは，石器組成や遺跡分布，井戸や貯蔵穴などの考古学的証拠から，ある程度の定住化への移行は前期完新世には始まっていたと推測されている（Kobusiewicz 2003; McDonald 2009; 2013; 2016; Wendorf and Schild 2001; 2002; 2003）。人間の縄張り意識の出現に関する議論によれば（Rosenberg 1990; 1998），多くの人々が限られた数の水源の周りに季節的，または1年を通じて集まるようになると，その水源やその周囲の食料資源に対する権利が厳密なものになり，縄張り意識が生まれるという。そのような状況では，互酬制や族外婚などの社会経済的結び付きを通じて互いの縄張りを訪問する機会は保障されるにしても，食料を求めての移動の自由は次第に制限されるようになる。その結果，ストレスの多い状況や争いが縄張り内，あるいは縄張り間で起こることになる。

前・中期完新世の西部砂漠の場合，湿潤期の間にも繰り返し短い乾燥期があったことは，ストレスの原因になり，人口と利用できる食料資源量との不均衡が頻繁に起こったと考えられる。そのような状況下では，他集団の縄張りを訪れて食料を調達することは面倒であるため，次第に労働力の大部分は自分たちの縄張り内から十分な収穫を得るために費やされるようになる。どれだけ時間がかかり，どれだけ労働量が増えるとしても，できるだけ多くの食料を得られる間に最大限収穫して貯蔵しておくことが最も重要な生業戦略となるのである（Bettinger 2001）。特に，生長が予測可能で，移動可能で，馴化しやすい動植物がいて，それらの効率的な利用を可能にする技術革新が起これば，そのように限られた居住域内での食料獲得の集約化こそが食料生産の開始に繋がり得ると言える（Rosenberg 1990; 1998）。水と食料の獲得を巡るストレスの多い状況がナブタ・プラヤやダクラ・オアシスなど，西部砂漠の中でも特に人間の居住にとって好ましい地域で起こった可能性は高い。井戸を掘ったり，余剰食料を貯蔵したりすることは，自分の縄張り内にできるだけ長く留まり続け，近隣に住む集団との不必要な争いを避けるための手段であったと考えられる。

　ナブタ・プラヤにおける野生ソルガムの集中的収穫の始まりは，人々が限られた居住域の中で以前はあまり見向きもしなかった食料資源を利用することで，食料の総量を増やそうと試みたことの現われであるとも論じられている（Wendorf and Schild 2002）。ナブタ・プラヤは，ポスト・アル＝ジェラール乾期と名付けられた短い乾期の到来のために，紀元前 6000 年頃に一時放棄されるが（Wendorf and Schild 2001），人々が紀元前 5900 年頃に戻ってきた時には，家畜ヤギを連れていた。また，植物遺存体や石皿などの証拠から明らかなように，野生ソルガムの収穫もファラフラ・オアシスやダクラ・オアシス，アブ・バラスで一般的になる（Barakat and Fahmy 1999; McDonald 2008; 2009; 2013; 2016）。紀元前 6000 年紀前半には，ファラフラ・オアシスやダクラ・オアシスのいくつかの箇所で定住生活と野生ソルガムの収穫，家畜ヤギ，ヒツジの飼養の証拠が現われる（Barich *et al.* 2014; McDonald 2008; 2009; 2013; 2016）。家畜ヤギ，ヒツジは，限られた居住域の中で食料の総量を増やし，人口と資源量の不均衡を正すためのもう 1 つの手段であったと考えられる。

第Ⅱ部　西アジア型農耕の起源と拡散

3-3.　人口の移動と社会文化的ネットワークの拡大

　限られた居住域内におけるある程度の定住が，栽培作物や家畜が導入される前提条件だったとしても，西部砂漠とナイル河谷の間の人口移動や，シナイ半島経由による南レヴァントとナイル河谷との間の人口移動は，人々が未知の栽培作物や家畜と遭遇するのを可能にした要因として無視することはできない。

　前・中期完新世には西部砂漠の居住拠点が放棄されたり利用されたりを繰り返していたことからも明らかなように，人口の移動は稀なことではなかった。また，居住地の出現と消滅は，ファイユームやシーワ・オアシス，ファラフラ・オアシス，ジャラ，カルガ・オアシス，ダクラ・オアシス，アブ・バラス，ナブタ・プラヤといった，オアシス間やその他の水が豊富な地域間で必ずしも時期的に一致してはいなかった(Gehlen *et al.* 2002; Kuper 2007; McDonald 2001; Nicoll 2001)。従って，西部砂漠内でも，亜熱帯高圧帯の気圧の谷と熱帯収束帯の季節的，長期的な南北移動に従って，人々は水場から水場へ長距離移動していたと考えられる。ファイユーム新石器文化の石器群はダクラ・オアシスのバシェンディA文化やB文化の石器群やジャラのジャラB文化の石器群に良く似ていることが指摘されており，両地域間で人の行き来があった可能性は高い(Kindermann 2010; McDonald 2013; 2016; Shirai 2010)。紀元前6000年紀半ばにファイユームで人の再居住が始まった一方で，ダクラ・オアシスが一時的に放棄され，ジャラが完全に放棄されて2度と人が戻っていないことからは，ファイユームが移住先の1つであったと考えられる。

　人口の南北移動に関する情報が多いのとは対照的に，東西移動については良く分かっていない。特に予期しない長い乾期には，全人口がナイル河谷へ移動することが究極の選択であったことは間違いないが，前・中期完新世のナイル河谷内の遺跡は保存状況が悪く，情報が非常に少ないため，ナイル河谷への人口の流入やナイル河谷からの人口の流出を考古学的に追跡することは難しい。前述のように，ナイル河谷では前期完新世の終末期旧石器時代の遺跡は数箇所しか知られていないが，そのうちのエルカブ文化の石器群に類似するものは，紅海に近いワディ・ソドメインのトリーシェルターで見つかっており，放射性炭素年代測定によって，両者が同時期であることも判明した他，ナイル河産の淡水性二枚貝もトリーシェルターで見つかっている。従って，紀元前7000年紀

にエルカブ文化の人々がナイル河谷と紅海との間を行き来していたことは確か
である（Vermeersch 2002; 2008）。

　中期完新世の文化に関しても，ナイル河谷にほとんど遺跡がなく，西部砂漠
のジャラで見つかったナイル河産の淡水性二枚貝がナイル河谷と西部砂漠との
間の人の行き来の証拠として挙げられているに過ぎない（Kindermann 2010; Riemer
and Kindermann 2008）。エジプトで最古の家畜ヒツジ，ヤギは紅海岸に近いソドメ
イン洞窟で見つかっており，紀元前6200年から5300年の間に年代付けられて
いる。近傍のトリーシェルターでも家畜ヤギが見つかっており，紀元前5600
年頃に年代付けられている（Vermeersch 2008; Vermeersch et al. 2015）。エジプトで2番
目に古い家畜ヒツジ，ヤギは，ジャラとファラフラ・オアシスで見つかってお
り，紀元前5900年から5500年の間に年代付けられている。ナブタ・プラヤの
家畜ヒツジ，ヤギもこの年代幅の中に入る。つまり，家畜ヒツジ，ヤギは紅海
岸に初めて来てからすぐにナイル河谷をまたいで西部砂漠に伝播したことにな
る（Close 2002; Riemer 2007b）。従って，家畜ヒツジ，ヤギの伝播の背景には，紅海
岸と西部砂漠との間で絶え間ない人の行き来があったと考えることができる。

　人の移動に加えて，エジプト内における交換ネットワークの拡大もエジプト
の新石器化において重要な要素であったと考えられる。西部砂漠の異なる地域
で類似した物質文化が見られることも，交換ネットワークの拡大が理由である
可能性が高い。ただし，エジプトの新石器化において更に重要なことは，この
交換ネットワークがエジプトを越えてレヴァントまで拡大したことである。特
異な鏃が先土器新石器時代のレヴァントで広範囲に分布していることは良く知
られており，これは完成品の交換・共有システムの拡大だけでなく，技術的知
識の伝播による地元生産の拡大の結果でもあると考えられている（Gopher 1994）。
レヴァントの先土器新石器時代B期と土器新石器時代の鏃のうちのいくつかの
種類は，エジプトでも見つかっており，それらがエジプトに現われた理由と背
景を解明する必要がある。

　西アジア考古学者は，先土器新石器時代B期のレヴァントと北アフリカで共
通して見られるわずかな鏃を根拠に，紀元前8000年紀から7000年紀にレヴァ
ントの人々が下エジプトに植民したと論じてきたが（Gopher 1994; Schmidt 1996），そ
れ以上の十分な考古学的裏付けはなかった。最近までに北アフリカから得られ

第II部　西アジア型農耕の起源と拡散

たさまざまなデータに照らして考えても，この時期におけるレヴァントからの大規模な移民の可能性について論じるのは難しい。先土器新石器時代に南レヴァントとナイル河谷との間に接触があったという明確な証拠がないのは，その距離の短さを考えれば驚きであり（Kuijt and Goring-Morris 2002），このために，農耕牧畜が北レヴァントからナイルデルタへ海路で伝播したのではないかとも論じられてきた（Bar-Yosef 2002; 2013）。しかし，この時期に農耕牧畜が実際にエジプトに到来した証拠はなく，わずかな鏃の証拠は，むしろ陸路での接触があり，この接触は決して植民のようなものではなかったことを示唆している。

　その一方で，レヴァントの土器新石器文化に特徴的な両面押圧剥離を施された小型鏃と良く似た鏃がファイユームを含むエジプトの西部砂漠に広範に分布していることは，南レヴァント，ネゲブ，シナイ半島，北アフリカにまたがる社会的，文化的な接触が紀元前7000年紀後半から6000年紀後半になって急速かつ頻繁になったことを示している。この時期におけるレヴァントの人々の大規模な移住も考古学的には証明されておらず，遺伝学のデータがレヴァントの人々の小規模な流入を示唆しているに過ぎないが（Barker 2003; Bar-Yosef 2003; Bellwood 2005; Hassan 2003; Smith 2013），少なくとも石器の技術的な知識や様式に関する情報は絶えず広範に流通していたと仮定できる。栽培作物や家畜がレヴァントからエジプトに伝播したのが遅かったのは，こうしたネットワークの発展の有無にも関係していたと考えられる。

3-4. レヴァントにおける農耕牧畜の拡散

　栽培作物や家畜がレヴァントからエジプトに伝播したのが遅かった理由としては，そもそも家畜ヤギ，ヒツジが南レヴァントに現れたのが遅かったことも挙げられる。ファイユームにおける最古の小麦，大麦栽培がヤギ，ヒツジ飼養を伴っていたことから，エジプトへの農耕の伝播は，ヤギ，ヒツジ飼養と不可分な関係があったと考えて良い。

　野生ヤギの馴化は西アジアの各地で試みられていたと考えられている。ヤギ馴化の最初の試みはザグロス山脈で始まった一方で，南レヴァントのベイダは，中期先土器新石器時代B期にヤギの馴化が試みられた最南の地であった。一方で，ヒツジの馴化は明らかにアンチ・タウラス山脈とチグリス・ユーフラテス

河上流域で行われ，そこから南レヴァントに後期先土器新石器時代 B 期までには伝播していた（Martin and Edwards 2013; Peters *et al.* 2005; Zeder 2008; 2011）。

家畜がレヴァントからエジプトに伝播した状況について更に論じる前に，いわゆる肥沃なレヴァント回廊の周縁地域，あるいはその外の地域への農耕の伝播の始まりについて見ておく必要がある。農耕の拡散はトランスヨルダンのアズラク盆地で遅くとも中期先土器新石器時代 B 期までには起こっている。この地域の人々は農耕の他に狩猟にも依然として大きく依存していたが，次第にロバのような中型の狩猟動物が絶滅して，野ウサギのような小型の動物にまで手を出さなければならなくなると，この狩猟農耕生活は，後期先土器新石器時代 B 期頃には，肉の供給のために家畜ヤギを導入することによって強化された。そしてこの農耕牧畜生活は，先土器新石器時代 C 期には，家畜ヒツジを導入することによって更に強化された（Betts 2008; Garrard 1998; Garrard *et al.* 1996; Martin and Edwards 2013）。

レヴァント回廊の最南端に当たるヨルダン南部のベイダでは中期先土器新石器時代 B 期に，バスタでは後期先土器新石器時代 B 期に似たような適応が起こっていた一方で，ネゲブやシナイ半島の同時代，または少し後の時代の遺跡では，野生動物の狩猟や野生穀物の採集が依然として主要な生業であった（Bar-Yosef 1984; Dayan *et al.* 1986; Goring-Morris 1993; Gopher *et al.* 1994; Ronen *et al.* 2001; Tchernov and Bar-Yosef 1982）。このため，この時代のネゲブやシナイ半島の文化は，砂漠先土器新石器 B 文化と呼ばれ，ネゲブやシナイ半島は遊動狩猟採集民が専有する領域であったと論じられてきたが（Rosen 2002），彼らは南レヴァントの肥沃な地域の農耕牧畜民とも接触して，野生食料資源や紅海産の貝殻などと交換に小麦，大麦やヒツジ，ヤギなどを手に入れていた可能性もある（Bar-Yosef 2001; Bar-Yosef Mayer 1997; Hassan 2002b）。ネゲブやシナイ半島の文化の独自性については，シナイ半島南部の後期先土器新石器時代 B 期の人々が形質的に独特で，同時代のレヴァントや北アフリカの人々とは違っていたことも傍証となっている（Hershkovitz *et al.* 1994）。従って，南レヴァントの農耕牧畜民が後期先土器新石器時代 B 期にシナイ半島南部まで浸透して新しい居住地を築き，やがてエジプトにまで達したとは考えにくい。

南レヴァントの農耕牧畜民が直接，シナイ半島に入植したことは考えにくい

第Ⅱ部　西アジア型農耕の起源と拡散

としても，ここでの疑問は，なぜ農耕は中期先土器新石器時代 B 期のうちにネ
ゲブとシナイ半島をまたいでエジプトまで伝播しなかったのかということであ
る。前述のように，農耕はすでにこの時代に肥沃なレヴァント回廊を出て，乾
燥地であるヨルダン台地にまで伝播している。言い換えれば，なぜエジプトへ
の農耕の伝播は土器新石器時代まで待たなければならなかったのかということ
である。従って，中期先土器新石器時代 B 期に何が南レヴァントからエジプト
への農耕の伝播を妨げていたのかを考える必要がある。南レヴァントとナイル
デルタとの間の物理的な距離は，伝播が妨げられたり，遅れたりした理由の 1
つかもしれないが，シナイ半島の地中海岸を通るならば，この両地域間は数日
で歩いて渡ることができるはずとする議論もある(Kuijt and Goring-Morris 2002)。つ
まり約 500km という両地域間の距離は，農耕の伝播には大きな障害ではなかっ
たと結論付けて良いかもしれない。従って，中期先土器新石器時代 B 期に農耕
が南レヴァントからエジプトに伝播した証拠がないという現状が本当に過去の
実情を反映しているのかどうかを明らかにする必要がある。

　南レヴァントのカルメル海岸沖で見つかった先土器新石器時代 C 期から土器
新石器時代の水没遺跡から明らかなように，前・中期完新世の東地中海の海岸
線は現在よりも数百メートル沖合にあって，水位も現在より 10 m から 15 m も
低く，中期先土器新石器時代 B 期にはこれよりも更に低かったと考えられてい
る(Galili et al. 2005)。更に，ネゲブの北西部からシナイ半島の北部は現在，巨大
な砂丘と沖積土に覆われている(Goring-Morris and Goldberg 1990; Muhs et al. 2013; Stanley
2002)。従って，前・中期完新世に南レヴァントとエジプトとの間で人の接触が
地中海沿いの海岸平野で起こっていたとしても，その考古学的な痕跡は水没し
ているか，深く埋まっているかのどちらかで，見つからない可能性が高い。ま
た，さまざまな研究を総合した結果から，前期完新世には南レヴァント，シナ
イ半島北部，ナイルデルタ沖の潮流は，東または北東から西または南西へ向か
う時計回りだったのが，中期完新世には，気候と大気循環の変化によって，西
から東または北東へ向かう反時計回りに変わったことが示唆されている(Stanley
2002)。そのような海岸沿いの潮流の変化はレヴァントからエジプトへの航海を
困難にしたかもしれず，海上経由の農耕の伝播は，中期先土器新石器時代 B 期
の方がそれより後の時代よりもはるかに容易だったことになる。

中期先土器新石器時代 B 期に農耕が南レヴァントからエジプトに伝播した証拠がないという現状が過去の実情を反映しているとすれば，ネゲブとシナイ半島における気候状況がエジプトへの農耕伝播の妨げになった可能性が考えられる。レヴァントにおける新石器文化の興隆と衰退を理解する上で，ネゲブの南端まで達していた，夏雨をもたらす熱帯収束帯の北進(図 3)とネゲブまで達していた，冬雨をもたらす寒帯前線の南進が非常に重要であることは西アジア考古学者には良く認識されており，前期完新世における気候の最適期の到来に続く寒帯前線の北への移動が中期・後期先土器新石器時代 B 期に南レヴァントの乾燥化を引き起こしたと論じられてきた(Henry 1989; Simmons 1997)。これのために，ネゲブやシナイ半島では南レヴァントよりも早くに降雨量が減少し，天水農耕は不可能になった。これは合理的な説明のように見えるが，もし本当にネゲブとシナイ半島における気候状況がエジプトへの農耕伝播の妨げになったのであれば，ここでの疑問は，ネゲブとシナイ半島におけるその後の気候状況の改善によってエジプトへの農耕の伝播が可能になったのかということである。ある研究者は，気候の湿潤さの指標となるカタツムリの分布に関する研究をもとに，

図3　熱帯収束帯の移動(筆者作成)

第Ⅱ部　西アジア型農耕の起源と拡散

ネゲブの降雨量は中期完新世の紀元前5500年から5000年の間に増え，これは熱帯収束帯が再びネゲブまで北進したことによると主張している（Goodfriend 1990; 1991; 1999）。しかし，近年の北アフリカにおける研究によれば，熱帯収束帯はこの時期にネゲブまで北進するどころか，むしろエジプトから南に後退しており（Kuper 2007; Kuper and Kröpelin 2006），ネゲブの湿潤化は寒帯前線の南進や地中海上に発生する亜熱帯サイクロンがもたらす冬から春にかけての雨によるものであった可能性が高い。死海の堆積物の研究によれば，死海の水位は紀元前6700年頃に急落し，一時的に回復した後，再び紀元前6200年頃に急落して，紀元前5600年頃に上昇し始めるまでは低いままであり，これは，この間にこの地域でほとんど降雨がなかったことを示すものと考えられている（Migowski et al. 2006）。従って，エジプトへの農耕の伝播の理由は，気候状況の変化だけでなく，そのような状況への人間の適応の中にも探す必要がある。

　ネゲブとシナイ半島における生業活動の大きな変化の1つは，先土器新石器時代C期に始まった可能性の高い，家畜ヒツジ，ヤギの導入である。ただし，ネゲブとシナイ半島における先土器新石器時代B期から土器新石器時代，金石併用時代への移行過程については，考古資料が乏しいために良く分かっていない。ネゲブとシナイ半島への最初の家畜ヒツジ，ヤギの導入も動物遺存体の証拠から明らかになっているわけではなく，石器組成の変化と家畜小屋と思われる石造の構造物の出現から推測されているに過ぎない（Goring-Morris 1993; Rosen 2002）。遅くとも紀元前6000年頃に年代付けられるネゲブの遺跡では，自然の岩陰からヒツジ，ヤギの糞の堆積が見つかっており，そうした岩陰が家畜小屋として利用されていたと考えられている（Rosen et al. 2005）。

　小麦，大麦栽培がヒツジ，ヤギ飼養に先立ってネゲブとシナイ半島に伝播していた可能性も全く否定はできないが，現在のところ，中期先土器新石器時代B期にネゲブとシナイ半島で農耕が行われていたという考古学的証拠は見つかっていない（Rosen 2002）。もし小麦，大麦栽培が実際に中期先土器新石器時代B期にネゲブとシナイ半島に伝播していなかったとしたら，それは，年間の総雨量が理由ではなく，気候条件の違いが理由であったと考えられる。土壌学のデータや古気候学のデータによれば，前期完新世にはアラビア半島や肥沃な三日月地帯の最南端では，熱帯収束帯の北進とこの地域に旱魃をもたらす亜熱帯高気圧

234

の弱化によって夏の降雨量が増加している（El-Moslimany 1994; Staubwasser and Weiss 2006）。つまり，ネゲブとシナイ半島は前期完新世に熱帯収束帯の影響下に入ったため（図3），冬から春にかけての降雨と春から夏にかけての長い日照時間に依存して育つ冬作物である小麦，大麦は，春から夏にかけての高い湿度と温度が特徴のモンスーン気候下ではうまく生育できなかったと考えられる（McCorriston 2006）。つまり，前期完新世に南レヴァントとエジプトとの間でどんなに交流があったとしても，ネゲブ，シナイ半島からエジプト北部に至る地域がモンスーン気候下である限り，小麦，大麦はこの地域に伝播できなかったと言える。熱帯収束帯が南へ後退して初めて，小麦，大麦はエジプト北部でも生育が可能になり，ようやくネゲブとシナイ半島をまたいでエジプトまで伝播することになったと考えられる。

　南レヴァントで確立された農耕牧畜生活は，先土器新石器時代Ｃ期以降，ヒツジ，ヤギを収穫前の農地から遠ざけ，農耕には向かない周辺のステップや砂漠地帯も利用するために，定住農耕に従事する人々と遊動牧畜に従事する人々へと分かれていった（Gopher and Gophna 1993; Rollefson 2011; Rollefson and Köhler-Rollefson 1993）。この頃に土器新石器時代に特有の小型鏃が現われている。この鏃はネゲブの遺跡でも見つかっており，それらの遺跡は狩猟牧畜民の季節的なキャンプ地であったと考えられている（Gopher 1994; Gopher et al. 1994）。そうしたネゲブの狩猟牧畜民が南レヴァントの海岸平野にあった定住農耕集落から生業活動のために派遣されてきた一団だったのか，あるいは，ネゲブとシナイ半島のステップや砂漠地帯を遊動しながら，農耕民とも定期的あるいは不定期に接触していた自立した集団だったのかについては明らかではない。ただし彼らは紀元前6000年紀半ばからティムナ文化と名付けられた独特の遊動牧畜文化を発展させていることから，自立した集団であった可能性は高い（Rosen 2008; 2011）。

　前述のように，エジプトで最古の家畜ヒツジ，ヤギは，紅海岸に近い東部砂漠のソドメイン洞窟で見つかっていて，紀元前6000年紀初め頃に年代付けられており，シナイ半島からやって来たことは疑いない。家畜ヒツジ，ヤギのエジプトへの伝播が栽培種小麦，大麦のエジプトへの伝播よりもわずかに早かった理由については，ヒツジ，ヤギは気候条件の違いにはあまり影響されず，また，エジプト東部砂漠の海岸地帯の岩場環境がネゲブやシナイ半島の環境と似

第Ⅱ部　西アジア型農耕の起源と拡散

ていたために適応が容易であったことが挙げられる。ネゲブで先土器新石器時代C期にヒツジとヤギの飼養を始めた人々はおそらくシナイ半島を通過してエジプト東部砂漠の海岸地帯まである程度侵入していたと考えられるが，情報が非常に乏しいため，正確にどの時点，どの場所でヒツジ，ヤギが東部砂漠土着の人々の手に渡ったのかについては何も言うことはできない。

3-5. エジプトへの栽培作物と家畜の伝播

　栽培作物や家畜は自ら動くことはないため，それらの移動に人間が介在したことは間違いない。ただし，交易品のように栽培作物や家畜だけが人から人へ手渡されることはあり得ない。というのは，農耕は，耕地作りから種蒔き，収穫までの一連の作業に関する技術的知識の伝達なしには成り立たず，牧畜も家畜の世話や繁殖に関する技術的知識の伝達なしには成り立たず，こうした知識の伝達は，教える側と教わる側との短時間の接触では不可能で，両者が相当な期間，共に過ごし，試行錯誤する必要があるからである(Fuller *et al.* 2012)。つまり，エジプトへの栽培作物と家畜の伝播が起こるには，ある程度の人の移住は不可欠であったと考えられる。

　移住とは，一集団による一地域を越えた長距離に渡る居住地の移動である。移住は決して場当たり的には起こらず，通常は，メリットとデメリットを考慮し，先遣隊による偵察旅行を通じて得た移住候補地に関する情報を検討した上で入念に計画される。移住先における親類の存在は移住地の決定においては重要である。つまり，移民は何も情報のない所へ移住することはない。移民は目的地に向かって，すでに良く知られたルートに沿って進む傾向があり，どうでもよい中間地域は一気に通過する。その結果，移民はかなりの距離を素早く移動し，途中には何の痕跡も残さないことが多い。特に，利用する食料資源の範囲が一般的に狭い農耕民の場合は，より多様な資源を利用して暮らす狩猟採集民の場合よりもはるかに速く目的地に向かって長い距離を一気に移動する。更に，移住は1度限りの出来事ではなく，何度も繰り返される。移住の流れは，最初に人々の移住を促した状況が大きく変わろうとも，決まった方向へと続き得る。親類同士の繋がりや移住を妨げる障害の除去なども，最初の時とは目的も構成も異なる移民の誘因となる(Anthony 1990; 1997)。従って，南レヴァントの

農耕牧畜民が本拠地における何らかの問題のため，あるいは目的地にある何らかの魅力のために，栽培作物と家畜を伴ってエジプトへの長距離移住を敢行し，どこかで土着の人々と混じり合い，やがて土着の人々の間にも栽培作物，家畜と農耕牧畜の技術的知識が広まった可能性が考えられる。

栽培作物と家畜だけを研究対象とする限り，人々がいつ，どのように移動したのかを実証するのは難しい。前・中期完新世におけるエジプトと南レヴァントとの間の接触を検討する方法の1つは，両地域における物質文化に注目することである。南レヴァントから北アフリカに渡る広大な地域で類似した鎌が紀元前7000年紀の半ば頃からほぼ同時に発展したことから，社会文化的なネットワークが確立していたと考えられることは前述の通りである。更に，新石器時代の下エジプトで見られる特異な両面加工の鋸歯状鎌刃（図4）が南レヴァントでは紀元前6000年紀前半の土器新石器文化であるロッド文化にのみ知られることを踏まえると，栽培作物と家畜の伝

図4　ファイユーム新石器文化の鋸歯状鎌刃（ピートリ記念エジプト考古学博物館蔵：筆者撮影）

播の過程について更なる解釈ができる。ネゲブの狩猟牧畜民はエジプト東部砂漠の紅海岸まで侵入していただけでなく，下エジプトにある可耕地や移住候補地に関する情報を南レヴァントの農耕牧畜民に伝える役割も果たした可能性があり，これを受けて，南レヴァントのロッド文化の人々が紀元前6000年紀前半にネゲブとシナイ半島を何の痕跡も残さずに通過し，ナイルデルタのどこかに移住して，栽培作物と農耕に関する技術的知識を下エジプトの住人に伝えた，というのが最もありそうなシナリオとなる。更に重要なこととして，そのように特異な鎌刃が下エジプトでは長らく存続した一方で南レヴァントでは短期間で消滅したのは，紀元前6000年紀半ば以降，新型の鎌刃あるいは鎌刃作りに関する新たな考え方をもたらす南レヴァントからの移民が途絶えたことを示唆している（Shirai 2010; 2016）。

第Ⅱ部　西アジア型農耕の起源と拡散

　紀元前5000年紀の下エジプトには,南レヴァントとの文化的な接触を示す証拠はほとんどなく,紀元前4000年紀の初めになってようやく,明らかな南レヴァントからの文化的影響が見られるようになる。同時に,南レヴァントの多くの場所では,さまざまなエジプト産の製品が現れ始める(Braun and Van den Brink 2008; Levy and Van den Brink 2002; Maczynska 2013)。ナイルデルタ西部のブトでは,南レヴァントからネゲブで知られる金石併用時代のビールシェバ・ガッシュール文化に特有の土器が紀元前4000年紀の初めに現れて,同地における全土器の3分の1を占めるほどになった。この問題の土器が地元のナイル河産の粘土を用いながらもエジプトでは未知の技術で作られているという事実は,レヴァントの土器工人の集団がブトに移住してきたことを示唆している(Faltings 2002)。更に,エジプトでは他に例がないが,ビールシェバ・ガッシュール文化には類例がある半地下式の住居がカイロ近郊のマアディに現れており,これはレヴァントからの移民がマアディに居住していたことを示すものと考えられている(Haltung 2013; Rizkana and Seeher 1989)。それから少し後には,土器や銅製品だけでなく,南レヴァントの前期青銅器時代Ⅰa期に特有のカナーン式鎌刃のような石器もマアディに現れる一方で,両面加工の鋸歯状鎌刃は急速に衰退している(Rizkana and Seeher 1988)。

　興味深いのは,紀元前4000年紀における下エジプトと南レヴァントとの接触は南レヴァントの人々が下エジプトの人々の居住地へ移住することによって始まり,その後,交易関係が確立されたということである。つまり,この接触は,異国の産物を手に入れたいという双方の関心から始まったわけではないということになる。このような両地域間の接触の発展過程が紀元前6000年紀の場合にも当てはまるかどうかは不明であるが,昔から両地域の人々の関係は概して友好的で,南レヴァントの人々は,緊急時には境界を越えて下エジプトの人々と交じり合っていた可能性は高い。死海の堆積物データが紀元前6200年から5600年の間は最も水位が低く,乾燥していたことを示している事実に照らせば(Litt 2012; Migowski et al. 2006),ロッド文化の人々の一部がこの最も乾燥化した時期にナイルデルタに移住し,紀元前5600年以降に死海の水位が急速に回復していることから明らかなように,気候が良くなると移住が止まった可能性が考えられる。あるいは,前述した中期完新世以降の東地中海の水位の上昇によっ

238

て南レヴァントの海岸平野に住んでいた人々が住む場所を失い，その一部がナイルデルタに移住した可能性もある。

　要約すれば，紀元前7000年紀以来の社会文化的ネットワークの発展を通じて，南レヴァントの農耕牧畜民の側にはエジプトの可耕地に関する情報が十分に蓄積され，エジプトの狩猟採集民の側では，穀物栽培と家畜飼養に関する知識が蓄積されていったと考えられる。有望な移住先に関する情報が得られて，移動ルートさえ確立すれば，南レヴァントの農耕牧畜民は移住をためらう理由はなくなる。南レヴァントからエジプトへの農耕牧畜の伝播は，以前に論じられていたように不可解なほど遅かったわけではなく（Wetterstrom 1993），また，紀元前6000年紀におけるたった1度の接触の機会によって実現したわけでもない。両地域間の長年にわたる接触が前提としてあり，特に，紀元前8000年紀から6000年紀に人口が増え，この両地域間で社会文化的ネットワークが強固になり，更には，紀元前7000年紀にたまたま気候の変動があり，エジプトの気候条件が農耕に適するようになった結果，おそらく少数の南レヴァントからの移民によって栽培作物や家畜のナイルデルタへの伝播が実現した。しかし，やがて移民の流れは止まり，その後，農耕牧畜はナイル河谷に沿って拡がりながらエジプト土着の人々の手によって独自の発展を遂げたと結論付けられる。

4.　文明のゆりかご

　ここまでは，いつ，どのようにして南レヴァントからエジプトへ農耕牧畜が伝播したのかについて論じてきたが，残る問題は，なぜ，どのようにして農耕牧畜はエジプトで受容されたのか，という受け入れ側の状況である。前述のように，エジプト北部が紀元前6000年紀の初めにモンスーン気候の影響下から脱して，小麦，大麦の生育に適した気候になって初めて，農耕はエジプトで受容されたと考えられるが，これだけでは説明不足である。実際，エジプトで最古の栽培作物と家畜が全て揃った農耕牧畜文化の痕跡が見つかっているファイユームの新石器時代は紀元前6000年紀半ばから紀元前5000年紀半ばまで続くが，農耕牧畜はその間，終末期旧石器時代以来の主要な生業であった狩猟と漁撈に対して補足的なものでしかなかったように見える。ここでの疑問は，なぜ

第Ⅱ部　西アジア型農耕の起源と拡散

外来の栽培作物や家畜がファイユームの食事メニューに加えられたのか，ではなく，なぜそれらの栽培作物や家畜はそのような地位を保ち続け，食事メニューから脱落しなかったのか，ということである。

動物遺存体の分析から明らかにされた新石器時代のファイユームの野生動物相を見ると，ファイユームは，農耕牧畜を行なうには本来難しい環境であったと考えられる。ファイユームの人々はファイユーム盆地の湖の畔で暮らしていたが，その湖に生息していたカバは，畑の栽培作物を食い荒らす害獣として現在でもアフリカでは非常に悪名高く，また同じくその湖に生息していたワニも水辺に近づく家畜を捕食する危険な存在であるため，ファイユームにおける新石器時代の農耕牧畜生活は，水辺に暮らしていた人々が外来の栽培作物や家畜を狙う土着の凶暴な捕食動物に絶えず目を光らせて駆除することなしには実現不可能であったと考えられる。実際，ファイユームの新石器時代には，終末期旧石器時代には見られなかったような洗練された形態の大型の鏃や石槍が数多く出現するが(図5)，この時代にこうした武器が出現した理由が説明されたことはなかった。ファイユームでは，終末期旧石器時代と新石器時代を通じて，主な動物性蛋白質の供給源は湖のナマズ(*Clarias* sp.)やティラピア(Tilapiini)などの魚であり，更にドルカス・ガゼルやハーテビーストなどの小・中型のレイヨウが狩られていた。新石器時代になって急にこれらレイヨウの狩猟が盛んになっ

図5　ファイユーム新石器文化の鏃(ピートリ記念エジプト考古学博物館蔵：筆者撮影)

240

たことを示すような動物遺存体のデータはなく，また，これらの狩猟に大型の鏃や石槍は必要ではない。しかし農耕牧畜の開始という脈絡に置いてみれば，栽培作物や家畜を守るために危険な害獣を駆除する必要に迫られて，殺傷能力の高い武器が生み出されたと考えることができる(Shirai 2010; 2016)。

　農耕牧畜が導入の初期段階でファイユームの自然環境には適さないことが判明すれば，それらは早々にファイユームの生業からは脱落していたはずである。しかし，石器の分析からは，新石器時代のファイユームの住人が害獣の駆除も含めた農耕牧畜に関わる一連の仕事を行なうのに必要な多種多様の石器を作るための石材を遠方から獲得するなど，終末期旧石器時代よりもはるかに多くの時間と労力を石器作りに投じていたことが明らかになり(Shirai 2010)，人々が農耕牧畜を行うために特別な努力をしていたことがうかがえる。従って，このような状況については社会的な理由を考慮する必要がある。

　ファイユームにおいては，新石器時代の活動拠点の数と分布密度は終末期旧石器時代よりもはるかに増えており，新石器時代にファイユームの人口が増加したことは疑いがないが，なぜ，どのようにして，この時代に人口増加が起こったのかは明らかではない。上述のように，紀元前6000年紀初めに南レヴァントから下エジプトへの移民の流入が起こった可能性はあるが，移民の規模と下エジプトの人口に与えた影響はおそらく大きくなかったと考えられる。一方で，前期完新世の西部砂漠における人口増加は，人の活動拠点跡の広範な分布や類似した物質文化の急拡散から示唆されており，更に，西部砂漠では前・中期完新世を通じて，乾燥地域での活動拠点の減少，または消滅と，水の豊富な地域での活動拠点の増加が気候の変動に応じて繰り返し起こっている(Kuper 2007; Kuper and Kröpelin 2006)。従って，西部砂漠におけるこのような人口動態がファイユームに何も影響を与えなかったとは考えにくい。ファイユームの野生食料資源が非常に豊かで，ファイユームの人口と利用できる食料資源の量とのバランスが自然状態ではファイユームの環境扶養能力を超えない程度に釣り合っていたとしても，ファイユームの外からの予期しない人口の流入は早かれ遅かれこのバランスを崩し，ファイユームの住人は自ら食料を生産することによって環境扶養能力を上げる必要に迫られたと考えられる。上述のように，ファイユームの自然環境では，カバやワニのような土着の害獣の存在のために本来は農耕

第Ⅱ部　西アジア型農耕の起源と拡散

牧畜を行なうのは難しかったと考えられるにもかかわらず，ファイユームの住人があきらめることなく続けたのは，こうした必要に迫られていたことが理由であった可能性が高い。彼らの努力は，狩猟漁撈生活が農耕牧畜生活に完全に取って代わられるという結果には繋がらなかったが，このために，ファイユーム新石器時代の農耕牧畜は長らく狩猟漁撈の補足的な役割しか果たさなかったかのように見えているに過ぎないと考えられる（Shirai 2010）。

おわりに

　紀元前5300年以降は，熱帯収束帯の更なる南への後退によって西部砂漠は北から順に乾燥化が進み，紀元前4000年紀には，熱帯収束帯が現在のエジプトの南の国境を超えて北進して来ることさえもなくなった。以前は季節的な降雨の恩恵で人間が居住可能だった西部砂漠内の拠点は放棄され，オアシスだけが辛うじて居住可能な場所として残された。前期完新世の間に西部砂漠で増えた人口の大部分は湿潤な南方か，あるいは東のナイル河谷への移住を余儀なくされたと考えられる。つまり，上述のファイユームと同じような状況は，ナイル河谷一帯でも早かれ遅かれ起こった可能性が高い。紀元前5000年紀後半に中エジプトに現われた最初の農耕牧畜文化であるバダリ文化には西部砂漠の物質文化の影響が色濃く見られ，西部砂漠の住人がナイル河谷における先王朝文化の形成に一定の貢献をしたことは明らかである。周囲を砂漠に遮られたナイル河谷における人口の増加によって食料増産の必要性が増し，増産が成功すると更に人口が増えるという悪循環に陥ると，そのような過密状況を制御する社会制度が発展して，南北に長い領域を統治する政治機構が生まれるのにあまり時間はかからなかった。

引用文献

Anthony, D. W., 1990. Migration in archaeology: The baby and the bathwater, *American Anthropologist* 92: 895-914.

Anthony, D. W., 1997. Prehistoric migration as social process, in J. Chapman and H. Hamerow (eds.), *Migrations and Invasions in Archaeological Explanation*: 21-32. Archaeopress: Oxford.

Arz, H. W., F. Lamy, J. Pätzold, P. J. Müller, and M. Prins, 2003. Mediterranean moisture source for an early-Holocene humid period in the northern Red Sea, *Science* 300: 118-122.

西アジアからエジプトへの農耕牧畜の伝播とエジプトにおける発展

Asouti, E., 2006. Beyond the Pre-Pottery Neolithic B interaction sphere, *Journal of World Prehistory* 20/2-4: 87-126.

Asouti, E., 2011. Community identities, interactions and 'cultures' in the Pre-Pottery Neolithic of Western Asia: A commentary on the production of historical knowledge, in K. Duistermaat and I. Regulski, *Intercultural Contacts in the Ancient Mediterranean*: 53-65. Peeters: Leuven.

Asouti, E., and Fuller, D. Q., 2013. A contextual approach to the emergence of agriculture in Southwest Asia: Reconstructing Early Neolithic plant-food production, *Current Anthropology* 54/3: 299-345.

Barakat, H. N., 2002. Regional pathways to agriculture in Northeast Africa, in F. A. Hassan (ed.), *Droughts, Food and Culture: Ecological Change and Food Security in Africa's Later Prehistory* : 111-122. Kluwer Academic/Plenum Publishers: New York.

Barakat, H. N., and A. G. Fahmy, 1999. Wild grasses as 'Neolithic' food resources in the Eastern Sahara: A review of evidence from Egypt, in M. Van der Veen (ed.), *The Exploitation of Plant Resources in Ancient Africa*: 33-46. Kluwer Academic/Plenum Publishers: New York.

Barich, B. E. 2016. The introduction of Neolithic resources to North Africa: A discussion in light of the Holocene research between Egypt and Libya, *Quaternary International* 410: 198-216.

Barich, B. E., G. Lucarini, M. A. Hamdan and F. A. Hassan (eds.), 2014. *From Lake to Sand: The Archaeology of Farafra Oasis, Western Desert, Egypt*. All'Insegna del Giglio: Firenze.

Barker, G., 2003. Transition to farming and pastoralism in North Africa, in P. Bellwood and C. Renfrew (eds.), *Examining the Farming/Language Dispersal Hypothesis*: 151-162. McDonald Institute for Archaeological Research: Cambridge.

Barker, G., 2006. *The Agricultural Revolution in Prehistory: Why Did Foragers Become Farmers?* Oxford University Press: Oxford.

Bar-Yosef, O., 1984. Seasonality among Neolithic hunter-gatherers in southern Sinai, in J. Clutton-Brock and C. Grigson (eds.), *Animal and Archaeology 3: Early Herders and Their Flocks*: 145-160. Archaeopress: Oxford.

Bar-Yosef, O., 2001. Lithics and the social geographic configurations identifying Neolithic tribes in the Levant, in I. Caneva, C. Lemorini, D. Zampetti and P. Biagi (eds.), *Beyond Tools: Redefining the PPN Lithic Assemblages of the Levant*: 437-448. ex oriente: Berlin.

Bar-Yosef, O., 2002. Early Egypt and the agricultural dispersals, in H. G. K. Gebel, B. D. Hermansen and C. H. Jensen (eds.), *Magic Practices and Ritual in the Near Eastern Neolithic*: 49-65. ex oriente: Berlin.

Bar-Yosef, O., 2003. The Natufian culture and the Early Neolithic: Social and economic trends in Southwestern Asia, in P. Bellwood and C. Renfrew (eds.), *Examining the Farming/Language Dispersal Hypothesis*: 113-126. McDonald Institute for Archaeological Research: Cambridge.

Bar-Yosef, O., 2013. Nile Valley–Levant interactions: An eclectic review, in N. Shirai (ed.), *Neolithisation of Northeastern Africa*: 237-247. ex oriente: Berlin.

Bar-Yosef Mayer, D. E., 1997. Neolithic shell bead production in Sinai, *Journal of Archaeological Science* 24/2: 97-111.

Bar-Yosef, O., and D. E. Bar-Yosef Mayer, 2002. Early Neolithic tribes in the Levant, in W. A. Parkinson (ed.), *The Archaeology of Tribal Societies*: 340-371. International Monographs in Prehistory: Ann Arbor.

Bar-Yosef, O., and A. Belfer-Cohen, 1989. The Levantine PPNB interaction sphere, in I. Hershkovitz (ed.), *People and Culture in Change: Symposium on Upper Palaeolithic, Mesolithic and Neolithic Populations of Europe and the Mediterranean Basin*: 59-72. Archaeopress: Oxford.

Bellwood, P., 2005. *First Farmers: The Origin of Agricultural Societies*. Blackwell: Oxford.

Bettinger, R. L., 2001. Holocene hunter-gatherers, in G. M. Feinman and T. D. Price (eds.), *Archaeology at the Millennium: A Sourcebook*: 137-195. Kluwer Academic/Plenum Publishers: New York.

243

第II部 西アジア型農耕の起源と拡散

Betts, A., 2008. Things to do with sheep and goats: Neolithic hunter-forager-herders in North Arabia, in H. Barnard and W. Wendrich (eds.), *The Archaeology of Mobility: Old World and New World Nomadism*: 25-42. Cotsen Institute of Archaeology at UCLA: Los Angeles.

Braun, E., and E. C. M. van den Brink, 2008. Appraising South Levantine-Egyptian interaction: Recent discoveries from Israel and Egypt, in B. Midant-Reynes and Y. Tristant (eds.), *Egypt at Its Origins 2*: 643-688. Peeters: Leuven.

Brookes, I. A., 2003. Geomorphic indicators of Holocene winds in Egypt's Western Desert, *Geomorphology* 56: 155-166.

Brunton, G., and G. Caton-Thompson, 1928. *The Badarian Civilisation and Predynastic Remains near Badari*. The British School of Archaeology in Egypt: London.

Bubenzer, O., and H. Riemer, 2007. Holocene climatic change and human settlement between the central Sahara and the Nile Valley: Archaeological and geomorphological results, *Geoarchaeology* 22/6: 607-620.

Butzer, K. W. 1976. *Early Hydraulic Civilization in Egypt: A Study in Cultural Ecology*. University of Chicago Press: Chicago.

Caton-Thompson, G., and E. W. Gardner, 1934. *The Desert Fayum*. The Royal Anthropological Institute of Great Britain and Ireland: London.

Cauvin, J., 2000. *The Birth of the Gods and the Origins of Agriculture*. Cambridge University Press: Cambridge.

Churcher, C. S., M. R. Kleindienst, M. F. Wiseman, and M. M. A. McDonald, 2008. The Quaternary faunas of Dakhleh Oasis, Western Desert of Egypt, in M. F. Wiseman (ed.), *The Oasis Papers 2*: 1-24. Oxbow Books: Oxford.

Close, A. E., 1995. Few and far between: Early ceramics in North Africa, in W. K. Barnett and J. W. Hoopes (eds.), *The Emergence of Pottery: Technology and Innovation in Ancient Societies*: 23-37. Smithsonian Institution Press: Washington DC.

Close, A. E., 1996. Plus Ça Change: The Pleistocene-Holocene transition in Northeast Africa, in L. G. Straus, B. V. Eriksen, J. M. Erlandson and D. R. Yesner (eds.), *Humans at the End of the Ice Age: The Archaeology of the Pleistocene-Holocene Transition*: 43-60. Plenum Press: New York.

Close, A. E., 2002. Sinai, Sahara, Sahel: The introduction of domestic caprines to Africa, in Jennerstrasse 8 (eds.), *Tides of the Desert: Contributions to the Archaeology and Environmental History of Africa in Honour of Rudolph Kuper*: 459-469. Heinrich Barth Institut: Köln.

Cremaschi, M., and S. Di Lernia, 1999. Holocene climatic changes and cultural dynamics in the Libyan Sahara, *African Archaeological Review* 16/4: 210-238.

Dayan, T., E. Tchernov, O. Bar-Yosef, and Y. Yom-Tov, 1986. Animal exploitation in Ujrat el-Mehed, a Neolithic site in Southern Sinai, *Paléorient* 12/2: 105-116.

Debono, F., and B. Mortensen, 1990. *El Omari: A Neolithic Settlement and Other Sites in the Vicinity of Wadi Hof, Helwan*. Philipp von Zabern: Mainz am Rhein.

Ducassou, E., T. Mulder, S. Migeon, E. Gonthier, A. Murat, M. Revel, L. Capotondi, S. M. Bernasconi, J. Mascle, and S. Zaragosi, 2008. Nile floods recorded in deep Mediterranean sediments, *Quaternary Research* 70: 382-391.

Eiwanger, J., 1984. *Merimde-Benisalâme I: Die Funde der Urschicht*. Philipp von Zabern: Mainz am Rhein.

Eiwanger, J., 1988. *Merimde-Benisalâme II: Die Funde der mittleren Merimdekultur*. Philipp von Zabern: Mainz am Rhein.

Eiwanger, J., 1992. *Merimde-Benisalâme III: Die Funde der jüngeren Merimdekultur*. Philipp von Zabern: Mainz am Rhein.

El-Moslimany, A. P., 1994. Evidence of Early Holocene summer precipitation in the continental Middle East, in

西アジアからエジプトへの農耕牧畜の伝播とエジプトにおける発展

O. Bar-Yosef and R. S. Kra (eds.), *Late Quaternary Chronology and Paleoclimates of the Eastern Mediterranean*: 121-130. Braun-Brumfield: Ann Arbor.

Faltings, D. A., 2002. The chronological frame and social structure of Buto in the fourth millennium BCE, in E. C. M. van den Brink and T. E. Levy (eds.), *Egypt and the Levant: Interrelations from the 4th through the Early 3rd Millennium B.C.E.*: 163-170. Leicester University Press: London.

Finlayson, B., 2013. Imposing the Neolithic on the past, *Levant* 45/2: 133-148.

Fontugne, M., M. Arnold, L. Labeyrie, M. Paterne, S. E. Calvert, and J.-C. Duplessy, 1994. Paleoenvironment, sapropel chronology and Nile river discharge during the last 20000 years as indicated by deep-sea sediment record in the Eastern Mediterranean, in O. Bar-Yosef and R. S. Kra (eds.), *Late Quaternary Chronology and Paleoclimates of the Eastern Mediterranean*: 75-88. Braun-Brumfield: Ann Arbor.

Fuller, D. Q., Willcox, G., and Allaby, R.G. 2011. Cultivation and domestication had multiple origins: Arguments against the core area hypothesis for the origins of agriculture in the Near East, *World Archaeology* 43/4: 628-652.

Fuller, D. Q., Willcox, G., and Allaby, R.G. 2012. Early agricultural pathways: Moving outside the 'core area' hypothesis in Southwest Asia, *Journal of Experimental Botany* 63/2: 617-633.

Galili, E., D. Zviely, and M. Weinstein-Evron, 2005. Holocene sea-level changes and landscape evolution on the northern Carmel coast (Israel), *Méditerranée* 104: 79-86.

Garcea, E. A. A., 2004. An alternative way towards food production: The perspective from the Libyan Sahara, *Journal of World Prehistory* 18/2: 107-154.

Garrard, A. N., 1998. Environment and cultural adaptations in the Azraq Basin: 24,000-7,000 BP, in D. O. Henry (ed.), *The Prehistoric Archaeology of Jordan*: 139-148. Archaeopress: Oxford.

Garrard, A., S. Colledge and L. Martin, 1996. The emergence of crop cultivation and caprine herding in the marginal zone of the southern Levant, in D. R. Harris (ed.), *The Origins and Spread of Agriculture and Pastoralism in Eurasia*: 204-226. UCL Press: London.

Gasse, F., 2000. Hydrological changes in the African tropics since the Last Glacial Maximum, *Quaternary Science Reviews* 19: 189-211.

Gautier, A., 1993. The Middle Paleolithic archaeofaunas from Bir Tarfawi (Western Desert, Egypt), in F. Wendorf, R. Schild, and A. E. Close (eds.), *Egypt during the Last Interglacial: The Middle Paleolithic of Bir Tarfawi and Bir Sahara East*: 121-143. Plenum Press: New York.

Gautier, A. 2002. The evidence for the earliest livestock in North Africa: Or adventures with large bovids, ovicaprids, dogs and pigs, in F. A. Hassan (ed.), *Droughts, Food and Culture: Ecological Change and Food Security in Africa's Later Prehistory*: 195-207. Kluwer Academic/Plenum Publishers: New York.

Gautier, A., 2007. Animal domestication in North Africa, in M. Bollig, O. Bubenzer, R. Vogelsang and H.-P. Wotzka (eds.), *Aridity, Change and Conflict in Africa*: 75-89. Heinrich Barth Institut: Köln.

Gautier, A., and W. Van Neer, 1989. Animal remains from the Late Palaeolithic sequence at Wadi Kubbaniya, in F. Wendorf, R. Schild, and A. E. Close (eds.), *The Prehistory of Wadi Kubbaniya, vol.2: Stratigraphy, Paleoeconomy and Environment*: 119-161. Southern Methodist University Press: Dallas.

Gehlen, B., K. Kindermann, J. Linstädter and H. Riemer, 2002. The Holocene occupation of the Eastern Sahara: Regional chronologies and supra-regional developments in four areas of the absolute desert, in Jennerstrasse 8 (eds.), *Tides of the Desert: Contributions to the Archaeology and Environmental History of Africa in Honour of Rudolph Kuper*: 85-116. Heinrich Barth Institut: Köln.

Goodfriend, G. A., 1990. Rainfall in the Negev Desert during the Middle Holocene, based on ^{13}C of organic matter in land snail shells, *Quaternary Research* 34: 186-197.

Goodfriend, G. A., 1991. Holocene trends in [18]O in land snail shells from the Negev Desert and their implications

245

第Ⅱ部　西アジア型農耕の起源と拡散

for changes in rainfall source areas, *Quaternary Research* 35: 417-426.

Goodfriend, G. A., 1999. Terrestrial stable isotope records of Late Quaternary paleoclimates in the eastern Mediterranean region, *Quaternary Science Reviews* 18: 501-513.

Gopher, A. 1994. *Arrowheads of the Neolithic Levant: A Seriation Analysis*. Eisenbrauns: Winona Lake.

Gopher, A., S. Abbo and S. Lev-Yadun, 2001. The "when", the "where" and the "why" of the Neolithic Revolution in the Levant, *Documenta Praehistorica* 28: 49-61.

Gopher, A., S. Lev-Yadun, and S. Abbo, 2013. A response to "arguments against the core area hypothesis" for plant domestication, *Tel Aviv* 40/2: 187-196.

Gopher, A., and R. Gophna, 1993. Cultures of the eighth and seventh millennia BP in the southern Levant: A review for the 1990s, *Journal of World Prehistory* 7/3: 297-353.

Gopher, A., N. Goring-Morris and D. Gordon, 1994. Nahal Issaron: The lithics of the Late PPNB occupation, in H. G. Gebel and S. K. Kozlowski (eds.), *Neolithic Chipped Stone Industries of the Fertile Crescent*: 479-494. ex oriente: Berlin.

Goring-Morris, N., 1993. From foraging to herding in the Negev and Sinai: The early to late Neolithic transition, *Paléorient* 19/1: 65-89.

Goring-Morris, N., and P. Goldberg, 1990. Late Quaternary dune incursions in the southern Levant: Archaeology, chronology and palaeoenvironments, *Quaternary International* 5: 115-137.

Haltung, U., 2013. Some remarks on the chronological position of the Predynastic settlement at Maadi (Egypt) and its relations to the Southern Levant, *Paléorient* 39/1: 177-191.

Hassan, F. A., 1984. Toward a model of agricultural developments in Predynastic Egypt, in L. Krzyzaniak and M. Kobusiewicz (eds.), *Origin and Early Development of Food-Producing Cultures in North-Eastern Africa*: 221-224. Poznan Archaeological Museum: Poznan.

Hassan, F. A., 1997. Holocene palaeoclimates of Africa, *African Archaeological Review* 14: 213-230.

Hassan, F. A., 2002a. Palaeoclimate, food and culture change in Africa: An overview, in F. A. Hassan (ed.), *Droughts, Food and Culture: Ecological Change and Food Security in Africa's Later Prehistory*: 11-26. Kluwer Academic/Plenum Publishers: New York.

Hassan, F. A., 2002b. Holocene environmental change and the transition to agriculture in south-west Asia and north-east Africa, in Y. Yasuda (ed.), *The Origins of Pottery and Agriculture*: 55-68. Roli Books: New Delhi.

Hassan, F. A., 2003. Archaeology and linguistic diversity in North Africa, in P. Bellwood and C. Renfrew (eds.), *Examining the Farming/Language Dispersal Hypothesis*: 127-133. McDonald Institute for Archaeological Research: Cambridge.

Haynes, C. V., 2001. Geochronology and climate change of the Pleistocene-Holocene transition in the Darb el Arba'in Desert, Eastern Sahara, *Geoarchaeology* 16/1: 119-141.

Hendrickx, S., and P. M. Vermeersch, 2000. Prehistory from the Palaeolithic to the Badarian culture (c.700,000-4000 BC) in I. Shaw (ed.), *The Oxford History of Ancient Egypt*: 17-43. Oxford University Press: Oxford.

Henry, D. O., 1989. *From Foraging to Agriculture: The Levant at the End of the Ice Age*. University of Pennsylvania Press: Philadelphia.

Hershkovitz, I., O. Bar-Yosef, and B. Arensburg, 1994. The Pre-Pottery Neolithic populations of south Sinai and their relations to other circum-Mediterranean groups: An anthropological study, *Paléorient* 20/2: 59-84.

Jesse, F., 2003. Early ceramics in the Sahara and the Nile Valley, in L. Krzyzaniak, K. Kroeper and M. Kobusiewicz (eds.), *Cultural Markers in the Later Prehistory of Northeastern Africa and Recent Research*: 35-50. Poznan Archaeological Museum: Poznan.

Jordeczka, M., H. Krolik, M. Masojc and R. Schild, 2011. Early Holocene pottery in the Western Desert of Egypt: New data from Nabta Playa, *Antiquity* 85: 99-115.

西アジアからエジプトへの農耕牧畜の伝播とエジプトにおける発展

Jordeczka, M., H. Krolik, M. Masojc and R. Schild, 2013. Hunter-gatherer cattle-keepers of Early Neolithic El Adam type from Nabta Playa: Latest discoveries from Site E-06-1, *African Archaeological Review* 30: 253-284.

Junker, H., 1928. *Bericht über die von der Akademie der Wissenschaften in Wien nach dem Westdelta entsendete Expedition*. Hölder-Pichler Tempsky A.-G: Wien.

Kindermann, K., 2010. *Djara: Zur mittelholozänen Besiedlungsgeschichte zwischen Niltal und Oasen (Abu-Muharik-Plateau, Ägypten) Teil 1*. Heinrich Barth Institut: Köln.

Kobusiewicz, M., 2003. Neolithic wells of the Western Desert of Egypt, in L. Krzyzaniak, K. Kroeper and M. Kobusiewicz (eds.), *Cultural Markers in the Later Prehistory of Northeastern Africa and Recent Research*: 95-104. Poznan Archaeological Museum: Poznan.

Kuijt, I., and N. Goring-Morris, 2002. Foraging, farming, and social complexity in the Pre-Pottery Neolithic of the southern Levant: A review and synthesis, *Journal of World Prehistory* 16/4: 361-440.

Kuper, R., 2007. An attempt at structuring the Holocene occupation of the Eastern Sahara, in K. Kroeper, M. Chlodnicki and M. Kobusiewicz (eds.), *Archaeology of Early Northeastern Africa*: 261-272. Poznan Archaeological Museum: Poznan.

Kuper, R., and S. Kröpelin, 2006. Climate-controlled Holocene occupation in the Sahara: Motor of Africa's evolution, *Science* 313: 803-807.

Levy, T. E., and E. C. M. van den Brink, 2002. Interaction models: Egypt and the Levantine periphery, in E. C. M. van den Brink and T. E. Levy (eds.), *Egypt and the Levant: Interrelations from the 4th through the Early 3rd Millennium B.C.E.*: 3-38. Leicester University Press: London.

Linseele, V., 2010. Did specialized pastoralism develop differently in Africa than in the Near East? An example from the West African Sahel, *Journal of World Prehistory* 23/2: 43-77.

Linseele, V., and W. Van Neer, 2009. Exploitation of desert and other wild game in ancient Egypt: The archaeozoological evidence from the Nile Valley, in H.Riemer, F. Förster, M. Herb and N. Pöllath (eds.), *Desert Animals in the Eastern Sahara: Status, Economic Significance, and Cultural Reflection in Antiquity*: 79-108. Heinrich Barth Institut: Köln.

Litt, T., Ohlwein, C., Neumann, F.H., Hense, A., Stein, M., 2012. Holocene climate variability in the Levant from the Dead Sea pollen record, *Quaternary Science Reviews* 49: 95-105.

Maczynska, A., 2013. *Lower Egyptian communities and their interactions with southern Levant in the 4th millennium BC*, Poznan Archaeological Museum: Poznan.

Marshall, F., and E. Hildebrand, 2002. Cattle before crops: The beginnings of food production in Africa, *Journal of World Prehistory* 16/2: 99-143.

Marshall, F. and L. Weissbrod, 2011. Domestication processes and morphological change: Through the lens of the donkey and African pastoralism, *Current Anthropology* 52 Supplement 4: S397-S413.

Martin, L. A., and Y. Edwards, 2013. Diverse strategies: Evaluating the appearance and spread of domestic caprines in the southern Levant, in S. Colledge, J. Conolly, K. Dobney, K. Manning and S. Shennan (eds.), *The Origins and Spread of Domestic Animals in Southwest Asia and Europe*: 49-82. Left Coast Press: Walnut Creek.

McCorriston, J., 2006. Breaking the rain barrier and the tropical spread of Near Eastern agriculture into southern Arabia, in D. J. Kennett and B. Winterhalder (eds.), *Behavioral Ecology and the Transition to Agriculture*: 217-236. University of California Press: Berkeley.

McDonald, M. M. A., 2001. The late prehistoric radiocarbon chronology for Dakhleh Oasis within the wider environmental and cultural setting of the Egyptian Western Desert, in C. Marlow and A. Mills (eds.), *The Oasis Papers 1*: 26-42. Oxbow Books: Oxford.

McDonald, M. M. A., 2003. The Early Holocene Masara A and Masara C cultural sub-units of Dakhleh Oasis,

第 II 部　西アジア型農耕の起源と拡散

within a wider cultural settings, in G. E. Bowen and C. A. Hope (eds.), *The Oasis Papers 3*: 43-69. Oxbow Books: Oxford.

McDonald, M. M. A., 2008. Emerging social complexity in the Mid-Holocene Egyptian Western Desert: Site 270 and its neighbours in south-eastern Dakhleh Oasis, in M. F. Wiseman (ed.), *The Oasis Papers 2*: 83-106. Oxbow Books: Oxford.

McDonald, M. M. A., 2009. Increased sedentism in the central oases of the Egyptian Western Desert in the Early to Mid-Holocene: Evidence from the peripheries, *African Archaeological Review* 26: 3-43.

McDonald, M. M. A. 2013. Whence the Neolithic of Northeastern Africa? Evidence from the Central Western Desert of Egypt, in N. Shirai (ed.), *Neolithisation of Northeastern Africa*: 175-192. ex oriente: Berlin.

McDonald, M. M. A. 2016. The pattern of Neolithization in Dakhleh Oasis in the Eastern Sahara, *Quaternary International* 410: 181-197.

Migowski, C., M. Stein, S. Prasad, J. F. W. Negendank, and A. Agnon, 2006. Holocene climate variability and cultural evolution in the Near East from the Dead Sea sedimentary record, *Quaternary Research* 66: 421-431.

Mohammed-Ali, A. S., and A. M. Khabir, 2003. The wavy line and the dotted wavy line pottery in the prehistory of the Central Nile and the Sahara-Sahel belt, *African Archaeological Review* 20/1: 25-58.

Muhs, D.R., Roskin, J., Tsoar, H., Skipp, G., Budahn, J.R., Sneh, A., Porat, N., Stanley, J-D., Katra, I., and Blumberg, D.G. 2013. Origin of the Sinai-Negev erg, Egypt and Israel: Mineralogical and geochemical evidence for the importance of the Nile and sea level history, *Quaternary Science Reviews* 69: 28-48.

Neumann, K., 1989. Holocene vegetation of the Eastern Sahara: Charcoal from prehistoric sites, *African Archaeological Review* 7: 97-116.

Nicoll, K., 2001. Radiocarbon chronologies for prehistoric human occupation and hydroclimatic change in Egypt and northern Sudan, *Geoarchaeology* 16: 47-64.

Nicoll, K., 2004. Recent environmental change and prehistoric human activity in Egypt and northern Sudan, *Quaternary Science Reviews* 23: 561-580.

Nicholson, S. E., 2000. The nature of rainfall variability over Africa on time scales of decades to millennia, *Global and Planetary Change* 26: 137-158.

Nussbaum, S., and F. Darius, 2010. The archaeobotanical evidence of Djara and its environmental interpretation, in K. Kindermann (ed.), *Djara: Zur mittelholozänen Besiedlungsgeschichte zwischen Niltal und Oasen (Abu-Muharik-Plateau, Ägypten) Teil II*: 815-835. Heinrich Barth Institut: Köln.

Peters, J., 1990. Late Palaeolithic ungulate fauna and landscape in the plain of Kom Ombo, *Sahara* 3: 45-52.

Peters, J., A. von den Driesch and D. Helmer, 2005. The upper Euphrates-Tigris basin: Cradle of agro-pastoralism? in J.-D. Vigne, J. Peters and D. Helmer (eds.), *First Steps of Animal Domestication: New Archaeozoological Approaches*: 96-124. Oxbow Books: Oxford.

Pöllath, N., 2009. The prehistoric gamebag: The archaeozoological record from sites in the Western Desert of Egypt, in H.Riemer, F. Förster, M. Herb and N. Pöllath (eds.), *Desert Animals in the Eastern Sahara: Status, Economic Significance, and Cultural Reflection in Antiquity*: 79-108. Heinrich Barth Institut: Köln.

Richerson, P., R. Boyd and R. Bettinger, 2001. Was agriculture impossible during the Pleistocene but mandatory during the Holocene? A climate change hypothesis, *American Antiquity* 66: 387-411.

Riemer, H., 2005. Pastoralism and the 'absolute' desert: A view from the southern Great Sand Sea, Egypt, in B. E. Barich, T. Tillet and K. H. Striedter (eds.), *Hunters vs. Pastoralists in the Sahara: Material Culture and Symbolic Aspects*: 57-65. Archaeopress: Oxford.

Riemer, H., 2006. Archaeology and environment of the Western Desert of Egypt: 14C-based human occupation history as an archive for Holocene palaeoclimatic reconstruction, in S. A. A. Youssef (ed.), *Geology of the Tethys*: 553-564. The Geology Department of the Faculty of Science at Cairo University: Giza.

248

西アジアからエジプトへの農耕牧畜の伝播とエジプトにおける発展

Riemer, H., 2007a. Out of Dakhla: Cultural diversity and mobility between the Egyptian oases and the Great Sand Sea during the Holocene humid phase, in K. Kroeper, M. Chlodnicki, and M. Kobusiewicz (eds.), *Archaeology of Earliest Northeastern Africa*: 491-526. Poznan Archaeological Museum: Poznan.

Riemer, H., 2007b. When hunters started herding: Pastro-foragers and the complexity of Holocene economic change in the Western Desert of Egypt, in M. Bollig, O. Bubenzer, R. Vogelsang and H.-P. Wotzka (eds.), *Aridity, Change and Conflict in Africa*: 105-144. Heinrich Barth Institut: Köln.

Riemer, H., and K. Kindermann, 2008. Contacts between the oasis and the Nile: A résumé of the Abu Muhariq plateau survey 1995-2002, in B. Midant-Reynes and Y. Tristant (eds.), *Egypt at Its Origins 2*: 609-633. Peeters: Leuven.

Rizkana, I., and J. Seeher, 1988. *Maadi II: The Lithic Industries of the Predynastic Settlement*. Philipp von Zabern: Mainz am Rhein.

Rizkana, I., and J. Seeher, 1989. *Maadi III: The Non-lithic Small Finds and the Structural Remains of the Predynastic Settlement*. Philipp von Zabern: Mainz am Rhein.

Rohling, E., J., Casford, R. Abu-Zied, S. Cooke, D. Mercone, J. Thompson, I. Croudace, F. J. Jorissen, H. Brinkhuis, J. Kallmeyer, and G. Wefer, 2002. Rapid Holocene Climate Changes in the Eastern Mediterranean, in F. A. Hassan (ed.), *Droughts, Food and Culture: Ecological Change and Food Security in Africa's Later Prehistory*: 35-46. Kluwer Academic/Plenum Publishers: New York.

Rohling, E. J., and H. Pälike, 2005. Centennial-scale climate cooling with a sudden cold event around 8,200 years ago, *Nature* 434: 975-979.

Rollefson G. O. 2011. The greening of the badlands: Pastoral nomads and the "conclusion" of Neolithization in the southern Levant, *Paléorient* 37/1: 101-109.

Rollefson, G. O., and I. Köhler-Rollefson, 1989. The collapse of the Early Neolithic settlements in the southern Levant, in I. Hershkovitz (ed.), *People and Culture in Change: Symposium on Upper Palaeolithic, Mesolithic and Neolithic Populations of Europe and the Mediterranean Basin*: 73-89. Archaeopress: Oxford.

Rollefson, G. O., and I. Köhler-Rollefson, 1993. PPNC adaptations in the first half of the 6th millennium B.C., *Paléorient* 19/1: 33-42.

Ronen, A., S. Milstein, M. Lamdan, J. C. Vogel, H. K. Mienis, and S. Ilani, 2001. Nahal Reuel: A MPPNB site in the Negev, Israel, *Quartär* 51/52: 115-156.

Rosen, S. A., 2002. The evolution of pastoral nomadic systems in the southern Levantine periphery, in E. van den Brink and E. Yannai (eds.), *In Quest of Ancient Settlements and Landscapes: Archaeological Studies in honour of Ram Gophna*: 23-44. Ramot Publishing: Tel Aviv.

Rosen, S. A., 2008. Desert pastoral nomadism in the *longue durée*, in H. Barnard and W. Wendrich (eds.), *The Archaeology of Mobility: Old World and New World Nomadism*: 115-140. Cotsen Institute of Archaeology at UCLA: Los Angeles.

Rosen, S. A., 2011. Desert chronologies and periodization systems, in J. L. Lovell and Y. M. Rowan (eds.), *Culture, Chronology and the Chalcolithic: Theory and Transition*: 71-83. Oxbow Books: Oxford.

Rosen, S. A., A. B. Savinetsky, Y. Plakht, N. K. Kisseleva, B. F. Khassanov, A. M. Pereladov, and M. Haiman, 2005. Dung in the desert: Preliminary results of the Negev Holocene Ecology Project, *Current Anthropology* 46/2: 317-327.

Rosenberg, M., 1990. The mother of invention: Evolutionary theory, territoriality, and the origins of agriculture, *American Anthropologist* 92: 399-415.

Rosenberg, M., 1998. Cheating at musical chairs: Territoriality and sedentism in an evolutionary context, *Current Anthropology* 39: 653-681.

Rossignol-Strick, M., 1999. The Holocene climatic optimum and pollen records of sapropel 1 in the eastern Med-

第Ⅱ部　西アジア型農耕の起源と拡散

iterranean, 9000-6000 BP, *Quaternary Science Reviews* 18: 515-530.

Rowland, J. M., and L. C. Bertini, 2016. The Neolithic within the context of northern Egypt: New results and perspectives from Merimde Beni Salama, *Quaternary International* 410: 160-172.

Said, R., 1993. *The River Nile: Geology, Hydrology and Utilization*. Pergamon Press: Oxford.

Schmidt, K., 1996. Helwan in Egypt: A PPN Site? in S. K. Kozlowski and H. G. K. Gebel (eds.), *Neolithic Chipped Stone Industries of the Fertile Crescent and Their Contemporaries in Adjacent Regions*: 127-136. Berlin: ex oriente.

Shirai, N., 2010. *The Archaeology of the First Farmer-Herders in Egypt: New Insights into the Fayum Epipalaeolithic and Neolithic*. Leiden University Press: Leiden.

Shirai, N. 2016. Establishing a Neolithic farming life in Egypt: A view from the lithic study at Fayum Neolithic sites, *Quaternary International* 412: 22-35.

Simmons, A. H., 1997. Ecological changes during the Late Neolithic in Jordan: A case study, in H. G. K. Gebel, Z. Kafafi and G. O. Rollefson (eds.), *The Prehistory of Jordan II: Perspectives from 1997*: 309-318. ex oriente: Berlin.

Simmons, A. H., 2000. Villages on the edge: Regional settlement change and the end of the Levantine Pre-Pottery Neolithic, in I. Kuijt (ed.), *Life in Neolithic Farming Communities: Social Organization, Identity, and Differentiation*: 211-230. Kluwer Academic/Plenum Publishers: New York.

Sinclair, P., T. Shaw, and B. Andah, 1993. Introduction, in T. Shaw, P. Sinclair, B. Andah and A. Okpoko (eds.), *The Archaeology of Africa: Food, Metals and Towns*: 1-31. Routledge: London.

Smith, A. B., 2013. An appraisal of the terms 'Neolithic' and 'Neolithisation' for use in North Africa in the 21st century, in N. Shirai (ed.), *Neolithisation of Northeastern Africa*: 5-22. ex oriente: Berlin.

Smith, A. C., 2013. Unravelling the prehistoric ancestry of the present-day inhabitants of Northeast Africa: An archaeogenetic approach to Neolithisation, in N. Shirai (ed.), *Neolithisation of Northeastern Africa*: 121-147. ex oriente: Berlin.

Stanley, J. D., 2002. Configuration of the Egypt-to-Canaan coastal margin and north Sinai byway in the Bronze Age, in E. C. M. van den Brink and T. E. Levy (eds.), *Egypt and the Levant: Interrelations from the 4th through the Early 3rd Millennium B.C.E.*: 98-117. Leicester University Press: London.

Staubwasser, M., and H. Weiss, 2006. Holocene climate and cultural evolution in late prehistoric-early historic West Asia, *Quaternary Research* 66: 372-387.

Tchernov, E., and O. Bar-Yosef, 1982. Animal exploitation in the Pre-Pottery Neolithic B period at Wadi Tbeik, Southern Sinai, *Paléorient* 8/2: 17-37.

Uerpmann, H-P., 1987. *The Ancient Distribution of Ungulate Mammals in the Middle East: Fauna and Archaeological Sites in Southwest Asia and Northeast Africa*. Dr. Ludwig Reichert Verlag: Wiesbaden.

Van Neer, W., and H-P. Uerpmann, 1989. Palaeoecological significance of the Holocene faunal remains of the B.O.S.-Missions, in R. Kuper (ed.), *Forschungen zur Umweltgeschichte der Ostsahara*: 309-341. Heinrich Barth Institut: Köln.

van Zeist, W., and S. Bottema, 1991. *Late Quaternary Vegetation of the Near East*. Dr. Ludwig Reichert Verlag: Wiesbaden.

Verhoeven, M., 2004. Beyond boundaries: Nature, culture and a holistic approach to domestication in the Levant, *Journal of World Prehistory* 18/3: 179-282.

Verhoeven M., 2011. The birth of a concept and the origins of the Neolithic: A history of prehistoric farmers in the Near East, *Paléorient* 37/1: 75-87.

Vermeersch, P. M., 1984. Subsistence activities on the Late Palaeolithic sites of Elkab (Upper Egypt), in L. Krzyaniak and M. Kobusiewicz (eds.), *Origin and Early Development of Food-Producing Cultures in North-East-*

西アジアからエジプトへの農耕牧畜の伝播とエジプトにおける発展

ern Africa: 137-142. Poznan Archaeological Museum: Poznan.

Vermeersch, P. M., 2002. The Egyptian Nile Valley during the Early Holocene, in Jennerstrasse 8 (eds.), *Tides of the Desert: Contributions to the Archaeology and Environmental History of Africa in Honour of Rudolph Kuper*: 27-40. Heinrich Barth Institut: Köln.

Vermeersch, P. M. (ed.), 2008. *A Holocene Prehistoric Sequence in the Egyptian Red Sea Area: The Tree Shelter*. Leuven University Press: Leuven.

Vermeersch, P. M., V. Linseele, E. Marinova, W. Van Neer, J. Moeyersons, and J. Rethemeyer, 2015. Early and Middle Holocene human occupation of the Egyptian Eastern Desert: Sodmein Cave, *African Archaeological Review* 32: 465-503.

Vermeersch, P. M., W. Van Neer, and F. Gullentops, 2007. El Abadiya 3, Upper Egypt: A Late Palaeolithic site on the shore of a large Nile lake, in K. Kroeper, M. Chlodnicki and M. Kobusiewicz (eds.), *Archaeology of Early Northeastern Africa*: 375-424. Poznan Archaeological Museum: Poznan.

Wasylikowa, K., J. Mitka, F. Wendorf and R. Schild, 1997. Exploitation of wild plants by the early Neolithic hunter-gatherers of the Western Desert, Egypt: Nabta Playa as a case-study, *Antiquity* 71: 932-941.

Wasylikowa, K., and J. Dahlberg, 1999. Sorghum in the economy of the Early Neolithic nomadic tribes at Nabta Playa, southern Egypt, in M. Van der Veen (ed.), *The Exploitation of Plant Resources in Ancient Africa*: 11-31. Kluwer Academic/Plenum Publishers: New York.

Watkins, T., 2006. Neolithisation in southwest Asia: The path to modernity, *Documenta Praehistorica* 33: 71-88.

Watkins, T., 2008. Supra-regional networks in the Neolithic of Southwest Asia, *Journal of World Prehistory* 21/2: 139-171.

Watkins, T., 2013. The Neolithic in transition: How to complete a paradigm shift, *Levant* 45/2, 149-158.

Wendorf, F., 1968. *The Prehistory of Nubia*. Southern Methodist University Press: Dallas.

Wendorf, F., and R. Schild (eds.), 1986. *The Prehistory of Wadi Kubbaniya Volume 1. The Wadi Kubbaniya Skeleton: A Late Paleolithic Burial from Southern Egypt*. Southern Methodist University Press: Dallas.

Wendorf, F., and R. Schild (eds.), 2001. *Holocene Settlement of the Egyptian Sahara, volume 1: The Archaeology of Nabta Playa*. Kluwer Academic/Plenum Publishers: New York.

Wendorf, F., and R. Schild, 2002. The role of storage in the Neolithic of the Egyptian Sahara, in Jennerstrasse 8 (eds.), *Tides of the Desert: Contributions to the Archaeology and Environmental History of Africa in Honour of Rudolph Kuper*: 41-49. Heinrich Barth Institut: Köln.

Wendorf, F., and R. Schild, 2003. Food economy and settlement system during the Neolithic in the Egyptian Sahara, in L. Krzyzaniak, K. Kroeper and M. Kobusiewicz (eds.), *Cultural Markers in the Later Prehistory of Northeastern Africa and Recent Research*: 145-157. Poznan Archaeological Museum: Poznan.

Wendorf, F., R. Schild and A. E. Close (eds.), 1984. *Cattle-Keepers of the Eastern Sahara: The Neolithic of Bir Kiseiba*. Southern Methodist University: Dallas.

Weninger, B., L. Clare, E. J. Rohling, O. Bar-Yosef, U. Böhner, M. Budja, M. Bundschuh, A. Feurdean, H.G. Gebel, O. Jöris, J. Linstädter, P. Mayewski, T. Mühlenbruch, A. Reingruber, G. Rollefson, D. Schyle, L. Thissen, H. Todorova1, and C. Zielhofer, 2009. The impact of Rapid Climate Change on prehistoric societies during the Holocene in the Eastern Mediterranean, *Documenta Praehistorica* 36: 7-59.

Wetterstrom, W., 1993. Foraging and farming in Egypt: the transition from hunting and gathering to horticulture in the Nile Valley, in T. Shaw, P. Sinclair, B. Andah and A. Okpoko (eds.), *The Archaeology of Africa: Food, Metals and Towns*: 165-226. Routledge: London.

Willcox, G., 2005. The distribution, natural habitats and availability of wild cereals in relation to their domestication in the Near East: Multiple events, multiple centres, *Vegetation History and Archaeobotany* 14: 534-541.

Wilson, P., G. Gilbert and G. Tassie, 2014. *Sais II: The Prehistoric Period at Sa el-Hagar*. Egypt Exploration So-

第Ⅱ部　西アジア型農耕の起源と拡散

ciety: London.

Zeder, M. A., 2008. Domestication and early agriculture in the Mediterranean Basin: Origins, diffusion, and impact, *Proceedings of the National Academy of Sciences* 105/33: 11597-11604.

Zeder, M. A., 2009. The Neolithic macro-(r)evolution: Macroevolutionary theory and the study of culture change, *Journal of Archaeological Research* 17: 1-63.

Zeder, M. A., 2011. The origins of agriculture in the Near East, *Current Anthropology* 52/S4: S221-S235.

Zerboni, A., 2013. Early Holocene palaeoclimate in North Africa: An overview, in N. Shirai (ed.), *Neolithisation of Northeastern Africa*: 65-82. ex oriente: Berlin.

Zohary, D., M. Hopf, and E. Weiss, 2012. *Domestication of Plants in the Old World. The Origins and Spread of Domesticated Plants in Southwest Asia, Europe and the Mediterranean Basin*. Oxford University Press: Oxford.

南アジア 農耕の始まりと特徴，冬作物と夏作物

宗䑓 秀明

はじめに

　南アジアの新石器文化諸遺跡の下層に農耕以前の文化層を残す例は少ない。それは，農耕が南アジアに起源を持たず，外の世界からもたらされたであろうことを示唆している。南アジアは南を除く三方を丘陵と山脈に囲まれた地域である。しかし，その丘陵には他地域と結びつける交渉ルートが存在し，それらを経て農耕も南アジアにもたらされたと考えられる。西アジアとの関連では麦作が，東アジアとでは稲作をあげることができる。また，そのルートは以後の歴史においても南アジアを他世界と密接に結びつけていた。

　麦作農耕は西方のバローチスターン丘陵を媒介としてインダス平原に繁栄し，稲作はガンジス平原を中心として展開した。そこに雑穀類も加わり，冬作物と夏作物が早い時期から共に栽培されたのが南アジア型農耕の特徴とされてきた。農耕に伴う家畜飼養ではウシの突出した利用頻度の高さが指摘されている。

1. 南アジアの地勢

　現在のインド，パーキスターン，ネパールそれにパングラデーシュなどの国々が位置する南アジアは，インド亜大陸が北上してユーラシアに衝突してできた。両大陸衝突の最前線であるヒマーラヤ(Himarayas)では，現在も隆起が続き，またインド亜大陸の北上はヒマーラヤの東西でユーラシア大陸との間に南北に連なる山塊と谷を幾筋も作り出している。

　インド亜大陸北部とその東西での山塊の隆起は，インド亜大陸を他のユーラシアから分離する障壁となったが，他方では山塊から流れ下る河川がインド亜

第Ⅱ部　西アジア型農耕の起源と拡散

大陸とユーラシアとを結びつける河岸と峠を少ないながらも作り出してもいる。同時に河川は山塊を侵食し，土砂を下流へと運んで豊かな沖積平野を亜大陸北部に作り出した。こうしたインド亜大陸はアラビア海からのモンスーンの影響を強く受ける地域となり，その影響は完新世に入り大きな変化がないとされる（長田編2013）。

　ヒマーラヤから流れ下る主な河川は，ガンガー（Ganga），インダス（Indus）とブラフマプトラ（Brahmaputra）である。ブラフマプトラはヒマーラヤ北麓西部に発してベンガル湾に注ぐことでベンガル平野を，ガンガーはヒマーラヤの西部に発して流れ下るものの，上流域で東方に向きを変えてベンガル湾へと東流する途上にガンガー平原を作りだした。そしてインダスは，ヒマーラヤの西に接して南北に連なる山塊に沿って南流しながらアラビア海へと注ぐ大河で，流域に南アジア最古の文明，インダス文明が興隆した。

　インダスは，その中流域でやはりヒマーラヤに端を発する4つの河川，西からジェーラム（Jhelum），チェナーブ（Chenab），ラーヴィー（Ravi），サトレジ（Sutlej）と扇状に並んで南流しながら生み出したパンジャーブ（Punjab）地方に氾濫原平野を，それらの4河川と合流した後にアラビア海に向けて南流する下流域のシンド（Sindh）地方に沖積平野を作り出している。

　パンジャーブ地方は，5つの川を意味するパーンチ(5)アーブ(川)に由来し，南西方向に標高約300mから70mまで緩やかに傾斜する地を河川が流れ下る。西方をスレイマン（Sulaiman）山塊が限り，東方にはタール（Thal）砂漠が広がるこの地は，年間平均降水量300〜600㎜前後の半乾燥地帯であるが，モンスーンの影響を受ける夏雨地帯の東部から春雨地帯の西部へと漸移する。タール砂漠の西端にはかつて『リグ・ヴェーダ』でサラスヴァティー（Sarasvati）川と呼ばれたもう一つの大河が流れていたが，いまはガッガル＝ハークラー涸河床（Dry bed of Ghaggar-Hakra）として残されるのみである。ラーヴィー河畔にハラッパー遺跡が残されている。

　シンド地方は，サンスクリット語の古名シンドゥ（Shindu）に由来する地方名で，インダス川の下流域にあたる。石灰岩台地が広がる北部のサッカル（Sakkur）以南は，1kmあたり15cmの傾斜しかない非常に平坦な沖積平野である。年間平均降水量は99㎜，夏季の平均最高気温が50℃に達する高温乾燥地帯である。乾

254

南アジア 農耕の始まりと特徴，冬作物と夏作物

燥沖積平野は，西部をキールタール(Kirthar)山塊に限られ，東部にはタール砂漠が広がる。シンド地方中部のインダス河畔にモエンジョ・ダロー遺跡が発見されている。

　南北に連なるスレイマンとキールタール山塊の西方には丘陵域が広がり，平均標高1800mを測るバローチスターンと呼ばれる。この地には新石器文化以降，連綿と人々の生活が営まれて，文明直前には大拠点集落も生み出された。

　バローチスターン丘陵上の北部，中部，南部にはそれぞれ小規模盆地が存在する。冬季と夏季の平均気温は10℃と27℃と穏やかであるが，年間降水量は厳しく，北から南へと降水量が減少し，北部で500mmから1000mm，中部と南部では250から600mmで，そのほとんどが春雨と冬季の降雪である。バローチスターン丘陵のほとんどを占めるバローチスターン州の州都クエッタ(Quetta)の年平均降水量は195mmである。そのため，現在の耕地は盆地に流れ込む小河川の扇状地周辺に限られている。

　また丘陵中の河川のほとんどは南北に流れるため，東方のインダス平原部とを結ぶ交通路は限られている。北部ではクエッタ北方を源流とするジョーブ(Zhob)川が北東に流下した後に東へと流路を変えてゴーマル川と合流するジョ

図1　関連遺跡位置図

第II部　西アジア型農耕の起源と拡散

ーブ渓谷が，そしてクエッタ南東に発するボーラーン(Bolan)川がスレイマン山塊を削り込んだボーラーン峠が南東のインダス平原への重要な交通路となる。これら交通路のインダス平原側にはゴーマル川とボーラーン川が作り出したゴーマル平野とカッチー (Kachhi)平野がある。この両平野にバローチスターン丘陵に営まれた初期農耕文化の拠点集落が作られた。

　インダス上流域には，ヒマーラヤの隆起と大陸衝突による褶曲が顕著に見られ，それらが浸食と堆積作用を経て，複雑な河道と狭隘な河岸段丘平地，それに盆地を作り出している。南アジア北西の障壁となったこの地域は，モンスーンの暖かく湿った風が冷やされて降雨をもたらし，また雪解け水を交えて春から初夏にたびたび洪水に見舞われる。チトラルの年間降雨量は1300mmを超え，その多くが2月から4月に降る。気温も比較的冷涼で，冬季の平均が0℃を切ることも多い。

　他方，ガンガーは南方の標高1,000m前後のヴィンディヤ山脈と北方のヒマーラヤ山脈との間に広大なガンガー平原を作り出している。西方のインダスとはデリー西方を分水嶺とするが，両者の間にとくに高山帯があるのではなく，パンジャーブの川がガンガーに流れ込んでいた時期もあった(Flam 1999)。

　ガンガーは中流域のイラーハーバードで合流するまでヤムナー (Yamuna)川との間にドアーブ(二つの川)地方を形成し，古代より肥沃な土地とされてきた。この後，ガンガーは北と南の山脈から流れ下るガーガラ(Ghaghara)川，カリ・ガンダキ(Kali Gandaki)川，コシ(Kosi)川さらにソーン(Sone)川などの支流を合わせて広大な沖積氾濫原を形成する。ヴィンディヤ山脈東端のビハール州東部からは，ティベット高原やアッサムを流れ下るブラフマプトラ川などを合わせる下流域となる。

　ヒマーラヤの雪解け水と南西モンスーンの影響を強く受けるガンガー流域の降雨は，インダス流域より遅れてデリー周辺では6月下旬から9月中旬に訪れ，流域は夏雨地域となる。デリーの年平均降水量700mm，イラーハーバードで1700mmのうち大方がこの時期に降ることになる(辛島他編1992)。そのため，ガンガー流域は春の雪解け水による流量の増加とモンスーンによる流域降雨によって夏作物栽培に適しているが，流域の開発には樹木の効率的伐採が必要で，都市形成がインダス流域のそれより遅れたとされる(上杉2000)。

256

南アジア 農耕の始まりと特徴，冬作物と夏作物

2. 麦作農耕新石器文化

　西方から伝播したと考えられる麦作の新石器文化遺跡は，パーキスターンの
北西部，バローチスターン丘陵北部のメヘルガルやキリ・グル・ムハンマド(以
下，KGMと略す)遺跡をはじめとして，ゴーマル平野周辺のシェーリ・ハーン・
タラカイやグムラー遺跡，ポートワール丘陵のサラーイコラー遺跡，北部山岳
地帯のカシュミールやスワート地域の諸遺跡の他，パンジャーブにジャリール
プル遺跡が発見されている。スワート，カシュミールの諸遺跡からは後述のガ
ンガー流域の稲作を行った諸遺跡やヒマーラヤ山麓を介した東方との関連も指
摘されている。ここではバローチスターン丘陵のメヘルガル遺跡に南アジアの
麦作農耕開始期の様相を見る。

メヘルガル遺跡

　カンダハールから東方へ，ホージャック(Khojak)峠を抜けるとバローチスター
ン丘陵の主要都市クエッタがある。ここから更に東へ，ボーラーン川が刻んだ
峡谷を下ると，インダス流域平原へと続く湿度の高いカッチー平野に降り立つ。
カッチー平野はローララーイー(Loralai)川下流のベジ(Beji)川やナーリ(Nari)川を
介してクエッタ以外の北部バローチスターンとも結ばれる。そのカッチー平野
の北西端，峡谷を流れ過ぎたばかりのボーラーン川右岸にメヘルガル(Mehrgarh)
遺跡は位置する。

　200haにおよぶ遺跡は，MR1～7の7地点に分散して確認され，無土器新石
器文化からハラッパー文化と接触するまで継続する。その文化層はⅠ～Ⅶ期に
分期されている(Jarrige *et al.* (eds.) 1995)。遺跡地は平原部の一画を占めるとはいえ，
インド亜大陸の北方への移動に伴って隆起した第三紀火成岩丘陵からの転石を
多く交えるため，一帯は石がちである(Kureshy 1977)。

　MR3地点に発見された新石器文化段階のⅠ期は，その当初ⅠAとⅠBに分期
されたが，報告書刊行後，1997から2000年までの再調査によってA～Cの3
文化相に分けられ，さらに2005年に従来の文化相分期を取り消して9枚の居住
層(Level 1～9)と生活域移動後に形成された9時期の墓域化層(Cemetery 1～9)から
なる無土器新石器文化期とされた(Jarrige 2000；Jarrige, Jarrige and Quivron 2005，2013)。

257

表 1　メヘルガル遺跡ほか出土植物遺存体　(Meadow 1989 を一部改変)

	6000 Mehrgarh I	II	V	VI	VII	2600 Harappan	Sibri	2000 BC Pirak I
Generally spring-harvested crops								
Triticum sp. (wheats)								
T. monococcum (einkorn)	+					+		
T. turgidum subsp. *dicoccum* (emmer)	+					+	+	+
T. turgidum cf. conv. *durum* (hard wheat)	+					+		
T. aestivum // *aestivum* subsp. *compactum* (bread/club wheat)	+		+	+	+	+	+	+
T. aestivum subsp. *sphaerococcum* ("shot" wheat)	+		+	+	+	+	+	+
Hordeum sp. (barleys)								
H. vulgare subsp. *spontaneum* (wild 2-row barley)	+							
H. vulgare subsp. *distichum* (cultivated 2-row hulled barley)	+					+		+
H. vulgare subsp. *vulgare* (6-row hulled barley)	+		+	+	+	+	+	+
H. vulgare subsp. *vulgare* var. *nudum* (6-row naked barley)	+	+	+	+	+	+		
H. vulgare subsp. *sphaerococcum* (6-row naked "shot" barley)	+	+		+	+	+	+	+
Avena sp. (oats)						+		
Pisum sp. (pea)						+		
Lens culinaris (lentil)						+		
Cicer arietinum (chickpea)						+		
Linum usitatissimum (flax/linseed)						+		
Zizyphus jujuba (jujube)	+	+		+	+	?	?	
Brassica juncea (brown mustard)	+							+
Generally summer // fall-harvested crops								
Oryza sativa (rice)		?				?		+
Sorghum sp. (sorghum)						?		+
Panicum miliaceum (proso millet)			+			+		+
Vitis vinifera (grape)						+		+
Gossypium sp. (cotton)						+		
Phoenix dactylifera (date)	+					+		

(From Costantini 1979, 1981, 1984, in press; Vishnu-Mittre and Savithri 1982; nomenclature following Zohary and Hopf 1988.)

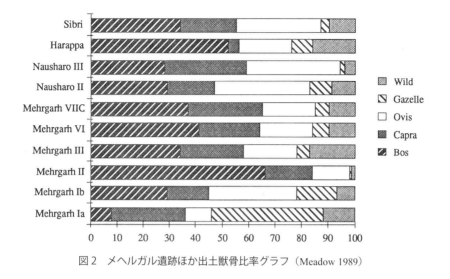

図2　メヘルガル遺跡ほか出土獣骨比率グラフ（Meadow 1989）

各居住層は何度かの建て替え建築層を内包し，墓域化層はボーラーン川の氾濫堆積による居住地点の移動と復帰の間に形成された(Jarrige, Jarrige and Quivron 2005, 2013)。しかし，農耕を考察する際の基本資料となる動植物遺存体の報告は，A・B文化相分割に拠っているため，以下では文化堆積層の上下関係において変更のないA・B文化相分割時の報告に従ってメヘルガル遺跡新石器文化期の様相を見ていく。

　最古相のⅠA期(Level 1～6)の居住層は半分程がボーラーン川に削り取られているが，残存する文化層の広がりから，集落は円形から楕円形に復元できる。Ⅰ期下層の調査面積は狭小であったが，Ⅰ期全体の集落規模は25haほどで，第1居住層には非常に長軸の長い日干煉瓦(62×12×8cm)を使った家屋が残されている。Ⅰ期を通じて発見された建物は全て複室からなるが，第1～2居住層では2室構成のみで，第4居住層まで2室建物が残る。第3居住層より4室建物が現れて，Ⅰ期最終の第9居住層まで用いられた。これらの2または4室の建物は6m前後×4m強の規模である。ⅠA期からは，植物遺存体の9割を占める六条オオムギ(*Hordeum vugare* および *H. vulgare var. nudum*)の他に，二条裸オオムギ(*H. distichum*)，一粒コムギ・アインコルンコムギ(*Triticum monococcum*)，二粒コムギ・エンメルコムギ(*T. cicoccum*)，パンコムギ(*T. durum* または *T. aestivum*)が発見

第Ⅱ部　西アジア型農耕の起源と拡散

されている。ちなみに，現在ボーラーン峠付近には野生のオオムギが見られる
と言う(Zohary 1989)。動物遺存体では，インドゾウ(*Elaphas maximus*)，イッカクサ
イ(*Rhinoceros unicornis*)，オナーゲル(*Equus hemionus*)，野生ブタ(*Sus scrofa*)，スイギ
ュウ(*Bubalus arnee*)，ガゼル(*Gazella bennetti*)，野生ヤギ(*Capra aegagrus*)，野生ヒツジ
(*Ovis orientalis*)の他に，獣骨の5割弱を占める家畜ウシ(*Bos indicus* と *Bos taurus*)と家
畜ヒツジ(*Ovis aries*)・ヤギ(*Capra hircus*)が出土している(Meadow 1989)。加えて，鎌
石刃や磨石の収穫・調理道具が出土することから，農耕をはじめた当初から家
畜を伴った定住農耕集落であったことがわかる。なお，未焼成の粘土で作られ
た細口の器が出土している。

　ⅠB期(Level 7 ～ 9)の集落は，発見された遺構分布と遺存する文化層の範囲か
ら，ⅠA期と同様に楕円形もしくは円形であったと考えられる。

　建物は4室住居が一般的となり，その一室にカマドが設置され，他の一室で
はその2/3程が高くなった床が設えられている。住居内機能分化である。ⅠA
期最上層の第6居住層の住居にも同様の機能分化を見て取れるが，第7居住層
では新たに6室構成の建物が現れ，規模の大きいものでは5.6m×8.1mにもなる。
炉跡と磨石が発見される3.3m×1.5mの部屋と2.25m×1.5mの部屋が1セットと
なって，3セット6室で構成される住居では，2室1セットに親子または夫婦が
居住する空間で，住居全体はその複合体であった可能性が高い。他方，ⅠA期
の第6居住層以降に現れる2室構成小型建物や第9居住層の1.5m×3.0mの建物，
それに出入り口のない6室構成建物は，ⅡA期以降に現れる倉庫の原型で，す
でに無土器新石器段階で貯蔵施設が存在していた(Jarrige 2000)。そして，この時
期に南アジア住居の特徴である中庭を囲む家屋群が空閑地(通路または道路)を間
にして左右対称に配置され，集落に一定の規制が働いている様子も窺うことが
できる。

　ⅠB期には鉢形を中心とする焼成粘土片が数十点出土した。ただし，この焼
成粘土片は，籠の外側に貼り付けられた編目塞ぎの粘土板が偶然に加熱された
ものである(Jarrege, J.-F. *et al.* (eds.) 1995: 654; 宗䑓 2009)。この粘土と同様に，籠の外
側に塗られた瀝青がⅠ期の埋葬墓副葬品として出土している。焼成粘土片は器
ではなく，瀝青の代わりに籠に貼り付けたものであったことが解る。

　この他に，ⅠB期からは北アフリカから南西アジア原産のナツメヤシ／

260

jujube（*Phoenix dactylifera*）の種子も出土しており，当該期より夏作物栽培が始められた。また，全出土獣骨の8割近くが家畜種のヒツジ，ヤギ，ウシであることから，さらなる家畜化も進められた。なかでも家畜ウシが増加し，とくにコブウシはこの時期に最も出土数の卓越する家畜種となる。夏・冬作物栽培とコブウシに重きを置いた家畜飼養は，現在の南アジア麦作農耕地域に見ることができる。すなわち，コブウシを役畜とした農耕の祖形が，この時期に形作られていたことを示している。

　かつてⅠC期とされた時期は，居住域が放棄された後に崩れた文化堆積相の斜面が墓地とされた時期である（Cemetery 9）。

　つづくⅡ期の集落も依然円形である。建物ではⅢ期に増加する倉庫の基礎部分と考えられる小さく間仕切られた大型建物が現われる（Jarrige *et al.* (eds.) 1995: 372）。また，200点ほどの土器片が出土して，土器新石器文化段階に入る。器体の下半分に編み籠圧痕を残す鈍黄色の手づくね深鉢が大半で，他にロクロ作りの彩文土器も同時に使われていた。彩文土器は，広口の碗と球形無頸壺で，口縁下に列点文や格子目文が描かれ，Ⅱ期最上層近くから出土したKGM赤色地黒色彩文土器には口縁の彩色帯に接した連弧文や垂線がみられる。栽培植物では，インド・ドワーフ・コムギ（*T. aestivum* subsp. *sphaerococum*）が新たに現れる（Costanini 1984，Meadow 1989）。

メヘルガル遺跡新石器文化の年代と栽培植物

　2005年の再調査時の分層と，それに伴う放射性炭素測定試料の再整理からⅠ期とⅡ期の年代は次のように考えられる。Ⅰ期第1〜2居住層（ⅠA期下層）を前6000年頃，Ⅰ期第3〜9居住層（ⅠA期上層〜ⅠB期）を前6千年紀後半から末頃，Ⅰ期第9墓域化層（ⅠC期）を前5千年紀前半に，土器新石器文化から金石併用期初頭にあたるⅡA期を前5千年紀中頃，ⅡB期を前5千年紀後半（宗䑓2016）。

　このような年代，ことにⅠA期初頭の前6000年頃については，麦作農耕が西方からの伝播であると考えた場合，南トルキスタンのジェイトゥーン（Djeitun）文化の初期相が前6000年頃とされていることから古すぎると異論があるかもしれない（Harris *et al.* 1993；Sharif and Thapar 1992）。Ⅰ期での日干煉瓦使用や家屋内の機能分化が早々に現れている状況，Ⅱ期における土器の出現からロクロ作り彩文土器出現までの進行の速さは，ある程度確立した新石器農耕文化社会がメ

第Ⅱ部　西アジア型農耕の起源と拡散

ヘルガル遺跡に現れたことをも想定させる。動植物遺存体のうち，ⅠA期から
すでに家畜種が5割に達していること，ⅠB期には夏作物すら現れ，さらに栽
培二粒系コムギと野生のタルホコムギ(Aegilops squarrosa)間の交雑種に由来する
インド・ドワーフ・コムギが早くもⅡ期に現れるという農耕の在地化とその進
行の速さは，アフガニスタンを含めた南アジアの他地域にメヘルガル遺跡に先
行する農耕文化の存在を示唆している。より早い時期の南アジア農耕遺跡が存
在する可能性はメヘルガルの立地環境からも窺われる。メヘルガル遺跡はバロ
ーチスターン丘陵麓の高温乾燥地域であるシンド地方へとつづくカッチー平野
のボーラーン河畔に位置する。ⅠA期メヘルガル出土栽培植物の9割がオオム
ギであったことは，この立地に拠るところが大であるが，ここでの農耕が全く
の天水に依存したとは考えにくい。おそらくはボーラーン川の氾濫水を利用し
た農法であったろう。後のインダス文明を支えた溢流農耕がすでにメヘルガル
で行われていた点からも，それ以前の初期農耕遺跡の存在を窺わせる。この点
について，アフガニスタンのガル＝イ・マール(Ghar-i Mar)遺跡の文化変遷に今
後注視する必要があろう(Sarianidi 1992)。

　また，アフガニスタン北西部は栽培種ばかりの普通系コムギのインド・ドワ
ーフ・コムギの分化に必要であったタルホコムギの主要な群生地域に挙げられ
ている(堀田他編 1989: 1061-1065)。他方，野生オオムギがボーラーン峠に自生する
とのゾハーリ報告は，在地の野生オオムギをメヘルガルの住民たちが自ら栽培
化したとも解釈でき，農耕の起源を考察するにあたって，南アジア起源も視野
に入れる必要があるかもしれない。それでも，早くから小麦栽培も少量ではあ
るが行われており，南アジア農耕起源説には慎重を要する。

　不安定な南アジアにおける新石器文化開始期の年代把握をより確実なものと
するためには，Ⅰ期堆積層の再分層に伴う諸遺構と動植物遺存体の帰属を再整
理し，Ⅰ期下層の再々調査が望まれるところである。しかしながら，遺跡の傍
らを流れるボーラーン川による侵食は著しく，また現地の政情不安がそれを困
難なものとしている。

その他の諸遺跡

　その他の新石器文化諸遺跡からの情報は断片的である。ゴーマル平野とその
北西に広がる石がちなバンヌー盆地には，それぞれグムラー（Gumla)遺跡とシェ

262

ーリ・ハーン・タラカイ(Sheri Khan Tarakai)遺跡に土器新石器文化が残されている。前4000年頃のシェーリ・ハーン・タラカイ遺跡からはヒツジ、ヤギとウシの獣骨に炭化オオムギが出土し、日干泥板と日干煉瓦建物が発見されている。土器の胎土は粗く、外底面に網代痕を残している(Khan, Knox and Thomas 1991)。これより若干遡る可能性があるサラーイコラー(Sara: Khola)遺跡は、仏教遺跡で有名なタクシラー遺跡近郊の小河川を見下ろす河岸に位置し、その最古期から磨製石斧や石刃、それに赤色の磨研土器が出土している。

　ホージャック峠を超えてもたらされたであろう農耕と家畜飼養は、クエッタから北東にワジーリスターンを抜けてバンヌー、ゴーマル平野、シワーリクの丘陵やその麓へと拡散していった様子を想定できそうだが、氾濫原沖積地への展開も早い。パンジャーブ地方のラーヴィー川の南4.5kmの沖積地にジャリールプル(Jalilpur)遺跡が位置する。その最古期からは、ガゼルの他におそらくは家畜化されたヒツジ、ヤギ、ウシの焼かれて切断された骨、土錘、獣骨製突き錐、石刃、粗製土器が出土している。発掘当時、報告者はバローチスターンの無土器新石器段階まで遡る可能性を指摘していたが、早くともサラーイコラーの最下層と同時期であろう(Mughal 1972)。

　他方、前3千年紀以降にカシュミールのブルザホム(Burzahom)、グフクラール(Gufkral)、カニシュプール(Kanispur)遺跡に無土器からはじまる新石器文化が発見されている。グフクラール遺跡ⅠA期の無土器新石器文化段階から磨石や獣骨製突き錐の他に凍石ペースト・ビーズと共に全獣骨の3%と5%の家畜ヤギとヒツジの骨が出土している。植物では六条オオムギ、種不明のコムギそれにレンズ豆の遺存体が出土している(Stacul 1992)。土器新石器のⅠB期には外底面に網代痕の残された土器が現れるが、同様の土器はスワートのローエバンル(Loebanr)Ⅲ遺跡やカラコ・デレイ(Kalako-derai)遺跡などからも出土して、両地域の文化は冷涼な丘陵地に展開した新石器農耕社会として通底する。スワートのガリガイ(Ghaligai)洞遺跡のⅡ期(前3千年紀末)にインド・ドワーフ・コムギが発見されている(Costatini 1979, 1985)。

　外底面の網代痕はシェーリ・ハーン・タラカイ遺跡にも見られ、土器文化の面では南からの影響も考えられるが、カシュミールやスワートの麦作農耕は地理的観点からカイバル峠を越えてきた西方からの影響を想定すべきであろう。他

方,「石包丁」とされる石製品がこれらの諸遺跡から出土する(Stacul 1993)。現在,稲作が盛んな当該地域のこうした新石器文化に対して,中国,卡若(Karuo)遺跡の新石器文化が影響を与えたと徐が指摘している(Xu 1991, Fuller 2006)。

　卡若遺跡はティベット自治区のチャムド市から南に12km,瀾滄江(メコン川)の南岸に注ぎ込む卡若川の河岸に位置する。徐は,前4千年紀末から前3千年紀いっぱい続いた遺跡から出土する石器,骨器,土器それに住居をカシュミールの主にブルザホムの新石器文化と比較検討し,ヒマーラヤの北側を西から東に流れるブラフマプトラ川の上流であるヤルンツァンポ川(Yalu-tsang-pu・雅魯藏布江)を介して前3千年紀以来ティベット高原が東西文化交渉の主要なルートを提供していたとする。すなわち,カシュミールやスワートから出土する「石包丁」は東方との文化交渉のもと,稲作の収穫具であったものが麦作農耕に加わったとする。東方の稲作地域との接触がティベット高原,またはブラフマプトラ川を介した可能性の指摘は重要である。

　稲作に関しては,ブラフマプトラ下流域のアッサムが瀾滄江や怒江(サルウィン川)の支流域を介して中国南西部との結びつきによってもたらされたと指摘されてきた。しかし,考古学資料は南アジア最古の稲作新石器文化をより西方のガンガー中流域であることを示している。

3. 稲作農耕新石器文化

　稲作の新石器文化遺跡は,パトナーやイラーハーバード近郊のガンガー中流域およびその支流域に位置する。ベーラン(Belan)河畔のコルディフワー(Koldihwa)とマハーガラ(Mahagara)それにチョーパニ・マンドー(Chopani Mando)遺跡,ガンガー左岸のチランド(Chirand)遺跡,ラプティー(Rapti)河畔のソーガウラ(Sohagaura)遺跡,ガーガラ川近傍の三日月湖畔のラフラデーワ(Lahuradewa)遺跡などである。これら諸遺跡の調査は,マハーガラ,チョーパニ・マンドー,ラフラデーワを除いて,インド考古局年報に掲載されたもので,報告は概して簡略である(Sharma and Mandal 1980, Sharma and Misra 1980)。近年調査されているラフラデーワ以外の諸遺跡については,多少視点が異なるものの近藤と宗䑓がまとめている(近藤 1985, 1992；宗䑓 1993)。

チョーパニ・マンドー遺跡の後期旧石器から中石器文化のⅠ期の後，Ⅱ期に無土器新石器文化が現れる。中石器文化と無土器新石器文化についての詳細は語られないが，野生イネに伴って幾何学型細石器が出土するサライ・ナハル・ラーイ（Sarai Nahar Rai），マハーダハ（Mahadaha），ダムダマ（Damdama）遺跡と類似した状況を示すものだろう（Varma 1989）。インドでのイネの種比定は，穀粒の縦／横×厚み比 2.0 以下を栽培種とする分類法によっている（Misra 1989）。そしてチランド遺跡のⅠ期以降に土器新石器文化が展開する。新石器文化とされる諸遺跡からは，炭化米を中心に土器の混和材や土器片に付着した籾殻などから比定された栽培イネ（*Oriza Sativa*）が細石器や縄目文土器，赤色磨研土器と共に出土する。その直後に黒縁赤色土器が現れ，チランドⅡ期やコルディフワーⅡ期，ソーガウラⅠ期で主体的な土器となる。黒縁赤色土器をメルクマールとして，チランドⅡ期以後の他の諸遺跡での新石器文化開始期は，前 2 千年紀前葉であろうとされる（近藤 1985）。

近年調査が行われたラフラデーワではⅠ～Ⅴ期までの新石器文化から鉄器時代までの変遷が示されているが，ここではⅠ～Ⅱ期が議論の対象となる（Tewari *et al.* 2006）。Ⅰ期は上下 2 層に分けられる。下層のⅠA期に栽培種と野生種のイネ（祖先野生種・*Oriza rufipogon* であるのか不明）の他にエノコログサ属（*Setaria cf. glauca*）とジュズダマ（*Coix lachryma-jobi*）などの野生植物，縄目文様が施された黒縁赤色土器が出土する。上層のⅠB期には新たにオオムギとインド・ドワーフ・コムギそれにレンズマメ（*Lens culinaris*）が栽培種に加わり，銅器も現れる。下層採集試料の放射性炭素年代は，補正値で前 5296 から 2916 年を，AMS 法の測定値は前6442-6376 を示している。他方，上層では前 2078 から 2700 年，AMS 法では前2273 年である。

つづくⅡ期でも栽培イネと共に野生イネが出土する。土器では縄目文の黒縁赤色土器は見られず，無文の黒縁赤色土器が主体となる。

ガンガー流域の新石器文化はイネの栽培をもって始まると考えて良いが，そう単純ではない。ラフラデーワのⅠA期をはじめとするチョーパニ・マンドーⅡ期などから出土している野生イネが，ガンガー流域でのイネの栽培化を示していると断ずる段階ではないだろう。また，シャルマらが野生イネの存在をもって無土器新石器文化とするのは，西アジアでの野生ムギ採集から栽培化へと

第Ⅱ部　西アジア型農耕の起源と拡散

向かう農耕成立階梯をなぞるがゆえの規定である。ラフラデーワⅠA期のイネ遺存体と出土土器から，ガンガー中流域に発見されている稲作社会は古く見ても前3千年紀前半まで遡れるかどうかである。ラフラデーワ遺跡の放射性炭素測定年代はⅠA期試料がかなり古く示されているが，調査者もⅠB期の測定年代がより蓋然性が高いとしている(Tewari 2013)。そして，チランドⅠ期はラフラデーワ遺跡のⅠB期に比定できるだろう。そうであれば，ガンガー中流域の稲作はベーラン河畔のマハーガラやコルディフワー遺跡などよりもガンガー本流域またはその北側の支流域でより早く開始されたと考えられる。

　他方，ラフラデーワのⅠA期にはエノコログサ属の他に水分の多い地に繁茂するジュズダマが出土するものの，ⅠB期には早くも冬作物で乾地栽培のムギ類が栽培され始めている。ムギ類は明らかに西方から伝わった農作物である。

4.　南アジア型農耕の展開

　南アジアの農耕を概観する時，麦作と稲作の他に雑穀栽培も視野に入れなければならない。近藤は夏作物と冬作物の組み合わせが南アジア型農耕(原文ではインド型農耕)であり，雑穀の導入によって冬作と夏作の混合が成立したと指摘する(近藤 1996)。

南アジア型農耕の形成期

　冬作物栽培から始まったメヘルガルを始めとする南アジア北西部では，小麦と大麦栽培に続いて早くにナツメが栽培され，Ⅱ期に入ると南アジア特有のインド・ドワーフ・コムギが現れた。雑穀ではないが，夏作物栽培が早々に導入され，Ⅱ期には作物の在地化が顕在化する。野生種を伴いながらも夏作物であるイネの栽培を始めたガンガー中流域の諸遺跡は，ラフラデーワⅠA期のイネに続いてⅠB期にはオオムギとインド・ドワーフ・コムギ，それにレンズマメの栽培を加えていた。ここでの稲作は栽培イネの他に野生イネやジュズダマの湿地性雑草を伴いながら栽培され，ガンガー中流域の夏作物農耕は当初から栽培イネ以外の植物を加えた農耕形態であった可能性が高く，そこにメヘルガルⅡ期以降の麦栽培農耕が伝わったと考えられる。

　他方，家畜の利用状況はどうだろうか。ムギの冬作地域ではブタやスイギュ

266

ウ，ヒツジにヤギなどの野生種の遺存体と共に家畜種のヒツジ，ヤギ，コブウシ(Bos indicus)とウシ(Bos taurus)が当初より全獣骨の半数に達するほどであった。家畜は羊毛の他に乳や蛋白源としても利用されたであろうが，蛋白源となる野生獣骨の存在からとくにウシは農耕にも使役されていた可能性が高い。イネ栽培を行ったガンガー流域の新石器文化諸遺跡からの獣骨出土報告は少なく，詳細な種の区分が行われていない。それは高湿多雨地域にある遺跡の立地環境が大いに影響しているものと思われるが，早くから西方で成立した南アジアの麦栽培農耕が伝播していたことから，少なくともラフラデーワIB期以降の時期には家畜が伴っていたと想定できる。

ラフラデーワIA期の野生イネを伴う稲作農耕形態は，南アジア型農耕とされる夏・冬作物を通年で栽培する農耕がどのように成立したかを探る鍵となる。近藤は南アジアの出土イネ資料を集成し，その初現年代からアラビア海に面したグジャラート地方にガンガー中流域で栽培されていたイネが麦作農耕を補完する雑穀の一つとして導入され，その農耕が再びガンガー中流域の農耕に影響を与えたと指摘している(近藤1992)。しかし，ラフラデーワ遺跡調査は，南アジアの夏・冬作物栽培の成立にあたって，サトウモロコシ＝ragi，トウジンビエ＝bajra といったアフリカ起源雑穀にこれまで注意を向けすぎていたこと，そしてアラビア海に面したグジャラート地方のインダス文明期遺跡出土のイネ資料とガンガー中流域の稲作を結びつけることに慎重になるよう示唆している。

ラフラデーワ遺跡での稲作は，ジュズダマの雑草が示すようにおそらく湿地栽培であったろう。そして，栽培イネの他にはアフリカ起源の雑穀ではなく，野生イネを伴っていた。その視点から見た場合，グジャラート地方での稲作は麦作を補完する畠作(乾田)であり，そうした農耕形態のグジャラートからカンガー流域の稲作地帯が麦栽培を導入することは考えづらい。ガンガー中流域へのオオムギ，そしてコムギの伝播はパンジャーブを経てガンガー流域を下ったとしたほうが，従来の年代より稲作が古くに行われ，その後にムギ類栽培を導入したラフラデーワ遺跡やチランドの作物変遷と立地を無理なく理解できる。

その後の展開

北西部の麦作地帯は前3千年紀中頃のソフル・ダンブ(Sohr Damb ／ナール Nal)遺跡のⅢ期植物遺存体が示すように，南アジアに自生するゴマやササゲ(V.

第Ⅱ部　西アジア型農耕の起源と拡散

aconitifolia)，ヒヨコマメ(*C. arietinum*)，レンズマメなどの雑穀を交えた多様な農耕システムを作り上げ，キュウリ，イチジク，ブドウも栽培した(Benecke and Neef 2005, Willcox 1992)。アフリカ起源の雑穀導入をもって夏冬作物栽培農耕を確立したのではないことがわかる。さらに，文明期から文明後までのパンジャーブのハラッパー遺跡とグジャラートのロジディ遺跡出土植物遺存体を分析したウェーバーは，冬作物を主要穀物とするパンジャーブで文明後期になってオオムギへの比重を増し，夏作物の雑穀を主要穀物とするグジャラートではヒエ(*Eleusine*)からアワ(*Setaria*)への移行のあったことを提示する。そして，複数種の栽培を行っていた両遺跡での主要穀物の移行は，社会経済状況を反映したものであったとする(Weber 1999)。このように，南アジア北西部では新石器文化の早い段階から南アジア型農耕が成立するも，雑穀の導入は地域によって異なり，文明衰退期の社会経済状況の変化に伴う地方化とともに，地域ごとに異なる環境に適応して確立したと考えられる。

　北西部の南アジア型農耕形成と確立には，早くに家畜化されていたウシによる犂耕が前提としてある。しかし，現在のインダス川流域をはじめとして南アジアではスイギュウを犂耕の役畜に飼養する地域が多く，麦作が主であった北

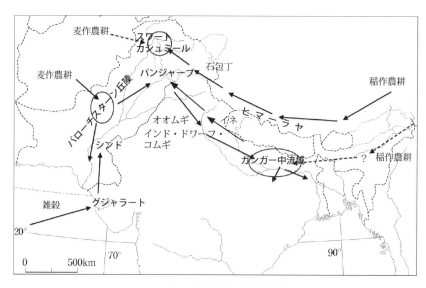

図3　南アジア農耕の影響関係図

西部の沖積地帯にどのようにしてスイギュウが導入されたのか，課題が残されている。バローチスターン丘陵では，現在もウシはコブウシを主に飼養している。

雨量の多いガンガー流域はスイギュウの主要な生息域である。ガンガー中流域の稲作新石器文化とインダス文明期パンジャーブ地域の麦作地域の接触がスイギュウの広範な地域での利用へ向かわせたのだろう。そのガンガー中流域の稲作は，次第に下流域へと主要生産地域を広げていく。他方，イネはインダス文明のロータルなどのグジャラートの遺跡，そして文明後にバローチスターン丘陵麓のピーラク遺跡からも出土が知られているが，インダス流域では北部を除いて，その後イネの出土は見られなくなる。雑穀の一つとして文明期に取り入れられたイネは文明衰退期以後の社会経済状況の変化に伴って，雑穀の範疇からもこぼれ落ちていったが，スイギュウはインダス流域に家畜として飼養され続けたのではないだろうか。

おわりに

西方から伝播したと考えられる麦作農耕を行った新石器文化は，南アジアの環境にいち早く適応してインド・ドワーフ・コムギの栽培化の他に，当初はナツメであったが後には南アジア自生のササゲや豆類栽培を伴う冬夏作物栽培農法を確立する。また，ウシが半分を占めるほどのメヘルガルⅠ～Ⅱ期の家畜飼養は，現在にまで引きつがれる南アジア麦作農耕形態の成立を示している。稲作においてもオオムギやインド・ドワーフ・コムギをラフラデーワⅡ期に導入し，夏冬作物栽培が成立する。こうして，南アジア型農耕の特徴である夏冬作物を手がける農耕形態が，麦作の新石器文化でも，稲作の新石器文化でも急速に形成されていく。

しかし，おそらく麦作農耕の第2次伝播経路であったカシュミールやスワートに展開した新石器文化にヒマーラヤ北麓を経て与えられた東方の文化的影響がガンガー中流域の稲作農耕とどのような関係を持っていたのか，今後の大きな課題であろう。

最後に余談ではあるが，現在のインダス下流域では灌漑施設の充実によって

表２　南アジア型農耕形態の成立

地域	亜大陸北西部	ガンガー中流域
農耕開始年代	前6000年頃	前３千年紀前半
主な栽培植物	オオムギ、コムギ	イネ
家畜	コブウシ、ヒツジ、ヤギ	家畜種？ウシ？
農法確立年代	前３千年紀中頃	前３千年紀末
栽培品目	麦＋主に在地雑穀類（ヒヨコマメ、ササゲ、ナツメ）	イネ＋オオムギ、インド・ドワーフ・コムギ、レンズマメ

イネの水田耕作が2期作，ところによっては3期作で行われている。南アジア北西部でかつては雑穀の一つとして栽培されていたイネが水田で耕作され，小麦に次ぐ生産高となっている。隔世の感がある。しかし，灌漑による水田耕作が地下水位の上昇と塩害をもたらして世界遺産モエンジョ・ダロー遺跡崩壊の危機をまねいている。その結果，遺跡近傍の水田は放棄を命じられ，集落は消失した。近代化の中で興隆した新しい農耕形態が遺跡保存の目の敵にされたのである。遺跡保存システムの中に集落住民を取り込む提案もあったと聞くが，歴史研究と現代の生活者との対立という痛ましい結果が塩害で白一色に荒れ果ててしまった耕作地，遺跡地として残されている。

引用・参考文献

上杉彰紀 2000「インダス文明以降の南アジア」『四大文明　インダス』ＮＨＫ出版．

長田俊樹編 2013『インダス　南アジアの基層世界を探る』京都大学学術出版会．

辛島　他編 1992『南アジアを知る事典』平凡社．

近藤英夫 1985「インド稲作ノート　－マハガラ遺跡の年代について」『東海史学』19.

近藤英夫 1992「南アジア稲作農耕の考古学的展望」『東海大学文学部紀要』57.

近藤英夫 1996「南アジア雑穀ノート」『東海史学』30.

宗臺秀明 1993「ガンジス中原の黒縁赤色土器」『インド考古研究』15.

宗臺秀明 2009「インド・パキスタン」『世界の土器の始まりと造形』オリエント博物館．

宗臺秀明 2016「南アジア新石器文化の年代」『鶴見大学紀要』15.

堀田　他編 1989『世界有用植物事典』平凡社．

Benecke, N. and R. Neef 2005 Faunal and Plant Remains from Sohr Damb/ Nal: a Prehistoric Site (c. 3500-2000BC) in Central Balochistan (Pakistan). *South Asian Archaeology 2003*.

Costantini, L. 1979 Notes on the Palaeoethnobatany of Protohistorical Swat. South *Asian Archaeology 1977*.

南アジア農耕の始まりと特徴，冬作物と夏作物

Costantini, L. 1984 The Beginning of Agriculture in the Kachi Plain : the Evidence of Mehrgarh. *South Asian Archaeology 1981.*

Costantini, L. 1985 Laboratory of Bioarchaeology. *East and West* 25(4).

Flam, L. 1999 Ecology and Population Mobility in the Prehitoric Settlement of the Lower Indus Valley, Sindh, Pakistan. *The Indus River, Biodiversity・Resources・Humankind.* Oxford University Press: Karachi.

Fuller, D. Q. 2006 Agricultural Origins and Frontiers in South Asia: a Working Synthesis. *Journal of World Prehistory* 20.

Harris *et al.* 1993 Investigating Early Agriculture in Central Asia: New Research at Jeitun, Turkmenistan. *Antiquity* 97.

Jarrige, J.-F. 2000 Mehrgarh Neolithic: New Excavations. *South Asian Archaeology* 1997.

Jarrige, J.-F. 2008 Mehrgarh Neolithic. *Prāgdhārā* 18.

Jarrige, J.-F. *et al.* (eds.) 1995 *Mehrgary Field Reports 1974-1985, from Neolithic times to the Indus Civilization.* Dept. of Culture and Tourism, Gov. of Sindh, Pakistan.

Jarrige, J.-F., C. Jarrige and G. Quivron 2005 Mehrgarh Neolithic: the Updated Sequence. *South Asian Archaeology 2001.*

Jarrige, J.-F., C. Jarrige and G. Quivron 2013 *Mehrgarh, Neolithic Period Seasons 1997-2000 Pakistan.* Mémoires des Mission Archéologiques Françaises en Asia Centrale et en Asie Moyenne.Mission Archéologique de l'indus.

Khan, F., Knox and Thomas 1991 *Explorations and Excavations in Bannu District, North-West Frontier Province, Pakistan, 1985-1988.* BAR Occasional Paper 80. British Museum.

Kureshy, K.U. 1979 *A Geography of Pakistan.* Oxford Univ. Press: Karachi.

Meadow, R.H. 1989 Continuity and Change in the Agriculture of the Greater Indus Valley: the Palaeoethnobotanical and Zooarchaeological Evidence. *Old Problems and New Perspectives in the Archaeology of South Asia.* Wisconsin Archaeological Reports 2.

Meadow, R.H. 1998 The Origins and Spread of Agriculture and Pastoralism in Northwestern South Asia. *The Origins and Spread of Agriculture and Pastoralism in Eurasia.* UCL press: London.

Misra, V.N. 1989 Huma Adaptations to the Changing Landscape of the Indian Arid Zone during the Quaternary Period. *Old Problems and New Perspectives in the Archaeology of South Asia.* Wisconsin Archaeological Report 2.

Mughal, M.. 1972 A Summary of Excavations and Explorations in Pakistan. *Pakistan Archaelogy* 8.

Sarianidi, V. 1992 Food-Producing and other Neolithic Communities in Khorasan and Transoxania: Eastern Iran, Soviet Central Asia and Afghanistan. *History of Civilizations of Central Asia Vol. 1: The Dawn of Civilization: Earliest Times to 700B.C.* Unesco Publishing.

Sharif, M. and B.K. Thapar. 1992 Food-Producing Communitis in Pakistan and Northern India. *History of Civilizations of Central Asia Vol. 1: The Dawn of Civilization: Earliest Times to 700B.C.* Unesco Publishing.

Sharma, G.R. and D. Mandal 1980 *Excavations at Mahagara 1977-78.* Univ. Allahabad.

Sharma, G.R. and B.B. Mishra 1980 *Excavations at Chopani-Mando 1977-78.* Univ. Allahabad.

Stacul, G. 1992 Further Evidence for the Inner Asia Complex from Swat. *South Asian Archaeological Studies.* IBH Publishing Co.: Oxford.

Stacul, G. 1993 Kalako-deray, Swat, 1989-91 Excavation Report. *East and Wes* 43.

Tewari, R. 2013 Early Farming Cultures at Lahuradewa: Recent Evidence in the Middle Ganga Plain. *South Asian Archaeology 2007* Vol. 1.

Tewari, R., R.K. Srivastava, K.S. Saraswat, I.B. Singh, K.K. Singh 2006 Early Farming at Lahuradewa. *Prāgdhārā* 18.

Varma, R.K. 1989 Pre-Agricultural Mesolithic Society of the Ganga Valley. *Old Problems and New Perspectives in the Archaeology of South Asia.* Wisconsin Archaeological Report 2.

第Ⅱ部　西アジア型農耕の起源と拡散

Weber, S.　1999 Seeds of Urbanism: Palaeoethnobotany and the Indus Civilization. *Antiquity* 73.

Willcox, G.　1992 Some Differences between Crops of Near Eastern Origin and Those from the Tropocs. *South Asian Archaeology 1989*.

Xu Chaolong.　1991 The Cultural Links over the Himalaya Rage in the Prehistoric Period. *ORIENT* 27.

Zohary, D.　1989 Domestication of the Southwest Asian Neolithic Crop Assemblage of Cereals, Pulses and Flax: the Evidence from the Living Plants. *Foraging and farming: the Evolution of Plant Exploitation*. Unwin & Hyman: London.

中央アジアにおける農耕の起源と展開

林　俊雄

はじめに

　本稿で扱う中央アジアとは，現在の国名で言うと旧ソ連圏の中央アジア諸国と中国新疆ウイグル自治区，カザフスタンを中心とする。中央アジアは大きく分けると，南寄りの沙漠・オアシス地帯と北寄りの草原地帯からなる。気候は全体として乾燥しており，南部は夏にきわめて暑く，北部は冬にきわめて寒い。高山や高原には氷河や万年雪もあり，それらから流れ出る大小の河川や伏流して山麓に湧出する泉を利用して，乾燥地帯といえども農耕は不可能ではない。

図1　中央アジア農耕地図

第Ⅱ部　西アジア型農耕の起源と拡散

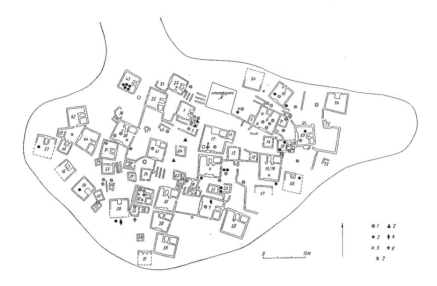

図2　ジェイトゥン集落址、第2建築層レベル
1—土製品（ボタン形、円錐形など）、2—石製品、3—土製動物小像、4—土製人物小像、
5—骨製ビーズ、6—貝製ビーズ、7—石製ビーズ（Masson 1971）

　中央アジアは穀物やその他の主要な食用植物の自生地ではない。その西部は農耕の先進地帯である西アジア・東地中海と接しており，またその東部は東アジアに接している。本稿では，それらの地域，とりわけ西アジアとの接触・交流を考慮して，農耕の起源と展開を概観してゆく。

1. トゥルクメニスタン

　中央アジア西南部のトゥルクメニスタンは，イラン東北部と長い国境で接している。その国境にそって，ほぼ東西方向にコペト・ダグ Kopet Dag 山脈が走っている（標高は最高で2940 m）。トゥルクメニスタンと東北イランは基本的には極度の乾燥地帯であるが，この山脈のおかげで冬を中心にそこそこ雨と雪が降り，北のトゥルクメニスタン側の山麓では年間200㎜から300㎜の雨が降る（Harris 2010: 8）。この降水量はいわゆる肥沃な三日月地帯の山麓の降水量に匹敵し，天水農耕も不可能ではない。また高山から流れ下る小河川も比較的多く，初期農耕の条件は整っていたと考えていい。

274

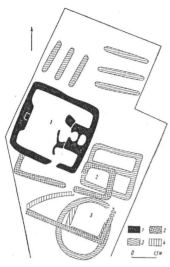

図3（左）
ジェイトゥン1号室址周辺の補助的建物の変遷
1—3期を通して存在した建物、2—第1期の建物（2号址）、3—第2期の建物（3号址）、4—第3期の建物（Masson 1971）。

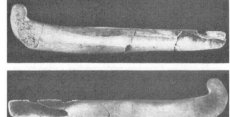

図4（右）　チョパン・デペ出土、骨製鎌の柄（Masson 1971）

　そのトゥルクメニスタンで最も注目される初期農耕の遺跡は，ジェイトゥン Jeitun 集落址である。この遺跡の名をとって，新石器時代の中央アジア西部の文化をジェイトゥン文化と呼ぶ。ジェイトゥンは首都アシュガバット Ashgabat から北北西へ 28〜30km，コペト・ダグから流れ出るカラ・ス川の近くにあり，カラ・クム沙漠の南縁に位置している。その発掘調査は 1955 年に始まり，1963 年に終了した（Masson 1971: 6-7）。

　集落址は，南北 60 m，東西 120 m，高さ約 5.5 m の砂丘上にあるが，その西部はことごとく吹き飛ばされているため，当初よりもかなり小さくなったと思われる（同上：9）。集落址には 3 枚の建築層が認められるが，第 1 期（下層）と第 3 期（上層）は残りが悪く，第 2 期（中層）が最も残りがよい（図2）。

　住居は方形で，狭い入口を入ると右側に壁から出っ張った大型のかまどがあり，その反対側の壁にはニッチ（凹み）のある張り出しが付いている（図3）。床には白い石灰の漆喰が張られ，その上はしばしば赤く（時には黒く）塗られていた。住居の周りには小さな作業小屋がある。また壁に接して閉じられていない空間があるが，これは中庭と思われる。壁を作る素材は，断面が楕円形で長さが 60〜70cm，幅が 20〜25cm の土の塊であり，中には大量のスサが混入していた。

これらの土の塊が土とスサ混じりの溶液の上に置かれていた。これらは日干し煉瓦の原型と思われる(Masson 1971: 13-15; Masson & Sarianidi 1972: 37)。主な出土品には、骨製鎌の柄(図5)、シックル・ブレードを含む多数のさまざまなフリント製細石器、磨製石斧、土製品、石製品、土器がある。土器は粘土ひも巻き上げ式で成形さ

図5　タペ・サンゲ・チャハマク西丘の住居址、何枚も張られた漆喰壁が赤く塗られている(1977年8月、林撮影)

れ、赭土(オーカー)で赤く彩色されている(Masson 1971: 95-97)。文様は縦方向の波状文や直線文が多く、器形は浅鉢や深鉢が多い。方形の鉢もあるが、これは先土器時代の籠を模したものと思われる(Masson & Sarianidi 1972: 40)。

　マッソンはトゥルクメニスタンの新石器時代全体をジェイトゥン文化と名付け、ベルディエフの研究などに基づいて(Berdyev 1965)、初期、中期、後期の3時期に区分した。そしてジェイトゥン遺跡(コペト・ダグ北麓中部)とチョパン・デペ Chopan-Depe（中部）の下層をそのうちの初期とし、中期の代表的遺跡をトゴロク・デペ Togolok-Depe（中部）、バミ Bami（西部）の下層、モンジュクル・デペ Monjukly-Depe（東部）の下層とチャグッル・デペ Chagylly-Depe（東部）の下層、後期の代表をチャグッル・デペの上層、モンジュクル・デペの中層、バミの上層とした(Masson 1971: 54-58)。その後の研究では、トゴロク・デペの下層は初期、その上層は中期とされ、壁画で名前の知られることになったペッセジク・デペ Pessedjik-Depe（中部）は中期(Korobkova 1996: 93)、あるいは一部後期に位置付けられている(Harris 2010: 60)。

　マッソンはジェイトゥン遺跡の絶対年代を前6千年紀、あるいは前7千年紀末までさかのぼる可能性もあると指摘した。彼が報告書を刊行した時にはまだジェイトゥンの炭素年代は出されていなかったが、テペ・グーランの上層やジャルモ、シアルクIの初期段階との比較、さらにチャグッル・デペの上層(ジェイトゥン文化終末期)の炭素年代が前5050±110年と出されていたことが根拠とな

った (Masson 1971: 60, 76)。ジェイトゥン文化の起源については，ガレ・カマルバンド Ghar-e Kamarband 遺跡出土品との類似から，沿カスピ海地域との交流を示唆した (Masson 1971: 76)。

カスピ海沿岸よりももっとジェイトゥンに近い遺跡として注目されるのが，シャールード市北方，バスタム村にあるタペ・サンゲ・チャハマック Tappeh Sang-e Chakhmaq 遺跡である。住居の床の漆喰の上を赤く塗ること (図5) や，土器の文様の類似など，数多くの類似点が，多くの研究者によって指摘されている (増田 1977；Masuda et al. 2013: 216; Harris 2010: 63；Thornton 2013；Roustaei et al. 2015)。チャハマック遺跡は西丘と東丘からなり，それぞれの年代は，西丘が 7200 cal. BC – 6600 cal. BC，東丘が 6300 cal. BC – 5200 cal. BC (Main age range: 6200 – 5700 cal. BC) と年代付けられている (Nakamura 2014: 10)。

チャハマック遺跡は 2009 年にイランとフランスの研究者によって再調査された (Roustaei et al. 2015)。その概報によると，西丘からは炭化したエンマー・コムギ，アインコルン・コムギなどが出土し，西丘の集落は前 7000 年頃から約 300 年間存在し，東丘は前 6200 年から前 5300 年頃まで存在した (Roustaei et al. 2015: 580, 591)。

ジェイトゥンでは 1987 年に調査が再開され，1990 年からはイギリスのチームも加わって 1994 年まで小規模な発掘が続けられた。マッソンの編年はその後の研究によっても大幅な変更は受けず (Hiebert 2002: 27-32)，最新の炭素年代による編年では，ジェイトゥン文化の初期は前 6200/6100 ～ 5700 年，中期は前 5700 ～ 5100 年，後期は前 5100 ～ 4500 年とされている (いずれも較正年代；Harris 2010: 60, 120)。ジェイトゥン文化の始まりに関しては，較正年代で前 6200 年の短い冷涼・乾燥期を経て温暖・湿潤化した気候変動と結びつける解釈もある (Harris 2010: 233)。

栽培穀物の多くはアインコルン・コムギ (glume wheat, einkorn) で，明らかにエンマー・コムギ (emmer wheat) に同定されるものはない。また少量ながらカワムギ (皮麦；hulled barley) とハダカムギ (naked barley) も見られる (Harris 2010: 192)。同定された動物骨の大半は家畜化されたヒツジとヤギだが，野生の大型のヒツジとヤギの骨も少量混じっているため，牧畜のほかに狩猟も行われていたと考えられている。ブタとウシは確認されていないが，家畜化されたイヌはいたようだ。狩猟

第II部　西アジア型農耕の起源と拡散

された野生動物の中にはガゼルとイノシシなどがいた。トリとサカナはきわめ
て少ない(Harris 2010: 193)。

2. コペト・ダグ北麓以外の中央アジア南部

　ジェイトゥン文化とほぼ同じかそれよりやや遅れて，トゥルクメニスタンの
東方，アムダリヤとザラフシャン川から北方のクズル(キジル)・クム沙漠，アラ
ル海方面にかけての地域に栄えた文化をケルテミナル Kel'teminar 文化という。
ソヴィエト時代のヴィノグラードフらの研究を総括して，ウズベキスタンの考
古学者ホルマトフは，初期(ダリヤサイ期，前7千年紀末～前5千年紀中葉)，中期(ジ
ャンバス期，前5千年紀末～前4千年紀中葉)，後期(前4千年紀後半～前3千年紀)と編年
した(Kholmatov 2014: 47)。フランスのブリュネはやや広く，前期を前7～6千年
紀，中期を前5～4千年紀，後期を前3千年紀中葉～前2千年紀初とし(Brunet
2005: 91-95)，ハリスは前期を前6千年紀とするが，中期と後期はブリュネと同じ
である(Harris 2010: 66)。後期は銅石器時代か青銅器時代に入る。
　前期・中期の遺跡からは獣骨は出土するが(家畜化されたヒツジ，ヤギ，ブタ，イヌ
と，野生のラクダ，ウマあるいはオナガー，スイギュウ，その他サカナと水鳥)，炭化穀物
が出土しなかったため，新石器時代ではあるものの，牧畜・狩猟・漁撈・採集
を生業とする半定住社会の文化とみなされてきた(Masson & Sarianidi 1972: 73; Brunet
2005: 102)。しかし最近のフローテーション分析によると穀粒やもみ殻が検出さ
れているので，今後農耕の存在が確認されるかもしれない(Harris 2010: 68)。後期
には確実に農耕が存在するが，それはトゥルクメニスタン南部の農耕文化との
交流が想定されている(Brunet 2005: 102; Harris 2010: 68)。
　ケルテミナル文化は，その範囲がどこまで広がっていたのか，また単一の文
化なのかそれともいくつかの似たような文化の複合なのかという問題が未解決
のままである(Korobkova 1996: 98)。
　ヒッサール Hissar (ロシア語ではギッサール Gissar)文化はタジキスタンと北アフ
ガニスタンを中心に広がる文化で，前6千年紀～前2千年紀初に年代付けられ
たが(Masson & Sarianidi 1972: 74)，炭素年代に基づいて前7千年紀末～前3千年紀と
もされている(Korobkova 1996: 113)。この文化の経済は基本的に狩猟・漁撈・採集

278

であり，それに原始的な牧畜と農耕が付随した可能性も否定はできないが，はっきりとはしていない。またジェイトゥン文化との関係もほとんど認められていない（Masson & Sarianidi 1972: 74；Korobkova 1996: 116; Harris 2010: 224）。

このほかに中央アジア各地に細石器（とごく一部に土器）を伴う新石器文化が知られているが，いずれも牧畜・狩猟・採集を生業とし，農耕は行われていなかったようだ（Korobkova 1996: 116-133）。

3. 草原地帯への農耕の普及（銅石器時代〜中期青銅器時代）

トゥルクメニスタンではジェイトゥン文化以降も銅石器時代から青銅器時代にかけてアナウ遺跡やナマズガ遺跡，ゴヌル遺跡などに，農耕文化は発展していった（Miller 1999）。それではそれより北方の中央アジア草原地帯へは農耕はいつごろ，どのように伝わっていったのだろうか。年代はおそらく前4千年紀か前3千年紀のことであろうが，それはバルカンから黒海北岸を経由して伝わったのか，それとも中国から別個に伝わったのか，判断する材料が乏しかったが（Bower 2003: 36-37），ようやくあらすじが見えてきた。この問題で精力的に研究を進めているのは，フラケッティとシュペングラーである。以下に彼らの説を紹介し，若干の批評を加えていこう。

カザフスタン東南部，ジュンガル・アラタウ山脈から流れ出るコク・ス川の支流であるジャルグズ・アガシュ Zhalgyzagash 川の上にある山麓草原にベガシュ Begash という遺跡がある。ここで 2002 年から断続的にカザフ・アメリカ合同調査団が発掘調査を行った（Frachetti & Mar'yashev 2007）。この遺跡は小グループの遊牧民の季節的定住地あるいはキャンプサイトであり，彼らの経済は季節によりジュンガル山脈を上り下りしてヒツジ・ヤギを飼養する牧畜に基づいていたと考えられている。

この遺跡の 1-a 層に属する墓壙とそれに伴う葬儀用の火をたいたと思われるピットから，炭化したキビ broomcorn millet（*Panicum miliaceum*）・コムギの種子と木が出土した。これらについて AMS 炭素年代測定をしたところ，墓壙から出土した雑穀とコムギは 2290 cal. BC，別の墓壙から出土した木は 2190, 2170, 2150 cal. BC という年代が出されたのである（Frachetti *et al.* 2010: 997）。また 2 基の火の

第Ⅱ部　西アジア型農耕の起源と拡散

図6　カザフスタン、ベガシュ出土の炭化したコムギ(左)とキビ(右)の種子
(2290 cal BC。(a) 前面；(b) 背面(Frachetti *et al.* 2010)

ピットから出土した炭化木片は，2140 cal. BC と 2130 cal. BC という年代が出された(同上)。コムギは，脱穀しやすい free-threshing 一種で，*Triticum aestivum*（パンコムギ）か *Triticum turgidum*（マカロニコムギ）であるという(図6)（同上：999)。

　フラケッティらによれば，この丸く膨らんだタイプのコムギは前5千年紀中頃のインダス河谷のメヘルガル Mehrgarh に知られている。またトゥルクメニスタンのアナウ Anau 南丘やゴヌル・テペ Gonur Tepe でも知られており，中央アジア南部では前3000～2000年かそれよりも早く使われていた(同上：1001)。さらにタジキスタン西北部でザラフシャン河谷にあるサラズム Sarazm でも第Ⅲ層(前2600～2000年頃)で，脱穀しやすいコムギが見つかっている(同上：1002)。ほかにベガシュからは野生種の植物も多く見つかっている。シロザ *Chenopodium album*，ヒヨス *Hyoscyamus*，ヤエムグラ *Galium*，ハネガヤ *Stipa* などである(同上：1004)。

　ベガシュ遺跡の 1-a 層では，断片も含めてキビの種子26点，コムギ5点が埋葬遺構とそれに接する火のピットから出土したが，室内の炉址からはわずかに2点のキビの種子が出土しただけであった。このことから，前3千年紀末のベガシュの遊牧民はキビとコムギを日常的に食用とはしておらず，葬儀のような特別な場合に供献用品として重要な役割を果たしていたと考えられる。フラケッティらは，栽培化された穀物とおそらく家畜化されたウマとがセットとなって，儀式への捧げものとなる重要な交易品としてユーラシア全域にわたる交流を促進したと考えている(同上：1006-1007)。ただしフラケッティはこれらの交流

を人間集団の移動とはとらえず、この地域が幅広い「グローバル化」のネットワークの中に組み込まれていたからだと説明している(Frachetti 2008: 174)。

次に問題となるのは、ベガシュの穀物はどこから伝わってきたのかということである。ハントらは、キビ broomcorn millet とアワ foxtail millet (*Setaria italica* (L.) P. Beauv.)とが黄河流域と北中国では前7〜6千年紀から知られており、一方東南ヨーロッパとコーカサスではキビは中国とほぼ同じ時期の遺跡から報告されているがアワはやや遅れて前5/4千年紀に現れることを指摘したうえで、両者に関係があるのかそれともお互い独自に発生したのかについては、資料がまだ少ないことと、資料そのものの信憑性に疑いがあることなどを考慮して、結論は持ち越しとした(Hunt *et al.* 2008: S5, S15)。

その後も中国では古いキビの資料が発見され、磁山文化で前6000年とも前8000年ともいう古い時代に始まったという説が出されているが(Crawford 2009: 7271; Lu *et al.* 2009: 7367)。まだ両者の栽培化は独立して行われたものなのか、それとも中央ユーラシアを通って伝わったものなのかという論争は続いている(Lawler 2009b: 943; Frachetti *et al.* 2010: 994)。ベガシュのキビについて、フラケッティらは中国からの伝播の可能性を示唆しているが、まだ証拠が少ないとして結論は留保していた(Frachetti *et al.* 2010: 1007)。その後の論文では、中国起源説に傾いており、中央ユーラシアの山麓沿いに遊牧民が伝えた可能性について言及している(Spengler *et al.* 2016: 2; Miller *et al.* 2016)。

それではベガシュのコムギはどこから来たのであろうか。シュペングラーらは、コペト・ダグ北麓から東へ、パミール、天山、東カザフスタンと、山麓沿いに伝わったと考えている(Spengler *et al.* 2016: 2)。

その先、中国領内への伝播については面白い説がある。中国領内で出土したコムギの炭素年代を集計した報告によると、最も古いコムギの確実な証拠は、甘粛省張掖市民楽県の県城から北へ約25kmのところにある東灰山遺跡出土の資料であるという(Flad *et al.* 2010)。この遺跡は四壩文化に属し、コムギの炭素年代は4230±250 BP(甘粛・吉林 1998: 190)、すなわち前3千年紀末とされ、最近のフラッドらの研究では3368-1980 cal. BC と幅広く見積もられている(Flad *et al.* 2010: 959)。この遺跡からはオオムギも出土しており、晩く見ても、前2千年紀初にはコムギとオオムギが生産されていたことを示すという(Flad *et al.* 2010: 955)。

第Ⅱ部　西アジア型農耕の起源と拡散

　東灰山以外にも甘粛には酒泉市金塔県の缸缸洼など，最も古いコムギの資料
が集中しているが，甘粛より西の新疆ウイグル自治区では，いまのところそれ
より古いコムギの資料は発見されていない。ロプ・ノール近くの小河墓地から
出土した 1687-1498 cal. BC と 1606-1427 cal. BC のコムギが今のところ最も古い
（Flad *et al*. 2010: 958）。そのため，コムギは新疆を経由せずに直接北から，つまり
アルタイ，モンゴル方面から甘粛に前 3000 年頃伝えられ，それから東は中原へ，
西は新疆へ，また南では青海からチベットへ入っていったとする大胆な仮説も
提唱されている（Dodson *et al*. 2013: 109）。しかしアルタイやモンゴルからはそのよ
うに古いコムギの証拠はもちろん見つかっておらず，新疆に探し求める方が賢
明ではないかと思われる。

4. その後の草原地帯における農耕（後期青銅器時代〜初期鉄器時代）

　ベガシュに続く時期の遺跡で重要なのは，同じくジュンガル・アラタウの北
麓でベガシュよりやや東のタスバス Tasbas 遺跡である。この遺跡はバヤン・ジ
ュレク Bayan-Jurek 川の流域にあり，標高約 1500m の高地に位置している（シュペ
ングラーはこの川の名をビャン・ジェレク Byan-Zherek と表記している。Spengler *et al*.　2014:
148）。

　タスバス遺跡は 5000 年近くにわたって遊牧民の季節的集落が営まれたとこ
ろで，層もきわめて厚いが，とりわけ注目されるのは後期青銅器時代に相当する
2a 層である。年代は，1490-1260 cal. BC（Spengler *et al*. 2014: 148），あるいは 1450-
1250 cal. BC（Spengler *et al*. 2016: 3）とされている。この層から出土した主な栽培作
物は，ハダカムギ，脱穀しやすいコムギ，キビ，そしてエンドウ（*Pisum sativum*）
であった。ハダカムギは花軸とともに発見されているので，この地で栽培され
ていたことに疑いはない（Spengler *et al*. 2016: 3）。土製の大きなかまどには，ハダカ
ムギと茎，わら，石刃の圧痕が認められ，このことからも栽培・加工されてい
たことが証明される（同上）。

　シュペングラーらは，ベガシュとタスバスを遊牧と農耕を共に行う移動民の
季節的キャンプとみなし，後期青銅器時代には農耕が重要な役割を果たすよう
になっていたが，それらの栽培化された穀物をユーラシア全域に伝えたのは騎

282

馬遊牧民だったと判断した(同上：3-4)。ルートについては，キビは東アジアから，パンコムギとハダカムギ，豆類は西南アジアから，山麓のやや標高の高い地域を通って東西に広まったと考えている(同上：7)。中央アジアの中でも，農耕はまず北緯35°〜45°の緯度は低いが標高は高い山地・高原で始まり，そこから標高は低いが高緯度(45°〜55°)のシベリアにも広まっていったとする(同上：7)。

　前3〜2千年紀に草原地帯で農耕が広まった背景として，気候変動の影響も考えられる。前3000年(以下，較正年代)以降，中央アジア南部では乾燥化が進み，とりわけ前2000年と前1200年頃それが絶頂期を迎えたが，一方，中央アジア北部ではヨーロッパと同様に逆に湿潤化に向かったことも，農耕化を促進したと考えられる(同上：9)。

　従来受け入れられてきた解釈では，青銅器時代からとりわけ初期鉄器時代(前800〜前200年)になると純粋の遊牧経済が草原地帯では支配的となったとされてきたが，先にも述べたように，シュペングラーらは初期鉄器時代やその後の匈奴時代にも経済は農牧複合的であったと判断している(同上：1,7)。匈奴時代に農耕が行われていたことは今や広く認められているが，それに従事していたのが誰であったのかという問題については論争がある。匈奴自身が農耕も遊牧も行う半農半牧民であったとする説と，遊牧は匈奴が行い，農耕には中国人など定住地帯出身者が従事したとする説である。私自身は後者の説を支持している(林2017：312, 370)。

おわりに

　中央アジアで最古の農耕(コムギとオオムギを中心とする)は，トゥルクメニスタンのコペト・ダグ北麓で前7千年紀末頃始まった。それは，すぐ隣りのイラン東北部から伝わったものであることはまず間違いない。中央アジアは乾燥地帯ではあるが，ほぼ東西方向に走る山脈(天山など)から流れ下る河川によって，とりわけ北麓は水資源に不足はない。現在でも山麓にはオアシスが連なっている。古代においてもその山麓沿いに東あるいは北東へ伝わったことは十分に考えられる。カザフスタン南部に達したのは，前3千年紀末頃であったらしい。そこから直接新疆に入ったかそれとも甘粛の方が先かはまだわからないが，いずれ

第Ⅱ部　西アジア型農耕の起源と拡散

にしてもさらに東進して中国北部にまで至ったことはまず間違いないであろう。

　一方，キビとアワはおそらく中国で栽培化されたものが，西へ進んでやはり前3千年紀末頃カザフスタン南部にまで伝わったようだ。シルクロードはそんなに古い時代にもう機能していたということになろう。ただしそのころの穀物が日常的に食用とされていたのか，それとも儀礼に用いられる特別のものだったかについては，今後の検討が必要である。

　それらを伝えたのが騎馬遊牧民だったという説には，まだ証拠が足りないと言わざるを得ない。そのように古い時代では，ウマの骨は出土するものの，馬具は出てこないからである。その時代に騎馬という技術が一般化していたかについては議論がある（林2017: 59-60）。また草原地帯で農耕を行っていた主体が遊牧民自身だったのかどうかについても，今後の研究が必要であろう。

参考文献

増田精一 1977『Tappeh Sang-i Chaxmaq』，東京・広島。

林俊雄 2017『スキタイと匈奴　遊牧の文明』，講談社学術文庫（原本は2007年刊，興亡の世界史第02巻）。

＊　　　　　　＊　　　　　　＊

甘粛省文物考古研究所,吉林大学北方考古研究室編　1998　『民楽東灰山考古 — 四壩文化墓地的掲示与研究』科学出版社：北京。

＊　　　　　　＊　　　　　　＊

Berdyev, O. K. 1965 *Yujnaya Turkmeniya v epokhu neolita* (abstract of dissertation). AN Turkm. SSR, Institut istorii, arkheologii i etnografii: Ashkhabad.

Bower, M. A. 2003 Green Grows the Steppe: How can Grassland Ecology Increase our Understanding of Human-Plant Interactions and the Origins of Agriculture. M. Levine, C. Renfrew & K. Boyle, eds., *Prehistoric Steppe Adaptation and the Horse*. McDonald Institute for Archaeological Research: Cambridge, pp.29-41.

Brunet, F. 2005 Pour une nouvelle étude de la culture néolithique de Kel'teminar, Ouzbékistan. *Paléorient* 31(2): 87-105.

Crawford, G. H. 2009 Agricultural Origins in North China Pushed Back to the Pleistocene-Holocene Boundary. *Proceedings of the National Academy of Sciences of the United States of America* 106: 7271-7272.

Dodson, J. R. *et al*. 2013 Origin and Spread of Wheat in China. *Quaternary Science Reviews* 72: 108-111.

Flad, R. *et al*. 2010 Early Wheat in China: Results from New Studies at Donghuishan in the Hexi Corridor. *The Holocene* 20(6): 955-965.

Frachetti, M. D. 2008 *Pastoral Landscapes and Social Interaction in Bronze Eurasia*. University of California Press: Berkeley.

Frachetti, M. D. & A. N. Mar'yashev. 2007 Long-Term Occupation and Seasonal Settlement of Eastern Eurasian Pastoralists at Begash, Kazakhstan. *Journal of Field Archaeology* 32(3): 221-242.

Frachetti, M. D., R. N. Spengler, G. J. Fritz & A. N. Mar'yashev. 2010 Earliest Direct Evidence for Broomcorn Millet and Wheat in the Central Eurasian Steppe Region. *Antiquity* 84: 993-1010.

Harris, D. R. 2010 *Origins of Agriculture in Western Central Asia*. University of Pennsylvania Museum of

中央アジアにおける農耕の起源と展開

Archaeology and Anthropology: Philadelphia.

Hiebert, F. T. 2002 The Kopet Dag Sequence of Early Villages in Central Asia. *Paléorient* 28(2) : 25-41.

Hunt, H. V. *et al.* 2008 Millets across Eurasia: Chronology and Context of Early Records of the Genera *Panicum* and *Setaria* from Archaeological Sites in the Old World. *Vegetation History and Archaebotany* 17: S5-18.

Kholmatov, N. U. 2014 *Neolit Srednei Azii*. Izdatel'stvo Samarkandskogo Gosudarstvennogo Universiteta: Samarkand.

Korobkova, G. F. 1996 Srednyaya Aziya i Kazakhstan. *Arkheologiya: Neolit Severnoi Evrazii*. "Nauka": Moskva, pp.87-133.

Lawler, A. 2009a Bridging East and West. *Science* 325: 940-943.

Lawler, A. 2009b Millet on the Move. *Science* 325: 942-943.

Lu, H, *et al.* 2009 Earliest Domestication of Common Millet (*Panicum miliaceum*) in East Asia Extended to 10,000 Years Ago. *Proceedings of the National Academy of Sciences of the United States of America* 106: 7367-7372.

Masson V. M. 1971 *Poselenie Djeitun (Problema stanovleniya proizvodyashchei ekonomiki) (MIA No.180)*. Izdatel'stvo "Nauka": Leningrad.

Masson, V. M. & V. I. Sarianidi, 1972 *Central Asia: Turkmenia before the Achaemenids*. Thames and Hudson: London.

Masuda S. *et al.* 2013 Tappeh Sang-e Chakhmaq: Investigations of a Neolithic Site in Northeastern Iran. R. Matthews & H. F. Nashli, eds. *The Neolithisation of Iran*. Oxbow Books: Oxford and Oakville, pp. 201-240.

Miller, N. F. 1999 Agricultural Development in Western Central Asia in the Chalcolithic and Bronze Ages. *Vegetation History and Archaeobotany* 8: 13-19

Miller, N. F., R. N. Spengler & M. Frachetti. 2016 Millet Cultivation across Eurasia: Origins, Spread, and the Influence of Seasonal Climate. *The Holocene* 26(10): 1566-1575.

Nakamura T. 2014 Radiocarbon Dating of Charcoal Remains Excavated from Tappeh Sang-e Chakhmaq. *The First Farming Village in Northeast Iran and Turan: Tappeh Sang-e Chakhmaq and Beyond*. Research Center for West Asian Civilization, University of Tsukuba, pp.9-12.

Roustaei, K., M. Mashkour, & M. Tengberg. 2015 Tappeh Sang-e Chakhmaq and the Biginning of the Neolithic in North-East Iran. *Antiquity* 89 (345): 573-595.

Spengler, R. N. III *et al.* 2014 Late Bronze Age Agriculture at Tasbas in the Dzhungar Mountains of Eastern Kazakhstan. *Quaternary International* 348: 147-157.

Spengler, R. N. III et al. 2016 The Spread of Agriculture into Northern Central Asia : Timing, Pathways, and Environmental Feedbacks. *The Holocene* 26(10): 1-14.

Thornton, Ch. P. 2013 Tappeh Sang-e Chakhmaq: A New Look. R. Matthews & H. F. Nashli, eds. *The Neolithisation of Iran*. Oxbow Books: Oxford and Oakville, pp.241-255.

第III部
新大陸の文明と農耕

メソアメリカの農耕と文明の形成

青山 和夫

はじめに

　本論は，メソアメリカの農耕の起源と拡散および文明の形成について論じる。メソアメリカとは，アメリカ大陸の中央部で16世紀にスペイン人が侵略するまで様々な文明が栄え，その豊かな文化・歴史伝統が創造され続けている文化史的領域である(図1)。オルメカ，マヤ，サポテカ，ミシュテカ，テオティワカン，トルテカ，アステカなどの諸文明が栄え，メソアメリカ文明と総称する。その範囲はメキシコ北部から中央アメリカ北部(グアテマラ，ベリーズ，エルサルバドル，ホンジュラスの西半分)にかけての100万 km^2 ほどである(青山 2007)。

図1　メソアメリカの主要遺跡

第Ⅲ部　新大陸の文明と農耕

　メソアメリカの人々は，石器を主要利器とする新石器段階の技術と人力エネルギーによって都市文明を築き上げた。金や銅製品など大部分の金属製品は装飾品や儀式器であり，南米アンデス文明と同様に，鉄は一切使用されなかった。主要利器が石器であったことは，メソアメリカ文明が，旧大陸の鉄器文明よりも「遅れていた」ことを必ずしも意味しない。メソアメリカの支配層は，旧大陸と交流することなく先スペイン期(16世紀以前)のアメリカ大陸で唯一，文字体系を発達させた。文字の発達は，同じく先住民の土着文明でありながら，文字のなかったインカなどのアンデス文明と対照的である。

　メソアメリカは，太平洋，メキシコ湾，カリブ海に面して，北回帰線から北緯13度に広がる熱帯・亜熱帯地域に属する。季節は乾期(夏)と雨期(冬)に分けられる。地域差があるものの，雨は5月から12月頃までの雨季にまとまって降る。自然環境は極めて多様であり，熱帯雨林，熱帯サバンナ，針葉樹林，ステップや砂漠などが広がる。最高峰のオリサバ山(海抜5699m)やポポカテペトル山(海抜5452m)など，海抜5000m級のメキシコの火山は雪を冠する。メキシコ北部は年間降雨量250mm未満の砂漠であり，メソアメリカの北の境界をなす。メソアメリカの先住民は多様な自然環境に刺激されて，原材料，特産品，製品などの広範な遠距離・地域間交換を活発に行った。先住民は物資の交換だけでなく，知識も盛んに交換し，地方色豊かな諸文明を築き上げていった。

　先スペイン期(16世紀以前)のメソアメリカは，政治的に統一されなかったネットワーク型の文明であった。これは，統一王朝＝文明という見方への反証といえよう。インカ帝国(15世紀～1532年)が，究極的に中央アンデスを統合したのとは対照的である。メソアメリカ最古のオルメカ文明(前1400～前400年)は，高さ3mに及ぶ巨石人頭像で有名であり，メキシコ湾

図2　マヤ文明のセイバル遺跡の「石碑10」に刻まれたマヤ文字の碑文(青山和夫撮影)

岸低地南部で栄えた。マヤ文明(前1000年〜16世紀)は、ユカタン半島を中心としたマヤ低地とマヤ高地において先スペイン期のアメリカ大陸で文字、暦、算術、天文学を最も発達させた(図2)。マヤの支配層

図3 サポテカ文明のモンテ・アルバン遺跡(青山和夫撮影)

は、6世紀の古代インドに先立ち、人類史上でゼロの文字を最初に発明した(青山 2012)。メキシコ湾岸低地南部やマヤ低地南部の大部分では高温多湿の熱帯雨林が広がり、何本もの大河が流れる。平均年間降雨量は2000〜3000mm、一部では4000mmに及ぶ。

　メキシコ高地南部のオアハカ盆地では、山上都市モンテ・アルバンを中心にサポテカ文明(前500〜後750年)が興隆した(図3)。サポテカ文字の碑文には、マヤ文字と同様に王の即位や戦争などの王朝史が記録された。メキシコ中央高地のメキシコ盆地では、人口10万人ほどの大都市テオティワカンを擁するテオティワカン文明(前100〜後600年)、次に国際都市トゥーラを主都とするトルテカ文明(900〜1150年)、最後にアステカ王国(後1325〜1521年)が興隆した。チナンパは、アステカ王国が淡水湖に造成した大治水事業で、メソアメリカで最も集約的な灌漑農業であった。それは浅い湖沼の区画を木杭などで囲い、内側にアシ、イグサ、水草類を敷き詰め、水底の肥沃な泥土を積み上げて造成した長方形の盛土畑である。チナンパの一部は、現在も利用され続けている。

　メソポタミア文明やエジプト文明とは異なり、メソアメリカ文明は、半乾燥地域の大河流域で大規模な灌漑治水事業を発達させなかった。メキシコ盆地、オアハカ盆地やユカタン半島北部のマヤ低地北部は、熱帯サバンナやステップの半乾燥地域であるが大河川はない。オアハカ盆地では中小河川が流れるが、大河川はない。灌漑農業は主に山腹部の支流における小規模な灌漑が主流であった。マヤ低地北部には大河川はおろか、川や湖沼がほとんどないので天水農業

第Ⅲ部　新大陸の文明と農耕

が主流であった。マヤ高地はマヤ低地よりも冷涼で湿潤であり，松などの針葉樹林が広がる。マヤ高地最大の都市カミナルフユでは，グアテマラ盆地の湖から前500年頃から灌漑水路が通り，灌漑農業が行われた。大河川は，メソアメリカ文明発祥の必要条件ではなかったのである。メソアメリカは，主に中小河川，湖沼，湧水などを利用した灌漑農業，段々畑，家庭菜園などの集約農業と焼畑農業を組み合わせて多様な農業を展開した非大河灌漑文明であった。

　私たちは，食生活や花をはじめ，メソアメリカ文明の大きな恩恵を受けている。アメリカ大陸原産の栽培植物は，世界の栽培種の六割を占める。アメリカ大陸の先住民は，前8000年頃から100種類以上の植物を栽培化した。トウモロコシ，ジャガイモ，サツマイモ，トマト，カボチャ，トウガラシ，インゲンマメ，カカオ，バニラ，アボカド，ピーナッツ，パパイア，パイナップル，さらにタバコやゴムをはじめ，アメリカ大陸の先住民が栽培化した新しい作物が15世紀以降に旧大陸にもたらされた。メソアメリカの主食トウモロコシは，旧大陸原産の米や麦を栽培できない，痩せた土地でも高い収穫量を期待できた。トウモロコシが家畜の飼料として利用されることによって，家畜頭数が飛躍的に増加して肉，卵，牛乳，乳製品の供給量が増えた。その結果，タンパク質の摂取量が増え，栄養状態や体格が大きく改善された。食生活だけでなく，クリスマスに人気のポインセチア，秋の代名詞コスモス，マリーゴールドやダリアなど，メソアメリカ原産の花は私たちの生活に根付いている。

　メソアメリカ文明では，家畜は七面鳥とイヌだけで牧畜はなかった。リャマやアルパカのようなラクダ科動物もいなかった点は，アンデス文明と異なる。メソアメリカでは，車輪付きの動物土偶が示すように，車輪の原理は知られていた。しかし，人や重い物を運ぶ大型の家畜がいなかったので荷車や犂は発達しなかった。動物性タンパク質は，主に狩猟や漁労によって補われた。安田喜憲は，ミルクを飲んでバターやチーズを食べるメソポタミア，エジプトやヨーロッパのような畑作牧畜民に対して，環太平洋地域には「ミルクの香りのしない文明」があったという仮説を唱えている（安田2009）。メソアメリカ文明は，動物のミルクを飲まず，乳製品を食べない，まさに「ミルクの香りのしない文明」の一つであった。旧大陸世界との交流なしに独自に発展したメソアメリカ文明の比較考古学研究は，文明とは何か，文明はなぜ，どのように興り変化したの

かについて，旧大陸や西洋文明と接触後の社会の研究からは得られない，新たな視点を提供して「真の世界史」・「真の文明史」の構築に貢献する。

1. 石期の食料獲得経済（前10000～前8000年）

　アメリカ大陸を発見したのは，1492年のコロンブス一行でも，10世紀末にカナダ北東部に到達したバイキングのレイフ・エリクソン一行でもない。「最初のアメリカ人」は，今から少なくとも1万2000年前の氷河期に，アジア大陸から無人のアメリカ大陸に到達した先住民の狩猟採集民であった。その末裔の一部が，メソアメリカ文明を築いた。石期（前10000～前8000年）は狩猟採集の時代であり，植物はまだ栽培されていなかった。メソアメリカの人口密度は非常に低く，採集狩猟民の小集団が雨季と乾季に移住した。マンモスなど大型動物の狩猟は，時たま行われた。なぜならば石期には大量の大型動物が生息する広大な草原地帯はなく，マンモスなどの大型動物は希少だったからである。石期の生業は，中小動物の狩猟や植物採集が主流であった。先住民は各地域の環境に適応して，多種多様な食料資源を幅広く利用し，複合的な生業を営んでいた可能性が高い。

　メソアメリカでは，石期に関する考古資料は極めて少ない。その一因は，最終氷期以降の海面の上昇によって，沿岸部の遺跡が水没したためである。21世紀初頭の水中考古学調査によって，マヤ低地北部のメキシコ・キンタナロー州沿岸部で大発見があった。海面が上昇する前の石期に地上に点在した一連の洞窟から，アメリカ大陸で最古級の人骨（[14]C年代で前9720年），炉跡，石器，ゾウなどの絶滅動物の骨が見つかったのである（González *et al.* 2008）。

　オアハカ盆地のブランカ洞窟遺跡では，[14]C年代で前9050～前8780年の層位から，採集狩猟民が残したキツネ，ウサギ，シカ，リクガメ，ネズミなどの骨が出土した（Marcus and Flannery 1996）。グアテマラ高地のロス・タピアーレス遺跡は，狩猟採集民の小集団の石期の野営地跡である。北米のクロービス型尖頭器（前1万～前9000年）に類似した有溝尖頭器（基部を溝状に薄く加工して柄に装着する石期独特の尖頭器），木葉型両面調整尖頭器，片面調整尖頭器，スクレイパー，剥片などの石器および炉跡が見つかっており，前8760年という[14]C年代が出てい

293

第III部　新大陸の文明と農耕

る。クロービス型尖頭器に類似する有溝尖頭器は，グアテマラ高地の他の遺跡やベリーズなどでも見つかっている。メキシコのチアパス州のロス・グリホス遺跡では，^{14}C 年代で前 7590 〜 6850 年の層位から，有溝尖頭器などの石器と共に，オジロジカ，ペッカリー（ヘソイノシシ）や絶滅種のウマなどが出土した(Acosta 2010)。

　メソアメリカの石期の調査研究は，新人がいつアメリカ大陸に移住したのか，有溝尖頭器を使用した人々以前に移住があったのか，新人がどのように北米大陸から南米大陸に拡散したのかなど，様々な重要な課題に貢献できる。今後は1 次堆積層の広範囲で綿密な層位的な発掘調査を実施して，正確な自然科学的年代，人類が確実に製作した石器などの遺物，動植物遺体，人骨など誰もが納得する資料を提供することが重要であろう。

2. 古期の農耕の起源（前 8000 〜前 1800 年）

　メソアメリカでは，前 8000 年頃までに気温が高くなり氷河が後退したので海面が上昇した。更新世後期の冷涼で乾燥した気候から，完新世の温暖で湿潤な気候に変わった(Buckler IV *et al.* 1998)。古期（前 8000 〜前 1800 年）には植物が栽培化されたが，採集狩猟が生業の主流であり続けた。メソアメリカでは，採集狩猟中心の食料獲得経済から，農耕を生業の基盤にした食料生産経済へ移行していく過程は，数千年にわたる長いものであった。雨季と乾季に移住するという生活様式に大きな変化はなく，人口は長期間にわたって徐々に増加した。

　古期の先住民は，メソアメリカの多様な自然環境で農耕を開始した。メソアメリカ最古の栽培植物は，^{14}C 年代によれば，前 8000 年のカボチャ属のペポカボチャとヒョウタンである(Smith 1997)。それらの遺体は，オアハカ盆地のギラ・ナキツ岩陰遺跡から出土した。採集狩猟民は，鋸歯状石器，抉入石器，剥片などのチャート製打製石器に加えて，製粉用の磨製石器を製作した。網袋やバスケットの破片，炉跡，貯蔵穴なども出土している。生業は，シカ，ウサギ，リクガメなどの狩猟やドングリ，マツの種，リュウゼツラン，サボテンの実，メスキーテ，野生マメ，ハックルベリー，バルバドスサクラの実といった野生植物の採集が主であった(Flannery 1986)。

294

DNA分析によって，かつてアメリカ大陸原産と考えられていたヒョウタン
は，アジア大陸で栽培化された後にアメリカ大陸に伝わったことが明らかに
なった(Erickson *et al.* 2005)。ヒョウタンは，海流に乗ってアメリカ大陸にもたらさ
れたか，あるいはアジア大陸の採集狩猟民が家畜のイヌと共にアメリカ大陸に
持ち込んだ可能性がある。ヒョウタンは食料ではなく，容器として利用された。
定住生活を始める前に食料を求めて雨季と乾季に移住した採集狩猟民が，必要
としたものの一つが水を確保する水筒だったからである。その後，メソアメリ
カでは，トウモロコシ，マメ類，カボチャ，トウガラシ，ヒユ科のアマランス，
アボカド，サポテという果実，マニオク(キャッサバとも呼ばれる根菜)，ワタなど
数多くの植物が栽培化された。トマトとカカオは南米原産であるが，メソアメ
リカで栽培化されたと考えられる(Piperno and Smith 2012)。

　トウモロコシは，メソアメリカで栽培化され，南アメリカと北アメリカにも
たらされた。旧大陸で栽培された穀類(ムギ類，イネ，アワ)は，野生種と栽培種が
ほぼ同様な収穫量をもたらした。対照的にトウモロコシは，収穫量を増やすた
めに品種を改良する必要があった。メキシコ高地やグアテマラ高地に自生する
テオシンテというイネ科の野生植物が，採集利用された過程で突然変異してト
ウモロコシの先祖になった，という説が有力である。テオシンテとトウモロコ
シは遺伝学的に近い植物であるが，形態的には明らかな違いがあり，テオシン
テは1本の穂に6〜10粒の種子をつけるにすぎない。遺伝学研究，プラント・
オパールや花粉分析によれば，トウモロコシは，メキシコ西部バルサス川中流
域で前7000年頃に最初に栽培化された可能性が高い(Piperno *et al.* 2007)。

　ギラ・ナキツ岩陰遺跡では，^{14}C年代で前4300年頃のトウモロコシの遺体が出
土した(Piperno and Flannery 2001)。初期のトウモロコシは，穂軸の長さが2cmほど
の小さなもので，現在とは全く異なる植物であった(図4)。食用ではなく，トウ
モロコシの発酵酒チチャを製造する儀礼用植物であったという説がある。数千
年にわたって品種改良されて穂軸と穀粒が大きくなり，生産性が高まった。何
枚もの苞葉に包まれ，穂軸に数百の穀粒をつけるトウモロコシは，現在では人
の手なしには自生できない植物になっている。メキシコ湾岸低地南部タバスコ
州のサン・アンドレス遺跡にある沼沢地の調査によって，前5300年頃のトウモ
ロコシのプラント・オパール，前4600年頃のマニオクの花粉，前2500年頃の

第Ⅲ部　新大陸の文明と農耕

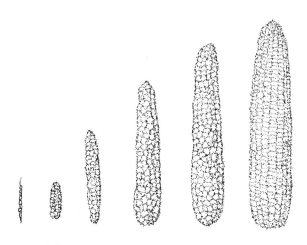

図4　トウモロコシの進化：左端がテオシンテ、左から2番目が前4300年頃のトウモロコシ、右端が現在のトウモロコシ

ヒマワリの種やワタの花粉が検出されている(Pohl et al. 2007)。メキシコのチアパス太平洋岸低地のトラクアチェロ貝塚遺跡では，前3500年頃のトウモロコシのプラント・オパールが出土した。トウモロコシ農耕の証拠は，同時期のグアテマラ太平洋岸低地でも確認されている(Neff et al. 2006)。

　花粉分析によれば，マヤ低地南部のベリーズ北部コルハ遺跡近くのコブウェブ沼沢地やコブ沼沢地では，トウモロコシやマニオクが前3400年頃から栽培された(Pohl et al. 1996)。トウモロコシの花粉は，現代のトウモロコシのそれよりも小さく形態的にも異なる。栽培植物が食料全体に占める割合は低く，採集狩猟の比重が高かった。メキシコ盆地のソアピルコ遺跡では，前2500〜前2000年には，トウガラシ，ナス科のオオブドウホオズキ，アマランス，ハヤトウリ，カボチャなどが栽培された(Niederberger 1979)。妊娠した女性をかたどった，^{14}C年代で前2300年頃というメソアメリカ最古の人物土偶が出土している。

3. 先古典期前期(前1800〜1000年)の土器，非農耕定住と文明の起源

　先古典期(前1800〜後250年)は形成期とも呼ばれ，メソアメリカの各地で土器が製作され，文明が徐々に形成されていった時期である。先古典期前期(前1800〜前1000年)には，非農耕定住村落が各地で定着した後，社会の階層化が進んだ。動植物遺体の研究によれば，先古典期前期のメソアメリカではトウモロコシなどの栽培植物はまだ生業の基盤をなさず，野生動物の肉や野生植物に大きく依存していた(Arnold 2009)。

土器は，旧大陸の新石器時代の指標の一つとされる。土器の容器の起源はメソアメリカでは前 1800 年頃であり，アンデスとほぼ同時期にあたる。日本列島の縄文土器より 1 万年以上も後に製作され，南米アマゾン低地のアメリカ大陸最古の土器(前 5600 年頃)よりもかなり遅い。メソアメリカ最古の土器群には大きな地域差があり，南米の土器ともかなり異なる。チアパス・グアテマラ太平洋岸低地，オアハカ盆地のサン・ホセ・モゴテ遺跡，メキシコ西部ゲレロ州のプエルト・マルケス貝塚遺跡などメソアメリカ各地で独自に生産された(Clark and Gosser 1995; Flannery and Marcus 1994)。ヒョウタンの形を模したものが多く，各地の土器の違いは，それ以前に使われていたヒョウタン製容器の形や装飾を模倣した可能性が高い。

チアパス・グアテマラ太平洋岸低地のバラ期(前 1800 ～前 1700 年)の土器は，赤や黒に彩色されて繊細な刻線による極めて精緻で美しい装飾があり，焼成も非常に良い。女性の土偶も製作された。オアハカ盆地の同時期の土器は焼成温度が低く，器面の装飾はほとんどない。主な器形は，ヒョウタンの形を模した無頸壺や鉢などである。プエルト・マルケス貝塚遺跡では，胎土に植物繊維を混ぜて焼成し，内壁にあばた状の穴をもつ特徴的な土器が生産された。土器はメキシコ中央高地やメキシコ湾岸低地では前 16 世紀から，マヤ低地では前 1000 年頃から使用された。

メキシコのチアパス太平洋岸低地のパソ・デ・ラ・アマダは，メソアメリカ最古の定住村落の一つである。バラ期から居住され，最盛期のロコナ期(前 1700 ～前 1500 年)の面積は 140ha ほどになった(Clark 2004)。メソアメリカ最古のロコナ期の球技場は土製であり，高さ 2m，長さ 86.63m ほどであった。グラヘダ遺跡を含むサン・ヘロニモ遺跡複合は，グアテマラ太平洋岸低地に立地する先古典期前期の定住村落であった(Arroyo et al. 2002)。その居住はバラ期に始まり，ロコナ期に繁栄した。グラヘダ遺跡で最大の人基壇は，底辺 150×100m，高さ 6.2m であり，有力者の住居か公共建造物と考えられる。

オアハカ盆地のサン・ホセ・モゴテは，サポテカ文化の定住村落である(Marcus and Flannery 1996)。前 1400 ～前 1150 年には，平面が 4×6m ほどの方形の公共建築が建設された。同時期の盆地で唯一漆喰の床をもち，真北より 8 度西にずれた，後のサポテカ文明の儀式建築独自の方位が採用されていた。相続による地位の

第Ⅲ部　新大陸の文明と農耕

違いは明確ではないが，有力な指導者の存在が示唆されよう。前1150〜前850年には，世襲制による地位と富の差異が，幼児の葬制や住居などにはっきりと認められる。

　メキシコ湾岸低地南部の熱帯雨林では，前1400年頃からオルメカ文明（前1400〜前400年）が栄え始めた（Pool 2007）。オルメカ文明は，都市，王国，発達した文字体系を有さなかったが，高さ3m，重さ50tに及ぶ巨石人頭像，玉座，石碑，人物像，半人半ジャガー像や動物像などの洗練された石彫で名高い。計17体の巨石人頭像は，それぞれ顔が異なり，権力者の顔を表象したものである。前1400〜前1150年には，ベラクルス州のサン・ロレンソが最も重要なセンター（都市ほど人口が多くない，政治・経済・宗教の中心地）であった。サン・ロレンソは前1500年頃から居住され，前1400年頃から重要なセンターとして発展していった。台地が1kmにわたって高さ7mに及ぶ大量の盛土で人工的に整形されたが，神殿ピラミッドはない。オルメカ文明で最多の10体の巨石人頭像を含む124体以上の石彫が，サン・ロレンソとその周辺で見つかっている。石彫の石材の玄武岩は，直線距離で60kmほど離れたトゥシュトラ山脈から運ばれてきた。

4.　先古典期中期（前1000〜前400年）の農耕定住と文明の形成

　サン・ホセ・モゴテは，サポテカ文明の主都モンテ・アルバンが前500年頃に建設される以前に，オアハカ盆地で先古典期最大の集落として繁栄し，前6世紀頃から文字が使われた。オルメカ文明のラ・ベンタやラグーナ・デ・ロス・セロスは，前800〜前400年に繁栄した。サン・ロレンソの近くにある，ベラクルス州のカスカハル遺跡から出土した蛇紋岩製ブロックに刻まれた62の記号が，「南北アメリカ大陸で最古の文字」として米国のScienceに報告された（Rodríguez et al. 2006）。その年代は，共伴した土器などから先古典期中期初頭（前1000〜前800年頃）と推定される。ところが言語学研究によれば，記号が文字列をなしておらず，文字ではなく図像として理解すべきであるという（Justeson 2012）。現在のところ学者たちが一致して認めるオルメカ文明の文字は，ラ・ベンタ遺跡の「石彫13」（前450〜前300年頃）に刻まれた3つの文字である。

　タバスコ州にあるラ・ベンタでは，前1200年頃に居住が開始され，前800年頃

298

から繁栄して面積は200haほどになった(Gonzáles 1996)。最大の土製神殿ピラミッド「建造物C-1」は, 高さ34m, 底辺128×114mである。土製・アドベ(日干し煉瓦)製建造物が, 複数の広場を構成した。巨大な玄武岩から彫刻された4体の巨石人頭像など, 90以上の石彫がある(図5)。支配層の身分が世襲されていたことが, 豪

図5 オルメカ文明のラ・ベンタ遺跡の「石彫5」に刻まれた、ひざの上に半人半ジャガーの幼児を抱く男性 (青山和夫撮影)

華な副葬品を有する幼児の墓からわかる。壁と屋根が玄武岩の石柱で構築された「墓A」には, 耳飾り, 首飾り, 人物像やアカエイの尾骨などの形に加工された, オルメカ文明で最高傑作の翡翠製品, 精巧に磨かれた(冶金ではない)磁鉄鉱製鏡などが2体の幼児の遺体に副葬された。翡翠はメソアメリカではグアテマラ高地だけで産出し, その神聖な色, 希少性, 硬さゆえに, 支配層の間で威信財として金よりも重宝された。ラ・ベンタには, サン・ロレンソよりもはるかに多くの翡翠製品が埋納された。鏡は支配層の威信財であり, メソアメリカの他の遺跡でも見つかっている。弥生・古墳時代の日本列島と同様に, 鏡に呪術的な力があると思われていたのだろう。

　セイバル遺跡は, グアテマラを代表するマヤ文明の大都市遺跡であり, 国立遺跡公園に指定されている。セイバルは, 熱帯雨林の中を流れる大河パシオン川を望む, 比高100mの丘陵上に立地した。都市の面積は12km^{2}以上にわたり, サクベと呼ばれる舗装堤道が, 三つの主要建築グループを結んでいた。セイバルの人々は, 先古典期中期(前1000〜前400年)から古典期終末期(後810〜950年)まで, マヤ低地の他地域, メキシコ湾岸低地南部, メキシコのチアパス高地やグアテマラ高地など周辺地域の人々と活発に交流していた(青山2015)。

　共同団長の筆者は, 団長の猪俣健(アリゾナ大学)と日米の研究資金を集め, グアテマラ, アメリカ, スイス, フランス, カナダ, ドイツ, ロシアの研究者と多国籍チームを編成した。私たちは, ハーバード大学の調査(1964〜1968年)から約

第Ⅲ部　新大陸の文明と農耕

40年ぶりとなる2005年にセイバル遺跡の調査を再開した(Inomata *et al.* 2017)。私たちの層位的な発掘調査によって，自然の地盤の上に前1000年頃に建造された公共広場と，その東と西に面する土製の公共祭祀建築の基壇が出土した(Inomata *et al.* 2013)。これらは，現在のところマヤ低地で最古の公共祭祀の舞台であり，その建設や増改築の必要性を住民に納得させて物質化したイデオロギーがマヤ文明の形成に重要な役割を果たした。公共広場の東と西に面する公共祭祀建築の基壇は増改築され続け，前9世紀に西側の基壇は神殿ピラミッドを構成した。初期の建設活動は，従来考えられていたよりもはるかに盛んだったのである。セイバル遺跡では居住の定住性の度合いが異なる多様な集団が，共同体の公共祭祀および公共祭祀建築や公共広場を建設・増改築する共同作業によって社会的な結束やアイデンティティを固めた(Inomata *et al.* 2015)。

　マヤ高地産の翡翠を含む緑色の磨製石斧の一連の供物が，公共祭祀の一環としてセイバル遺跡の公共広場に埋納された(Aoyama *et al.* 2017)。図像研究によれば，緑色の磨製石斧は，神殿ピラミッドや公共広場の神聖性を更新する，神聖なトウモロコシの穂あるいは種を象徴した。同様な緑色の磨製石斧の供物は，オルメカ文明のラ・ベンタ遺跡やチアパス高地の諸遺跡でも埋納された。セイバル遺跡の公共広場では，前9世紀の翡翠の胸飾りの供物も出土した。これは，先古典期中期のメソアメリカで権力者が装着した特徴的な美術様式の胸飾りである。セイバルや周辺地域の権力者は，緑色の磨製石斧や翡翠の装飾品を埋納する儀礼を共有していた。グアテマラ高地からは，打製石器の材料の黒曜石も搬入された。セイバルでは，黒曜石製石刃核の流通と定型的な押圧剥離石刃の生産を可能にする複雑な社会が確立されていた(Aoyama 2017a, 2017b)。

　セイバル遺跡の公共広場では，マヤ人の間で最も重宝された海産貝のウミギクガイに生首を彫刻した胸飾りの供物も見つかった。この前8世紀の胸飾りは，マヤ低地で最古の生首を彫刻した貝製装飾品であり，後の古典期(後200年〜950年)の王が装着した生首が彫刻された胸飾りと酷似する。基壇内から出土した前8世紀の成人男性の頭蓋骨には，古典期の支配層の間で広く行われた，幼少時に板をあてがって頭を人為的に変形する頭蓋変形が認められる。マヤ文明の原形は，その興った当初から既に形成されつつあった。これまでマヤ文明の起源に関して，オルメカ文明の一方的な影響によって興ったとする説や，マヤ低地で

独自に興ったとする説が提唱されてきたが再考する必要がある。マヤ人は，オルメカ文明で特徴的な巨石人頭像や半人半ジャガー像を取り入れなかった。オルメカ文明のラ・ベンタ遺跡では，公共祭祀建築はセイバル遺跡よりも遅く前800年以降に建設された。従来の見方とは逆に，マヤからオルメカへの影響も考えられよう。

　先古典期中期には，マヤ低地南部のティカルやナクベ，マヤ低地北部のショクナセフなどでも公共祭祀建築が建造された。マヤの人々は遠距離・地域間交換に参加して，重要な物資だけでなく，観念体系や美術・建築様式などの知識を取捨選択しながら交換してマヤ文明を築き上げていった(青山 2013)。

おわりに

　メソアメリカ文明は，世界の他の初期文明と同様に農耕を生業の基盤とした。その際立った特徴としては，①半乾燥地域の大河流域ではなく，極めて多様な自然環境の文明，②大河川を文明発祥の必要条件とせず，主に中小河川，湖沼，湧水などを利用した灌漑農業，段々畑，家庭菜園，焼畑農業などの「非大河灌漑文明」，③鉄器を結果的に必要とせず，洗練された「石器の都市文明」，④大型家畜や荷車を結果的に必要とせず，人力エネルギーの「ミルクの香りのしない」文明，⑤政治的に統一されなかったネットワーク型の文明などが挙げられる。

　土器，非農耕定住，公共祭祀建築，農耕定住，牧畜，文字，都市，王国，冶金術などの指標に基づいて，メソアメリカ文明とアンデス文明を比べると，極めて異なる社会変化の過程があったことがわかる(青山 2016)。メソアメリカでは，土器と非農耕定住が前1800年頃に開始された。土器の起源は，アンデスとほぼ同時期であるが，メソアメリカの非農耕定住は，アンデス海岸地帯で前5000年頃に漁労定住が成立してから3000年ほど遅かった(関 2015)。公共祭祀建築(神殿)は前1600年頃に建設され，アンデスより2000年ほど遅れた。「はじめに神殿ありき」のアンデスでは先土器時代に公共祭祀建築が建造されたのに対して，メソアメリカでは「はじめに土器ありき，神殿は土器の後」であった(図6)。農耕定住は，アンデス(関 2010)よりも2000年ほど遅く前1000年以降であっ

第Ⅲ部　新大陸の文明と農耕

図6　マヤ文明のティカル遺跡の「神殿1」(青山和夫撮影)

た。アンデスでは農耕定住と牧畜が前3000年頃に確立されたが、メソアメリカでは牧畜は発達しなかった。

対照的にメソアメリカでは、文字は前6世紀頃から使われたが、アンデスには文字がなかった。メソアメリカの都市は前400年以降にアンデスよりも1000年ほど早く築かれ始めた。メソアメリカの王国や王権は前100年以降に、アンデスよりも数百年早く発達した。しかし冶金術の発達はメソアメリカでは600年以降であり、アンデスと比べると2000年ほど遅かった。

メソアメリカでは食料獲得経済から食料生産経済へ移行していく過程は数千年にわたった。農耕定住村落の確立後に数千年以上かけて都市が形成されたアンデスと比べると、メソアメリカではトウモロコシ農耕を基盤とする定住生活(前1000年以降)から数百年後の比較的短期間で都市文明が形成された。その要因の一つとして、先古典期中期初頭の前1000年頃にトウモロコシの品種改良の過程で大きな転換点があった可能性が高い。より大きな穂軸と穀粒を有する、生産性の高いトウモロコシが生み出され、トウモロコシ農耕を基盤とする生業が確立されていった(Houston and Inomata 2009:74)。このことは、人骨の同位体分析からトウモロコシなど食べたものがわかるだけでなく、先古典期中期以降にトウモロコシの神の図像がメソアメリカで顕著になることに示されている。生産性の高いトウモロコシが定住を促した。土器でトウモロコシ、マメやカボチャなどを煮炊きすることによって、幼児や老人にも食べやすくなり、寿命も延びて人口が増えていった。多種多様なイモ類とトウモロコシを組み合わせたアンデスでは、メソアメリカのような生産性の高いトウモロコシはいつ頃から栽培されたのだろうか。

先古典期中期のメソアメリカでは、生産性の高いトウモロコシ農耕を基盤とする生業による急速な社会変化「農耕革命」が起こった。フランスの歴史学

メソアメリカの農耕と文明の形成

者フェルナン・ブローデル(1985)は,トウモロコシを「奇跡の食物」と呼んだ。トウモロコシは生育が早く,栽培が簡単で便利な作物である。平地だけでなく傾斜地でも栽培できる。水田のような手間がかからない。森を焼いて種を蒔くだけでほとんどひとりでに育ち,高い生産性が望める。

図7　テオティワカン遺跡(青山和夫撮影)

植民地時代(1521～1821年)のメキシコでは種1粒から100～200粒のトウモロコシが生産された。同時期のヨーロッパではコムギ1粒から収穫されたのは5粒ほどにすぎなかった。トウモロコシは乾燥・貯蔵が容易であるだけでなく,その栽培が農民に余暇を生み出した。そしてトウモロコシの余剰生産は,メソアメリカに都市文明を生み出した原動力の一つとなった。先古典期後期(前400～後250年)にはマヤ文明,サポテカ文明やテオティワカン文明で都市が発展した(図7)。マヤ文明の大都市エル・ミラドールでは,高さが72m,底辺620m×314mというメソアメリカ最大の石造神殿ピラミッドが建造された。それは,日本列島の弥生時代と同時期であった。

図8　マヤ文明のコパン遺跡から出土したトウモロコシの神の石彫(青山和夫撮影)

　日本の天皇が稲作の儀礼に深く関わってきたのと同様に,トウモロコシはメソアメリカの王権や精神世界においても重要であった(Miller and Taube 1993)。トウモロコシの神の図像は,石彫,壁画,土器や絵文書に頻繁に表象された(図8)。諸王は宗教儀礼においてトウモロコシの神をはじめ様々な神の仮面・衣装・装飾品を着用して,しばしば神の役割を果た

第Ⅲ部　新大陸の文明と農耕

した。トウモロコシの発酵酒チチャは，宗教儀礼に用いられた。トウモロコシ
は，麦，稲と共に世界 3 大穀物を構成し，世界の穀物生産の 1 位を占める。栄
養面では炭水化物だけでなく，リノール酸，食物繊維，ビタミン B1，ビタミン
B2，ビタミン E などのビタミン群，カルシウムやマグネシウムなどをバランス
良く豊富に含んでいる（青山 2015）。中米の人々の主食・主作物は，現在までト
ウモロコシである。トウモロコシの粉を挽きつぶして，トルティーヤという薄く
円形のパン，蒸し団子タマルやトウモロコシ飲料のアトレとして食用されてい
る。興味深いことに，スペイン人に侵略された先住民の主食が，中米の大部分
の地域において非先住民の主食になっている。

　メソアメリカは，旧大陸の諸文明と交流することなく，狩猟採集社会から定
住農耕社会，さらに王国に発展した先住民独自の一次文明であった。メソアメ
リカ独自に文明が誕生した世界でもまれな地域であり，その文明の形成過程の
解明は，メソアメリカだけでなく人類史を考える上でも重要である。

謝辞：本論は平成 26-30 年度科学研究費補助金新学術領域研究「古代アメリカの比較
文明論」（代表青山和夫）と平成 26-30 年度科学研究費補助金基盤研究 (B)「先古典期マヤ
人の日常生活と社会経済組織の基礎的研究」（代表青山和夫）の成果の一部である。

引用文献

青山和夫 2007『古代メソアメリカ文明　マヤ・テオティワカン・アステカ』講談社

青山和夫 2012『マヤ文明　密林に栄えた石器文化』岩波新書

青山和夫 2013『古代マヤ　石器の都市文明　増補版』京都大学学術出版会

青山和夫 2015『マヤ文明を知る事典』東京堂出版

青山和夫 2016「メソアメリカ比較文明論試論 ― 古代アメリカの比較文明論の新展開に向けて ―」『古
　　代アメリカ』19:47-61

関雄二 2010『アンデスの考古学　改訂版』同成社 .

関雄二（編）2015『古代文明アンデスと西アジア：神殿と権力の生成』朝日選書 .

ブローデル，フェルナン 1985『物質文明・経済・資本主義15-18 世紀I-1　日常性の構造 1』みすず書房 .

安田喜憲 2009『稲作漁撈文明：長江文明から弥生文化へ』雄山閣

Acosta, Guillermo 2010 Late-Pleistocene/Early-Holocene Tropical Foragers of Chiapas, Mexico: Recent Studies.
　　Current Research in the Pleistocene 27:3-5.

Aoyama, Kazuo 2017a Preclassic and Classic Maya Interregional and Long-Distance Exchange: A Diachronic
　　Analysis of Obsidian Artifacts from Ceibal, Guatemala. *Latin American Antiquity* 28(2):1-19.

メソアメリカの農耕と文明の形成

Aoyama, Kazuo 2017b Ancient Maya Economy: Lithic Production and Exchange around Ceibal, Guatemala. *Ancient Mesoamerica* 28:279-303.

Aoyama, Kazuo, Takeshi Inomata, Flory Pinzón and Juan Manuel Palomo 2017 Polished Greenstone Celt Caches from Ceibal: The Development of Maya Public Rituals. *Antiquity* 91:701-717.

Arnold, Philip J. 2009 Settlement and Subsistence among the Early Formative Gulf Olmec. *Journal of Anthropological Archaeology* 28:397-411.

Arroyo, Bárbara, Hector Neff, Deborah Pearsall, John Jones and Dorothy Freidel 2002 Ultimos Resultados del Proyecto sobre el Medio Ambiente Antiguo en la Costa del Pacífico. In *XV Simposio de Investigaciones Arqueológicas en Guatemala*, ed. by Juan Pedro Laporte, Héctor Escobedo and Bárbara Arroyo, pp. 415-423. Museo Nacional de Arqueología y Etnología: Guatemala.

Buckler IV, Edward S., Deborah M. Pearsall and Timothy P. Holtsiford 1998 Climate, Plant Ecology, and Central Mexican Archaic Subsistence. *Current Anthropology* 39:152-164.

Clark, John E. 2004 Mesoamerica Goes Public: Early Ceremonial Centers, Leaders, and Communities. In *Mesoamerican Archaeology*, ed.by Julia A. Hendon and Rosemary A. Joyce, pp. 43-72. Blackwell: Oxford.

Clark, John E. and Dennis Gosser 1995 Reinventing Mesoamerica's First Pottery. In *The Emergence of Pottery: Technology and Innovation in Ancient Societies*, ed. by William Barnett and John Hoopes, pp. 209-221. Smithsonian Institution Press: Washington, D.C.

Erickson, David L., Bruce D. Smith, Andrew C. Clarke, Daniel H. Sandweiss and Noreen Tuross 2005 An Asian Origin for a 10,000 Year-Old Domesticated Plant in the Americas. *Proceedings of the National Academy of Sciences* 102:18315-18320.

Flannery, Kent V. (ed.) 1986 *Guilá Naquitz.* Academic Press: New York.

Flannery, Kent V. and Joyce Marcus 1994 *Early Formative Pottery of the Valley of Oaxaca.* Memoirs 27. Museum of Anthropology, University of Michigan: Ann Arbor.

Gonzáles, Arturo, Carmen Rojas, Alejandro Terrazas, Martha Benavente, Wolfgang Stinnesbeck, Jerónimo Aviles, Magralena de los Ríos and Eugenio Acevez 2008 The Arrival of Humans on the Yucatan Peninsula: Evidence from Submerged Caves in the State of Quintana Roo, Mexico. *Current Research in the Pleistocene* 25:1-24.

Gonzáles Lauck, Rebecca 1996 La Venta: An Olmec Capital. In *Olmec Art of Ancient Mexico*, edited by Elizabeth P. Benson and Beatriz de la Fuente, pp. 73-81. National Gallery of Art: Washington, D.C.

Houston, Stephen D. and Takeshi Inomata 2009 *The Classic Maya*. Cambridge University Press: Cambridge.

Inomata, Takeshi, Jessica MacLellan, Daniela Triadan, Jessica Munson, Melissa Burham, Kazuo Aoyama, Hiroo Nasu, Flory Pinzón and Hitoshi Yonenobu 2015 Development of Sedentary Communities in the Maya Lowlands: Coexisting Mobile Groups and Public Ceremonies at Ceibal, Guatemala. *Proceedings of the National Academy of Sciences* 112(14).4268-4273.

Inomata, Takeshi, Daniela Triadan and Kazuo Aoyama 2017 After 40 Years: Revisiting Ceibal to Investigate the Origins of Lowland Maya Civilization *Ancient Mesoamerica* 28:187-201.

Inomata, Takeshi, Daniela Triadan, Kazuo Aoyama, Víctor Castillo and Hitoshi Yonenobu 2013 Early Ceremonial Constructions at Ceibal, Guatemala, and the Origins of Lowland Maya Civilization. *Science* 340:467-471.

Inomata Takeshi, Daniela Triadan, Jessica MacLellan, Melissa Burham, Kazuo Aoyama, Juan Manuel Palomo, Hitoshi Yonenobu, Flory Pinzón and Hiroo Nasu 2017 High-precision Radiocarbon Dating of Political Collapse and Dynastic Origins at the Maya Site of Ceibal, Guatemala. *Proceedings of the National Academy*

第Ⅲ部　新大陸の文明と農耕

of Sciences 114:1293-1298.

Justeson, John 2012 Early Mesoamerican Writing. In *The Oxford Handbook of Mesoamerican Archaeology*, ed. by Deborah L. Nichols and Christopher A. Pool, pp. 830-844. Oxford University Press: Oxford.

Marcus, Joyce and Kent V. Flannery 1996 *Zapotec Civilization: How Urban Society Evolved in Mexico's Oaxaca Valley.* Thames and Hudson: London.

Miller, Mary and Karl Taube 1993 *An Illustrated Dictionary of the Gods and Symbols of Ancient Mexico and the Maya.* Thames and Hudson: London. (増田義郎監修 2000『図説マヤ・アステカ神話宗教事典』東洋書林)

Neff, Hector, Deborah M. Pearsall, John G. Jones, Bárbara Arroyo, Shawn K. Collins and Dorothy E. Freidel 2006 Early Maya Adaptive Patterns: Mid-Late Holocene Paleoenvironmental Evidence from Pacific Guatemala. *Latin American Antiquity* 17:287-315.

Niederberger, Christine 1979 Early Sedentary Economy in the Basin of Mexico. *Science* 203:131-142.

Piperno, Dolores R. and Kent V. Flannery 2001 The Earliest Archaeological Maize (*Zea mays* L.) from Highland Mexico: New Accelerator Mass Spectrometry Dates and Their Implications. *Proceedings of the National Academy of Sciences* 98:2101-2103.

Piperno, Dolores R., Javier E. Moreno, José Iriarte, Irene Holst, Matthew Lachniet, John G. Jones, Anthony J. Ranere and R. Castanzo 2007 Late Pleistocene and Holocene Environmental History of the Iguala Valley, Central Balsas Watershed of Mexico. *Proceedings of the National Academy of Sciences* 104:11874-11881.

Piperno, Dolores R. and Bruce D. Smith 2012 The Origins of Food Production in Mesoamerica. In *The Oxford Handbook of Mesoamerican Archaeology*, ed. by Deborah L. Nichols and Christopher A. Pool, pp. 151-164. Oxford University Press: Oxford.

Pohl, Mary, Kevin Pope K., John Jones, John Jacob, Dolores Piperno, Susan deFrance, David Lentz, John Gifford, Marie Danforth and Kathryn Josserand 1996 Early Agriculture in the Maya Lowlands. *Latin American Antiquity* 7:355-372.

Pohl, Mary E. D., Dolores R. Piperno, Kevin O. Pope and John G. Jones 2007 Microfossil Evidence for Pre-Columbian Maize Dispersals in the Neotropics from San Andrés, Tabasco Mexico. *Proceedings of the National Academy of Sciences* 104:6870-6875.

Pool, Christopher A. 2007 *Olmec Archaeology and Early Mesoamerica.* Cambridge University Press: Cambridge.

Rodríguez Martínez, Ma. del Carmen, Ponciano Ortíz Ceballos, Michael D. Coe, Richard A. Diehl, Stephen D. Houston, Karl A. Taube and Alfredo Delgado Calderón 2006 Oldest Writing in the New World. *Science* 313:1610-1614.

Smith, Bruce D. 1997 The Initial Domestication of *Cucurbita pepo* in the Americas 10,000 Years Ago. *Science* 276:932-934.

306

南米における農耕の成立と文明形成

関　雄　二

はじめに

　南米における農耕の起源を論じることはかなりの困難を伴う。後段で述べるように，植物のドメスティケーション（以下栽培化と呼ぶ）が行われた場所を想定する上で重要な鍵を握る野生種の分布域を見ると，その多くが今日の熱帯環境下にあり，その湿潤環境から遺存体の発見は期待できない点が最大の理由である。しかもその地域での考古学研究は，文明の中核地である中央アンデス地帯（今日のペルーとボリビアの一部）に比べて著しく遅れをとっている。こうした状況を踏まえた上で，本章では，中央アンデス地帯を中心にしながらも周辺地域から報告されるデータを加味し，南米における農耕の発生について概観したい。

1.　南米の自然―中央アンデス地帯を中心に

　1781万8500k㎡の広大な南米大陸を第一に特徴付けるのが，太平洋沿いに走るアンデス山脈であり，人類の拡散にとって重要なルートを提供した。一口にアンデス山脈と言ってもカリブ海からフエゴ島に至る南北8500kmの間で多様な姿を見せる（図1）。その北部，今日でいうコロンビアやエクアドルは，深く切れ込んだ河川によって幾筋かの山脈に分かれ，基本的には熱帯性の森林によって覆われている。高地ではやや乾燥した平原が広がり，海岸地帯は乾燥した場所もあるが，多くはマングローブに覆われている。

　アンデス山脈は今日のペルーとボリビアで最大の幅となり，万年雪をいただく雪山が連なるようになる。中央アンデス地帯とも呼ばれ，古代文明が成立した場所なので少し詳しく紹介する。中央アンデス地帯には，乾燥した砂漠地帯

第Ⅲ部　新大陸の文明と農耕

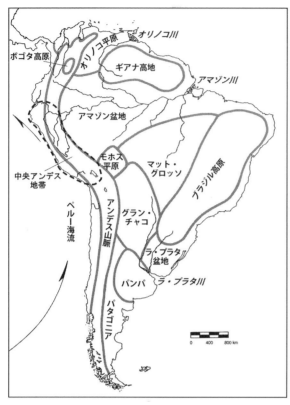

図1　南米の地理学的区分図
（Bruhns 1994, Fig. 3.1 を一部修正の上転載）

である海岸（コスタ），アンデスの峰々が連なる山岳地帯（シエラ），アマゾン源流部の熱帯雨林地帯（モンターニャ）とよばれる三つの異なる環境が認められる（図2）。

コスタには赤道直下で地球上唯一の乾燥砂漠が広がる。その原因は，沖合を北上する寒流，ペルー海流にある。この海流は低水温を保つために水分が蒸発せず雨も降らない。このため乾燥した砂漠が形成される。しかし砂漠といえども，アンデス山脈西斜面に源を発する大小50もの河川が太平洋に対して垂直に流れ込み，その河川流域には緑地帯が広がる。このオアシスこそ過去においても，また現在でも人間の活動の舞台となってきた。

また砂漠も起伏に富み，海抜600～800mあたりでは湿潤季に発生する霧によって養われる緑地帯ロマスがよく発生する。ロマスは乾季には姿を消し，もとの砂漠に戻る。

コスタの生活を支える資源としては，河川流域やロマスが育む動植物もさることながら，隣接する海の産物こそ重要であった。ペルー海岸では大陸棚が発達し，北上するペルー海流の湧昇作用により海底に沈泥する栄養分に富む有機沈殿物が恒常的に供給される。このため豊かな海洋生物環境が形成され，現在でも世界屈指の漁場となっている。

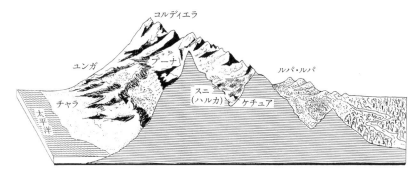

図2　中央アンデスの環境区分概念図（Burger 1992, Fig.11 を一部修正の上転載）

しかし，良好な海洋環境も，劇的な気候変動エル・ニーニョ現象で打撃を受けることがある。ペルー海流は，ペルー極北部の沖合で，コロンビアやエクアドル方面から南下する暖流（赤道反流）とぶつかる。夏になり貿易風が弱まり，ペルー海流に北上する力がなくなると，赤道反流が逆に力を増し南下する。この南下が極端な場合，エル・ニーニョ現象が起き，海水温は上昇し，蒸発した水分は雨となる。普段雨の降らない砂漠地帯でも水害が発生し，人間の生活ばかりでなく，海岸に生息する動植物にも大きな影響が出る。

一方，山岳地帯シエラは 6000m 以上の高度差の中で多様な生態環境を抱える。河川沿いに海岸から内陸に入ると，海抜 500m 付近に暑く乾燥した谷間が現れる。一般にユンガと呼ばれる。谷の両側の急峻な斜面は乾燥し，利用は主に谷底に限定される。年間降水量は 250mm 程度で，年平均気温は 17℃〜19℃と高い。パパイヤ（*Carica candicans*），ルクマ（*Lucuma obovata*），パカイ（*Inga* spp.），グァバ（*Psidium guajava* L.），チェリモヤ（*Annona cherimola*）などの果樹やピーナッツ（*Arachis hypogaea*），アボカド（*Persea americana*），サツマイモ（*Ipomoea batatas*），マニオク（*Manihot esculenta*），カボチャ（*Cucurbita* spp.），ヒョウタン（*Lagenaria siceraria*），ワタ（*Gossypium* sp.），トウガラシ（*Capsicum* spp.），コカ（*Erythroxylum coca novagranatense*）などが栽培される。現在では旧大陸原産のサトウキビ（*Saccharum officinarum*），マンゴ（*Mangifera indica*），米（*Oryza sativa* L.）も加わる。

海抜 2300m を越えると，山間盆地の発達がみられ，気候もやや冷涼で，トウモロコシ（*Zea mays*），マメ類（Leguminosae）などの栽培に最適な環境になる。ここはケチュア地帯と呼ばれ，旧大陸産の麦類も栽培される。降水量は 250〜500mm

第Ⅲ部　新大陸の文明と農耕

とやや増えるが, 平均気温は11℃〜16℃とやや低くなる。現在の山間部の中心都市はこのケチュア地帯に多い。

海抜3500〜4000mの山の斜面や河川の源流域にあたるスニでも農耕が営まれる。ジャガイモ（*Solanum* spp.）, ツルムラサキ科のオユコ（*Ullucus tuberosus*）, カタバミ科のオカ（*Oxalis tuberosa*）などの高地性根栽類, アカザ科の雑穀キヌア（*Chenopodium quinoa*）などが栽培される。降水量は800mmとやや多くなり, 平均気温は7℃〜1℃の寒冷地である。

さらに海抜4000〜4800mでは, とくにペルー中部から南部高地にかけて, 起伏の多い草原プーナが発達している。年平均気温は0℃に近く降水量は500mmを超え, 作物はあまり育たない。高地性環境に適した家畜であるラクダ科動物のリャマやアルパカのほか, 旧大陸原産の羊も放牧される。それより高い冠雪地帯コルディエラでは, 人間の居住は認められない。

これらシエラを越えて, アンデス山脈の東斜面を下ると, アマゾン川の源流部にあたる熱帯雨林地帯モンターニャが広がる。降水量も多く, 一般に高温多湿の熱帯雨林的景観を呈する。今日では, 木材, マニオク, コカが生産されている。人間がこうした高度によって変わる多様な環境を移動し, 利用してきたことは歴史的に検証されており（Murra 1972）, 民族誌の報告も多い（Brush 1977, Masuda et al. 1985; Webster 1971 など）。

ここで再び南米全体の地形に戻ろう。中央アンデスの南隣のアンデス山脈では, いったん乾燥の度合いを高めるが, やがてチリやアルゼンチンの中部以南に至ると, 湿潤な気候となり, 雪線も降下してくるため人間の居住環境は狭まる。またアンデス山脈の東側には, 全長6000kmを超える大河アマゾンにはぐくまれたアマゾン盆地が広がる。熱帯雨林環境である。アマゾン盆地の北には, 土地のやせたギアナ高地が位置し, その西側にはオリノコ川流域のやや乾燥した平原が見られる。オリノコ平原は, 雨期にかん水することで知られる。アマゾン盆地の南東には乾燥したブラジル高原が, 南西には雨季にかん水するモホス平原, それよりもやや乾燥したグラン・チャコが位置する。そして南米南部には, ラ・プラタ川沿いに盆地が, そしてその西には草原パンパ, さらに南には乾燥したパタゴニア地方が広がる。

310

2. 農耕の開始を告げる痕跡

こうした自然環境の中で、人類が最初に登場するのは更新世の末と言われている。シベリアからアラスカに陸路渡った人類は、その後、北米、中米を経て南米に入る。やがて氷河が後退し、環境が現在に近づく（後氷期）と、人類はそれぞれの土地に適応し始める。狩猟採集あるいは漁労をおもな生業としていたが、あまり時間を置かずに植物の栽培も始めた。植物栽培のデータは、これまで考古学的調査が最も進んでいる中央アンデス地帯に集中してきた。乾燥した環境下で遺存体の残存率が高いからである。しかし近年では、花粉や珪酸体の分析、植物遺伝学の発展とともに、他地域からの報告も増えつつある（図3）。

たとえばコロンビア西部のカウカ川中流域のエル・ドラド湿地帯に位置するアシエンダ・ルシタニアにおけるボーリング調査では、5150±180B.P. の年代測定値が得られた層の下からトウモロコシの花粉が検出され、同時に自然林の花粉の減少と雑草類の花粉の増加も確認された（Monsalve 1985）。トウモロコシ栽培のために土地を開墾した可能性があるという。またルシタニアに近

図3　栽培植物が検出された南米の遺跡

第Ⅲ部　新大陸の文明と農耕

いアシエンダ・エル・ドラドでもトウモロコシの花粉が検出され，その花粉を含むコア・サンプルから6680±230B.P. の年代値が得られている(Bray et al. 1987)。

コロンビアの南隣であるエクアドルからの報告もこれに近い。南東部の熱帯雨林的環境に位置するアヤウチ湖の調査では，花粉と珪酸体分析によりトウモロコシを確認している。これが含まれるコア・サンプルは5300B.P. 頃と報告されている。さらにこの頃，熱帯の自然林が減少し，二次林や炭化物が増加していることから，焼畑耕作の可能性が示唆されるという(Piperno 1990)。

同じエクアドルでも南西部の海岸地帯は乾燥している。サンタ・エレナ半島の先端近くに位置するラス・ベガス(図3)は，10,000B.P. 頃から6000B.P. 頃まで利用された遺跡である(Stothert 1985)。ここでは9740B.P. に遡るカボチャのほか，トウモロコシの珪酸体が検出されている。その珪酸体そのものの年代測定を試みたところ，7170±60B.P. と5780±60B.P. の値が得られた。現在までのところ，南米で最も古いトウモロコシの証拠である。

ラス・ベガスの人々は定住的な生活を送り，園耕に従事していたと考えられるが，それに全面的に依存していたわけではなく，野生の動植物をはじめ海産物など多様な資源を入手していたようだ。いずれにしても熱帯環境下でも，かなり古くから植物栽培が行われていたことが推測される。

では最もデータが蓄積されている中央アンデス地帯の状況はどうなっているのであろうか。後氷期に入った直後の時代は考古学的に先土器時代と呼ばれることが多い。先土器時代の栽培植物についてのまとまった情報は，山岳地帯シエラから報告されている。ペルー中部高地，カエホン・デ・ワイラスという盆地を臨む海抜2580mの斜面にギタレーロと呼ばれる洞窟遺跡がある(図3)。ここを発掘調査したトマス・リンチは，Ⅰ(前8600年以前)，Ⅱ(前8600〜前5600年)，Ⅲ(前5000〜前2000年)，Ⅳ(前1000年以降)の4つの文化複合を認めている(Lynch 1980)。このうち，栽培植物が確認されているコンプレックスⅡはⅡa(前8600〜前8000年)，Ⅱb(前8000〜前7400年)，Ⅱc(前7400〜前6800年)，Ⅱd(前6800〜前6200年)，Ⅱe(前6200〜前5600年)に細分される。

インゲンマメ(*Phaseolus vulgaris*)，トウガラシ，根栽類であるオカや，オユコに近い形態をとる根栽類はⅡaから出土し，果実のルクマがⅡbより加わる(Smith 1980)。Ⅱcではリマビーンズ(*Phaseolus lunatus*)とカボチャが現れ，Ⅱdからはサ

312

ボテン（Opuntieae）の実も出土する。続くコンプレックスⅢでは，これらの目録にトウモロコシが加わるが，撹乱層であるため積極的な評価はできない。ギタレーロ洞窟は山間盆地から少し上がったケチュア地帯にあり，周囲は乾季に乾燥する。そのため一年を通じた居住は難しい。雨季の雨を頼りにした農耕にとどまり，季節的な移動をしていた集団の痕跡と考えられる。

なおこのギタレーロ洞窟のデータは，最も詳細な報告として高く評価されてきたが，インゲンマメに関しては，その後，遺存体そのものの年代測定を行った結果，前2000年代の測定値が得られ，データの評価が難しくなっている（Kaplan and Lynch 1999）。

このほかペルー北部高地，アンデス山脈の西側に位置し，太平洋に流れ込むサーニャ川の支流ナンチョク川一帯（図3，以下ナンチョク地域とよぶ）の調査を実施したトム・ディルヘイラは，南米で最古級の栽培植物をいくつも報告している（Dillehay 2011）。海抜500mから2600mの山岳部を含むナンチョク地域における人間の活動を，古い方から順にエル・パルト相（13800〜9800 B.P.），ラス・ピルカス相（9800〜7800 BP），ティエラ・ブランカ相（7800〜5000 B.P.），先土器終末期（5000〜4500 B.P.），草創期（4500〜3500 B.P.）に細分した。草創期を除けば，すべて先土器時代である。

このうちエル・パルト期よりすでにカボチャの種が出土し，放射性炭素年代測定値は〜10,300 B.P. を指している（Rossen 2011）。おそらく南米で最も古いカボチャの証拠である。続くラス・ピルカス相においては植物遺存体が増加する。カボチャのほか，ピーナッツ，マメ，マニオク，パカイ，ワタ，コカ，キヌアに似た実などが検出された。このうち，マメ類とパカイは人の歯に固着した歯石のデンプン粒分析から同定され，ほかは遺存体そのものが出土している。いずれにしてもアンデス最古級のデータである。ティエラ・ブランカ相以降は，栽培植物の出土が激増する。なおトウモロコシの出土は遅く，先土器時代末の層から初めて出土する。

ラス・ピルカス相では，ナンチョク地域でも高度の高い場所で定住生活が開始され，雨季の雨を利用しながら住居の隣接地で園耕が行われたと考えられている。野生の動植物の利用は盛んであった。続くティエラ・ブランカ相では，居住地も耕作地も高度の低い氾濫原に移った。耕地は住居から離れ，また灌漑

第III部　新大陸の文明と農耕

水路の建設も始まったとされる。園耕から初期農耕への転換である。と同時に，長さ 30 m，高さが 1m 程度の低層基壇が 2 基建てられた。一つの基壇からは石灰岩の加工跡が検出されており，コカとともに口に含むことで知られる石灰を取り出した場所と同定された。儀礼的なコカの消費が行われたことが推測されるという。かなり早い段階の農耕定住と公共建造物の出現といえる。

　ディルヘイらは，ナンチョク地域での研究の後，調査の舞台をペルー北部海岸に移している(図3)。対象としたワカ・プリエタは，かつてジュニウス・バードが発掘し，2500B.P. に遡るといわれてきた遺跡である(Bird 1948)。遺構とともに大量の植物遺存体，海産物，加工されたヒョウタン，織物を発見したことでも知られる。ディルヘイらの再調査では，少なくとも 32 m もの厚さの包含層が認められた。また遺構，埋葬，石器，骨器，木器，動植物遺存体が検出され，160 点もの放射性炭素年代値が得られている。なかでもトウモロコシに関しては，遺存体が出土した層，遺構との供伴関係を精査し，6775-6504 cal B.P. に遡ることを公表している(Grobman et al. 2011)。遺存体としては南米最古である。ただし，ディルヘイらはナンチョク地域にせよワカ・プリエタにせよ出土する栽培植物がその地で初めて栽培化されたとは考えていない。起源は別に求められるという立場である。

　ここまでのデータをまとめると，コロンビアやエクアドルの熱帯環境下，あるいはエクアドル海岸部でもかなり早い時期に植物の栽培が開始されていたことがわかる。しかも熱帯環境下では，その初期から焼畑耕作が実施される一方で，エクアドル海岸部や中央アンデスでは，天水に頼った園耕や灌漑耕作が想定され，生活様式も季節的移動から定住まで多様性が高い。では，こうした状況と植物栽培の起源の問題はどのように扱うべきなのであろうか。とりあえず次節では，いくつかの栽培種にわけて考えてみたい。

3. 南米における栽培植物の起源

(1) 外来の栽培種トウモロコシ

　まずはトウモロコシをとりあげよう。トウモロコシは，その祖先種であるテオシントの分布から考えて中米に起源をもつことが推定される。また植物遺伝

学の立場からはメキシコ南部高地でおよそ9000年前に栽培化され，先土器時代に南米に伝播したといわれている(Matsuoka et al. 2002)。仮にトウモロコシの栽培化が中米で9000年前にさかのぼるならば，エクアドル南西部やワカ・プリエタで登場するまで2000年ほどかかったことになる。実際に中継地点であるエクアドルやコロンビアでもトウモロコシの痕跡が認められ，焼畑耕作とともに広がっていった可能性はすでに述べた(Piperno and Pearsall 1998: 312-315)。ルートについては，植物遺伝学者は南米北部の熱帯低地経由と想定しており(Matsuoka et al. 2002)，エクアドルやコロンビアのアンデス山脈東斜面を重視する研究者もいる(Pearsall 1994)。

　結論として言えば，トウモロコシは中米より栽培種の形で南米に伝わり，少なくとも7000B.P.より前に熱帯低地の環境下で育てられ，急速に中央アンデス地帯にまで達したとなろうか。ただし，トウモロコシが後の文明形成においてどのような意味を持っていたかは慎重に扱うべきであろう。この点については後段で論じる。

(2) 高地性根栽類の栽培化

　これまで年代を中心にデータを紹介してきたこともあり，南米における植物栽培の特徴についてはあまり触れてこなかった。先述したギタレーロ洞窟出土の植物遺存体を分析したスミスは，前8600年以降，紀元後にいたるまで，この遺跡を利用していた住民の食生活には大きな変化はなかったとしている(Smith 1980)。炭水化物は根栽類から，タンパク質はマメ類，ビタミンは果実やトウガラシ，カボチャなどから摂取したというのである。

　この傾向は中部高地，海抜3950mに位置するトレス・ベンターナス洞窟でも確認できる。前8050年の年代値が得られている最下層ではジャガイモとオユコが出土している(Engel 1970)。また前4050〜前3050年頃にあたる層からサボテンの実，ヒョウタン，サツマイモ，クズイモ(Pachyrhizus erosus)が出土している。

　さらに中部高地，海抜4300mのプーナ地帯にあるパチャマチャイ洞窟ではアカザ科のキヌアやヒユ科のアマランサス(Amaranthus)などの雑穀類が報告されている(Pearsall 1980)。ここでは，ジャガイモ，オカ，オユコなどはまったく出土していないが，アブラナ科の根栽であるマカ(Lepidium meyenii)によく似た植物が報

第Ⅲ部　新大陸の文明と農耕

告されている。

　このようにして見てみると，先土器時代の高地における根栽類の重要性は否定できず，この点こそが中央アンデス地帯における植物栽培の特徴と言えそうだ。炭水化物が主体の根栽類は，たしかに穀類や種子植物に比べると残りにくい。それでも先に述べた高地の遺跡ではかなり古い年代値がでている。また後段で述べる野生の近縁種の分布域から見ても，栽培化は中央アンデスのシエラ内部に求めるのが妥当であろう。

　とくに根栽類の中でもジャガイモは，最も重要な食糧源として16世紀のスペイン征服以降，さまざまな文献に登場しており，また西暦紀元後にペルー北海岸に成立したモチェ文化の土器にも図像としても多数現れている（山本 2004; 関 2007）。

　ジャガイモの栽培化に関しては，考古学者よりも民族植物学者が興味深い説を提示している。山本紀夫（2004:61-64）は，野生のジャガイモの中には雑草型のものが多く，人間の活動によって攪乱された生態の中で成育する性質を備えている点に注目し，人間による生態系の攪乱を，ラクダ科動物の飼育化と結びつけている。なおアメリカ大陸で最も大型の飼育動物は，ラクダ科のリャマとアルパカであった。高地に生息していた野生種を飼育化したとされる。このうちリャマは主として荷駄運搬用として用いられ，アルパカは毛を利用した。もちろん干し肉などの食糧としても利用したが，旧大陸のような乳の利用はなかった。これらラクダ科動物の飼育化は，近年では少なくとも6000B.P. 頃にその萌芽が認められ，先土器時代の終わりから次の形成期と呼ばれる時代に完成を見たとされている（Wheeler 1988）。2500B.P~1800B.P. 頃である。

　飼育化は，人間がラクダ科動物の生態を次第に熟知し始めたことも理由の一つだが，高地性の根栽類の栽培化により4000 mを越える高地でも安定した生活が可能になったこととも関係する。たとえば具体的には，大量の糞が堆積する動物の囲い場の建設などが生態系に影響を及ぼし，雑草型のジャガイモが生み出された可能性がある。

　ただし山本らは，ジャガイモの野生近縁種としての雑草型が登場した理由を人間による生態系の攪乱に求めていた点について，近年見解を修正している。人間がアンデスに登場する以前に，野生のラクダ科動物の糞場が雑草型を誕生さ

316

せた可能性があるというのである(大山ほか2009)。だがその場合でも栽培化と動物飼育との関係は否定していない。いずれにせよ考古学的に検証することは難しいが，生態系の攪乱と結びつける見方は現在までのところ，最も説得力のあるジャガイモの栽培化仮説と言えよう。

(3) アンデス東斜面から熱帯低地での栽培化

　一方で中央アンデス地帯に登場する栽培植物の多くは熱帯環境にその起源を求めることができる。たとえばピーナッツは，アンデスの東に広がる地域が栽培化の起源地とされている(Piperno and Pearsall 1998:129-132)。具体的にはボリビア南東部，アルゼンチン北西部，パラグアイ北部，ブラジルのマット・グロッソ西部が含まれる。またトウガラシは，4種類の栽培種が同定されており，1種は中米で，残りの3種は，中央アンデス地帯の山麓部，ボリビアやアマゾン北東部アマゾンで栽培化されたと考えられている(Piperno and Pearsall 1998:152-154)。さらにカボチャの場合，いまだ野生種は発見されていないものの，コロンビアの熱帯低地に起源を持つ可能性が高いといわれている(Piperno and Pearsall 1998:142-147)。マニオクについては，近年の研究の結果，アマゾンの熱帯雨林の南に広がる低地サバンナやマット・グロッソの北西部で10,000B.P.頃には栽培化されたといわれる(Isendahl 2011)。サツマイモについては中米もしくは南米のベネズエラやコロンビア北部で栽培化された可能性がある(Piperno and Pearsall 1998: 126-128)。

　インゲンマメの野生種は，中米のほか，ベネズエラやコロンビアのアンデス東斜面，エクアドルのアンデス西斜面，ペルーの東斜面，そしてアンデス山中にも分布する。最近の植物遺伝学的見解によれば，中米，コロンビア北部，ペルー南部からボリビアにかけての計3地域が栽培化の起源地の候補としてあがっている(Piperno and Pearsall 1998: 137)。またリマビーンズについては，野生種は中米のほか，ベネズエラからアルゼンチンまでのアンデス山中に自生し，大小二つのタイプが存在する。少なくとも大型の栽培種はエクアドル南西部もしくはペルー北部で栽培化されたと考えられている(Piperno and Pearsall 1998: 138)。

　このように南米の遺跡で検出される栽培植物の起源地は南米外もあれば，根栽類同様に中央アンデス，あるいは熱帯環境下に求められるものもある。なお食用ではないが，織物の材料として重要なワタについては，エクアドル南西部

第Ⅲ部　新大陸の文明と農耕

からペルー北西部で栽培化されたと考えられている(Piperno and Pearsall 1998: 147-152)。

⑷ 農耕発生の仮説

　こうした状況を前に，植物栽培，いいかえれば初期農耕の発生メカニズムをどのように考えたらよいのであろうか。かつてトマス・リンチは，中近東や中米地域での植物栽培化を説明した有名なケント・フラナリーの説に感化され，アンデスに応用させた論を発表した(Lynch 1973)。フラナリーは，異なる環境を開発する集団間の資源交換が，植物を最も生育に適した場所へ移動させ，自然淘汰の壁を取り除き，自然条件下で不利なもの，しかし人間には魅力的なものを生き残らせたと述べている。リンチは，アンデスの場合，交換ではなく，環境条件の異なる土地への植物の移動が栽培植物としての潜在的性質を開花させたと考えている。具体的には，人間や動物によって種子が無意識に運搬される点，植物の成熟期の相違とそれを利用する人間の移動の組み合わせで，無意識のうちに選択が起こっている点を重視している。先述した自然環境で明らかなように，高度差によってさまざまな環境を見せるアンデス地帯ではありうる現象だ。つまり移動性の高い生活を営んでいたからこそ，植物の栽培化が促され，植物の遺伝的変化にも気づいたというのである。

　この季節移住を重視したのは，リンチばかりではない。中部高地のアヤクーチョ地方(図3)の海抜4000 ～ 2500mに散在する複数の洞窟・岩陰遺跡のセトルメントパターンと発掘を組み合わせた総合調査を指揮したリチャード・マクニッシュは，雨季に大きな遊動集団が形成され，乾季には小集団に分裂しながら，季節的移動が繰り返されたとするモデルを提示し，これが植物栽培を促進させたと考えた(MacNeish et al. 1980)。

　たしかに高地性根栽類などは中央アンデスで栽培化された可能性は高く，上述のモデルは検討に値するが，熱帯低地に重きを置く研究者のなかには，中央アメリカ南部から南米北部というマクニッシュの説には合わない地域に植物栽培の起源を求める者もいる(Piperno and Pearsall 1998:315)。またその熱帯低地を経て中米から到来したトウモロコシや南米中部の熱帯低地に起源を持つ栽培種もある。さらに農耕の形態も焼畑から，天水を利用した園耕など多様な姿が推定さ

れていることはすでに述べた。しかもそれら栽培化の過程が独立的な動きなのかどうかについてもデータが不足しており簡単に答えることはできない。熱帯環境下でのデータを見る限り，リンチやマクニッシュらのいう中央アンデスの持つ自然環境が栽培化に有利に働いたのだとするならば，それは一部の植物であるか，もしくは栽培植物の導入後の品種改良過程においてであったと考える方がよさそうだ。最後にこの農耕の開始と文明の成立について考察しておきたいと思う。

4. アンデス文明にとっての農耕

⑴ 漁労と農耕の比重

　アンデス文明の成立における生業の役割については，1980年代に大きな議論が展開された。というのも，この頃までに，山岳地帯シエラでも海岸地帯コスタでも先土器時代の末頃（4500B.P.頃）に遡る公共建造物が数多く報告されるようになり，その出現に伴う社会変化を生業と関連づけようと研究者が努めたからである。もちろん，先述したように栽培植物のほとんどは後氷期に入ってすぐに登場するため，公共建造物の登場時期とはずいぶん時間差が存在する。しかし，報告される栽培植物の量の増加は，公共建造物の登場と連動しているようにも見えたのである。問題は，こうした社会変化の基盤として，農耕を重視するか否かであり，研究者による見解は割れている。

　たとえばマイケル・モーズレイは，それまで旧大陸同様に農耕を重視してきた文明論に異議を唱え，代わりに漁労に注目した研究者である。海岸地帯に築かれた公共建造物が山岳地帯のもの以上に大型であり，そこから貝や魚の骨など海産物の遺存体が大量に出土することから，安定した海洋資源を背景にした社会の複雑化を論じた。これを海洋基盤説とよぶ（Moseley 1975）。

　ただし，海洋基盤説は農耕の存在を否定しているわけではない。モーズレイは山岳地帯から伝えられた技術で農耕を開始した河川流域との交流にも注目している。というのも海辺の遺跡といえども，ヒョウタン，ワタ，グァバ，トウガラシ，マメ類などの栽培植物の遺存体が出土しているからである。これらの作物は水の乏しい海辺では育たない。水の豊かな河川流域で栽培したと考える

第Ⅲ部　新大陸の文明と農耕

べきであり，その地にも定住村落の存在をみた。こうして漁労定住社会は内陸
の農耕定住社会に海産物を与え，内陸の農耕社会は栽培植物を海岸の社会に供
給し，相互依存関係が成立していたと考えたのである。とくにワタは漁網の材
料，ヒョウタンは漁網につける浮子として利用したと推測され，農耕社会は漁
労社会を補完したと結論づけた。いい換えれば，内陸における農耕は，食糧と
してよりも漁労活動を支える材料を生産する点に重きを置いたのである。この
意味で農耕は副次的であったといえる。

　この海洋基盤説に反論した研究者としてデビッド・ウィルソンがいる。彼は
不定期的に海岸を襲うエル・ニーニョ現象を考慮すると，海産物に依存するだ
けでは環境収容能力は著しく低いものとなり，公共建造物を築くような社会を
想定することはできないと説いた(Wilson 1980)。代わりにウィルソンが重視した
のは，先土器時代の末に報告例が増加するトウモロコシの栽培である。具体的
にはペルー中央海岸北部のワルメイ川流域をとりあげ，植物遺存体の大きさを
もとに，人間が生きていくのに必要な最低限のカロリーを考慮に加え，流域全
体の3割程度の耕地面積があれば2000人もの人口を養うことが可能と算出し
た。ウィルソンの説は，遺跡からトウモロコシ以上に大量の海産物が出土する
実態を無視した農耕基盤論であり，当時，彼の説を支持する研究者はいなかっ
た。

　ウィルソンの論考が出て20年ほど後，状況を大きく変化させる発見があっ
た。ペルー中央海岸北部のスーペ谷で内陸の遺跡が調査され，次々と新しい事
実が報告されたのである。

(2) 河川流域の重要性

　2009年にユネスコの世界文化遺産に登録されたカラル遺跡は，スーペ川の
河口より内陸に25kmほど入った海抜350mの河川沿いにある遺跡である(図3)。
全体で66haの範囲に，30以上の公共建造物が立ち並び，周囲に住居も築かれ
た(図4)。遺跡の南西部には，円形劇場とよばれる建造物(図4　SECTOR L)が見
られ，ペリカンやコンドルの骨に彫刻を施した22本の笛が出土している。儀礼
空間と見て間違いない。また北東側にある中央神殿(SECTOR E)は，自然の丘を
利用し，高さは20mに達する。その基部には直径36.5mの円形半地下式広場

320

南米における農耕の成立と文明形成

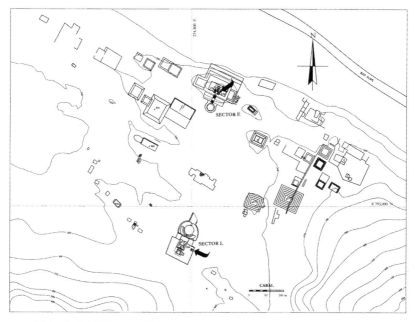

図4　カラル遺跡の平面図（Shady and Leyva 2003, p.148 を一部修正の上転載）

が隣接する。

　カラルからはヒョウタン，パカイ，インゲンマメ，リマビーンズや，ワタ，サツマイモ，トウガラシ，ピーナッツ，アボカド，食用カンナ，果実のルクマなどが出土しているので，農業に従事していたことはたしかだが，大量の魚介類が出土するので，海産物に大きく依存していた社会であったと調査者ルトゥ・シャディは考えている。実際にスーペ谷の河口近くには，アスペロという公共建造物をともなう遺跡が以前から知られており，漁労に依存していたこともわかっている。シャディはアスペロからの海産物の入手を想定している。

　またカラルでは，コンゴウインコの羽根や暖流産の貝などアマゾンやエクアドル地域からの搬入品も発見され，長距離交易が行われていた可能性が指摘されている。西に海岸，東に山，それを超えてアマゾンという立地が有利に働き，交易はリーダーの権力を支えたと考えられている。年代は前3000年～前2000年ごろのことである。さらに驚くべきことに，スーペ谷ではカラルばかりか，同時代にあたる多数の遺跡が発見され，相当な人口規模を抱えていたことがわか

321

第III部　新大陸の文明と農耕

ってきた。モーズレイが想定していた以上に内陸の社会は大きかったことになる。

　スーペ谷の北隣の谷を調査するジョナサン・ハースらは，似たような状況をつかみながらもシャディとは異なる見解を表明している。パティビルカ川，フォルタレッサ川(図3)の中流域から下流域を対象に一般調査を行ったハースらは，この両河谷にスーペと同じように巨大な公共建造物が集中していることを突き止めた(Haas and Ruiz 2005)。盗掘跡などを利用して試料を入手し，年代測定にかけたところ，スーペ谷の遺跡とほぼ同時代であることがわかった。さらに，建造物に近い居住空間を同定し，小規模発掘を行い，考古遺物や動植物の遺存体を発見した。とくにハースが注目するのがトウモロコシである(Haas et al. 2013)。穀粒や果穂，茎部を含む遺存体そのものの出土はきわめて少なかったが，土壌の花粉分析，石器に付着したデンプン粒分析，人間や動物の糞の解析などから，当時の人々がトウモロコシをかなり摂取していたと考えている。さらに内陸の遺跡数に比べて海辺の遺跡が少ない点は，海産物の供給量がさほど大きくはなかったと判断されるという。いいかえれば，内陸の社会における海産物の依存はモーズレイやシャディが考えるよりもずっと小さかったことになる。漁労と農耕の比重の逆転を訴える論である。

　こうした農耕基盤説の復活は，ペルー北部山地のナンチョク地域の調査者の考えとも呼応する。年代こそ中央海岸よりも数千年古いが，そこでは灌漑を利用した農耕定住，そして公共建造物の出現が提示されている(Rossen 2011)。

　このように山岳地帯にせよ海岸地帯にせよ，近年の研究では，再び農耕を重視する傾向にある。しかしながら海岸の調査で言えば，ハースらの調査は，公共建造物と居住地との直接的関係を結びつけるにはあまりに粗い，テストピットを開けるだけの発掘調査手法を用いており，またハースにしてもディルヘイにしても灌漑水路の共伴を考古学的に検証したとは言いがたい。そして何よりも両者の解釈には，公共建造物が登場することと複雑な社会の成立は同時であるとの前提が見え隠れしている。この点を最後に述べておきたい。

(3) 過度な農耕重視への批判

　農耕重視説に対して異議を唱えたのは，長年先土器時代から次の形成期にか

けての祭祀遺跡を調査してきた日本の調査団である（加藤・関 1998, 大貫ほか 2010 など）。もっとも日本調査団は農耕がなかったと言っているわけではなく，むしろ確立していたとみる。たしかに定住を促す農耕という生業手段が人々の交流や交渉を活発化させ，社会組織の発展を促したことは否めない。問題は社会の複雑さの度合いである。

とくにハース，あるいはカラル遺跡を掘ったシャディはリーダーの存在が明確な階層的社会の存在を主張している。そこには巨大な建造物は大きく複雑な社会でないと築くことはできないという前提が潜んでいる。しかし肝心のリーダーの墓は報告されておらず，灌漑についても検証不足である。さらに富の蓄積を示すような倉庫についても，カラルやノルテ・チコからの報告はあるが，巨大建造物との共伴関係は立証されていない。

この事態を前に日本調査団は，比較的平等性が高い社会でも協同労働によって公共建造物の建設は可能であったと考えた。その根拠の一つは，巨大に見える公共建造物も一度の建設によって築かれたものではなく，小さな建造物から徐々に大型化している点にある。また埋葬に差異がなく，リーダーの存在をつかむことができなかった点も大きい。すなわち公共建造物の増改築は長年の年月をかけた協同労働の産物と考えるのが妥当であり，リーダーの権力を誇示するために短期間で建設されたと考えるべきではないのである。この自主的な協同労働を基盤とした解釈は「神殿更新説」と名づけられた。

社会構成員の自主的活動として長期にわたってゆっくりとしたペースで行われた神殿更新の活動では，労働力を確保せねばならならず，更新の度にこれが行われれば社会統合の契機となり，労働の統御を通じて，権力や階層化など社会の複雑化につながる。また協同労働の必要性は，食料増産を後押ししたことも想定できる。すなわち，「神殿更新説」は，従来の食糧増産に重きを置き，社会変化を解釈しようとする唯物史観とは逆の見方なのである。

農耕の開始時期や農耕の重要性を疑うものではないが，背景としての社会については，もう少し慎重に考古学的データを検証していく必要があると考えられる。中央アンデスにおける文明成立と農耕との関係については，まだ議論の決着をみる段階ではない。

第Ⅲ部　新大陸の文明と農耕

おわりに

　以上述べてきた南米における植物栽培化の複雑な過程は，世界の他の地域の
状況と比べたときにどのような特徴を有するのであろうか。熱帯環境下におけ
る植物の栽培化を重視するドローレス・ピペルノとデボラ・ピアソールは，一
般に強調されることが多い植物の栽培化に関わる8つの要因をとりあげ，それ
が南米の状況に適合するか簡単な比較検討を行っている (Piperno and Pearsall 1998:
321-324)。

　8つの要因とは，(1)定住性，(2)社会の複雑化，もしくは社会的環囲環境の存
在，(3)豊富な資源，(4)多様性を持った食料源，(5)人口圧，(6)栽培化される潜在
性をもった野生種の存在，(7)植物を効率的に利用する技術，(8)農耕の確立以前
の長期間にわたる栽培種の利用である。西アジアにはすべてあてはまりそうだ
が，南米の熱帯環境下では，このうち(4)，(6)，(7)，(8)しか合致しない。定住村
落は 7000B.P. まで証拠はなく，それまでは半移動的な生活を送っていたと思わ
れ，新しい生業の開始を促すような社会的環境や人口圧もなかった。かりに中
央アンデスを考慮に入れたとしても，社会的環囲環境や人口圧の要素は，カラ
ルなどの海岸から内陸に入った河川沿いで起きた可能性があるだけで，それも
かなり後の時代のことである。むしろ，南米全体では小集団による実験的農耕，
園耕が行われていた時期が非常に長く，それが中央アンデス地帯で 5000B.P. 前
後に急速に展開していったと考えるべきであろう。そこには，中央アンデス地
帯が持つ特異な自然環境，そして漁労や動物飼育が複雑に絡み合っていた。そ
して何より，その急速な展開にともない祭祀建造物が登場することは，まちが
いない。ただし，その祭祀構造物と社会の複雑化の関係については，慎重な考
察が必要なのである。

　近年の中央アンデス地帯の考古学では，カラルをはじめとして巨大モニュメ
ントや都市の存在，そしてその古さを強調し，旧大陸の諸文明に匹敵すると訴え
る傾向が強いが，農耕の発生から見れば，むしろ南米特有の過程が目立つ。同
一性以上に差異に注目することではじめて世界の文明形成における農耕の役割
の多様性が顕在化していくものと考えられる。

324

南米における農耕の成立と文明形成

引用文献

大貫良夫・加藤泰建・関雄二編 2010『古代アンデス　神殿から始まる文明』朝日新聞出版
大山修一・山本紀夫・近藤史 2009「ジャガイモの栽培化―ラクダ科動物との関係から考える」山本紀
　　夫編『ドメスティケーション―その民族生物学的研究』（国立民族学博物館調査報告 84），pp.177-
　　203. 国立民族学博物館
加藤泰建・関雄二編 1998『文明の創造力―古代アンデスの神殿と社会』角川書店
関雄二 2007「ジャガイモとトウモロコシ：古代アンデス文明における生態資源の利用と権力の発生」印
　　東道子編『資源人類学 07　生態資源と象徴化』pp.209-244, 弘文堂
山本紀夫 2004『ジャガイモとインカ帝国』東京大学出版会

Bird, J. B., 1948 Preceramic cultures in Chicama and Viru, in A Reappraisal of Peruvian Archaeology, Memoirs of the Society for American Archaeology. *American Antiquity* 13 (4-2) :21-28.

Bray, W., L. Herrera, M. C. Schrimpff, P. Botero, and J. G. Monsalve 1987 The Ancient Agricultural Landscape of Calima, Colombia. In W. Denevan, K. Mathewson,and G. Knapp (eds.), *Pre-Hispanic Agricultural Fields in the Andean Region* (British Archaeological Reports, International Series 359), pp. 443-481. British Archaeological Reports: Oxford.

Bruhns, K.O. 1994 *Ancient South America*. Cmabridge University Press: Cambridge.

Brush, S. B.1977 *Mountain, Field and Family: The Economy and Huaman Ecology of an Andean Valley*. University of Pennsylvania Press: Pennsylvania.

Burger, R .L. 1992 *Chavín and the Origins of Andean Civilization*. Thames and Hudson: London.

Dillehay, T. D. 2011 *From Foraging to Farming in the Andes: New Perspectives on Food Production and Social Organization*. Cambridge University Press: New York.

Engel, F. 1970 Exploration of the Chilca Canyon, Peru. *Current Anthropology* 11:55-58.

Grobman A. D. Bonavia, T. D. Dillehay, D. R. Piperno, J. Iriarte and I. Holst 2012 Preceramic Maize from Paredones and Huaca Prieta, Peru. *Proceedings of National Academy of Sciences of the United States of America* 109 (5) : 1755–1759.

Haas, J. and A. Ruiz 2004 Power and the Emergence of Complex Polities in the Peruvian Preceramic. In K .J. Vaughn, D. Ogburn, and C. A. Conlee (eds.) *Foundation of Power in the Prehispanic Andes* (Archaeological Papers of the American Anthropological Association 14), pp.37-52. The American Anthropological Association: Arlington.

Haas, J., W. Creamer, L. H. Mesía, D. Goldstein, K. Reinhard, C. V. Rodríguez 2013 Evidence for Maize (Zea mays) in the Late Archaic (3000–1800 B.C.) in the Norte Chico Region of Peru. *Proceedings of National Academy of Sciences of the United States of America* 110 (13) : 4945–4949.

Isendahl, C. 2011 The Domestication and Early Spread of Manioc (*Manihot Esculenta Crantz*): A Brief Synthesis. *Latin American Antiquity* 22 (4) : 452-468.

Kaplan, L. and T. Lynch 1999 Phaseolus (Fabaceae) in Archaeology: AMS Radiocarbon Dates and their Sigificance for Pre-Colombian Agriculture. *Economic Botany* 53 (3) :261-272.

Lynch, T.F. 1973 Harvest Timing, Transhumance, and the Process of Domestication. *American Anthropologist* 75:1254-1259.

Lynch, T.F. 1980 *Guitarrero Cave: Early Man in the Andes*. Academic Press: New York.

MacNeish, R.S., Vierra, R.K., Nelken-Terner, A. and C.J. Phagan 1980 *Prehistory of the Ayacucho Basin, Peru, Vol Ⅲ : Nonceramic Artifact*. The University of Michigan Press: Ann Arbor.

Masuda, Y., Shimada, I. And C. Morris (eds.) 1985 *Andean Ecology and Civilization*.University of Tokyo Press: Tokyo.

第Ⅲ部　新大陸の文明と農耕

Matsuoka, Y., Y. Vigouroux, M. M. Goodman, J. Sanchez G., E. Buckler, and J. Doebley 2002 A Single Domestication for Maize Shown by Multilocus Microsatellite Genotyping. *Proceedings of National Academy of Sciences of the United States of America* 99（9）: 6080–6084.

Monsalve, J. G. 1985 A Pollen Core from the Hacienda Lusitania, *Pro Calima* 4:40-44.

Moseley, M.E. 1975 *The Maritime Foundations of Andean Civilization*. Cummings Publishing Company: Menlo Park.

Murra, J. V. 1972 El control vertical de un máximo de pisos ecológicos en la economía de las sociedades andinas. In I. Ortiz de Zúñiga, *Visita de la provincia de León de Huánuco 1562*, Tomo II, pp.427-468. Universidad Nacional Hermilio Valdizán: Huánuco.

Pearsall, D.M. 1980 Pachamachay Ethnobotanical Report: Plant Utilization at a Hunting Base Camp, in J. W. Rick（ed.）, *Prehistoric Hunters of the High Andes*, pp.191-231. Academic Press: New York.

— 1994 Issues in the Analysis and Interpretation of Archaeological Maize in South America. In S. Johannessen and C. A. Hastorf（eds.）, *Corn & Culture in the Prehistoric New World*, pp.245-272. Boulder, San Francisco, Oxford: Westview Press.

Piperno, D. R. 1990 Aboriginal Agriculture and Land Usage in the Amazon Basin, Ecuador. *Journal of Archaeological Science* 17: 665-677.

Piperno, D. R. and D.M.Pearsall 1998 *The Origins of Agriculture in the Lowand Neotropics*. Academic Press: San Diego.

Rossen, J. 2011 Preceramic Plant Gathering, Gardening, and Farming. In T. D. Dillehay（ed.）, *From Foraging to Farming in the Andes: New Perspectives on Food Production and Social Organization*, pp.177-192. Cambridge University Press: New York.

Shady, R. and C. Leyva 2003 *La ciudad sagrada de Caral-Supe: Los orígenes de la civilización andina y la formación del estado prístiono en el antiguo Perú*. Instituto Nacional de Cultura, Proyecto Especial Arqueológico Caral-Supe: Lima.

Smith, C.E. 1980 Plant Remains from Guitarrero Cave, in T. F. Lynch（ed.）, *Guitarrero Cave*, pp.87-119. Academic Press: New York.

Webster, S. 1971 An Indigenous Quechua Community in Exploitation of Multiple Ecological Zones. In *Actas y Memorias del XXXIX Congreso Internacional de Americanistas*, Tomo 3, pp.174-183. Lima.

Wheeler, J.C. 1988 Nuevas evidencias arqueológicas acerca de la domesticación de alpaca y la llama y el desarrollo de la ganadería autóctona In J.A. Flores Ochoa（ed.）, *Llamichos y pacocheros, pastores de llamas y alpacas*, pp.37-43. Centro de Estudios Andinos: Cusco.

Wilson. D. 1980 Of Maize and Men: A Critique of the Maritime Hypothesis of Sate Origins on the Coast of Peru. *American Anthropologist* 83: 93-120.

執筆者一覧

工楽善通（くらく よしゆき）　1939 年生れ，大阪府立狭山池博物館長。［主な著書］『弥生人の造形』（編著・講談社），『水田の考古学』（東京大学出版会），「東アジアの水利灌漑と狭山池」（『大阪府史跡名勝狭山池総合学術調査報告書』大阪狭山市教育委員会）

中山誠二（なかやま せいじ）　1958 年生れ，山梨県埋蔵文化財センター所長。［主な著書論文］『植物考古学と日本の農耕の起源』（同成社），『日韓における穀物農耕の起源』（編著・山梨県立博物館），「縄文時代のダイズの栽培化と種子の形態分化」（『植生史研究』23-2）

田﨑博之（たさき ひろゆき）　1954 年生れ，愛媛大学埋蔵文化財調査室 教授。［主な著書論文］「土器焼成失敗品からみた焼成方法と生産体制」（『土器研究の新視点』六一書房），「壺形土器の伝播と受容」（『突帯文と遠賀川』土器持寄会），「韓国青銅器時代における木製農工具の特性」（『東アジア古文化論攷』中国書店）

宮本一夫（みやもと かずお）　1958 年生まれ，九州大学大学院人文科学研究院教授。［主な著書論文］『東北アジアの初期農耕と弥生の起源』（同成社），『農耕の起源を探る―イネの来た道―』吉川弘文館），『中国の歴史 01　神話から歴史へ』（講談社），Kazuo Miyamoto 2016 Archeological Explanation for the Diffusion Theory of the Japonic and Koreanic Languages, *Japanese Journal of Archaeology* 4(1): 53-75.

古澤義久（ふるさわ よしひさ）　1981 年生れ，長崎県教育庁長崎県埋蔵文化財センター主任文化財保護主事。［主な著書論文］「東北アジア新石器時代土器の交流」（『韓国新石器時代土器と編年』ジニンジン，韓国語），「咸鏡北道茂山郡芝草里岩刻画をめぐる諸問題－東北アジア岩画の編年と系統－」（『東京大学考古学研究室研究紀要』29），『原の辻遺跡総集編Ⅱ』（共編著・長崎県教育委員会）

新田栄治（にった えいじ）　1948 年生れ，鹿児島大学名誉教授。［主な著書論文］「銅鼓の起源と流通」（『海の道と考古学－インドシナ半島から日本へ―』高志書院），「東南アジアの塩の文明史」（『塩の生産と流通』雄山閣），「東南アジアの都市形成とその前提―ドヴァーラヴァティーを中心として―」（『鹿児島大学人文学科論集』第 78 号）

常木 晃（つねき あきら）　1954 年生れ，筑波大学人文社会系教授。［主な著書・論文］Tsuneki, A., Nieuwenhuyse, O. and Campbell, S. (eds.) *The Emergence of Pottery in West Asia.* Oxbow Books, Oxford & Philadelphia,(2017), Tsuneki, A., Yamada, Sh. and Hisada, K. (eds.) *Ancient West Asian Civilization: Geoenvironment and Society in the Pre-Islamic Middle East*,Springer, New York.(2016) , Kanjou, Y. and Tsuneki.A. (eds.) *A History of Syria in one Hundred Sites*', Archaeopress, Oxford.(2016).

丹野研一（たんの けんいち）　1971 年生まれ，山口大学農学部助教。［主な著書論文］Tanno, K. and Willcox, G. How fast was wild wheat domesticated? *Science* 311(5769):1886, Tanno, K. et al. Preliminary results from analyses of charred plant remains from a burnt Natufian building at Dederiyeh cave in northwest Syria. In: Natufian foragers in the Levant (eds.: Bar-Yosef, O. and Valla, F.R.). International monographs in prehistory, archaeological series 19. Michigan U.S.A. pp.83-87

笹津備当（ささつ まさとう）　1978 年生れ，東京都教育庁学芸員。［主な著書論文］「ヒロキティア文化以前のキプロス―アクロティリ期からヒロキティア文化までの動物相の変遷について―」（『扶桑　田村晃一先生喜寿記念論文集（青山考古 25・26）』青山考古学会）

白井則行（しらい のりゆき）　1970 年生れ，ユニバーシティカレッジロンドン考古学研究所客員研究員［主な著書論文］Noriyuki Shirai, 2010. *The Archaeology of the First Farmer-Herders in Egypt: New Insights into the Fayum Epipalaeolithic and Neolithic.* Leiden University Press: Leiden. Noriyuki Shirai (ed.), 2013. *Neolithisation of Northeastern Africa.* ex oriente: Berlin. Noriyuki Shirai, 2016. *The Desert Fayum* at 80: Revisiting a Neolithic farming community in Egypt, *Antiquity* 90/353: 1181–1195.

宗䑓秀明（しゅうだい ひであき）　1955 年生れ，鶴見大学文学部教授。［主な著書論文］"Chronology of the Neolithic Culture in Balochistan"『鶴見大学紀要』53：59-68，『南アジア先史文化人の心と社会を探る―女性土偶から男性土偶へ：縄文・弥生土偶を参考に』（比較文化研究ブックレット 14 号，神奈川新聞社）

林　俊雄（はやし としお）　1949 年。創価大学文学部 教授。［主な著書］『ユーラシアの石人』（雄山閣），『グリフィンの飛翔』（雄山閣），『スキタイと匈奴　遊牧の文明』（講談社学術文庫）

青山和夫（あおやま かずお）1962 年生まれ　茨城大学人文社会科学部 教授。［主な著書］『マヤ文明　密林に栄えた石器文化』（岩波書店），『古代マヤ　石器の都市文明　増補版』（京都大学学術出版会），『マヤ文明を知る事典』（東京堂出版）

関　雄二（せき ゆうじ）　1956 年生れ，国立民族学博物館副館長・教授。［主な著書］『アンデス文明：神殿から読み取る権力の世界』（編著書・臨川書店），『古代文明アンデスと西アジア　神殿と権力の生成』（編著書・朝日新聞出版），『アンデスの考古学　改訂版』（同成社）

アジアの考古学3
農耕の起源と拡散

2017 年 10 月 15 日第 1 刷発行

編　者　アジア考古学四学会
発行者　濱　久年
発行所　高志書院

〒 101-0051 東京都千代田区神田神保町 2-28-201
TEL03 (5275) 5591　FAX03 (5275) 5592
振替口座　00140-5-170436
http://www.koshi-s.jp

印刷・製本／亜細亜印刷株式会社
Printed in Japan ISBN978-4-86215-172-8

アジアの考古学　発刊の辞

　わが国における考古学の研究は，日本国内の研究にとどまらずアジア諸地域の広い範囲に及んでいます。日本の研究者たちも海外発掘調査や現地研究者との共同調査で多くの経験を積み重ねてきました。その研究はアジア地域の歴史を解き明かすとともに，異文化理解と人類共通の財産である文化遺産の保護や人材育成等の分野においても貢献しています。考古学活動を通じて，多くの人びとがアジア諸地域の歴史と文化を理解し交流を深めていくことは，アジアにおける信頼醸成と平和構築の基礎となり，重要な意義があります。

　そのような趣旨により，日本考古学協会，日本中国考古学会，東南アジア考古学会，日本西アジア考古学会の四学会は合同して公開講演会を始めました。講演会は「アジア考古学」に関する統一テーマを設定して，各地域の最新成果を発表し，それぞれの地域の歴史や文化を相互比較して日本を含むアジアを理解していただくことをねらいました。2008 年に第 1 回の講演会を開催し，以後毎年開催しています。

　『アジアの考古学』シリーズは，この講演会の発表をもとに，さらに関連する分野の研究者の論攷をいれ，アジアの考古学をより深く理解するための第一歩となることを願いまとめました。

アジア考古学四学会合同講演会実行委員会

アジアの考古学 アジア考古学四学会編集

①陶磁器流通の考古学		A5・310 頁／ 6500 円
②アジアの王墓		A5・310 頁／ 6500 円
③農耕の起源と拡散		A5・330 頁／ 7000 円

古代東国の考古学

①東国の古代官衙	須田勉・阿久津久編	A5・350 頁／ 7000 円
②古代の災害復興と考古学	高橋一夫・田中広明編	A5・250 頁／ 5000 円
③古代の開発と地域の力	天野　努・田中広明編	A5・300 頁／ 6000 円
④古代の坂と堺	市澤英利・荒井秀規編	A5・260 頁／ 5500 円
⑤仮題・常陸国風土記の世界	阿久津久・佐藤　信編	2018 年 5 月刊

古代史関連図書

古墳と続縄文文化	東北関東前方後円墳研究会編	A5・330 頁／ 6500 円
百済と倭国	辻　秀人編	A5・270 頁／ 3500 円
日本の古代山寺	久保智康編	A5・380 頁／ 7500 円
アテルイと東北古代史	熊谷公男編	A5・240 頁／ 3000 円
遣唐使と入唐僧の研究	佐藤長門編	A5・400 頁／ 9500 円
越後と佐渡の古代社会	相澤　央著	A5・260 頁／ 6000 円
相模の古代史	鈴木靖民著	A5・250 頁／ 3000 円
アジアの王墓	アジア考古学四学会編	A5・300 頁／ 6500 円
古代の天皇と豪族	野田嶺志著	A5・240 頁／ 2800 円
古代壱岐島の研究	細井浩志編	A5・300 頁／ 6000 円
奈良密教と仏教	根本誠二著	A5・240 頁／ 5000 円
円仁と石刻の史料学	鈴木靖民編	A5・320 頁／ 7500 円
房総と古代王権	吉村武彦・山路直充編	A5・380 頁／ 7500 円
古代の越後と佐渡	小林昌二編	A5・300 頁／ 6000 円
越中古代社会の研究	木本秀樹著	A5・450 頁／ 8500 円
古代の越中	木本秀樹編	A5・300 頁／ 6000 円
出羽の古墳時代	川崎利夫編	A5・330 頁／ 4500 円
東北の古代遺跡	進藤秋輝編	A5・220 頁／ 2500 円
海峡と古代蝦夷	小口雅史編	A5・300 頁／ 6000 円
古代由理柵の研究	新野直吉監修	A5・320 頁／ 6500 円
古代蝦夷と律令国家	蝦夷研究会編	A5・290 頁／ 4000 円
九世紀の蝦夷社会	熊田亮介・八木光則編	A5・300 頁／ 4000 円
古代中世の蝦夷世界	榎森　進・熊谷公男編	A5・290 頁／ 6000 円
古代中世の境界領域	池田栄史編	A5・300 頁／ 6000 円

［価格は税別］